Michael Kuschnick

Integration in Staatenverbindungen

R.I.Z.-Schriften 11

Schriften des
Rechtszentrums für Europäische und
Internationale Zusammenarbeit (R.I.Z.)

herausgegeben von
Norbert Horn, Köln
Jürgen F. Baur, Köln
Klaus Stern, Köln

Band 11

Walter de Gruyter · Berlin · New York

Integration in Staatenverbindungen

Vom 19. Jahrhundert bis zur EU nach dem Vertrag von Amsterdam

von
Michael Kuschnick

W
DE
G

1999

Walter de Gruyter · Berlin · New York

Das R.I.Z. wird als wissenschaftliche Einrichtung der Universität zu Köln finanziell von der Gemeinnützigen Hertie-Stiftung, Frankfurt a. M., getragen.

⊗ Gedruckt auf säurefreiem Papier, das die US-ANSI-Norm über Haltbarkeit erfüllt.

Die Deutsche Bibliothek – CIP-Einheitsaufnahme

Kuschnick, Michael :
Integration in Staatenverbindungen : vom 19. Jahrhundert bis zur EU nach dem Vertrag von Amsterdam / von Michael Kuschnick. - Berlin ; New York : de Gruyter, 1999
(R.I.Z.-Schriften ; Bd. 11)
Zugl.: Köln, Univ., Diss., 1998
ISBN 3-11-016461-2

Printed in Germany
Datenkonvertierung: buslau intercom services, Berlin
Druck und Bindearbeiten: WB-Druck, Rieden/Allgäu
Einbandentwurf: Angela Dobrick, Hamburg

Vorwort

Die Europäische Union in ihrer Gestalt nach dem Vertrag von Amsterdam kann nur angemessen begriffen werden, wenn man sich ihrer historischen und staatstheoretischen Grundlagen bewußt ist. Die europäische Einigung der letzten fünf Jahrzehnte stellt in diesem Sinne ein weiteres Kapitel in der langen Geschichte europäischer Staatenverbindungen dar. Das Bundesverfassungsgericht hat diesen fundamentalen Aspekt europäischer Integration in seiner Maastricht-Entscheidung aufgegriffen und gleichzeitig die Probleme deutlich werden lassen, die die Einordnung der Europäischen Union in die hergebrachten Kategorien der Staatenverbindungen bereitet. Die Schwierigkeit liegt indes nicht in der Suche nach angemessenen Begrifflichkeiten. Es geht vielmehr um die Entwicklung neuer Ansätze, die die besonderen integrativen Momente erfassen können und gleichzeitig der Europäischen Union eine zukunftsfähige Perspektive verleihen.

Mein besonderer Dank für die Förderung und Betreuung der Arbeit sowie ihrer Aufnahme in die Schriftenreihe des Rechtszentrums für europäische und internationale Zusammenarbeit gilt meinem verehrten Lehrer Prof. Dr. Dres. h.c. Klaus Stern. Diesbezüglich gilt mein Dank auch den weiteren Herausgebern der Reihe, Prof. Dr. Jürgen F. Baur und Prof. Dr. Norbert Horn.

Mein ganz besonderer Dank gilt meinen Eltern und Simone für ihre Unterstützung und ihre Geduld bei der Erstellung der Arbeit. Ihnen möchte ich diese Arbeit widmen.

Köln im Januar 1999 — Michael Kuschnick

Inhaltsübersicht

Inhaltsverzeichnis

Literaturverzeichnis

Arnold, Hans, Die Europäische Union zwischen Maastricht und Maastricht-Revision, Aus Politik und Zeitgeschichte B 3-4, 1995, S. 3-9.

ders., Sicherheitsoptionen für Europa, Außenpolitik 1997, 39-48.

Badura, Peter, Bewahrung und Veränderung demokratischer und rechtsstaatlicher Verfassungsstruktur in den internationalen Gemeinschaften, VVDStRL 23 (1966), 34-104.

ders., Das Staatsziel „Europäische Integration" im Grundgesetz, in: Johannes Hengstschläger (Hrsg.), Für Staat und Recht, Festschrift für Schambeck, Berlin 1994, 887-906.

ders., Die „Kunst der föderalen Form" - Der Bundesstaat in Europa und die europäische Föderation, in: Peter Badura/Rupert Scholz (Hrsg.), Wege und Verfahren des Verfassungslebens, Festschrift für Peter Lerche, München 1995, S. 369-384.

ders., Staatsrecht, München 1986.

ders., Staatsziele und Garantien der Wirtschaftsverfassung in Deutschland und Europa, in: Joachim Burmeister u.a. (Hrsg.), Verfassungsstaatlichkeit, Festschrift für Klaus Stern, München 1997, S. 409-420.

Bailey, Richard, Die britische Einstellung zum Europäischen Gemeinsamen Markt und zur Freihandelszone, Europa-Archiv 1957, S. 9803-9806.

Balkenstein, G. J., Der Europäische Gemeinsame Markt und die Landwirtschaft, Europa-Archiv 1957, S. 9807-9813.

Barzel, Rainer, Die ersten Schritte der Europäischen Gemeinschaft für Kohle und Stahl, Europa-Archiv 1953, S. 5639-5646.

Bauer, Klaus F., Spill-over oder Spill-back? Zur amerikanischen Diskussion über die europäische Integration, Europa-Archiv 1966, S. 519-526.

Bauer, Walter, Die EWG nach dem Abbruch der Brüsseler Verhandlungen, Europa-Archiv 1962, S. 211-220.

Baur, Jürgen F., Wirtschaftliche Integration durch Recht, durch Gemeinschaftsrecht, in: Rudolf Wendt/Wofram Höfling u.a. (Hrsg.), Staat - Wirtschaft - Steuern, Festschrift für Karl-Heinrich Friauf, Heidelberg 1996, S. 3-12.

Benda, Ernst/Maihofer, Werner/Vogel, Hans Jochen, Handbuch des Verfassungsrechts der Bundesrepublik Deutschland, Berlin/New York 1994.

Berg, Fritz, Möglichkeiten und Grenzen der wirtschaftlichen Integration Europas, Europa-Archiv 1960, S. 647-654.

Beutler, Bengt, Offene Staatlichkeit und europäische Integration, in: Rolf Grawert u.a. (Hrsg.), Offene Staatlichkeit, Festschrift für Ernst-Wolfgang Böckenförde, Berlin 1995, S. 109-124.

Beutler, Bengt/Bieber, Roland u.a., Die Europäische Union, Rechtsordnung und Politik, 4. Aufl., Baden Baden 1993

Bieber, Roland, Offene Fragen direkter Wahlen zum Europäischen Parlament, Europa-Archiv 1976, S. 707-716.

ders., Reformen der Institutionen und Verfahren - Amsterdam kein Meisterstück, Integration 1997, 236-246.

ders., Steigerungsform der europäischen Union: Eine Europäische Verfassung, in: Jörn Ipsen/Hans-Werner Rengeling u.a. (Hrsg.), Verfassungsrecht im Wandel, Köln/Berlin/Bonn/München 1995, S. 291-304.

Blanke, Hermann-Josef, Der Unionsvertrag von Maastricht - Ein Schritt auf dem Weg zu einem europäischen Bundesstaat?, DÖV 1993, 412-423.

ders., Normativität und Justitiabilität des gemeinschaftsrechtlichen Subsidiaritätsprinzips, ZG 1995, Heft 3, 193-223.

Blanke, Hermann-Josef/Kuschnick, Michael, Bürgernähe und Effizienz als Regulatoren des Widerstreits zwischen Erweiterung und Vertiefung der Europäischen Union, DÖV 1997, 45-57.

Bleckmann, Albert, Die Rechtsquellen des Europäische Gemeinschaftsrechts, NVwZ 1993, 824-828.

ders., Die Wahrung der „nationalen Identität" im Unions-Vertrag, JZ 1997, 265-269.

ders., Europarecht, Köln/Berlin/Bonn/München 1997.

Blumenwitz, Dieter, Die Souveränität der Bundesrepublik Deutschland, in: Peter Badura / Rupert Scholz (Hrsg.), Wege und Verfahren des Verfassungslebens, Festschrift für Peter Lerche, München 1993, S. 385-400.

Bluntschli, J. C., Allgemeines Staatsrecht, Stuttgart 1885.

Böckenförde, Ernst-Wolfgang, Demokratie und Verfassungsprinzip, in: Josef Isensee/ Paul Kirchhof (Hrsg.), Handbuch des Staatsrechts der Bundesrepublik Deutschland, Band I, 2. Aufl., Heidelberg 1995, § 22, S. 878-952.

Bogdandy, Armin v./Nettesheim, Martin, Die Europäische Union: Ein einheitlicher Verband mit eigener Rechtsordnung, EuR 1996, 3-26.

dies., Die Verschmelzung der Europäischen Gemeinschaften in der Europäischen Union, NJW 1995, 2324-2328.

Bogdandy, Armin von, Konturen des integrierten Europas - Stand und Perspektiven der europäischen Integration, Europa-Archiv 1993, S. 49-58.

Boguslawski, Alexander, Direktwahl zum Europäischen Parlament und Europa-Bewußtsein, Europa-Archiv 1983, S. 7-14.

Böhm, Johann, Die Europäische Union- Gefahr oder Chance für den Föderalismus in Deutschland?, Staatsrechtslehrertagung 1993, BayVBl. 1993, 545-551.

Borchardt, Klaus Dieter, Richterrecht durch den Gerichtshof der Europäischen Gemeinschaften, in: Albrecht Randelzhofer/Rupert Scholz/Dieter Wilke (Hrsg.), Gedächtnisschrift für Eberhard Grabitz, München 1995, S. 29-43.

ders., Die rechtlichen Grundlagen der Europäischen Union, Heidelberg 1996.

ders., Die rechtlichen Grundlagen der Europäischen Gemeinschaften - Rechtsquellen, Rechtshandlungen, Rechtsetzung, in: Moritz Röttinger /Claudia Weyringer (Hrsg.), Handbuch der europäischen Integration, Wien 1996, S. 72-112.

Borchmann, Michael, Amsterdam - Weder kleine Taten noch „Reförmchen"!, EuZW 1997, 513.

ders., Neue Bund-Länder Vereinbarung über die Zusammenarbeit in Angelegenheiten der Europäischen Union, EuZW, 1994 172-173.

Born, Karl Erich, Von der Reichsgründung bis zum Ersten Weltkrieg, Gebhard - Handbuch der deutschen Geschichte, Band 16, München 1994.

Bothe, Michael/Lohmann, Torsten, Verfahrensfragen der deutschen Zustimmung zum Vertrag von Amsterdam, ZaöRV 1998, 1-46.

Brandweiner, Heinrich, Die Pariser Verträge, Berlin 1956.

Breitenmoser, Stephan, Praxis des Europarechts, Zürich 1996.

Breuer, Rüdiger, Die Sackgasse des neuen Europaartikels (Art. 23 GG), NVwZ 1994, 417-429.

Brie, Siegfried, Theorie der Staatenverbindungen, Stuttgart 1886.

ders., Zur Lehre von den Staatenverbindungen, Rezension zur Lehre von den Staatenverbindungen bei Georg Jellinek, abgedruckt in Georg Jellinek, Die Lehre von den Staatenverbindungen, Wien 1882, Neudruck Goldbach 1996, S. 329-403 (zitiert: Zur Lehre Jellineks).

Brok, Elmar, Der Amsterdamer Vertrag: Etappe auf dem Weg zur europäischen Einigung, Integration 1997, 211-218.

Brunner, Georg, Zwei Seiten der Integrationsmedaille: Beitrittsfähigkeit und Aufnahmebereitschaft, in: Klaus Stern (Hrsg.), Zukunftsprobleme der Europäischen Union, R.I.Z.-Schriftenreihe, Band 7, Berlin/New York 1998, S. 7-41.

Bußmann, Walter, Stichwort „Nation“, in: Staatslexikon, Band. 3, Freiburg 1995, Sp.1265-1270.

Cassen, Bernhard, Abschied vom Europa der Bürger?, Internationale Politik 1997, 13-17.

Chaban-Delmas, Jacques, Perspektiven für die politische Zukunft Europas, Europa-Archiv 1985, S. 121-132.

Classen, Claus Dieter, Europäische Integration und demokratische Legitimation, AöR 116 (1991), 238-260.

Coing, Helmut, Europäisierung der Rechtswissenschaft, NJW 1990, S. 937-941.

Cornides, Wilhelm, Das Problem der europäischen Sicherheit auf der Berliner Viermächtekonferenz 1954, Europa-Archiv 1954, S. 6489-6496.

ders., Die Anfänge des europäischen föderalistischen Gedankens in Deutschland 1945-1949, Europa-Archiv 1951, S. 4243-4258.

ders., Die Freihandelszone als Krisenherd der europäischen Integrationspolitik, Europa-Archiv 1958, 10707-10711.

ders., Europas neue Kleider, Europa-Archiv 1960, S. 533-538.

Cornides, Wilhelm/Volle, Hermann, Atlantikpakt und Europäische Verteidigungsgemeinschaft, Europa-Archiv 1952, S. 5020- 5040.

Cremer, Hans-Joachim, Das Demokratieprinzip auf nationaler und europäischer Ebene im Lichte des Maastricht-Urteils des Bundesverfassungsgerichts, EuR 1995, 21-45.

Cromme, Franz, Spezifische Verfassungselemente des Staatenverbundes: Bausteine für die Europäische Union, Berlin 1997.

Denninger, Erhard, Das wiedervereinte Deutschland in Europa: Zur „Identität“ und „inneren Verfassung“ Europas, KritV 1995, 263-273.

Di Fabio, Udo, Der neue Art. 23 des Grundgesetzes, Positivierung vollzogenen Verfassungswandels oder Verfassungsneuschöpfung?, Der Staat 32 (1993), 192-217.

ders., Die „Dritte Säule der Union - Rechtsgrundlagen und Perspektiven der europäischen Polizei- und Justizzusammenarbeit“, DÖV 1997, 89-101.

Dittmann, Armin, Maastricht II aus der Sicht des Deutschen Verfassungsrechts, in: Rolf Caesar/Renate Ohr (Hrsg.), Maastricht und Maastricht II: Vision oder Abenteuer?, Baden-Baden 1996, S. 39-53.

Doehring, Karl, Demokratiedefizit in der Europäischen Union?, DVBl. 1997, 1133-1137.

ders., Staat und Verfassung in einem zusammenwachsenden Europa, ZRP 1993, 98-103.

Dörr, Oliver, Noch einmal: Die Europäische Union und die Europäischen Gemeinschaften, NJW 1995, 3162-3165.

Dreier, Horst, in: Staatslexikon, Stichwort „Souveränität", Band 3, Feriburg 1995, Sp. 1203-1209.

Ebers, Godehard Josef, Die Lehre vom Staatenbunde, Aalen 1966.

Eckerts, Rainer, Bundesstaat und Demokratie - Ein Problem politischer Einheit?, in: Grawert, Rolf, u.a., Offene Staatlichkeit, Festschrift für Ernst-Wolfgang Böckenförde, Berlin 1995, S. 13-28.

Ehlermann, Claus-Dieter, Ein Schritt auf dem Wege zur Demokratisierung der Europäischen Gemeinschaft - Die Vorschläge der Kommission zur Stärkung des Europäischen Parlaments, Europa-Archiv 1973, S. 821-830.

ders., Engere Zusammenarbeit nach dem Amsterdamer Vertrag: Ein neues Verfassungsprinzip?, EuR 1997, 362-397.

Ehringhaus, Henner, Der kooperative Föderalismus in den Vereinigten Staaten von Amerika, Frankfurt/M 1971.

Eisenhardt, Ulrich, Deutsche Rechtsgeschichte, 2. Aufl., München 1995.

Emmert, Frank, Europarecht, München 1996.

Enders, Christoph, Offene Staatlichkeit unter Souveränitätsvorbehalt - oder: vom Kampf der Rechtsordnungen nach Maastricht, in: Rolf Grawert u.a. (Hrsg.), Offene Staatlichkeit, Festschrift für Ernst-Wolfgang Böckenförde, Berlin 1995, S. 29-49.

Epiney, Astrid, Gemeinschaftsrecht und Föderalismus: „Landes-Blindheit" und Pflicht zur Berücksichtigung innerstaatlicher Verfassungsstrukturen, EuR 1994, 301-324.

Erler, Georg, Das Grundgesetz und die öffentliche Gewalt internationaler Staatengemeinschaften, VVDStRL 18 (1959), 7-49.

Everling, Ulrich, Das Maastricht-Urteil des BVerfG und seine Bedeutung für die Entwicklung der Europäischen Union, Integration 1994, 165-175.

ders., Die Europäische Gemeinschaft auf dem Wege zur Europäischen Union - Zu den Ergebnissen der Pariser Gipfelkonferenz, Europa-Archiv 1972, S. 791-800.

ders., Die Europäische Gemeinschaft nach der zweiten Pariser Konferenz, Europa-Archiv 1975, S. 59-68.

ders., Die Zukunft der europäischen Gerichtsbarkeit in einer erweiterten Europäischen Union, EuR 1997, 398-418.

ders., Überlegungen zur Struktur der EU und zum neuen Europa-Artikel des Grundgesetzes, DVBl. 1993, 936-947.

Falkner, Gerda/Nentwich, Michael, Regierungskonferenz 1996 - Zur Diskussion institutioneller Reformen, Integration 1995, 223-234.

Fastenrath, Ulrich, Die Struktur der erweiterten Europäischen Union, EuR Beiheft 1, 1994, 101-126.

Faure, Maurice, Zwischenbilanz der Europa-Politik Ende 1961, Europa-Archiv 1961, S. 711-716.

Fink, Udo, Garantiert das Grundgesetz die Staatlichkeit der Bundesrepublik Deutschland?, DÖV 1998, 133-141.

Fischer, Hans Georg, Die Zusammenarbeit in den Bereichen Justiz und Inneres – die „3. Säule" des Vertrages über die Europäische Union, EuZW 1994, 747-750.

ders., Europarecht, 2. Aufl., München 1997.

Fischer, Per, Europa im Übergang von wirtschaftlicher zu politischer Einheit, Europa-Archiv 1973, S. 95-104.

Fischer, Peter/Köck, Heribert Franz, Europarecht einschließlich des Rechtes supranationaler Organisationen, 3. Aufl., Wien 1997.

Fischer, Wolfram, Der Deutsche Zollverein, die Europäische Wirtschaftsgemeinschaft und die Freihandelszone, Europa-Archiv 1961, S. 105-114.

Focke, Katharina, Europa-Politik nach Den Haag - Neubeginn in der europäischen Integration?, Europa-Archiv 1970, S. 267.

Freudenstein, Roland, Nachdenken über den Europa-Begriff - Integrationsmotivation einst und jetzt, Internationale Politik 1997, 43-49.

Fromont, Michel, Europa und nationales Verfassungsrecht nach dem Maastricht-Urteil - Kritische Bemerkungen, JZ 1995, 800-803.

Fröschl, Thomas, Confoederationes, Uniones, Ligae, Bünde. Versuch einer Begriffserklärung für Staatenverbindungen der frühen Neuzeit in Europa und Nordamerika, in: ders. (Hrsg.), Föderationsmodelle und Unionsstrukturen. Über Staatenverbindungen in der frühen Neuzeit vom 15. zum 18. Jahrhundert, Wien/München 1994, S. 21-44.

Frowein, Jochen Abr., Das Maastricht-Urteil und die Grenzen der Verfassungsgerichtsbarkeit, ZaÖR Band 54, (1994), 1-16.

Gasteyger, Curt/Kewenig, Wilhelm/Kohlhase, Norbert, Ortsbestimmung der Zukunft Europas, Europa-Archiv 1970, 583-596.

Geiger, Rudolf, Grundgesetz und Völkerrecht, 2. Aufl., München 1994.

Gil-Robles, José Maria, Die Flexibilität, ein Mechanismus für eine verstärkte Integration, EuZW 1997, 353.

Götz, Volkmar, Auf dem Weg zur Rechtseinheit in Europa?, JZ 1994, 265-276.

ders., Das Maastricht-Urteil des Bundesverfassungsgerichts, JZ 1993, 1081-1086.

Grabitz, Eberhard/Hilf, Meinhard, Kommentar zur Europäischen Union, Band I und II, 11. Ergänzungslieferung, München 1997.

Grawert, Rolf, Der Deutschen supranationaler Nationalstaat, in: Rolf Grawert, u.a. (Hrsg.), Offene Staatlichkeit, Festschrift für Ernst-Wolfgang Böckenförde, Berlin 1995, S. 125-143.

ders., Staatsvolk und Staatsangehörigkeit, in: Josef Isensee/Paul Kirchhof (Hrsg.) Handbuch des Staatsrechts der Bundesrepublik Deutschland, Band I, 2. Aufl., Heidelberg 1995, § 14, S. 663-690.

Grimm, Dieter, Braucht Europa eine Verfassung?, JZ 1995, 581-591.

ders., Der Wandel der Staatsaufgaben und die Zukunft der Verfassung, in: Dieter Grimm (Hrsg.), Staatsaufgaben, Baden-Baden 1994, S. 613-646.

ders., Staatslexikon, Stichwort „Verfassung“, Band 3, Freiburg 1995, Sp. 633-643.

ders., Deutsche Verfassungsgeschichte 1776-1866, Frankfurt/M 1987.

ders., Staatsaufgaben - eine Bilanz, in: ders. (Hrsg.), Staatsaufgaben, Baden-Baden 1994, S. 771-785.

ders., Vertrag oder Verfassung. Die Rechtsgrundlage der Europäischen Union im Reformprozeß Maastricht II, Staatswissenschaften und Staatspraxis 1995, 509-531.

Groeben, Hans von der, Europa: Wunsch und Wirklichkeit - Eine Zwischenbilanz der Europa-Politik, Europa-Archiv 1971, S. 1-8.

Gruner, Wolf D., Der Deutsche Bund und die Europäische Friedensordnung, in: Helmut Rumpler (Hrsg.), Deutscher Bund und deutsche Frage 1815-1866, Wien 1990, S. 235-263.

Grunwald, Jürgen, Die Europäischen Gemeinschaften als Rechtsgemeinschaft, in: Moritz Röttinger/Claudia Weyringer, (Hrsg.), Handbuch der europäischen Integration, Wien 1996, S. 43-71.

Haagerup, Niels Jörgen, Dänemark und Norwegen vor der Entscheidung über den EWG-Beitritt, Europa-Archiv 1972, S. 601-608.

Häberle, Peter, Die europäische Verfassungsstaatlichkeit, KritV 1995, 298-312.

ders., Gemeineuropäisches Verfassungsrecht, EuGRZ 1991, 261-274.

ders., Theorieelemente eines allgemeinen juristischen Rezeptionsmodells, JZ 1992, 1033-1043.

ders., Verfassungsrechtliche Fragen im Prozeß der europäischen Einigung, EuGRZ 1992, 429-437.

Hahn, Hans-Werner, Mitteleuropäische oder kleindeutsche Wirtschaftsordnung in der Epoche des Deutschen Bundes, in: Helmut Rumpler (Hrsg.), Deutscher Bund und Deutsche Frage, Wien/München 1990, S. 186-214.

Hailbronner, Kay/Klein, Eckart/Magiera, Siegfried u.a., Handkommentar zum Vertrag über die Europäische Union (EUV/EGV), Ordner 2, Köln/Berlin/Bonn/München 1995.

Hallstein, Walter, Europa zwischen gestern und morgen, Europa-Archiv 1967, S. 765-774.

ders., Der Schumann-Plan, in: Frankfurter Universitätsreden Heft 5, Frankfurt/M. 1951.

Handzik, Helmut, Der „Deutsche Bund" - Ein Modelll für die Regelung innerdeutscher Beziehungen?, Europa-Archiv 1968, S. 793-802.

Hänsch, Klaus, Gegenwart und Perspektiven der europäischen Integration, in: Norbert Horn/Jürgen F. Baur/Klaus Stern (Hrsg.), 40 Jahre Römische Verträge - Von der Europäischen Wirtschaftsgemeinschaft zur Europäischen Union, Schriften des Rechtszentrums für Europäische und Internationale Zusammenarbeit, Band 9, Berlin/New York 1998, S. 11-28.

Hasselbach, Kai, Maastricht II: Ergebnisse der Regierungskonferenz zur Reform der EU, BayVBl. 1997, 454-459.

Hattenhauer, Hans, Europäische Rechtsgeschichte, 2. Aufl., Heidelberg 1994.

Hausmann, Hartmut, Die neue Agenda für die europäische Politik, Aus Politik und Zeitgeschichte, B10 1996, S. 3-9.

Heald, Lionel, Die britische parlamentarische Souveränität und der Vertrag von Rom, Europa-Archiv 1962, S. 843-852.

Hebeisen, Michael W., Souveränität in Frage gestellt: Die Souveränitätslehren von Hans Kelsen, Carl Schmitt und Hermann Heller im Vergleich, Baden-Baden 1995.

Heberlein, Horst, Maastricht - ein Erfolg für die kommunale Selbstverwaltung? DVBl. 1994, 1213-1222.

Heinz, Karl Eckart, Das Bismarck-Reich als Staatengemeinschaft - ein Beitrag zu den Lehren von Bundesstaat und Staatengemeinschaft, Staatswissenschaften und Staatspraxis 1994, 77-96.

Heiser, Hans Joachim, Großbritannien und die europäische Integration, Europa-Archiv 1952, S. 5073-5084.

Hellmann, Rainer, Schlußakt einer Krise - Die europäischen Institutionen nach Luxemburg, Europa-Archiv 1966, S. 259-268.

Hellwig, Fritz, Die Integrationsidee der EWG - wirtschaftspolitische Aspekte, in: Vorstand des Arbeitskreises Europäische Integration (Hrsg.), Integrationskonzepte auf dem Prüfstand, Baden-Baden 1983, S. 31-47.

Herdegen, Matthias, Die Belastbarkeit des Verfassungsgefüges auf dem Weg zur Europäischen Union, EuGRZ 1992, 589-594.

Herzog, Roman, Ziele, Vorbehalte und Grenzen der Staatstätigkeit, in: Josef Isensee/ Paul Kirchhof (Hrsg.), Handbuch des Staatsrechts der Bundesrepublik Deutschland, Band III, Heidelberg 1996, § 58, S. 83-120.

ders., Zur Entwicklung der Willensbildung in den Gemeinschaften, in: Die institutionelle Entwicklung der Europäischen Gemeinschaften in den siebziger Jahren, KSE Bd. 22 (1973), S. 35-45.

Hesse, Joachim Jens/Renzsch, Wolfgang, Zehn Thesen zur Entwicklung und Lage des deutschen Föderalismus, Staatswissenschaften und Staatspraxis 1990, 562-578.

Hilf, Meinhard, Amsterdam - Ein Vertrag für die Bürger?, EuR 1997, 347-361.

ders., Die Europäische Union und die Eigenstaatlichkeit ihrer Mitgliedstaaten; in: Peter Hommelhoff/Paul Kirchhof (Hrsg.), Der Staatenverbund der Europäischen Union, 1994, 75-85.

ders., Die Union und die Bürger: Nicht viel neues, aber immerhin, Integration 1997, 247-254.

ders., Ein Grundrechtskatalog für die Europäische Gemeinschaft, EuR 1991, 19-30.

ders., Europäische Union und Europäische Menschenrechtskonvention, in: Ulrich Beyerlien / Michael Bothe / Rainer Hofmann / Ernst-Ulrich Petersmann (Hrsg.), Recht zwischen Umbruch und Bewahrung, Festschrift für Rudolf Bernhardt, Berlin/Heidelberg/New York u.a., 1995, S. 1193-1212.

ders., Eine Verfassung für die Europäische Union: Zum Entwurf des Institutionellen Ausschusses des Europäischen Parlamentes, Integration 1994, Heft 2, 68-78.

ders., Europäische Union und nationale Identität der Mitgliedstaaten, in: Albrecht Randelzhofer/Rupert Scholz/Dieter Wilke (Hrsg.), Gedächtnisschrift für Eberhard Grabitz, München 1995, 157-170.

ders., Europäische Union: Gefahr oder Chance für den Föderalismus in Deutschland, Österreich und der Schweiz?, Bericht auf der Staatsrechtslehrertagung vom 6.-9.10.1993, in: VVDStRL Heft 53, (1994), 7-25.

Hilf, Meinhard/Pache, Eckhard, Der Vertrag von Amsterdam, NJW 1998, 705-713.

Hirsch, Günter, Europäischer Gerichtshof und Bundesverfassungsgericht - Kooperation oder Konfrontation?, NJW 1996, 2457-2466.

Hitzler, Gerhard, Die Europäische Union, in: Moritz Röttinger/Claudia Weyringer (Hrsg.), Handbuch der europäischen Integration, Wien 1996, S. 19-42.

Hofmann, Hasso, Zur Verfassungsentwicklung in der Bundesrepublik Deutschland, Staatswissenschaften und Staatspraxis 1995, 155-182.

Hölscheidt, Sven/Schotten, Thomas, Die Erweiterung der Europäischen Union als Anwendungsfall des neuen Europaartikels 23 GG?, DÖV 1995, 187-193.

Hoyer, Werner, Bericht des Beauftragten der Bundesregierung für die Regierungskonferenz 1996, in: Klaus Stern (Hrsg.), Schriften des Rechtszentrums für Europäische und Internationale Zusammenarbeit, Band 7, Berlin/New York 1998, S. 95-114.

ders., Perspektiven für die Regierungskonferenz 1996 und die europapolitische Agenda, Integration 1995, 189-196.

Hrbek, Rudolf/Läufer, Thomas, Die Einheitliche Europäische Akte, Europa-Archiv 1986, S. 173-184.

Huber, Ernst Rudolf, Deutsche Verfassungsgeschichte seit 1789, Band I, Reform und Restauration, 1789-1830, Stuttgart/Berlin/Köln 1960.

ders., Deutsche Verfassungsgeschichte seit 1789, Band II, Der Kampf um Einheit und Freiheit, 1830-1850, Stuttgart/Berlin/Köln/Mainz 1960.

ders., Deutsche Verfassungsgeschichte seit 1789, Band III, Bismarck und das Reich, Stuttgart/Berlin/Köln/Mainz 1988.

ders., Deutsche Verfassungsgeschichte seit 1789, Band VII, Ausbau, Schutz und Untergang der Weimarer Republik, Stuttgart/Berlin/Köln/Mainz 1984.

ders., Dokumente zur Deutschen Verfassungsgeschichte, Band I, Deutsche Verfassungsdokumente 1803-1850, Stuttgart/Berlin/Köln/Mainz 1978.

ders., Dokumente zur Deutschen Verfassungsgeschichte, Band II, Deutsche Verfassungsdokumente 1851-1900, Stuttgart/Berlin/Köln/Mainz 1986.

ders., Das Kaiserreich als Epoche verfassungsstaatlicher Entwicklung, in: Josef Isensee/Paul Kirchhof (Hrsg.) Handbuch des Staatsrechts der Bundesrepublik Deutschland, Band I, 2. Aufl., Heidelberg 1995, § 2, S. 11-82.

Huber, Konrad, Die friedliche Verwendung der Atomernergie in Frankreich und die französische Stellungnahme zur Europäischen Atomgemeinschaft, Europa-Archiv 1957, S. 10335-10347.

ders., Die universale Ordnung der friedlichen Verwendung der Atomenergie, Europa-Archiv 1957, 10083-10105.

Huber, Peter M., Der Staatenverbund der Europäischen Union, in: Jörn Ipsen/Hans-Werner Rengeling u.a. (Hrsg.), Verfassungsrecht im Wandel, Köln/Berlin/ Bonn/München 1995, S. 349-371.

ders., Die Rolle des Demokratieprinzips im europäischen Integrationsprozeß, Staatswissenschaften und Staatspraxis 1992, 349-378.

ders., Maastricht- Ein Staatsstreich?, Karlsruhe 1993.

ders., Recht der Europäischen Integration, München 1996.

Ipsen, Hans Peter, Die Bundesrepublik in den Europäischen Gemeinschaften, in: Josef Isensee/Paul Kirchhof (Hrsg.), Handbuch des Staatsrechts der Bundesrepublik Deutschland, Band VII, Heidelberg 1992, § 181, S. 767-815.

ders., Die Verfassungsrolle des Europäischen Gerichtshofs für die Integration, in: Jürgen Schwarze (Hrsg.), Der Europäische Gerichtshof als Verfassungsgericht und Rechtsschutzinstanz, Baden-Baden 1983.

ders., Die Verfassungsrolle des Europäischen Gerichtshofs für die Integration, in: ders., Europäisches Gemeinschaftsrecht in Einzelstudien, Baden-Baden 1984, S. 173-206.

ders., Europäisches Gemeinschaftsrecht, Tübingen 1972.

ders., Über Supranantionalität, in: ders., Europäisches Gemeinschaftsrecht in Einzelstudien, Baden-Baden 1984, S. 97-112.

ders., Zehn Glossen zum Maastricht Urteil, EuR 1994, 1-21.

ders., Zur Gestalt der Europäischen Gemeinschaft , in: ders., Europäisches Gemeinschaftsrecht in Einzelstudien, Baden-Baden 1984, S. 79-96.

ders., Zur Tragfähigkeit der Verfassungsprinzipien der Europäischen Gemeinschaft, in: Vorstand des Arbeitskreises Europäische Integration (Hrsg.), Integrationskonzepte auf dem Prüfstand, Baden-Baden 1983, S. 9-30.

Isensee, Josef, Das Volk als Grund der Verfassung, in: Nordrhein-Westfälische Akademie der Wissenschaften - Vorträge G 334, Opladen 1995.

ders., Idee und Gestalt des Föderalismus im Grundgesetz, in: Josef Isensee/Paul Kirchhof (Hrsg.), Handbuch des Staatsrechts der Bundesrepublik Deutschland, Band IV, Heidelberg 1990, § 98, S. 517-691.

ders., Integrationsziel Europastaat?, in: Ole Due/Markus Lutter/Jürgen Schwarze (Hrsg.), Festschrift für Ulrich Everling, Baden Baden 1995, S. 567-591.

ders., Staat und Verfassung, in: Josef Isensee/Paul Kirchhof (Hrsg.) Handbuch des Staatsrechts der Bundesrepublik Deutschland, Band I, 2. Aufl., Heidelberg 1995, § 13, S. 591-661.

ders., Staatsrechtslexikon, Stichwort „Staat", Band 4, 7. Aufl., Freiburg 1995, Sp. 133-170.

ders., Vorrang des Europarechts und deutsche Verfassungsvorbehalte - offener Dissens, in: Joachim Burmeister u.a. (Hrsg.), Verfassungsstaatlichkeit, Festschrift für Klaus Stern, München 1997, S. 1239-1268.

Jachtenfuchs, Markus, Die EG nach Maastricht, Europa-Archiv 1992, S. 279-286.

Jaenicke, Günther, Stichwort „Europäische Integration", in: Hans-Jürgen Schlochauer (Hrsg.), Wörterbuch des Völkerrechts, Erster Band, Berlin 1960, S. 466-470.

ders., Stichwort „Supranationale Organisationen", in: Hans-Jürgen Schlochauer (Hrsg.), Wörterbuch des Völkerrechts, Dritter Band, Berlin 1962, S. 423-428.

Janning, Josef, Dynamik in der Zwangsjacke - Flexibilität in der Europäischen Union nach Amsterdam, Integration 1997, 285-291.

ders., Tendenzen politischer Integration in Europa. Szenarien, Gestaltungsoptionen und Konfliktpotentiale der europäischen Politik, in: Jürgen Nötzold (Hrsg.), Wohin steuert Europa?: Erwartungen zu Beginn der 90er Jahre, Baden-Baden 1995, S. 107-143.

Janning, Josef/Giering, Claus, Mythos der Erweiterungsfähigkeit - Die EU vor ihrer ersten Osterweiterung, Internationale Politik 1997, 31-38.

Janssen, Albert, Notwendiger Wandel der Dogmatik des deutschen Staats- und Verwaltungsrechts in einem zusammenwachsenden Europa? Überlegungen zur Europäischen Gemeinschaft als Rechtsgemeinschaft, in: Rolf Grawert u.a. (Hrsg.), Offene Staatlichkeit, Festschrift für Ernst-Wolfgang Böckenförde, Berlin 1995, S. 145-161.

Jarass, Hans D./Pieroth, Bodo, Grundgesetz für die Bundesrepublik Deutschland, München 1995.

Jellinek, Georg, Allgemeine Staatslehre, Berlin 1900.

ders., Die Lehre von den Staatenverbindungen, Wien 1882, Neudruck Goldbach 1996. (zitiert: Staatenverbindungen)

ders., Die rechtliche Natur der Staatenverträge, Wien 1880.

Jouve, Edmond, Die Europa-Politik Frankreichs unter de Gaulle, Europa-Archiv 1965, S. 261-274.

Kaiser, Joseph H., Bewahrung und Veränderung demokratischer und rechtsstaatlicher Verfassungsstruktur in den internationalen Gemeinschaften, VVDStRL 23 (1966), 1-33.

Keiser, Günter, Die Verhandlungen über die Errichtung einer europäischen Freihandelszone, Europa-Archiv 1958, 10423-10430.

Kelsen, Hans, Allgemeine Staatslehre, Berlin 1925.

Kielmannsegg, Johann Adolf Graf, Der Vertrag über die Gründung der Europäischen Verteidigungsgemeinschaft, Europa-Archiv 1952, S. 5009-5019.

Kiesewetter, Hubert, Der Wandel der sozialen und wirtschaftlichen Rahmenbedingungen, Region und Nation in der europäischen Industrialisierung 1815 bis 1871, in: Helmut Rumpler (Hrsg.), Deutscher Bund und Deutsche Frage, Wien/München 1990, S. 162-185.

Kimmnich, Otto, Der Bundesstaat, in: Josef Isensee/Paul Kirchhof (Hrsg.) Handbuch des Staatsrechts der Bundesrepublik Deutschland, Band I, 2. Aufl., Heidelberg 1995, § 26, S. 1113-1150.

Kinkel, Klaus, Das Subsidiaritätsprinzip in der Europäischen Union, in: Joachim Burmeister u.a. (Hrsg.), Verfassungsstaatlichkeit, Festschrift für Klaus Stern, München 1997, S.1287-1299.

Kinsky, Ferdinand, Föderalismus als ein Modell für das künftige Europa, ZfRV 1996, 187-189.

Kirchhof, Paul, Das Maastricht-Urteil des Bundesverfassungsgerichts, in: Peter Hommelhoff/Paul Kirchhof (Hrsg.), Der Staatenverbund der Europäischen Union, 1994, S. 11-23.

ders., Der deutsche Staat im Prozeß der europäischen Integration, in: Josef Isensee/Paul Kirchhof (Hrsg.), Handbuch des Staatsrechts der Bundesrepublik Deutschland, Band VII, Heidelberg 1992, § 183, S. 855-887.

ders., Die Identität der Verfassung in ihren unabänderlichen Inhalten, in: Josef Isensee/Paul Kirchhof (Hrsg.), Handbuch des Staatsrechts der Bundesrepublik Deutschland, Band I, 2. Aufl., Heidelberg 1995, § 19, S. 775, 814.

ders., Die Staatenvielfalt-Ein Wesensgehalt Europas, in: Johannes Hengstschläger/Heribert Franz Köck, u.a. (Hrsg.), Festschrift für Herbert Schambeck, Berlin 1994, S. 947-958.

Kirchner, Christian/Haas, Joachim, Rechtliche Grenzen für Kompetenzübertragungen auf die Europäische Gemeinschaft, JZ 1993, 760-771.

Kirchner, Christian/Schwartze, Andreas, Legitimationsprobleme in einer europäischen Verfassung. Wohlfahrtsvorteile versus Legitimationseinbußen im Prozeß der europäischen Integration, Staatswissenschaften und Staatspraxis 1995, 183-207.

Kirschner, Heinrich/Klüpfel, Karin, Das Gericht erster Instanz der Europäischen Gemeinschaften, Köln/Berlin/Bonn/München 1998.

Kitzinger, Uwe, Die Weiterentwicklung der Europäischen Wirtschaftsgemeinschaft durch Großbritanniens Beitritt, Europa-Archiv 1962, S. 186-192.

Kleffner-Riedel, Angelika, Die Mitwirkung der Länder und Regionen im EU-Ministerrat, BayVwBl. 1995, 104-108.

Klein, Eckart, Gedanken zur Europäisierung des deutschen Verfassungsrechts, in: Joachim Burmeister u.a. (Hrsg.), Verfassungsstaatlichkeit, Festschrift für Klaus Stern, München 1997, S. 1301-1315.

Klein, Eckart/Haratsch, Andreas, Neue Entwicklungen des Rechts der Europäischen Gemeinschaften, DÖV 1993, 785-798.

Klein, Hans H., Die Funktion des Parlaments im politischen Prozeß, ZG 1997, 209-232.

Kloten, Norbert, Europäische Perspektiven nach Maastricht, Europa-Archiv 1993, S. 397-409.

Kobbert, Ernst, Der politische Kern der EWG-Krise, Europa-Archiv 1965, S. 511-520.

ders., Die Europa-Politik nach dem Krisenjahr 1968, Europa-Archiv 1969, S. 39-46.

ders., Eine stille „Revision" der EWG - Hat der Luxemburger Kompromiß die Gemeinschaft verwandelt?, Europa-Archiv 1966, S. 119-122.

ders., Europa der Interpretationen - Die Entwicklung der Krise in der EWG seit dem 30. Juni 1965, Europa-Archiv 1965, S. 919-926.

Koenig, Christian/Pechstein, Matthias, Die Europäische Union. Der Vertrag von Maastricht, 2. Aufl., Tübingen 1998.

dies., Rechtspersönlichkeit für die Europäische Union?, EuZW 1997, 225.

Kohlhase, Norbert, Zum politischen Charakter der Europäischen Wirtschaftsgemeinschaft, Europa-Archiv 1961, S. 339-344.

Kohlhase, Norbert/Willmann, Joachim, Wirtschaftliche Probleme der Verhandlungen über die Freihandelszone, Europa-Archiv 1958, 10711-10718.

Kokott, Juliane, Deutschland im Rahmen der Europäischen Union - zum Vertrag von Maastricht, AöR 119 (1994), 207-237.

König, Doris, Das Urteil des BVerfG zum Vertrag von Maastricht-ein Stolperstein auf dem Weg in die europäische Integration, ZaÖR Band 54, (1994), 18-51.

Koppe, Karlheinz, Das Projekt der „Europäischen Union" - Fassade oder politischer Rahmen der Integration?, Europa-Archiv 1962, S. 263-268.

Kramer, Larry/Weiler, Joseph, Theorie und Praxis des amerikanischen Föderalismus - Vorbild oder Kontrastmodell für Europa?, in: Heinrich Schneider/Wolfgang Wessels (Hrsg.), Föderale Union, Europas Zukunft? München 1994, S. 145-167.

Kriele, Martin, Dialektische Prozesse in der Verfassungsgeschichte, in: Joachim Burmeister u.a. (Hrsg.), Verfassungsstaatlichkeit, Festschrift für Klaus Stern, München 1997, S. 15-28.

Kröger, Klaus, Einführung in die jüngere deutsche Verfassungsgeschichte (1806-1933), München 1988.

Kunz, Josef L., Die Staatenverbindungen, Stuttgart 1929.

Kuschnick, Michael, Die Währungsunion und der Stabilitätspakt von Amsterdam, DZWir 1997, 315-322.

Laband, Paul, Deutsches Reichsstaatsrecht, Band I., Tübingen 1909.

Landmann, Max, Der Souveränitätsbegriff bei den französischen Theoretikern, Von Jean Bodin bis auf Jean Jacques Rousseau, Leipzig 1896 (zitiert: Souveränitätsbegriff).

Lange, Knut Werner, Die Gemeinsame Außen- und Sicherheitspolitik der Europäischen Union, JZ 1996, 442-449.

Langeheine, Bernd/Weinstock, Ulrich, Abgestufte Integration: Weder Königspfad noch Irrweg - Zur Auseinandersetzung über die Weiterentwicklung der Europäischen Gemeinschaften, Europa-Archiv 1984, S. 261-270.

Laufer, Heinz/Fischer, Thomas, Föderalismus als Strukturprinzip für die Europäische Union. Strategien für Europa, Gütersloh 1996.

Läufer, Thomas, Zum Stand der Verfassungsdiskussion in der Europäischen Union, in: Albrecht Randelzhofer/Rupert Scholz/Dieter Wilke (Hrsg.), Gedächtnisschrift für Eberhard Grabitz, München 1995, S. 355-368.

Lecheler, Helmut, Der Rechtscharakter der „Europäischen Union", in: Jörn Ipsen/Hans-Werner Rengeling u.a. (Hrsg.), Verfassungsrecht im Wandel, Köln/Berlin/Bonn/ München 1995, 383-393.

Lecheler, Helmut, Supranationalität der Europäischen Gemeinschaften-rechtliche Beschreibung oder unverbindliche Leerformel?, JuS 1974, 7-11.

Leibholz, Gerhard/Rink, Hans-Justus u.a. (Hrsg.), Ingo v. Münch-Grundgesetz für die Bundesrepublik Deutschland, Band II. 3. Aufl., München 1995.

Leisner, Walter, Staatseinung, Ordnungskraft föderaler Zusammenschlüsse, Berlin 1991.

Lenz, Carl Otto (Hrsg.), EG-Vertrag-Kommentar, Köln/Basel/Wien 1994.

ders., Der Vertrag von Maastricht nach dem Urteil des Bundesverfassungsgerichts, NJW 1993, 3038-3039.

ders., Vertrag von Maastricht-Ende demokratischer Staatlichkeit?, NJW 1993, 1962-1964.

Lerche, Peter, Europäische Staatlichkeit und die Identität des Grundgesetzes, in: Bernd Bender/Rüdiger Breuer/Fritz Ossenbühl u.a. (Hrsg.), Festschrift für Konrad Redeker, Berlin 1993, 131-147.

ders., Zur Position der deutschen Länder nach dem neuen Europa-Artikel des Grundgesetzes, in: Johannes Hengstschläger (Hrsg.), Festschrift für Schambeck, Berlin 1994, S. 753-766.

Levi, Mario, Der Außenhandel der sechs Länder der Europäischen Wirtschaftsgemeinschaft, Europa-Archiv 1957, S. 10059-10064.

Lhotta, Roland, Der Staat als Wille und Vorstellung: Die Etatistische Renaissance nach Maastricht und ihre Bedeutung für das Verhältnis von Staat und Bundesstaat, Der Staat 1997, Heft 2, S. 189-210.

Loch, Theo M., Ergebnisse einer europäischen Mission: Der Tindemans-Bericht, Europa-Archiv 1976, S. 67-74.

Loth, Wilfried, Vor 40 Jahren: Die Verhandlungen über die Römischen Verträge, Integration 1997, 1-12.

MacCormick, Neil, Das Maastricht-Urteil: Souveränität heute, JZ 1995, 797-800.

Mackay, R. W. G., Die Europäische Wirtschaftsgemeinschaft und die Europäische Freihandelsvereinigung, Europa-Archiv 1959, 695-701.

Magiera, Siegfried, Die Beseitigung der Personenkontrollen an den Binnengrenzen der Europäischen Union, in: Joachim Burmeister u.a. (Hrsg.), Verfassungsstaatlichkeit, Festschrift für Klaus Stern, München 1997, S. 1317-1338.

ders., Die Durchsetzung des Gemeinschaftsrechts im europäischen Integrationsprozeß, DÖV 1998, 173-183.

ders., Die Einheitliche Europäische Akte und die Fortentwicklung der Europäischen Gemeinschaft zur Europäischen Union, in: Wilfried Fiedler/Georg Ress (Hrsg.), Verfassungsrecht und Völkerrecht, Gedächtnisschrift für Wilhelm Karl Geck, Köln/Berlin/Bonn/München 1989, S. 507-530.

ders., Die Grundgesetzänderung von 1992 und die Europäische Union, Jura 1994, 1-11.

ders., Zur Reform der Normenhierarchie im Recht der Europäischen Union, Integration 1995, Heft 4, 197-208.

Mandelartz, Herbert, Europäische Integration - Gefährdungen und Chancen für die kommunale Selbstverwaltung, in: Grawert, Rolf, u.a., Offene Staatlichkeit, Festschrift für Ernst-Wolfgang Böckenförde, Berlin 1995, S. 163-176.

Martini, Alexander/Müller, Wolfgang, Der Schutz der kommunalen Selbstverwaltung in der europäischen Integration durch nationales Verfassungsrecht und gemeinschaftsrechtliche allgemeine Rechtsgrundsätze, BayVwBl. 1993, 161-169.

Masala, Carlo, Debatte über die institutionelle Reform der EU, Außenpolitik 1997, 228-236.

Maunz, Theodor/Zippelius, Reinhold, Deutsches Staatsrecht, München 1994.

Maurer, Hartmut, Entstehung und Grundlagen der Reichsverfassung von 1871, in: Joachim Burmeister u.a. (Hrsg.), Verfassungsstaatlichkeit, Festschrift für Klaus Stern, München 1997, S. 29-48.

Meißner, Martin, Die Bundesländer und die Europäischen Gemeinschaften, Baden-Baden 1996.

Mejer, Otto, Einleitung in das Deutsche Staatsrecht, 2. Aufl., 1884.

Menger, Christian-Friedrich, Deutsche Verfassungsgeschichte der Neuzeit, Karlsruhe 1975, 8. Aufl., Heidelberg 1993.

Merkatz, Hans-Joachim, Politische Aktionseinheit - Europäischer Neubeginn, Europa-Archiv 1965, S. 245-260.

Mestmäcker, Ernst-Joachim, Recht und ökonomisches Gesetz: über die Grenzen von Staat, Gesellschaft und Privatautonomie, Baden-Baden 1978, S. 82-99.

Monnet, Jean, Erinnerungen eines Europäers, Baden-Baden 1988.

Mosler, Hermann, Die Übertragung von Hoheitsgewalt, in: Josef Isensee/Paul Kirchhof (Hrsg.), Handbuch des Staatsrechts der Bundesrepublik Deutschland, Band VII, Heidelberg 1995, § 175, S. 599-646.

Müller-Brandeck-Bocquet, Gisela, Der Amsterdamer Vertrag zur Reform der Europäischen Union, Aus Politik und Zeitgeschichte 1997, B-47, S. 21-29.

dies., Flexible Integration - eine Chance für die europäische Umweltpolitik?, Integration 1997, 292-304.

Müller-Graff, Peter-Christian, Die wettbewerbsverfaßte Marktwirtschaft als gemeineuropäisches Verfassungsprinzip, EuR 1997, 433-457.

ders., Europäische Politische Zusammenarbeit und Gemeinsame Außen- und Sicherheitspolitik: Kohärenzgebot aus rechtlicher Sicht, Integration 1993, 147-157.

ders., Justiz und Inneres nach Amsterdam - Die Neuerungen in erster und dritter Säule, Integration 1997, 271-284.

Münch, Ursula, Ergebnis deutscher Geschichte und mögliches Modell für Europa: Der bundesrepublikanische Föderalismus, in: Günther Ammon (Hrsg.), Föderalismus und Zentralismus: Europas Zukunft zwischen dem deutschen und dem französischen Modell, Baden-Baden 1996, S. 54-75.

Murswiek, Dietrich, Maastricht und der Pouvoir Constituant. Zur Bedeutung der verfassungsgebenden Gewalt im Prozeß der europäischen Integration, Der Staat 1993, 161-190.

Mussler, Werner/Streit Manfred E., Integrationspolitische Strategien in der EU, in: Renate Ohr (Hrsg.), Europäische Integration, Stuttgart/Berlin u.a. 1996, S. 265-292.

Nanz, Klaus-Peter, Das Schengener Übereinkommen: Personenfreizügigkeit in integrationspolitischer Perspektive, Integration 1994, 92-108.

Nawiasky, Hans, Grundprobleme der Reichsverfassung, Erster Teil, Das Reich als Bundesstaat, Berlin 1928.

ders., Wörterbuch des Völkerrechts, Stichwort „Staatenverbindungen", Dritter Band, Berlin 1962, S. 313-317.

Neßler, Volker, Die „neue Ländermitwirkung" nach Maastricht, EuR 1994, 216-229.

Nettesheim, Martin, Art 23 GG, Nationale Grundrechte und EU-Recht, NJW 1995, 2083-2085.

ders., Der Grundsatz der einheitlichen Wirksamkeit des Gemeinschaftsrechts, in: Albrecht Randelzhofer/Rupert Scholz/Dieter Wilke (Hrsg.), Gedächtnisschrift für Eberhard Grabitz, München 1995, S. 446-468.

Nickel, Dietmar, Ein Kommentar zum Amsterdamer Vertrag aus Sicht des Europäischen Parlaments, Integration 1997, 219-227.

Nienhaus, Volker, Geschichte, Institutionen und Strategien der Europäischen Union, in: Paul Klemmer (Hrsg.), Handbuch europäische Wirtschaftspolitik, München 1998, S. 1-140.

Oeter, Stefan, Souveränität und Demokratie als Probleme in der „Verfassungsentwicklung" der EU, ZaöRV Band 55 (1995), 659-707.

Ohler, Christoph, Perspektiven der Gemeinschaftsrechtsentwicklung nach Maastricht: das Europäische Parlament, ZG 1995, 223-239.

Oppermann, Thomas, Der Maastrichter Unionsvertrag-Rechtspolitische Wertung, in: Rudolf Hrbek (Hrsg.), Der Vertrag von Maastricht in der wissenschaftlichen Kontroverse, Baden-Baden 1993, S. 103-119. (zitiert: Pro und Contra Unionsvertrag)

ders., Die Dritte Gewalt in der Euroäischen Union, DVBl. 1994, 901-908.

ders., Europarecht, München 1991.

ders., Zur Eigenart der Europäischen Union, in: Peter Hommelhoff/Paul Kirchhoff, Der Staatenverbund der Europäischen Union, Heidelberg 1994, S. 87-98.

Oppermann, Thomas/Classen, Claus Dieter, Die EG vor der Europäischen Union, NJW 1993, 5-12.

Ossenbühl, Fritz, Maastricht und das Grundgesetz - eine verfassungsrechtliche Wende?, DVBl. 1993, 629-637.

Papier, Hans-Jürgen, Die Entwicklung des Verfassungsrechts seit der Einigung und seit Maastricht, NJW 1997, 2841-2848.

Pauly, Walter, Souveräner Staat und Staatenverbindungen, Einleitung in: Georg Jellinek, Die Lehre von den Staatenverbindungen, Goldbach 1996, S. VII-XLV.

Pechstein, Matthias, Erweiterungsfähigkeit der Europäischen Union und europarechtliche Beitrittsvoraussetzungen, in: Klaus Stern, (Hrsg.), Zukunftsprobleme der Europäischen Union, R.I.Z.-Schriftenreihe Band 7, Berlin/New York 1998, S. 163-182.

Pegg, Carl H., Der Gedanke der europäischen Einigung während des Ersten Weltkrieges und zu Beginn der zwanziger Jahre, Europa-Archiv 1962, S. 749-758.

ders., Die wachsende Bedeutung der europäischen Einigungsbewegung in den zwanziger Jahren, Europa-Archiv 1962, S. 865-774.

ders., Vorstellungen und Pläne der Befürworter eines europäischen Staatenbundes in den Jahren 1925-1930, Europa-Archiv 1962, S. 783-790.

Penski, Ulrich, Bestand nationaler Staatlichkeit als Bestandteil der Änderungsgrenzen in Art. 79 III GG, ZRP 1994, 192-196.

Pernice, Ingolf, Deutschland in der Europäischen Union, in: Josef Isensee/Paul Kirchhof (Hrsg.), Handbuch des Staatsrechts der Bundesrepublik Deutschland, Band VII, Heidelberg 1995, § 191, S. 225-281.

ders., Europäische Union: Gefahr oder Chance für den Föderalismus in Deutschland, Österreich und der Schweiz?, DVBl. 1993, 909-924.

ders., Maastricht, Staat und Demokratie, DV 1993, 450-488.

Pernice, Ingolf, Carl Schmitt, Rudolf Smend und die europäische Integration, AöR 120 (1995), 100-120.

Philipp, Wolfgang, Ein dreistufiger Bundesstaat? Deutsche Einheit zwischen Europa und den Ländern, ZRP 1992, 433-438.

Piepenschneider, Melanie, Konsenslinien und Spielmaterial - Vorschläge für die Regierungskonferenz, Integration 1995, 209-222.

Pippan, Christian, Die Europäische Union nach Amsterdam: Stärkung ihrer Identität auf nationaler Ebene?, Aus Politik und Zeitgeschichte 1997, B-47, S. 30-39.

Rambow, Gerhard, Entwicklungsperspektiven der Europäischen Union, in: Ole Due/Markus Lutter u.a. (Hrsg.), Festschrift für Ulrich Everling, Baden Baden 1995, Band II, 1169-1186.

Randelzhofer, Albrecht, Staatsgewalt und Souveränität, in: Josef Isensee/Paul Kirchhof (Hrsg.), Handbuch des Staatsrechts der Bundesrepublik Deutschland, Band I, 2. Aufl., Heidelberg 1995, § 15, S. 691-707.

ders., Zum behaupteten Demokratiedefizit der Europäischen Gemeinschaft, in: Peter Hommelhoff/Paul Kirchhof, Der Staatenverbund der Europäischen Union, 1994, S. 39-55.

Regelsberger, Elfriede/Jopp, Mathias, Und sie bewegt sich doch! Die Gemeinsame Außen- und Sicherheitspolitik nach den Bestimmungen des Amsterdamer Vertrages, Integration 1997, 255-263.

Reif, Hans, Europäische Integration, Köln/Opladen1962.

Ress, Georg, Die Europäische Union und die neue juristische Qualität der Beziehungen zu den Europäischen Gemeinschaften, JUS 1992, 985-991.

Rhein, Eberhard, Die Europäische Union à 25 - Wie regierbar ist sie?, Internationale Politik 1997, 25-30.

Ridder, Helmut, Lexikon des Völkerrechts, Stichwort „Europäische Politische Gemeinschaft, Erster Band, Berlin 1960, S. 474-477.

Rothley, Willi, Europa alla tedesca. Das Bundesverfassungsgericht, das Grundgesetz, die Gemeinschaft, in: Berichte für den 17. F.I.D.E.-Kongreß, Baden-Baden 1996, S. 22-43

Rupp, Hans Heinrich, Muß das Volk über den Vertrag von Maastricht entscheiden?, NJW 1993, 38-40.

ders., Maastricht-eine neue Verfassung?, ZRP 1993, 211-213.

Rupprecht, Reinhard, Justiz und Inneres nach dem Amsterdamer Vertrag, Integration 1997, 264-270.

Sachs, Michael (Hrsg.), Grundgesetz Kommentar, München 1996

Sahm, Ulrich, Die Verfassung der Europäischen Gemeinschaft für Kohle und Stahl, Europa-Archiv 1951, S. 3977-3985.

Salewski, Michael, Europa der Nationalstaaten - Realistische Alternative oder Wunschdenken, Internationale Politik 1997, 7-12.

Schachtschneider, Karl Albrecht u.a., Der Vertrag über die Europäische Union und das Grundgesetz, JZ 1993, 751-760.

ders., Die existentielle Staatlichkeit der Völker Europas und die staatliche Integration der Europäischen Union, in: Wolfgang Blomeyer/Karl Albrecht Schachtschneider (Hrsg.), Die Europäische Union als Rechtsgemeinschaft, 1995, 75-139.

ders., Die Staatlichkeit der Europäischen Gemeinschaft, in: Max Vollkommer, Auf dem Weg in ein vereintes Europa-Atzelsberger Gespräche-Vier Vorträge, Erlanger Forschungen, Reihe A, Band 67, Erlangen 1994, S. 81-104.

Schelter, Kurt/Hoyer, Werner, Der Vertrag von Amsterdam, Schriften zur Europäischen Integration, Band 3 und 4, Starnberg 1997.

Scherpenberg, Jens von, Perspektiven des Integrationsprozesses der EG-12 nach der Vollendung des Binnenmarktes und den Beschlüssen von Maastricht, in: Jürgen Nötzold (Hrsg.), Wohin steuert Europa?: Erwartungen zu Beginn der 90er Jahre, Baden-Baden 1995, S. 31-84. (zitiert: Perspektiven des Integrationsprozesses) *ders.*, Probleme und Optionen einer Erweiterung der Europäischen Union, in: Jürgen Nötzold (Hrsg.), Wohin steuert Europa?: Erwartungen zu Beginn der 90er Jahre, Baden-Baden 1995, S. 85-106.

Scheuing, Dieter H., Nationales Verfassungsrecht mit Blick auf die europäische Integration, in: Berichte für den 17. F.I.D.E.-Kongreß, Baden-Baden 1996, S. 70-119.

Schieder, Theodor, Vom Deutschen Bund zum Deutschen Reich, Gebhard, Handbuch der deutschen Geschichte, Band 15, München 1995.

Schiffler, Gerhard, Der Vertrag über die Europäische Wirtschaftsgemeinschaft (EWG), Europa-Archiv 1957, 9871-9878.

Schilling, Theodor, Die deutsche Verfassung und die europäische Einigung, AöR 116, (1991) 32-71.

Schmalenbach, Kirsten, Der neue Europaartikel 23 des Grundgesetzes im Lichte der Arbeit der Gemeinsamen Verfassungskommission, Berlin 1996.

Schmidhuber, Peter M., Der Binnenmarkt 1992 - Eine Herausforderung für die Gesetzgebung der Gemeinschaft und der Mitgliedstaaten, Europa-Archiv 1989, S. 75-84.

Schmidt-Aßmann, Eberhard, Der Rechtsstaat, in: Josef Isensee/Paul Kirchhof (Hrsg.), Handbuch des Staatsrechts der Bundesrepublik Deutschland, Band I, 2. Aufl., Heidelberg 1995, § 24, S. 987-1043.

Schmidt-Bleibtreu, Bruno/Klein, Franz, Kommentar zum Grundgesetz, 8. Aufl., Berlin 1995.

Schmitt, Carl, Verfassungslehre, 7. Aufl. (unveränderter Nachdruck der 1. Aufl. von 1928), Berlin 1989.

Schmitt-Glaeser, Alexander, Grundgesetz und Europarecht als Elemente europäischen Verfassungsrechts, Berlin 1996.

Schmuck, Otto, Der Amsterdamer Vertrag aus Sicht der Länder und Regionen, Integration 1997, 228-235.

ders., Der Maastrichter Vertrag zur Europäischen Union - Fortschritte und Ausdifferenzierung der Europäischen Einigung, Europa-Archiv 1992, S. 97-106.

Schnapauff, Klaus-Dieter, Der neue Europaartikel in der staatlichen Praxis, ZG 1997, 188-194.

Schneider, Hans-Peter, Die bundesstaatliche Ordnung im vereinigten Deutschland, NJW 1991, S. 2448-2455.

ders., Die Europäische Union als Staatenverbund oder als multinationale „Civitas Europea", in: Albrecht Randelzhofer/Rupert Scholz/Dieter Wilke (Hrsg.), Gedächtnisschrift für Eberhard Grabitz, München 1995, S. 677-723.

ders., Föderale Verfassungspolitik für eine Europäische Union, in: Heinrich Schneider/Wolfgang Wessels (Hrsg.), Föderale Union, Europas Zukunft? München 1994, S. 21-50.

ders., Synthese und Schlußfolgerungen, in: Rudolf Hrbek (Hrsg.), Der Vertrag von Maastricht in der wissenschaftlichen Kontroverse, Baden-Baden 1993, S. 133-157.

ders., Von Amsterdam in die Zukunft: Mit Trippelschritten vorwärts - oder in die Sackgasse, Integration 1997, 197-202.

Schneider, Heinrich/Wessels, Wolfgang, Föderales Europa im Widerstreit-Einführung und Übersicht, in: Heinrich Schneider/Wolfgang Wessels (Hrsg.), Föderale Union, Europas Zukunft?, München 1994, S. 7-20.

dies., Gestalt und Inhalt einer „Europäischen Union" - Ein Diskussionsbeitrag zur Tindemanns-Mission, Europa-Archiv 1975, S. 587-596.

Scholz, Rupert, Die politische Union: Realisierungschancen von Bundesstaat und Staatenbund-einleitende Thesen zur Podiumsdiskussion, in: Deutschland auf dem Weg in die Europäische Union: Wieviel Eurozentralismus - wieviel Subsidiarität?, Veröffentlichungen der Hanns Martin Schleyer-Stiftung Band 40, Köln 1994, 412-417.

ders., Europäische Union und deutscher Bundesstaat, NVwZ 1993, 817-823.

ders., Europäische Union und Verfassungsreform, NJW 1993, 1690-1692.

ders., Grundgesetz und europäische Einigung. Zu den reformpolitischen Empfehlungen der Gemeinsamen Verfassungskommission, NJW 1992, 2593-2601.

Schomerus, Johanna, De Gaulles Europa-Konzeption im Spiegel seiner Memoiren und Reden, Europa-Archiv 1963, S. 323-332.

Schönfelder, Wilhelm/Silberberg, Reinhard, Auf dem Weg zum Ziel - Die Ergebnisse des Vertrags von Amsterdam, Internationale Politik 1997, 18-24.

dies., Der Vertrag von Amsterdam: Entstehung und erste Bewertung, Integration 4/97, 203-210.

Schotten, Thomas, Das Grundgesetz nach Maastricht, VwRdSch 1993, 89-94.

ders., Der Vertrag zur Gründung der Europäischen Union und das Grundgesetz, VwRdSch 1992, 305-313.

ders., Die Erweiterung der Europäischen Union als Anwendungsfall des neuen Europaartikels 23 GG ?, DÖV 1995, 187-193.

Schreckenberger, Waldemar, Der moderne Verfassungsstaat und die Idee der Weltgemeinschaft, Der Staat 34 (1995), 503-526.

ders., Von den Schengener Abkommen zu einer gemeinsamen Innen- und Justizpolitik (Die Dritte Säule), Zeitschrift für Verwaltungslehre, Verwaltungsrecht und Verwaltungspolitik 1997, 389-415.

Schröder, Meinhard, Das Bundesverfassungsgericht als Hüter des Staates im Prozeß der europäischen Integration, DVBl. 1994, 316-325.

ders., Grundsatzfragen einer europäischen Verfassungsgebung, in: Jörn Ipsen/Hans-Werner Rengeling u.a. (Hrsg.), Verfassungsrecht im Wandel, Köln/Berlin/Bonn/ München 1995, S. 509-524.

Schüler, Manfred, Die vierte Ebene: Haushalts- und finanzpolitische Probleme der Europäischen Gemeinschaften, Europa-Archiv 1974, S. 45-54.

Schulz, Eberhard, Gedanken zu einer europäischen Friedensordnung, Europa-Archiv 1969, S. 589-599.

Schulze, Hagen/Paul, Ina Ulrike, Europäische Rechtsgeschichte, Quellen und Materialien, München 1994.

Schuppert, Gunnar Folke, Zur Staatswerdung Europas. Überlegungen zu Bedingungsfaktoren und Perspektiven der europäischen Verfassungsentwicklung, Staatswissenschaften und Staatspraxis 1994, 35-76.

Schwarze, Jürgen, Das Staatsrecht in Europa, JZ 1993, 585-594.

ders., Der Beitrag des Europäischen Gerichtshofs zur Europäisierung des Verwaltungsrechts, EuR 1997, 419-432.

ders., Entwicklungsstufen des Europäischen Gemeinschaftsrechts, in: Bodo Börner/Hermann Jahrreiß/Klaus Stern (Hrsg.), Festschrift für Karl Carstens, Köln/Berlin/Bonn/München 1984, S. 259-272.

Schweitzer, Michael/Hummer, Waldemar, Europarecht, 5. Aufl., Neuwied 1996.

Seeler, Hans-Joachim, Politische Integration und Gewaltenteilung, Europa-Archiv 1960, S. 13-24.

Seidel, Martin, Zur Verfassung der Europäischen Gemeinschaft nach Maastricht, EuR 1992, 125-144.

Seidl-Hohenveldern, Ignaz, Völkerrecht, 8. Auflage, Köln/Berlin/Bonn/ München 1994.

Seidl-Hohenveldern, Ignaz/Loibl, Gerhard, Das Recht der Internationalen Organisationen einschließlich der Supranationalen Gemeinschaften, Köln/ Berlin/Bonn/München 1992.

Siekmann, Helmut, Staat und Staatlichkeit am Ende des 20. Jahrhunderts, in: Joachim Burmeister u.a. (Hrsg.), Verfassungsstaatlichkeit, Festschrift für Klaus Stern, München 1997, S. 341-363.

Siemann, Wolfram, Vom Staatenbund zum Nationalstaat - Deutschland 1806-1871, München 1995.

ders., Wandel der Politik - Wandel der Staatsgewalt, in: Helmut Rumpler (Hrsg.), Deutscher Bund und deutsche Frage 1815-1866, Wien 1990, S. 59-73.

Simson, Werner von, Was heißt in einer europäischen Verfassung „Das Volk", EuR 1991, 1-18.

Simson, Werner von/Schwarze, Jürgen, Europäische Integration und Grundgesetz, Maastricht und die Folgen für das deutsche Verfassungsrecht, in: Ernst Benda/ Werner Maihofer u.a. (Hrsg.), Handbuch des Verfassungsrechts, Berlin/New York 1994, S. 53-123.

Smeets, Heinz-Dieter, Grundlagen der regionalen Integration: Von der Zollunion zum Binnenmarkt, in: Renate Ohr (Hrsg.), Europäische Integration, Stuttgart, Berlin u.a. 1996, S. 47-75.

Smend, Rudolf, Integration, in: Staatsrechtliche Abhandlungen und andere Aufsätze, 3. Aufl., Berlin 1994, S. 482-486.

ders., Integrationslehre, in: Staatsrechtliche Abhandlungen und andere Aufsätze, 3. Aufl., Berlin 1994, S. 475-481.

ders., Verfassungsund Verfassungsrecht, in: Staatsrechtliche Abhandlungen und andere Aufsätze, 3. Aufl., Berlin 1994, S. 119-276.

Sommermann, Karl-Peter, Staatsziel „Europäische Union", DÖV 1994, 596-604.

Steiger, Heinhard, Staatlichkeit und Überstaatlichkeit - Eine Untersuchung zur rechtlichen und politischen Stellung der Europäischen Gemeinschaften, Berlin 1966.

Steinberger, Helmut, Anmerkungen zum Maastricht-Urteil des Bundesverfassungsgerichts, in: Peter Hommelhoff/Paul Kirchhof, Der Staatenverbund der Europäischen Union, 1994, S. 25-35.

ders., Der Verfassungsstaat als Glied einer europäischen Gemeinschaft, Bericht auf der Staatsrechtslehrertagung vom 3.-6.10.1990, in: VVDStRL Heft 50, (1991), 10-55.

ders., Die Europäische Union im Lichte der Entscheidung des Bundesverfassungsgerichts vom 12. Oktober 1993, in: Ulrich Beyerlin/Michael Bothe/Rainer Hofmann u.a. (Hrsg.), Festschrift für Bernhard, Berlin/ Heidelberg u.a.1995, S. 1313-1335.

Steindorff, Ernst, Schumann-Plan und europäischer Bundesstaat, Europa-Archiv 1951, S. 3955-3960.

Stern, Klaus, Das Staatsrecht der Bundesrepublik Deutschland, Band I, 2. Aufl., München 1984.

ders., Europäische Union und kommunale Selbstverwaltung, in: Jürgen F. Baur/Christian Watrin (Hrsg.), Recht und Wirtschaft der Europäischen Union, R.I.Z.-Schriftenreihe Band 6, Berlin/New York 1998, S. 16-41.

ders., Föderative Besinnungen, in: Helmut Siekmann (Hrsg.), Klaus Stern - Der Staat des Grundgesetzes - Ausgewählte Schriften und Vorträge, Köln/Berlin/Bonn/ München, 1992, S. 98-110.

Stöcker, Hans A., Die Unvereinbarkeit der Währungsunion mit der Selbstbestimmungsgarantie in Art. 1 Abs. 2 GG, Der Staat 1992, 495-518.

Stolleis, Michael, Das „europäische Haus" und seine Verfassung, KritV 1995, 276-297.

ders., Geschichte des öffentlichen Rechts in Deutschland, Zweiter Band, München 1992.

Streinz, Rudolf, Das Maastricht-Urteil des Bundesverfassungsgerichts, EuZW 1994, 329-333.

ders., Der „effet utile" in der Rechtsprechung des Gerichtshofs der Europäischen Gemeinschaften, in: Ole Due/Markus Lutter/Jürgen Schwarze (Hrsg.), Festschrift für Ulrich Everling, Baden Baden 1995, S. 1491-1510.

ders., Der Vertrag von Amsterdam, Einführung in die Reform des Unionsvertrages von Maastricht und erste Bewertung der Ergebnisse, EuZW 1998, 137-147.

ders., Europarecht, 3. Aufl., Heidelberg 1996.

Thieme, Werner, Das Grundgesetz und die öffentliche Gewalt internationaler Staatengemeinschaften, VVDStRL 18 (1959), 50-80.

Thürer, Daniel, Der Verfassungsstaat als Glied in einer europäischen Gemeinschaft, VVDStRL 50 (1991), 97-139.

Tindemanns-Gruppe, Welches Europa wollen Sie?: Fünf Szenarien für das Europa von morgen, Baden-Baden 1996.

Tomuschat, Christian, Das Endziel der europäischen Integration Maastricht ad infinitum?, DVBl. 1996, 1074-1082.

ders., Die Europäische Union unter der Aufsicht des Bundesverfassungsgerichts, EuGRZ 1993, 489-496.

ders., Die staatsrechtlice Entscheidung für die internationale Offenheit, in: Josef Isensee/Paul Kirchhof (Hrsg.), Handbuch des Staatsrechts der Bundesrepublik Deutschland, Band VII, Heidelberg 1995, § 172, S. 483-524.

Tsatzos, Dimitris Th., Die Europäische Unionsgrundordnung, EuGRZ 1995, 287-296.

Uerpmann, Robert, Staatsangehörigkeit und Wahlrecht im demokratischen Staat, Staatswissenschaften und Staatspraxis, 1995, 3-20.

Vernant, Jacques, Europa im Stadium des Übergangs - Französische Vorstellungen über eine europäische Staatenordnung, Europa-Archiv 1969, S. 339-344.

Vitzthum, Wolfgang Graf, Staatsgebiet, in: Josef Isensee/Paul Kirchhof (Hrsg.) Handbuch des Staatsrechts der Bundesrepublik Deutschland, Band I, 2. Aufl., Heidelberg 1995, S. 709-732.

Volle, Hermann, Die Agonie der Europäischen Verteidigungsgemeinschaft - Eine Übersicht über die Entwicklung vom Juni bis zum September 1954, Europa-Archiv 1954, S. 7115-7126.

ders., Die britische Europapolitik nach dem Scheitern der EVG, Europa-Archiv 1955, S. 7231-7242.

Vollmer, Lothar, Die Wirtschaftsverfassung der Europäischen Union aus rechtlicher Sicht, in: Rolf Caesar/Renate Ohr (Hrsg.), Maastricht und Maastricht II: Vision oder Abenteuer?, Baden-Baden 1996, S. 83-89.

Wagner, Helmut, Die innerdeutschen Grenzen, in: Alexander Demandt (Hrsg.), Deutschlands Grenzen in der Geschichte, München 1993, S. 240-284.

Wagner, Wolfgang, Die Zukunft der Europäischen Gemeinschaft nach ihrer Erweiterung, Europa-Archiv 1972, S. 295-304.

ders., Die europäische Direktwahl als Motor politischen Wandels, Europa-Archiv 1978, S. 783-786.

Wallace, Helen, Europäische Integration: Auf dem Weg nach 1992, Europa-Archiv 1988, S. 583-590.

dies., Integration von Verschiedenheit, in: Mannheimer Zentrum für europäische Sozialforschung (Hrsg.), Frankfurt/Main 1996, S. 29-45.

Wallace, William/Edwards, Geoffrey/Tsoukalis, Loukas, Eine Gemeinschaft der Zwölf, Europa-Archiv 1977, S. 627-690.

Weber, Albrecht, Zur künftigen Verfassung der Europäischen Gemeinschaft, JZ 1993, 326-330.

ders., Zur Verfassungsstruktur der Europäischen Gemeinschaften nach Maastricht, in: Rudolf Hrbek (Hrsg.), Der Vertrag von Maastricht in der wissenschaftlichen Kontroverse, Baden-Baden 1993, S. 121-132.

Weghorn, Erwin, Die wirtschaftlichen Aussichten Europas, Europa-Archiv 1950, S. 3113-3121.

Weidenfeld, Werner, Europas neues Gesicht, Internationale Politik 1997, 1-6.

ders., Innere Herausforderungen für die Europäische Union, in: Ole Due/Markus Lutter/Jürgen Schwarze (Hrsg.), Festschrift für Ulrich Everling, Baden Baden 1995, S. 1641-1649.

Weigelt, Klaus, Die EU als Instrument der Friedens- und Wohlstandssicherung, in: Rudolf Strohmeier (Hrsg.), Die Europäische Union, Ein Kompendium aus deutscher Sicht, Opladen 1994.

Welfens, Paul J.J., Europäische Union: Wirtschaft und Wirtschaftspolitik, in: Jürgen von Hagen/Paul J.J. Welfens/Axel Börsch-Supan (Hrsg.), Springers Handbuch der Volkswirtschaftslehre 2, Wirtschaftspolitik und Weltwirtschaft, Berlin u.a. 1997.

Wessels, Wolfgang, Auf dem Weg zur Staatswerdung? 27 politikwissenschaftliche Anmerkungen, in: Rudolf Hrbek (Hrsg.), Der Vertrag von Maastricht in der wissenschaftlichen Kontroverse, Baden-Baden 1993, S. 65-75.

ders., Der Amsterdamer Vertrag - Durch Stückwerksreformen zu einer effizienteren, erweiterten und föderalen Union?, Integration 1997, 117-135.

ders., Der Vertragsentwurf des Europäischen Parlaments für eine Europäische Union, Europa-Archiv 1984, S. 239-248.

ders., Die Europäischen Staaten und ihre Union-Staatsbilder in der Diskussion, in: Heinrich Schneider/Wolfgang Wessels (Hrsg.), Föderale Union, Europas Zukunft?, München 1994, S. 51-69.

ders., Europäische Union - Entwicklung eines politischen Systems, in: Renate Ohr (Hrsg.), Europäische Integration, Stuttgart/Berlin u.a. 1996, S.19-45.

ders., Maastricht: Ergebnisse, Bewertungen und Langzeittrands, Integration 1992, 2-16.

Wettig, Gerhard, Trends und Probleme in Europa, Außenpolitik 1997, 3-10.

Winkler, Günther, Die Reine Rechtslehre Kelsens als Dekonstruktionismus?, in: Joachim Burmeister u.a. (Hrsg.), Verfassungsstaatlichkeit, Festschrift für Klaus Stern, München 1997, S. 115-125.

Wolf-Niedermaier, Anita, Der Europäische Gerichtshof zwischen Recht und Politik, Baden-Baden 1997.

Wrede, Christian, Eine ökonomische Analyse der vertraglichen Besonderheiten bei Projektfinanzierungen, Frankfurt/M 1992.

Zellentin, Gerda, Staatswerdung Europas? Politikwissenschaftliche Überlegungen nach Maastricht, in: Rudolf Hrbek (Hrsg.), Der Vertrag von Maastricht in der wissenschaftlichen Kontroverse, Baden-Baden 1993, S. 41- 63.

Zeller, Willy, Die Strukturkrise der Europäische Union, Europa-Archiv 1978, S. 205-212.

Zippelius, Reinhold, Geschichte der Staatsideen, München 1994.

Zippelius, Reinhold, Kleine deutsche Verfassungsgeschichte - Vom frühen Mittelalter bis zur Gegenwart, München 1995.

Zuleeg, Manfred, Die Gestalt der Europäischen Union im Tindemans-Bericht, Europa-Archiv 1976, S. 549-558.

ders., Zum Standort des Verfassungsstaats im Geflecht der internationalen Beziehungen, DÖV 1977, 462-467.

Einleitung

Die Europäische Union, die mit der Gründung der drei Europäischen Gemeinschaften ihren Anfang nahm, kann auf eine lange Entwicklung zurückblicken, in der man nach neuen Wegen des staatlichen Zusammenlebens suchte. Dieser Prozeß ist selbst nach fast 50 Jahren noch nicht abgeschlossen, denn die Europäische Union versteht sich nur als ein Durchgangsstadium auf dem Weg zu einer *„immer engeren Union der Völker Europas"*.[1] Das Bundesverfassungsgericht hat die Europäische Union in seiner „Maastricht-Entscheidung" als eine *„Staatenverbindung"*[2], *„Staatengemeinschaft"*[3], einen *„europäischen Staatenverbund"*,[4] *„Verbund demokratischer Staaten"*[5] und als eine *„zwischenstaatliche Gemeinschaft"*[6] bezeichnet, die in vielfältiger Weise das nationale Verfassungsgefüge beeinflußt.[7] Die Begriffsvielfalt ist Ausdruck der rechtsdogmatischen Unsicherheit, mit der die Einordnung in die Kategorien Bundesstaat und Staatenbund - für das Gericht gleichermaßen wie für die Staatsrechtswissenschaft - verbunden ist. Der Begriff der *„Staatenverbindungen"* wurde durch *P. Kirchhof* in die aktuelle Diskussion eingeführt,[8] geht aber rechtshistorisch auf die Staats- und Völkerrechtslehre des

---

1 Art. 1 Abs. 2 EUV; Art. A Abs. 2 EUV a.F.

2 BVerfGE 89, 155, 186, 188.

3 BVerfGE 89, 155, 182, 184.

4 BVerfGE 89, 155, 181.

5 BVerfGE 89, 155, 184.

6 BVerfGE 89, 155, 184.

7 Die Prüfungskompetenz des Gerichts war nur insoweit eröffnet, als gegen den grundlegenden demokratischen Gehalt des Art. 38 GG, die Legitimation und Einflußnahme des Volkes an der Staatsgewalt zu gewährleisten, ein Verstoß denkbar war. *„Das Recht des Beschwerdeführers aus Art. 38 GG konnte* (nur) *dann verletzt sein, wenn die Wahrnehmung der Kompetenzen des Deutschen Bundestages so weitgehend auf ein von den Regierungen gebildetes Organ der Europäischen Union oder der Europäischen Gemeinschaften übergegangen war, daß die nach Art. 20 Abs. 1 und 2 GG i.V.m. Art. 79 Abs. 3 GG unverzichtbaren Mindestanforderungen demokratischer Legitimation der dem Bürger gegenüberstehenden Hoheitsgewalt nicht mehr erfüllt würden"*. Um diese Frage zu beantworten, mußte das Gericht den Ist-Zustand der europäischen Integrationsentwicklung erfassen, um auf dieser Grundlage beurteilen zu können, ob der Integrationsstand bereits die durch das Grundgesetz gesteckten Grenzen überschritten hat, BVerfGE 89, 155, 171.

8 *P. Kirchhof*, HStR Bd. VII, § 183, Rz. 50ff.; vgl. auch *ders.*, Das Maastricht-Urteil des Bundesverfassungsgerichts, S. 11, 12.

19. Jahrhunderts zurück.[9] Eine Analyse muß daher in dieser Zeit ansetzen und auf den Grundlagen der zentralen Staatenverbindungen des 19. Jahrhunderts (Deutscher Bund und Deutsches Reich) aufbauen und klären, auf welchem theoretischen Hintergrund der Begriff der Staatenverbindungen beruht (Kapitel A).

Das Besondere der europäischen Einigung nach 1945 lag in ihrem supranationalen Ansatz, der die Übertragung nationaler Kompetenzen auf die europäische Ebene erforderlich machte und die hergebrachten Erkenntnisse über die Staatenverbindungen in einem neuen Licht erscheinen ließ (Kapitel B). Eine Bestandsaufnahme der heutigen Gestalt der Europäischen Union wird zeigen, daß die Elemente klassischer Staatenverbindungen nach wie vor nachweisbar sind, ohne sich aber an den Kategorien von Bundesstaat und Staatenbund festmachen zu lassen. Die Europäische Union zeichnet sich vielmehr durch eine besondere Verbundhaftigkeit aus, die in Kapitel C näher beleuchtet werden soll.

Das Wesen der Europäischen Union wird nicht nur durch die Struktur des Zusammenschlusses, sondern ebenfalls durch die vielfältigen Auswirkungen auf das nationale Verfassungsgefüge seiner Mitgliedstaaten bestimmt. Art. 23 GG ist zusammen mit der Maastricht-Entscheidung des Bundesverfassungsgerichts für die Bundesrepublik Deutschland die Richtschnur, an der zukünftige Integrationsentwicklungen gemessen werden müssen (Kapitel D). Aus der Analyse der Integrationsentwicklung bis heute, lassen sich Kriterien ableiten, die verschiedene Vorschläge für zukünftige Formen europäischer Einigung als Sackgasse entlarven. Zukunftsträchtige Ansätze müssen die verfassungsrechtlichen Vorgaben einhalten und die historisch gewachsenen strukturellen Eigenheiten der Europäischen Union angemessen berücksichtigen (Kapitel E). Mit der vorliegenden Arbeit soll der Versuch unternommen werden, aus der Betrachtung der bisherigen *„Integration in Staatenverbindungen“* Kriterien abzuleiten, die für die zukünftige Entwicklung der Europäischen Union maßgeblich sind.

---

9 *K. Stern*, Föderative Besinnungen, S. 98, 100; *A. v. Bogdandy/M. Nettesheim*, in: Grabitz/Hilf, Kommentar zur Europäischen Union, Band 1, Art. 1, Rz. 4ff.; *H.-P. Ipsen*, EuR 1994, 1, 8; *K. Meesen*, NJW 1994, 549, 554; *Th. Fröschl*, Confoderationes, Uniones, Ligae, Bünde, S. 21ff.

A. Die theoretischen Grundlagen der Staatenverbindungen im 19. Jahrhundert

Wenn man die Europäische Union als Staatenverbindung bezeichnet, so ist im rechtlichen Sinne damit zunächst nicht viel mehr gesagt, als daß mehrere Staaten in einer auf Rechtsnormen beruhenden Verbindung stehen. Offensichtlich ist auch, daß sich eine rechtswissenschaftliche Untersuchung an den rechtlichen Besonderheiten der Verbindung orientieren muß, wenn sie sich die Charakterisierung einer speziellen Staatenverbindung zum Ziel gesetzt hat. Im ersten Teil sollen daher zunächst die rechtlichen Kriterien festgelegt werden, die der späteren Beurteilung der Staatenverbindung der Europäischen Union zugrundegelegt werden. Dies geschieht anhand der historischen Vorläufer der Staatenverbindungen und deren Bewertung in der Staats- und Völkerrechtslehre des ausgehenden 19. und beginnenden 20. Jahrhunderts. Einen wesentlichen - und wie zu zeigen sein wird - heute noch aktuellen Beitrag zum Verständnis der Europäischen Union liefern die Werke von *Georg Jellinek,*[10] *Siegfried Brie*[11] und *Hans Kelsen.*[12] In ihren theoretischen Abhandlungen kommen drei grundlegende Auffassungen zum Tragen, mit denen die Einbindung und Verflechtung eines Staates in einer Staatenverbindung begriffen werden können. In Anbetracht der heutigen Struktur der Europäischen Union kann die Darstellung der theoretischen Grundlagen auf einen bestimmten, allen drei Autoren gemeinsamen Teilbereich aus der Fülle der Staatenverbindungen, nämlich des Staatenbundes und des Bundesstaates, beschränkt werden. *Jellinek* und *Brie* fassen beide Typen unter die sog. organisierten Staatenverbindungen, während *H. Kelsen* am Kriterium der Organisation anknüpft, daraus eine eigene Abgrenzung von Staatenbund und Bundesstaat ableitet und die bis dahin herrschende Lehre einer allgemeinen und prinzipiellen Kritik unterzieht.

Die Definition von Bundesstaat und Staatenbund hängt wesentlich von der Beantwortung der Grundfragen nach der Bedeutung der völkerrechtlichen und staatsrechtlichen Ordnung, der Souveränität und ihrer Beschränkbarkeit ab, so daß diese Begriffe zunächst einer kurzen Erläuterung bedürfen.

---

10 „Die Lehre von den Staatenverbindungen", Wien 1882.

11 „Theorie der Staatenverbindung", Stuttgart 1886.

12 „Allgemeine Staatslehre", Berlin 1925.

I. Der souveräne Staat als Ausgangsspunkt der Staatenverbindungen

1. Der Staat als absolutes rechtliches Ordnungssystem

Als Antwort auf die zeitlose Frage nach dem geeigneten Ordnungsrahmen für das menschliche Zusammenleben hat sich in der Neuzeit der moderne Rechtsstaat herausgebildet, der in seinen inneren und äußeren Verhältnissen als Einheit und als die Gesellschaft umfassendes rechtliches System begriffen wurde.[13]

Inwieweit der Staat bei der Regelung seiner inneren und äußeren Angelegenheiten Bindungen unterliegt, ist Gegegstand einer lange dauernden Auseinandersetzung, in deren Zentrum die Diskussion über die staatliche Souveränität steht. Der Begriff geht auf *J. Bodin* zurück, der in seinen *„Sechs Büchern vom Staat"* im Jahre 1576 eine erste Definition gegeben hat. Seit *Bodin* den Staat definierte als

> *„un droit gouvernement de plusieurs mesnages et de ce qui leur est commun avec puissance souveraine"*[14]

ist der Begriff zur Grundlage der Erkenntnisse über den Staat in der Beziehung zu seinem Territorium, seiner Bevölkerung und zu anderen Staaten gemacht worden.[15] Souveränität war für *Bodin* die

> *„höchste, dauernde, von den Gesetzen entbundene Gewalt über die Unterthanen.*[16]

Dem folgend wurde staatliche Souveränität als absolute einzelstaatliche Souveränität gesehen, die keinerlei rechtlichen Bindungen unterfiel.[17] Innere

---

13 Vgl. *M. E. Hebeisen*, Souveränität in Frage gestellt, S. 27f. Nach *Brie* ist *„der Staat* (...) *der Idee nach ein Gemeinwesen von Menschen zur subsidiären Förderung aller vernünftigen Interessen seiner [gegenwärtigen und zukünftigen] Mitglieder."* Er verfügt über eine *„allseitig ergänzende Natur des Staatszweckes"*, Theorie der Staatenverbindungen, S. 5. *G. Jellinek* beschreibt den Staat als eine *„mit ursprünglicher Herrschaftsmacht ausgerüstete Verbandseinheit seßhafter Menschen"*, Allgemeine Staatslehre, S. 181.

14 Les six livres de la République, Paris 1576, zitiert bei *G. Jellinek*, Staatenverbindungen, S. 16.

15 Vgl. *G. Jellinek*, Staatenverbindungen, S. 16.

16 Zitiert bei *M. Landmann*, Souveränitätsbegriff, S. 42. An anderer Stelle heißt es bei *Bodin „Es gehört notwendig zum Begriff der Souveränität, daß ihre Inhaber auf keine Weise den Befehlen eines anderen unterworfen sind, daß sie den Untertanen Gesetze geben, überholte Gesetze* (...) *aufheben und neue dafür erlassen können."*

17 Es entspricht dem Zeitalter des Absolutismus, daß zunächst als Träger der Souveränität der Herrscher in der Person des Königs angesehen wurde. Mit dem Beginn des demokrati-

Souveränität umfaßte die Überlegenheit über alle politischen Kräfte im Territorium, wobei die äußere Souveränität eines Staates die Unabhängigkeit in seinen Beziehungen zu anderen Staaten beinhaltete.[18] Ein Staat sollte nur dann wahrhaft souverän sein, wenn er selbst und einseitig bestimmen konnte, ob und wie lange er eine bestimmte Völkerrechtsregel im Verhältnis zu anderen Staaten anwenden will.[19] Das Völkerrecht wurde so zur Ableitung des innerstaatlichen Rechts und damit zum Gegenstand staatlicher Interessen, ohne seine ordnende Funktion im zwischenstaatlichen Bereich erfüllen zu können.[20]

2. Lehre von der Selbstverpflichtung des Staates

Eine erste Veränderung hat der *Bodinsche* Souveränitätsbegriff dadurch erfahren, daß der Staat rechtlichen Bindungen unterworfen wurde, ohne jedoch von der Annahme absoluter staatlicher Souveränität abzurücken.[21] Tritt der Staat durch seine Handlungen in der Außenwelt in Erscheinung, geht er gleichzeitig vielfältige rechtliche Bindungen ein, die *Jellinek* in innere und äußere differenziert. Hinsichtlich des Verhältnisses des Staates zu seiner Bevölkerung erkennt *Jellinek* einen zweifachen Gesichtspunkt:

> *„Von hier aus gesehen erscheint der Staat als herrschende Macht, als Befehle von unbedingt bindender Kraft erlassend, deren Gesammtheit*

---

schen Zeitalters trat dann das Volk an dessen Stelle, *J.L. Kunz*, Die Staatenverbindungen, S. 25.

18 Souveränität bedeutet Selbst- und Letztbestimmung nach innen und außen sowie Letzt- und Totalverantwortung des Staates für die dieser Souveränität unterworfenen Bürger. *F. Ossenbühl*, DVBl 1993, 629, 631; *J. Isensee*, HStR Bd. I, § 13, Rz. 34. *A. Randelzhofer*, HStR Bd. I, § 15, Rz. 35.

19 *I. Seidl-Hohenveldern*, Völkerrecht, Rz. 5.

20 Sog. Monismus, Primat des Staatsrechts. Tritt ein Staat mit anderen Staaten in Kontakt, so wird diese Verbindung zum Gegenstand der allgemeinen Völkerrechtsordnung, die völlige Anarchie in den zwischenstaatlichen Beziehungen verhindert will. Davon zu trennen ist die Frage, ob diese Regeln im Notfall mit Zwangsgewalt durchgesetzt werden können, denn die Ordnungsfunktion realisiert sich bereits im Vorfeld einer möglichen Nichtbeachtung, denn auch der Verletzer der Völkerrechtsordnung ist an der Aufrechterhaltung der Ordnung interessiert, so daß man in einem sehr weiten Sinne behaupten kann, daß eine Rechtsverletzung auch Nachteile für den Verletzer nach sich zieht, *I. Seidl-Hohenveldern*, Völkerrecht, Rz. 20.

21 Vgl. zur Idee des Rechtsstates auch *M. Kriele*, Dialektische Prozesse in der Verfassungsgeschichte, 15, 16ff.

> *die rechtlichen Sphären der Individuen sowohl gegen einander als auch gegen den Staat selbst abgrenzt.*"[22]

Die Macht über die Untertanen ist aber nicht unbeschränkt, sondern der Staat ist auch im umgekehrten Verhältnis gebunden:

> *„In den Rechtssätzen, die er erlässt, wendet sich daher der Staat nicht nur an die seiner Gewalt Unterworfenen, sondern auch an sich selbst, indem er im Verfassungsrecht sich die Grenzen seiner rechtlichen Wirksamkeit überhaupt zieht".*[23]

Der Bindung in den inneren Verhältnissen korrespondiert die rechtliche Bindung in den äußeren Angelegenheiten des Staates, denn

> *„indem er mit seinesgleichen in Verkehr tritt, erkennt er die Normen, welche logisch aus der Natur der internationalen Rechtsverhältnisse fliessen, als für seinen Willen geltend an."*[24]

Die Staatstätigkeit unterliegt damit generell einer rechtlichen Bindung, die *Jellinek* zum zentralen Merkmal des Staates erhebt.

> *„Die Acte des Staatswillens sind also Acte der Selbstverpflichtung, der Verpflichtung durch eigenen Willen."*[25]

Als Bezugspunkte für die Analyse des Staates standen sich von nun an, entsprechend der Differenzierung in innere und äußere Angelegenheiten, die Ordnungen des Völkerrechts und des Staatsrechts gegenüber. Letzteres wendet sich den Fragen innerhalb eines als Staat gekennzeichneten Verbandes zu und ist der Inbegriff der Normen, die das Funktionieren in seiner wesentlichen Organisation und in seinem Grundverhältnis zum Bürger erfassen und ordnen.[26] Das Völkerrecht regelt demgegenüber das Verhalten der einzelnen Staaten einschließlich der von ihnen eingegangenen staatlichen Verbindungen.[27]

---

22 *G. Jellinek*, Staatenverbindungen, S. 31. Dementsprechend ist die *„ausschließliche Verpflichtbarkeit durch den Staatswillen, also durch fremden Willen (...) das juristische Merkmal des Unterthans.*", a.a.O. S. 32.

23 *G. Jellinek*, Staatenverbindungen, S. 32.

24 *G. Jellinek*, Staatenverbindungen, S. 33.

25 *G. Jellinek*, Staatenverbindungen, S. 34; vgl. auch *ders.*, Die rechtliche Natur der Staatenverträge, S. 9ff.

26 *K. Stern*, Staatsrecht Bd. I, § 1, II, 2, S. 9.

27 *I. Seidl-Hohenveldern*, Völkerrecht, Rz. 2.

3. Souveränität in Staatenverbindungen

Gehört es zum Wesen des souveränen Staates, sein Schicksal frei zu bestimmen, so zählt dazu auch die Entscheidung, Mitglied in einer Staatenverbindung zu sein. Staatenbünde verdanken ihre Existenz dem Bestreben nach einer einheitlichen bzw. gemeinsamen Regelung von Sachverhalten. Wenn ein Staat sich aus eigenem Entschluß vertraglich verpflichtet, gewisse Entscheidungen nur mit Zustimmung anderer Staaten zu treffen, so macht er von seinem freien Verfügungsrecht in der Weise Gebrauch, daß er anderen Staaten ein Mitspracherecht in den Materien einräumt, die von der Verbindung erfaßt werden. Wenn die Staaten über Teilbereiche ihrer Kompetenzen verfügen können, so stellt sich die Frage, ob und welche Auswirkungen dies auf ihre Fähigkeit hat, über ihre Angelegenheiten letztverbindlich zu entscheiden.[28] Nach *Jellinek* ist der Kompetenzverlust im Rahmen der völkerrechtlichen Bindung ohne Einfluß auf die Souveränität des Staates. Das gelingt ihm, indem er die Verpflichtbarkeit durch eigenen Willen zum juristischen Merkmal des souveränen Staates erklärt,

> *„denn Souveränität ist eben das Recht, nur durch eigenen Willen verpflichtet und verpflichtbar zu sein.“*[29]

Da *Jellineks* Souveränität die Möglichkeit zur Selbstbeschränkung bedeutet, bleibt ein Staat, selbst wenn er die wichtigsten Hoheitsrechte auf ein anderes völkerrechtliches Gebilde delegiert, immer noch souverän.[30] Da sich staatliche Souveränität durch die Fähigkeit auszeichnet, sich durch eigenen Willen verpflichten zu können, muß festgestellt werden, ob der Staat in der Lage ist, aus eigener Machtvollkommenheit Recht zu erzeugen und sich dadurch zu binden.[31] Erst wenn das der Fall ist, kann er als souverän bezeichnet werden.[32] Die entscheidende Frage ist also, ob die Delegation durch den Inhaber des

---

28 *J.L. Kunz*, Die Staatenverbindungen, S. 58.

29 *G. Jellinek*, Staatenverbindungen, S. 55.

30 *J.L. Kunz*, Die Staatenverbindungen, S. 64.

31 *„Das Erlassen von Rechtsnormen (...) die Festsetzung organischer Einrichtungen aus eigenem Recht und in eigenem Namen derart, dass diese Thätigkeit keiner Controle unterliegt, ist eine specifische Eigenschaft des Staates“*, *G. Jellinek*, Staatenverbindungen, S. 40.

32 *„Nur der Staat hat uncontrolirbare öffentlich-rechtliche Gewalt.“* und *„Wo daher ein politisches Gebilde nach irgend einer Richtung staatlicher Thätigkeit hin aus eigenem Recht bindende Normen zu erlassen berechtigt ist, da ist im juristischen Sinne ein Staat vorhanden.“*, *G. Jellinek*, Staatenverbindungen, S. 40.

Rechts kontrollierbar ist oder nicht.[33] Übertragen auf die Staatenverbindungen bedeutet dies folgendes:

> *„Da der souveräne Staat sich selbst beschränken kann, kann er auch aus der Fülle seiner Competenz einer ihm unterstehenden öffentlich-rechtlichen Corporation staatliche Macht derart zuweisen, dass diese nun Inhaber derselben ist, (...). (...) weder die Thatsache, dass ein Recht übertragen, noch dass es eventuell von dem ursprünglichen Eigner zurückgenommen werden kann, hindern (...) seinen Charakter als eigenes Recht des Staates (...).“*[34]

Führt man den Gedanken der Selbstverpflichtung mit dem Anspruch auf staatliche Souveränität zusammen, so ist die

> *„ausschliessliche Verpflichtbarkeit durch eigenen Willen (...) das juristische Merkmal des souveränen Staates“*[35]

Aus dieser Definition folgen für *Jellinek* alle Eigenschaften der Souveränität. Dazu gehört die höchste und unabhängige Macht des Staates, die es ihm erlaubt, innerhalb der ihm durch seine Natur gezogenen Grenzen, seine Kompetenzen festzulegen, die Unteilbarkeit der Souveränität[36] sowie deren fehlende zeitliche Begrenzung.[37] Für *Jellinek* ist Souveränität daher die

> *„nicht weiter ableitbare Herrschergewalt aus eigener Macht und zu eigenem Recht“.*[38]

Wenn es sich bei den delegierten Rechten nach wie vor um eigene Rechte des sie übertragenden Staates handelt, so stellt sich die weitere Frage, ob sich ein

---

33 *„Eigenes Recht ist rechtlich uncontrolirbares Recht“, G. Jellinek,* Staatenverbindungen, S. 42.

34 *G. Jellinek,* Staatenverbindungen, S. 44.

35 *G. Jellinek,* Staatenverbindungen, S. 34.

36 Da die Souveränität nicht notwendige Bedingung der Staatlichkeit ist, es vielmehr souveräne und nichsouveräne Staaten gibt, kann man auch den Gliedern eines Bundesstaates Staatscharakter zusprechen, selbst wenn diese ihre Souveränität verloren haben, *G. Jellinek,* Staatenverbindungen, S. 36ff. So auch S. *Brie,* der eine Teilung der staatlichen Aufgaben und Befugnisse als mit der Allseitigkeit des Zwecks und der Gewalt des Staates unvereinbar ansieht, Theorie der Staatenverbindungen, S. 22f.

37 Bei S. *Brie* folgt aus der Tatsache, daß dem Staat die „Allseitigkeit des Zwecks“ inne wohnt, die *„Vernunftforderung, dass dem Staate in jeder Beziehung und dass nur dem Staate Souveränetät zukomme.“* Sonst wäre der Staat nicht in der Lage seine Zwecke auch gegen einen bestehenden Individualwillen zu erfüllen, Theorie der Staatenverbindungen, S. 6f., 9.

38 Allgemeine Staatslehre, S. 489. vgl. auch *ders.,* Staatenverbindungen, S. 34f.

Staat durch die Übertragung seiner Hoheitsrechte überhaupt seiner Souveränität entledigen kann bzw. ob dies in Teilbereichen möglich ist. Es geht darum, ob durch die Übertragung von Hoheitsrechten ein Moment erreicht werden kann, in dem die nationale Kompetenzfülle einen Punkt unterschreitet, der es nicht mehr erlaubt, von nationaler Souveränität zu sprechen.[39] *Kelsen* hat dies so formuliert:

> *„Man will nur eine solche Fülle von Rechten umschreiben, bei der der Staat noch souverän ist, nicht ein Maximum, sondern ein Minimum, das eine Einschränkung nicht verträgt, ohne daß der Staat dadurch den Charakter der Souveränität und schließlich den eines selbständigen Staates überhaupt verliert.“*[40]

Nach *Jellinek* ist die Beantwortung dieser Frage

> *„nicht nur schwierig, sondern unlösbar, denn wo sollte sich eine wissenschaftlich zu rechtfertigende Grenze ziehen lassen? Juristisch muß vielmehr jeder Staat, sofern und solange er nur durch einen Vertrag verpflichtet ist, (...), als souveräner Staat angesehen werden.“*[41]

Daher kann für *Jellinek* im juristischen Sinne ein Staat im Rahmen einer Staatenverbindung durch Vertrag seine Souveränität nicht aufgeben. Die Mitgliedstaaten der Europäischen Union würden daher nach diesem Verständnis niemals allein durch die Vereinbarung völkervertraglichen Primärrechts ihre Souveränität verlieren. Ob diese Annahme zutrifft und welche Auswirkungen sie auf das Verständnis von Bundesstaat und Staatenbund hat, soll nun im folgenden an den historischen Erscheinungsformen der Staatenverbindungen des 19. Jahrhunderts dargestellt werden.

---

39 Für die Europäische Union wird dies vor allem seit dem Maastrichter-Vertrag diskutiert, der einen großen Kompetenzzuwachs für die Union bedeutete und daher eine andere staatsrechtliche Bewertung der Union selbst und ihrer Mitgliedstaaten rechtfertigen könnte.

40 *H. Kelsen*, Völkerrechtliche Souveränität, zitiert bei *J.L. Kunz*, Die Staatenverbindungen, S. 54. S. *Brie* hat in seiner im Jahre 1886 veröffentlichten „Theorie der Staatenverbindungen“ die Lehre von der geminderten Souveränität vertreten. Das wesentliche Kriterium zur Charakterisierung des Staates ist bei S. *Brie* die Allseitigkeit seines Zwecks und der Gewalt, der die Allseitigkeit der Zuständigkeit, die Kompetenz-Kompetenz enspricht. Einzelne Funktionen können dem Staat zugunsten eines anderen Staates entzogen werden, wenn nur das Prinzip der Allseitigkeit gewahrt bleibt. Staaten, die einem anderen Staat unterstehen, sind nicht in allen, sondern nur in bestimmten Angelegenheiten von diesem unabhängig. Die Souveränität der Staaten ist daher keine absolute, sondern eine relative.

41 *G. Jellinek*, Staatenverbindungen, S. 55.

II. Historische Eingrenzung

1. Erste Ausformungen europäischer Einigungsbestrebungen

Die griechischen Städtebünde der Antike und das Imperium Romanum können nicht als organisatorische und politische Vorformen europäischer Einigungsbestrebungen gesehen werden. Die Städtebünde sind schon wegen ihrer sehr viel kleineren und anders ausgerichteten Struktur nicht mit einer von Nationalstaaten getragenen supranationalen Organisation vergleichbar und das Imperium Romanum war schon geographisch nur teilweise mit dem Gebiet der heutigen Europäischen Union identisch. Ferner stand das Römische Reich erst in seiner Endphase (nach der Spaltung) in der christlichen Tradition, die zusammen mit dem Humanismus der griechisch-römischen Kultur als die geistigen Wurzeln angesehen werden können, auf denen die verschiedensten Vorstellungen eines geeinten Europas ruhten und ruhen.[42] Organisatorische und politische Ausformungen können erstmals im Kaiserreich des Mittelalters nachgewiesen werden, das als Karolingisches Reich weithin geographisch identisch war mit dem Gebiet der Sechsergemeinschaft der Europäischen Gemeinschaften.[43]

Ein Vergleich mit der Europäischen Union von heute ist aufgrund der nationalstaatlichen Prägung der Staatenverbindungen nur dann sinnvoll, wenn man in einem Zeitpunkt der Geschichte ansetzt, der bereits nationalstaatliche Strukturen erkennen läßt. Die zeitliche Zäsur muß daher frühestens im Jahre 1648, dem Westfälischen Frieden gezogen werden, der die Souveränität den Landesherren zuerkannte.[44] Der Dreißigjährige Krieg ließ bei allen europäischen Völkern und Herrschern den gemeinsamen Wunsch nach Frieden immer stärker hervortreten.[45] Der Friedensvertrag von Osnabrück begann in Art. I daher mit den Worten:

---

42 Hierauf wird heute vor allem dann hingewiesen, wenn Staaten, die nicht in dieser Tradition stehen, um Aufnahme nachsuchen, wie z.B. die Türkei.

43 Belgien, Deutschland, Frankreich, Italien, Luxemburg und die Niederlande. Die jährliche Verleihung des „Karlspreises“ (Karl der Große 768-814 n. Chr.) in Aachen, stellt dabei einen deutlichen und bewußten Bezug zu dieser Zeit her.

44 *O. Kimminich*, HStR Bd. I, § 26, Rz. 25.

45 Hinzu kam, daß das Zuammengehörigkeitsgefühl der europäischen Völker durch die „Türkengefahr“ des 17. Jahrhunderts gestärkt wurde. Im 17. und 18. Jahrhundert sind aus dieser Situation heraus zahlreiche Werke entstanden, die sich mit der Einigung Europas beschäftigten: *Sully*, Minister Heinrich IV. von Frankreich, „Grand dessein“, 1617; *W. Penn*, An Essy towards the Present and Future Peace of Europe“ 1693; *J. Bellers*, Some Reasons

> *„Es sei ein christlicher, allgemeiner, immerwährender Friede (...) zwischen der hl. Kaiserlichen Majestät, dem Hause Österreich und allen seinen Verbündeten und Anhängern".*[46]

Der Westfälische Friede verlieh den Reichsständen die sog. ständische Liberalität und räumte ihnen damit das Recht ein, untereinander oder mit ausländischen Staaten Bündnisse einzugehen. Da diese aber nicht gegen Kaiser und Reich gerichtet sein durften, blieben die deutschen Fürsten und die freien Städte bis zur Auflösung des deutschen Reiches im Jahre 1806 unter dessen Oberhoheit rechtlich eingebunden.[47]

Neben den großen Territorien Brandenburg, Österreich, Sachsen und Bayern gab es viele winzige weltliche und geistliche Herrschaften, die aber meist zu klein waren, um Bedeutung zu erlangen.[48] Das Reich bestand mit Kaiser, Reichstag und Reichskammergericht weiter, war aber praktisch ohne Unterstützung der Territorien nicht zu regieren. Die Gesandten der Fürsten und Städte tagten seit 1663 im ständigen Reichstag zu Regensburg als der obersten Entscheidungsinstanz. Die Uneinigkeit der Gesandten vereitelte meist das Zustandekommen von Beschlüssen, was außenpolitisch das gesamte Reich lähmte, da der Kaiser auch hier von der Zustimmung des Reichstags abhängig war. Das Heilige Römische Reich Deutscher Nation, das formal bis 1806 bestand, kann damit als eine vorwiegend auf religiöser Grundlage ruhende universale Vorform europäischer Einigung betrachtet werden.[49] Die Mächte in Europa waren bis zum Ausgang des 18. Jahrhunderts aber noch keine Nationalstaaten im modernen Sinne, stellten also kein System politischer Existenz und Ordnung dar, das nicht nur auf staatlicher Einheit, sondern zugleich auf der völkerrechtlichen Gleichheit seiner Glieder beruht.[50] Im Verfassungsaufbau des Reiches waren vielmehr mit den königsherrschaftlichen, ständisch-territorialen, lehnsrechtlichen und auch föderativen Strukturen mehrere geschichtliche und gesellschaftliche Entwicklungen miteinander

---

for a European State", 1710; und nicht zuletzt der Plan *I. Kants* vom „Ewigen Frieden" 1795.

46 Der Westfälische Friede (1648), in: Europäische Geschichte, Quellen und Materialien, S. 151.

47 *U. Eisenhardt*, Deutsche Rechtsgeschichte, Rz. 163.

48 Unter den 83 freien Reichsstädten waren bedeutende Handelsplätze wie Hamburg und Frankfurt, aber auch belanglose Orte mit kaum 2000 Einwohnern, von denen die meisten von der Landwirtschaft lebten.

49 Vgl. auch *U. Münch*, Ergebnis deutscher Geschichte und mögliches Modell für Europa, S. 54, 56f.

50 *E. R. Huber*, Deutsche Verfassungsgeschichte, Band I, S. 4.

verbunden.[51] In Deutschland bedurfte die Entstehung des Nationalstaates, der die Grundlage der hier zu untersuchenden Staatenverbindungen ist, des Bruchs mit der übernationalen Reichstradition, mit der gefestigten Eigenstaatlichkeit der größeren Territorien und der Überwindung der unübersehbaren Vielzahl der kleineren geistlichen und weltlichen Herrschaften.[52] Ein Vergleich mit heute bestehenden staatlichen Strukturen bzw. staatlichen Verbindungen ist erst ab dem Zeitpunkt möglich, in dem sich der ideelle Universalismus des Reiches in der Endphase seiner Existenz in ein die realen Machtverhältnisse widerspiegelndes europäisches Staatensystem auflöste.[53] Als Katalysator dieser Entwicklung kann die Existenzkrise angesehen werden, der die deutschen Länder seit dem Ausbruch der Kriege mit dem revolutionären Frankreich im Jahre 1792[54] bis zum Ende der napoleonischen Herrschaft in Europa im Jahre 1815 ausgesetzt waren und die die alten Herrschaften, historischen Räume und überkommenen Anschauungen in Frage stellte.[55]

2. Der Rheinbund von 1806 als Mittel des napoleonischen Hegemonialsystems

Im Jahre 1806 gründeten sechzehn deutsche Reichsstände, darunter Bayern, Württemberg und Baden den Rheinbund, dessen Protektor Napoleon wurde und erklärten gleichzeitig ihren Austritt aus dem Reichsverband, der das Ende des Römischen Reiches deutscher Nation bedeutete. Der Rheinbund war in erster Linie ein sicherheitspolitisches Instrument Frankreichs, denn nach der Rheinbundakte vom 12. Juli 1806 unterstand die Bundesarmee dem Oberbefehl Napoleons. Die Rheinbundakte war ein völkerrechtlicher Vertrag, der auf der einen Seite von Napoleon als dem Protektor des Rheinbundes und auf der anderen Seite von den Mitgliedstaaten abgeschlossen wurde und neben dem

---

51 Die Staatsrechtslehre tat sich mit der Einordnung des Reiches in die staatsrechtliche Systematik dementsprechend schwer, vgl. *U. Eisenhardt*, Deutsche Rechtsgeschichte, Rz. 169.

52 *E. R. Huber*, Deutsche Verfassungsgeschichte, Band I, S. 5.

53 *H. Wagner*, Die innerdeutschen Grenzen, S. 240, 243f. *G. Jellinek* lehnt eine Einordnung in des Römischen Reiches in das System der Staatenverbindungen mit der Begründung ab, seine Verfassung sei nicht Ausdruck einer staatenbündischen Organisation, sondern Desorganisation gewesen, Staatenverbindungen, S. 144. Dagegen S. *Brie*, Zur Lehre Jellineks, S. 390.

54 Eine kurze Übersicht der drei „Koalitionskriege" (1792-1797; 1799-1802; 1805) und der damit zusammenhängenden *„territorialen Flurbereinigung"* gibt *R. Zippelius*, Kleine Deutsche Verfassungsgeschichte, S. 83ff.

55 *W. Siemann*, Vom Staatenbund zum Nationalstaat, S. 21f.

einigenden Charakter auch die Unterwerfung unter die französische Vorherrschaft besiegelte.[56] Es wurde festgelegt, daß jeder Krieg auf dem europäischen Festland von Frankreich und dem Rheinbund gemeinsam geführt werden mußte. Die Klausel, daß der französische Protektor befugt sein sollte, alle zur gemeinsamen Sicherheit notwendigen Maßnahmen zu treffen, gehörte zu den stillschweigenden Vertragsnormen der Rheinbundakte.[57] Zahlreiche Übergriffe auf das Territorium der Rheinbundstaaten durch Napoleon belegen zudem die tatsächlichen Machtverhältnisse in dieser Zeit.[58] Napoleon sah im Rheinbund das Mittel, das Reich zu stürzen und an seine Stelle eine von Frankreich abhängige Konföderation deutscher Staaten zu setzen.[59]

Insgesamt kann daher der Rheinbund nicht als eine Staatenverbindung angesehen werden, die auf dem Prinzip der Gleichheit beruhte und entsprechend den theoretischen Grundlagen der Staatenverbindungen hinsichtlich der Vertragsautonomie souveräner Einzelstaaten bewertet werden könnte. Trotzdem wäre es verfehlt, wollte man den Rheinbund ausschließlich als Militärinstanz unter der Hegemonie Frankreichs einordnen. Für Deutschland hatte der Rheinbund insofern Bedeutung, als er den Prozeß der territorialen Neugliederung des zurückliegenden Jahrhunderts abschloß und einen wesentlichen Beitrag zur Entstehung des Staatensystems des 19. Jahrhunderts beitrug.[60] Dies resultierte vor allem aus dem Widerstand, der sich in der Rheinbundzeit gegen die französische Vorherrschaft entwickelte und dem Rheinbund seinen vorübergehenden Charakter gab, nicht jedoch aus dem staatenbündischen System selbst, das einen Vergleich mit der Staatenverbindung der Europäischen Union von heute erlauben würde.

---

56 Die Rheinbundakte war ein völkerrechtlicher Verpflichtungs- und Statusvertrag, der die Intensivierung der Beziehungen und die Stellung der Mitglieder im Verhältnis zu Frankreich bestimmte, gleichzeitig aber auch die Verfassung, die die Organisation des Bundes festlegte, vgl. *U. Eisenhardt*, Deutsche Rechtsgeschichte, Rz. 406.

57 *E. R. Huber*, Deutsche Verfassungsgeschichte, Band I, S. 82.

58 Die Ächtung Steins, Verurteilung und Erschießung des Buchhändlers Palm auf rheinbündischem Boden, Annexion der Festung Wesel (1806) und des Gebietes um Erfurt (1807) durch Frankreich entgegen der Zusage, die Grenzen Frankreichs nicht über den Rhein hinaus zu erstrecken, *E. R. Huber*, Deutsche Verfassungsgeschichte, Band I, S. 82.

59 *D. Grimm*, Deutsche Verfassungsgeschichte, S. 55ff.; *U. Eisenhardt*, Deutsche Rechtsgeschichte, Rz. 405; *W. Siemann*, Vom Staatenbund zum Nationalstaat, S. 301ff.

60 Ein Zeitgenosse schrieb im Jahre 1808 über *„Deutschlands Erwartungen vom Rheinischen Bunde“: „Jetzt umschlingt sie alle ein politisches Band, das ihnen gegen Auswärtige die Einheit des Staates wiedergibt, welche Deutschland schon seit 300 Jahren verloren hatte“*, *H. B. Spies*, zitiert bei *W. Siemann*, Vom Staatenbund zum Nationalstaat, S. 304. Vgl. auch *C. F. Menger*, Deutsche Verfassungsgeschichte der Neuzeit, Rz. 211.

Das Reich war nun endgültig in drei Teile zerfallen: Österreich, Preußen und das „dritte Deutschland", wie man die übrigen meist zum Rheinbund gehörenden Staaten nannte;[61] eine Konstellation, die in den folgenden Jahrzehnten für die Staatenverbindungen in Europa zentrale Bedeutung gewinnen sollte.

Darauf aufbauend hat die europäische Geschichte im 19. Jahrhundert zwei Phasen erlebt, die allgemein als Beispiele für den Staatenbund einerseits und den Bundesstaat andererseits genannt werden, der Deutsche Bund von 1814/15 und das Deutsche Reich von 1871, das aus dem Norddeutschen Bund von 1866/67 hervorgegangen ist. Die Gründung des Deutschen Reiches im Jahre 1871 und der Streit über die Rechtsnatur desselben und die daraus resultierende Frage der Abgrenzung gegenüber dem Deutschen Bund von 1814/15 war der Anstoß für die Staatsrechtswissenschaft, sich mit dem Problem der Staatenverbindungen eingehend auseinanderzusetzen.[62] Es verwundert daher nicht, daß sich annähernd die gesamte Lehre von den Staatenverbindungen des ausgehenden 19. Jahrhunderts auf den Dualismus von Bundesstaat und Staatenbund hinsichtlich dieser beiden historischen Ausprägungen konzentrierte.

III. Der Deutsche Bund und seine Einordnung in das System der Staatenverbindungen nach G. Jellinek und S. Brie

1. Der Deutsche Bund von 1814/1815

a) Die Entstehung des Deutschen Bundes

Nach dem Sieg über Napoleon war es die Aufgabe des Wiener Kongresses, die europäsche Staatenwelt neu zu ordnen. Mit der Herausbildung der Nationalstaaten in der Renaissance und dem Absolutismus, verbunden mit zahlreichen Kriegen zur Vergrößerung von Staatsgebiet, Macht und Einfluß der Dynastien, bildete sich nach und nach der Grundsatz des „Gleichgewichts der Kräfte" oder auch des „Europäischen Gleichgewichts" heraus, der auf dem Wiener Kongreß 1814/15 zentrale Bedeutung für die Neuordnung des nach-

61 Im Jahre 1808 gehörten dem Rheinbund 39 deutsche Staaten an.

62 *J.L. Kunz*, Die Staatenverbindungen, S. 70f. Ebenfalls sehr fruchtbar, aber den Rahmen dieser Arbeit sprengend, dürfte die Analyse der Vereinigten Niederlande von 1579-1795, die nordamerikanische Konföderation von 1778-1789 und die schweizerische Eidgenossenschaft von 1815-1848 darstellen, die ebenfalls sehr weitgehende staatenbündische und bundesstaatliche Elemente aufweisen. Vgl. auch *K. Stern*, Föderative Besinnungen, S. 98, 100.

napoleonischen Europas erlangte.[63] Organisatorisch wurde der Gleichgewichtsgedanke durch ein System von Allianzen und Kongressen der europäischen Herrscher umgesetzt, die insbesondere in der „Heiligen Allianz“, bestehend aus England, Frankreich, Österreich, Preußen und Rußland, zahlreiche europäische Krisen unblutig zu regeln vermochte.[64]

Als Bestandteil der Wiener Kongreßakte legte die Bundesakte die Verhältnisse in Deutschland fest.[65] Statt eines einheitlichen deutschen Staates entstand der Deutsche Bund als ein lose gefügter Staatenbund, dem neben vier Reichsstädten 37 souveräne Fürsten angehörten.[66] Die Gesandten der Fürsten trafen sich zu ständigen Beratungen in der Bundesversammlung in Frankfurt am Main. Da neben Preußen und Österreich die Staaten des Deutschen Bundes klein und schwach waren, bestimmte der Dualismus der beiden Großmächte das Geschehen in Deutschland.[67] Preußen erschien mit seinem nach Westen verlagerten Schwerpunkt wieder als stärkste norddeutsche Macht und Österreich behielt trotz seines territorialen Rückzugs aus dem deutschen Südwesten seinen dominierenden Einfluß auf die Mittel- und Kleinstaaten. Mit *W. v. Humboldts* Worten war

> *„das ganze Heil des Bundes (...) auf das nicht verfassungsrechtlich zu regelnde Einverständnis Preußens und Österreichs gestellt“.*[68]

Die Deutsche Bundesakte[69] war nur ein knapper Rahmenvertrag über die deutschen Bundesverhältnisse, bedeutete aber den Grundvertrag und das erste

---

63 *H. Wagner*, Die innerdeutschen Grenzen, S. 240, 247; *W. D. Gruner*, Deutscher Bund und Europäische Ordnung, S. 235, 239ff.; *C. F. Menger*, Deutsche Verfassungsgeschichte, Rz. 214ff.; *H. Arnold*, Außenpolitik 1997, 39, 40.

64 Z. B. die Unabhängigkeit Griechenlands 1830/32, die Gründung des neutralen Belgiens 1831/39, den Dardanellenvertrag 1841, den Londoner Vertrag über Dänemark 1852, die Beendigung des Krimkrieges im Pariser Frieden 1856, die Neutralisierung Luxemburgs 1867 und den Berliner Kongreß über Balkanfragen 1878.

65 Die Bundesakte ging auf Art. VI des Pariser Friedens vom 8. Juni 1815 zurück.

66 Unter den Teilnehmern waren, weil sie Herrschaftsgebiete in Deutschland hatten, auch der englische, dänische und niederländische König. Andererseits waren Preußen und Österreich nur für einen Teil ihrer Gebiete Mitglieder des Deutschen Bundes, vgl. *H. Wagner*, Die innerdeutschen Grenzen, S. 240, 248f. Der Deutsche Bund wird nahezu übereinstimmend als Staatenbund angesehen: vgl. beispielhaft *K. Kröger*, Einführung in die jüngere deutsche Verfassungsgeschichte, S. 4; *C. F. Menger*, Deutsche Verfassungsgeschichte, Rz. 218 a.E.; *Th. Schieder*, Vom Deutschen Bund zum Deutschen Reich, S. 11f.

67 Dieser Dualismus war schließlich am 14. Juni 1866 auch für das Scheitern des Deutschen Bundes verantwortlich, nachdem sich die beiden Großmächte nicht über die Zukunft Schleswig-Holsteins nach dem gewonnenen Krieg gegen Dänemark einigen konnten.

68 Vgl. auch *H. Wagner*, Die innerdeutschen Grenzen, S. 240, 250.

Grundgesetz dieser Verbindung.[70] Sie war zugleich Bestandteil der Schlußakte des Wiener Kongresses, die einen Tag später unterzeichnet und von den acht europäischen Großmächten[71] getragen wurde. Als integrierender Bestandteil der Abmachungen des Kongresses[72] wurde so auch die völkerrechtliche Anerkennung der staatsrechtlichen Neuordnung Deutschlands durch die nichtdeutschen Parteien der Kongreßakte anerkannt.[73]

b) Der Zweck des Deutschen Bundes nach der Deutschen Bundesakte und der Wiener Schlußakte[74]

Der Zweck des Deutschen Bundes lag in der Erhaltung der äußeren und inneren Sicherheit Deutschlands und der Unabhängigkeit und Unverletzlichkeit der deutschen Staaten.[75] Es ist insoweit angebracht, ihn als friedenssicherndes föderalistisches System eigener Art zu bezeichnen, denn es war den Bundesmitgliedern untersagt, gegeneinander Krieg zu führen unter der gleichzeitigen Verpflichtung, ganz Deutschland sowie jedes einzelne Mitglied gegen einen Angriff von außen in Schutz zu nehmen und sich gegenseitig Beistand zu leisten.[76]

---

69 Unterzeichnung am 8. Juni 1815.

70 Art. 3 WSA.

71 Österreich, Preußen, Großbritannien, Rußland, Frankreich, Schweden, Portugal und Spanien.

72 Die Art. 1-11 der Bundesakte wurden in der Kongreßakte in den Art. 53-63 wörtlich wiederholt, wobei die Art. 12-20 nur summarisch erwähnt wurden.

73 Ob darin auch eine Garantie des Bundes und der Bundesakte durch die nichtdeutschen Mächte zu sehen ist, wird unterschiedlich gesehen, spielt aber für die Frage der Einordnung des Deutschen Bundes in das System der Staatenverbindungen keine entscheidende Rolle, vgl. dazu *E. R. Huber*, Deutsche Verfassungsgeschichte, Band I, S. 675ff.

74 Alle Verweise auf die Wiener Schlußakte (WSA) und die Deutsche Bundesakte (DBA) sind zitiert nach *E. R. Huber*, Dokumente zur deutschen Verfassungsgeschichte, Band I, S. 84-100.

75 Art. 2 DBA; Art. 1 WSA.

76 Art. 11 Abs. 1 DBA. Vgl. auch *W. D. Gruner*, Deutscher Bund und Europäische Ordnung, S. 235, 247ff. So auch die Einschätzung eines Zeitgenossen im Jahre 1816: *„Ein solcher Bund kann schon seiner Natur nach schon nicht leicht Eroberer seyn wollen, weil er kein Interesse dabei hat.* (...) *Für die Vortheile eines einzelnen seiner Glieder werden die andern nicht kämpfen und Eroberungen für das Ganze* (...) *liegt ausserhalb der Gränzen der Wahrscheinlichkeit* (...), *daß es unnütz seyn würde, sich dabei zu verweilen"*, *A. H. L. Heeren*, Der Deutsche Bund und das Europäische System, zitiert bei *H. Schulze*, Europäische Rechtsgeschichte, S. 187, 188.

c) *Formale Unauflöslichkeit*

Da der Bund als *„unauflöslich"* gegründet wurde, stand den Mitgliedern rechtlich kein Austrittsrecht zu. Art. 5 der Bundesakte untersagte sogar ausdrücklich ein Ausscheiden.[77] Faktisch wurde ein Austritt der kleineren Staaten aus dem Deutschen Bund durch die realen Machtverhältnisse ausgeschlossen, die aufgrund des tatsächlichen militärischen Übergewichts Preußens und Österreichs ein solches Ansinnen vereitelt hätten.

d) *Die Organisation des Deutschen Bundes*

Das organisatorische Zentrum war die Bundesversammlung[78], die *„das beständige verfassungsmäßige Organ des Willens und Handelns des Bundes"*[79] darstellte. Die Bundesversammlung bestand aus dem Plenum und einem regelmäßig tagenden „Engeren Rat", der sich aus den weisungsabhängigen Bevollmächtigten (sog. Gesandtenkongreß)[80] aller Bundesmitglieder zusammensetzte, wobei der ständige Vorsitz in der Bundesversammlung Österreich zukam.[81] Dies wirkte sich im Rahmen von Abstimmungen mit einfacher und qualifizierter Mehrheit aus, da bei Stimmengleichheit die Letztentscheidung beim Vorsitz lag.[82] In zentralen Punkten, wie der Aufnahme neuer Mitglieder, der organisatorischen Abänderung der bestehenden Einrichtungen oder der Annahme neuer Grundgesetze, war Einstimmigkeit vorgesehen.[83] Nach der Stimmenverteilung konnten die beiden deutschen Großmächte weder vom Plenum noch vom engeren Rat aus die Bundesversammlung majorisieren.[84]

e) *Das Kompetenzverteilungssystem*

Nach Art. 10 der Bundesakte wurde der Gesamtwille des Bundes durch die Beschlüsse der Bundesversammlung ausgesprochen, allerdings nur *„innerhalb der Grenzen der Competenz der Bundesversammlung"*. Der Bund besaß vor allem keine Kompetenz hinsichtlich der inneren Angelegenheiten der

---

77 *„Der Bund ist als unauflöslicher Verein gegründet und es kann daher der Austritt aus dem Verein keinem Mitglied freistehen"*. Art. 5 WSA.

78 Später Bundestag genannt.

79 Art. 7 DBA; Art. 7 WSA.

80 Art. 4 DBA, Art. 8 WSA.

81 Art. 5 DBA.

82 Art. 7 DBA.

83 Art. 7 Abs. 4 DBA; Art. 13-15 WSA.

84 Auch das Kaisertum Österreich und die fünf Königreiche Preußen, Sachsen, Bayern, Hannover und Württemberg waren dazu nicht in der Lage.

Bundesmitglieder.[85] Waren in den Bundesbeschlüssen Pflichten oder Rechte der Untertanen enthalten, bedurften sie zu ihrer Verbindlichkeit der Verkündung, was in der Hand der gliedstaatlichen Regierungen lag.[86] Es existierte daher nur eine mittelbare Wirkung der Bundesgesetze für die Menschen in den Gliedstaaten. Ausnahmen vom Verbot, sich in die innerstaatlichen Angelegenheiten einzumischen, bestanden nur bei Streitigkeiten zwischen den Bundesmitgliedern selbst,[87] die ein schnelles Eingreifen erforderten oder im Falle eines Aufruhrs.[88] Die Länder besaßen im übrigen die Autonomie, in ihren Gebieten landständische Verfassungen zu bilden,[89] die die Fürsten lediglich bei der Erfüllung ihrer bündischen Verpflichtungen nicht behindern durften.[90]

Stärkere Kompetenzen besaß die Bundesversammlung auf finanziellem Gebiet. Ihr oblag die Aufstellung des verfassungsmäßigen Bundesbudgets mit dem dazugehörigen Verwendungsplan, die Festsetzung der Martikularbeiträge der Bundesglieder[91] und die Pflege der auswärtigen Beziehungen, wobei das aktive Gesandtschaftsrecht vom Bund bis auf einige Ausnahmen nicht ausgeübt wurde.

f) Militärgewalt des Bundes und Bundesexekution

Die militärischen Verhältnisse gingen auf die Grundzüge der Kriegsverfassung des Deutschen Bundes aus den Jahren 1821 und 1822 zurück. Der Bund verfügte über keine eigenen Streitkräfte, sondern ihm wurde lediglich von den Mitgliedstaaten ein bestimmtes Kontingent zur Verfügung gestellt.[92] Den militärischen Oberbefehl legte die Bundesversammlung von Fall zu Fall für einen bestimmten Zeitraum fest. Zwar konnte der Bund über Krieg und Frieden und über Bündnisse und Verträge aller Art mit dritten Staaten entscheiden,[93] war darin aber wiederum von den Interessen der beiden Großmächte

---

85 Vgl. *C. F. Menger*, Deutsche Verfassungsgeschichte, Rz. 218; *U. Eisenhardt*, Deutsche Rechtsgeschichte, Rz. 461f.; *Th. Schieder*, Vom Deutschen Bund zum Deutschen Reich, S. 12.

86 *E. R. Huber*, Deutsche Verfassungsgeschichte, Band I, S. 600f.

87 Art. 11, Abs. 4 DBA; Art. 18-24 WSA.

88 Art. 25-28 WSA. Siehe den nächsten Abschnitt über die Bundesexekution.

89 Art. 13 DBA; Art. 55-57, 59 WSA.

90 Art. 58 WSA.

91 Art. 52 WSA.

92 Art. 51 WSA. Das Kontingent bestand aus 10 Armeen: Je drei Korps aus Österreich und Preußen, ein Korps aus Bayern und drei Korps aus gemischten Verbänden.

93 Art. 35 WSA.

abhängig. In diesem System, das seine geschichtliche Bewährungsprobe nicht abgelegt hat, wirkte sich der Dualismus der beiden Großmächte und das Bedürfnis nach Eigenständigkeit der kleineren Staaten, das jede fremde Kontrolle über seine Kontingente verhinderte, lähmend aus.[94] Insbesondere Österreich versuchte stets, den Bund für seine eigenen Interessen zu mobilisieren[95] und hemmte so eine gemeinsame Außenpolitik. Diese wurde vielmehr durch die Schwerfälligkeit der Bundespolitik insgesamt hervorgerufen, die der freien Entfaltung machtstaatlicher Bestrebungen entgegenwirkte und so friedenspolitische Wirkungen entfaltete.

Trotzdem verfügte der Bund über das Mittel der Bundesexekution, das ihm nach Erschöpfung aller anderen bundesverfassungsmäßigen Mittel die Möglichkeit gab, gegenüber Bundesmitgliedern, die ihre Bundespflichten nicht erfüllten, vorzugehen.[96] Man kann allerdings davon ausgehen, daß sich solche Maßnahmen nie gegen die beiden Großmächte Preußen und Österreich hätten richten können. Als Österreich 1866 formal gegen Preußen eine Bundesexekution betrieb, entwickelte sich daraus der große innerdeutsche Krieg und das Ende des Deutschen Bundes war besiegelt.[97] Daher richtete sich die Exekutivgewalt des Bundes hauptsächlich gegen das sog. „Dritte Deutschland" der Mittel- und Kleinstaaten.[98]

g) Einheitlichkeit des Erscheinungsbildes des Deutschen Bundes

Art. 2 der WSA legte fest, daß der Bund in seinem Inneren als eine Gemeinschaft selbständiger und unabhängiger Staaten besteht, *„in seinen äußeren Verhältnissen aber als eine in politischer Einheit verbundene Gesammt-Macht"* anzusehen ist. Diese realisierte sich in dem Verbot für die Bundesmitglieder, keine Verträge mit anderen Mitgliedstaaten oder Drittstaaten abzuschließen, die die Sicherheit des Bundes selbst gefährden könnten.[99] Da es sich um eine Gemeinschaft untereinander selbständiger Staaten mit wechselseitig gleichen Vertragsrechten und Vertragsobliegenheiten handelte, hatten

94 *Th. Schieder*, Vom Deutschen Bund zu Deutschen Reich, S. 13.

95 *Th. Schieder*, Vom Deutschen Bund zu Deutschen Reich, S. 13.

96 Art. 31-34 WSA. So geschehen 1830 gegen die Gefahr der Annexion Luxemburgs durch Belgien, beim sog. Frankfurter Wachensturm im Jahr 1833 und beim Einsatz der Truppen im Revolutionsjahr 1848/49, vgl. *W. Siemann*, Vom Staatenbund zum Nationalstaat, S. 327f.

97 *Th. Schieder*, Vom Deutschen Bund zum Deutschen Reich, S. 169.

98 *W. Siemann*, Vom Staatenbund zum Nationalstaat, S. 328.

99 Art. 11 Abs. 3 DBA.

die Glieder also ihre außenpolitische Kompetenz durch den Deutschen Bund nicht verloren.

Auf der Grundlage der historischen Gegebenheiten ist es nun möglich, sich der theoretischen Behandlung des Staatenbundes bei *Jellinek* zu nähern.

2. Der Deutsche Bund als Staatenbund souverän bleibender Gliedstaaten bei G. Jellinek

a) Organisierte und nichtorganisierte Staatenverbindungen

Jellinek betrachtet die Staatenverbindungen aus dem Gesichtspunkt des Bestehens oder Fehlens einer Organisation und differenziert dementsprechend in organisierte und nichtorganisierte Verbindungen. Zu den organisierten Staatenverbindungen zählt er Bundesstaat und Staatenbund. Nach ihm entsteht ein Staatenbund,

> *„wenn Staaten ein dauerndes politisches Bündnis, dessen Zweck mindestens in gemeinsamer Verteidigung besteht, mit ständigen Bundesorganen errichten* (...).[100]

Das staatenbündische Element des Deutschen Bundes kann nach *Jellinek* daher zunächst in seiner auf friedenserhaltende Maßnahmen begrenzten Funktion gesehen werden.

In den verschiedenen Ausformungen, die der Staatenbund in der Geschichte erfahren hat, ist das Band, das zwischen den Staaten geknüpft wird, unterschiedlich eng. Es drückt sich in der Organisation aus, die sich die Staatenverbindung zur Erfüllung ihres Zwecks gibt. Sein typisches Merkmal ist ein Zentralorgan, das aus Gesandten der Mitgliedstaaten besteht.[101]

> *„Im Staatenbunde übt der Staat gewisse Hoheitsrechte nur in Gemeinschaft und Uebereinstimmung mit anderen aus. Aber er übt sie selbst aus, indem er einem gemeinsamen Centralorgane delegiert, an dessen Beschlüssen er Theil nimmt, die er in ihrer rechtlichen Kraft controliren kann.*[102]

Die Entscheidungen des Organs des Staatenbundes lassen sich daher vollumfänglich auf die Mitgliedstaaten zurückführen.

---

100 *G. Jellinek*, Staatenverbindungen, S. 172.

101 *„Von der Allianz unterscheidet sich der Staatenbund durch die Einsetzung von ständigen Organen zur Erfüllung des Bundeszweckes (...)“, G. Jellinek*, Staatenverbindungen, S. 172.

102 *G. Jellinek*, Staatenverbindungen, S. 176.

„Die Beschlüsse dieses Centralorganes sind (...) seine eigenen Beschlüsse, welche aber inhaltlich denen der anderen verbündeten Staaten gleich sind.“[103]

Der entscheidende Ausgangspunkt für *Jellinek*, anhand dessen er sein System der Differenzierung von Staatenbund und Bundesstaat aufbaut, ist daher die Frage nach der Souveränität. Wesentlich für die Qualität der Staatenverbindung ist, daß

„die vereinigten Staaten souverän sind und bleiben. Nur an der Souveränität der verbündeten Staaten hat der Staatenbund seine Grenze“[104]

Die von ihm beobachteten Erscheinungsformen eines Staatenbundes müssen daher aus der Souveränität der Gliedstaaten erklärt werden.

b) Organisatorische Ausformungen als Ausfluß der mitgliedstaatlichen Souveränität

Neben diesen von *Jellinek* als wesentlich bezeichneten Merkmalen des Staatenbundes,[105] können beliebige Objekte des inneren Staatslebens, wie z.B. die gemeinsame Gesetzgebung und Verwaltung in den Bund aufgenommen werden. Nur der Vertragscharakter des Bundes und damit die Souveränität der verbündeten Staaten müssen gewahrt bleiben. *Jellinek* geht sogar so weit, daß selbst mit Zwangsgewalt durchgesetzte Handlungen des Organs des Staatenbundes an der Souveränität der Mitgliedstaaten nichts ändern, denn

„selbst wenn die Durchsetzung des Bundesbeschlusses mit Gewalt, durch eine Bundesexekution erzwungen werden sollte, widerfährt dem Staate nur sein eigener Wille (...).“[106]

Dazu gehört auch die Unterwerfung unter Entscheidungen eines Bundesgerichts[107] oder die Ausübung von Hoheitsrechten der Zentralgewalt im Hoheitsgebiet seiner Mitglieder. Die Stellung der Individuen ist aber im Staatenbund eine grundsätzlich andere als im Bundesstaat. Der Staatenbund zeichnet sich dadurch aus,

---

103 *G. Jellinek*, Staatenverbindungen, S. 176.

104 *G. Jellinek*, Staatenverbindungen, S. 172.

105 *G. Jellinek*, Staatenverbindungen, S. 173ff.

106 *G. Jellinek*, Staatenverbindungen, S. 176.

107 *„Ebensowenig ist die Errichtung eines Bundesgerichts, das über Streitigkeiten der Bundesglieder entscheidet, mit der Souveränität der Staaten unvereinbar.“*, *G. Jellinek*, Staatenverbindungen, S. 176.

> *„dass die Beschlüsse des Bundesorgans nicht unmittelbar Geltung für die Bürger der Staaten besitzen, sondern sie erst durch ausdrücklichen Befehl der Staaten erlangen, so dass die Bürger immer nur der Gewalt ihres Staates als Einzelstaat unterworfen sind, also der Societätsgewalt nicht unterstehen"*.[108]

Sollte es ausnahmsweise zu einer direkten Unterordnung der Untertanen unter die Bundesgewalt kommen,[109] widerspricht das dem Wesen des Staatenbundes nicht, solange nur die Bundesgewalt kein Herrschaftsrecht über die Einzelstaatsgewalt besitzt.[110] In diesem Sinne war die Kompetenzverteilung für den Deutschen Bund zwischen der des Bundes in Gestalt der Bundesversammlung und der seiner Glieder kennzeichnend, die grundsätzlich eine Vermutung für die Kompetenz der Mitgliedstaaten beinhaltete.

c) *Sezessionsrecht der Gliedstaaten*

Da der Staatenbund im Gegensatz zur Verfassung des Bundesstaates auf einen Vertrag zurückgeht, ist dessen Auflösung immer möglich.

> *„Mit unerbittlicher Konsequenz"* folgt aus der vertraglichen Grundlage, das *„Nullifikations- und Sezessionsrecht der Einzelstaaten"*.[111]

Die Gliedstaaten besitzen eine rechtliche Austrittsmöglichkeit aus dem Bund, wenn die vertraglichen Vorgaben durch die anderen Partner nicht mehr eingehalten werden. Das erklärt sich daraus, daß ein Verweilen im Bunde den Mitgliedstaat in seinen Existenzbedingungen und damit in seiner Souveränität angreifen kann und für ihn kein anderes Mittel übrig bleibt, als sich dem Bund zu unterwerfen oder aus ihm auszutreten.[112] Ist daher im Bündnisvertrag ein Austrittsrecht ausdrücklich ausgeschlossen, so kommt dem nur deklaratorische Bedeutung zu.

---

108 *G. Jellinek*, Staatenverbindungen, S.185.

109 *G. Jellinek*, Staatenverbindungen, S. 176.

110 Vgl. auch *G.J. Ebers*, Lehre vom Staatenbunde, S. 172f.

111 Durch die Betonung des Merkmals der Beständigkeit sowie der dauernden Bindung der Ausübung gewisser Hoheitsrechte an den „consensus communis" war es *S. v. Pufendorf* (1677) gelungen, den Staatenbund aus dem Bereich des „foedus" herauszunehmen, in dem sich die Staaten zwecks Erreichung eines einzelnen Vorteils nur zu bestimmten positiven Leistungen verpflichten, nicht aber die Ausübung von Hoheitsrechten von der Zustimmung der Gesamtheit abhängig zu machen, *G. J. Ebers*, Die Lehre vom Staatenbunde, S. 23 und dort Anm. 1.

112 *G. Jellinek*, Staatenverbindungen, S. 175.

„Der Bund mag sogar als ein ewiger bezeichnet werden und die Mitglieder auf das Aufkündigungsrecht verzichten.[113] (...) *Die Verwirklichung der Bundeszwecke bleibt zuletzt immer dem Willen der einzelnen Staaten überlassen.“*[114]

Dies nicht zuletzt deshalb, weil

„(...) *die rechtliche Möglichkeit einer Auflösung eines als ewig bezeichneten Bundes durch den übereinstimmenden Willen sämtlicher Theilnehmer* (ohnehin) *nicht in Abrede zu stellen* (ist).“[115]

d) Das Erscheinungsbild des Staatenbundes

Dieser so beschriebenen Form der Staatenverbindung stellt *Jellinek* den *Calhoun'schen* Begriff des *„federal government“* gegenüber, der sich durch eine Regierung, die als Zentralorgan mit unmittelbarer Wirkung für die Bürger Gesetze erlassen kann und eine eigene Verwaltung und Gerichtsbarkeit auszeichnet.[116] Die Theorie *Calhouns* zeigt nach *Jellinek* die Grenzen, bis zu welchen sich der Staatenbund entwickeln kann ohne seinen Charakter zu verlieren. Er kann Formen annehmen, die ihn von einem Bundesstaat praktisch kaum mehr unterscheiden, so auch in Fragen der Finanzierung und der Existenz eines Bundesheeres.[117] Der Staatenbund besitzt nach *Jellinek* keine Völkerrechtspersönlichkeit, da *„das Völkerrecht keine anderen Rechtssubjekte als Staaten* (also souveräne Gebilde) *kennt“*. Diese Eigenschaft kommt grundsätzlich nur dem Bundesstaat zu. Dies steht im Widerspruch zu Art. 2 der WSA und der völkerrechtlichen Praxis der Zeit, die den Bund als *„in politischer Einheit verbundene Gesamtmacht“* betrachtete. *Jellinek* erklärt dies aus der *„dauernden Gleichförmigkeit des Handelns mehrerer Subjekte“*,[118] die aber auf die dogmatischen Grundlagen des Staatenbundes keinen Einfluß hat.

So wenig eindeutig diese Zuordnung nach der Konzeption *Jellineks* erscheint, ist auch die Frage nach Verteilung der Souveränität zwischen Bund und Gliedern beim Deutschen Bund nicht zu beantworten. Denn gerade dem Bund standen kraft Bundesrechts die Entscheidungen über den Krieg, über

---

113 *G. Jellinek*, Staatenverbindungen, S. 175.
114 *G. Jellinek*, Staatenverbindungen, S. 176.
115 *G. Jellinek*, Staatenverbindungen, S. 174.
116 *G. Jellinek*, Staatenverbindungen, S. 187ff.
117 *G. Jellinek*, Staatenverbindungen, S. 187.
118 *G. Jellinek*, Staatenverbindungen, S. 181f.

die Bundesexekution, über Streitigkeiten zwischen den Mitgliedern und über Maßnahmen zur Verhinderung von Selbsthilfeaktionen zu.[119] Dies hat sich durch die vergleichsweise große Zahl der Interventions- und Exekutionsfälle bestätigt. Trotzdem hatte der Bund nur so wenig praktische Entscheidungs- und Handlungsmacht, wie die Großmächte ihm zu überlassen bereit waren.[120] Hier zeigen sich die Grenzen der rein juristischen Betrachtung des Staatenbundes, die die faktischen Machtverhältnisse nur unzureichend zu berücksichtigen vermag.

3. Die Spezialität des Zwecks in der Theorie des Staatenbundes bei S. Brie

Während *Jellinek* in erster Linie die exakte Abgrenzung der Einflußsphäre von Bund und Gliedstaaten anhand des Kriteriums der Souveränität im Auge hat, legt *Brie* den Schwerpunkt auf die wechselseitige Ergänzung der Elemente der Staatenverbindung, die von ihm als *„föderal"* beschrieben werden.

Nach *Brie* ergibt sich aus der unzureichenden Effektivität der zwischenstaatlichen Aufgabenerledigung naturgemäß das Bedürfnis, ein über den divergierenden Willen der Einzelstaaten stehendes Gemeinwesen zu gründen.[121] Entsprechend seiner Vorstellung von der *„Allseitigkeit des Zwecks"*, bedeutet die Eingliederung in einen Staatenbund nicht die Übernahme eines den Gliedstaaten fremden Zwecks, sondern die Ergänzung des Zwecks der Gliedstaaten in der Erfüllung ihrer staatlichen Aufgaben.[122] Kennzeichnend für den Bund ist das aus Staaten zusammengesetzte Gemeinwesen,

> *„an dessen Willensbildung principiell alle Gliedstaaten teilzunehmen rechtlich berufen sind"*[123]

und das föderative Prinzip, das es ermöglicht,

> *„das Zusammenwirken der Willen der Einzelstaaten in den Gesamtangelegenheiten (...) als ein Ausfluss der Vereinigung ihrer Kräfte überhaupt"*[124]

---

119 *E. R. Huber*, Deutsche Verfassungsgeschichte, Band I, S. 667.

120 Dies gilt auch für die Fälle der Bundesexekution, hinter denen als treibende Kraft entweder Preußen oder Österreich standen, *E. R. Huber*, Deutsche Verfassungsgeschichte, Band I, S. 668.

121 *S. Brie*, Theorie der Staatenverbindungen, S. 79.

122 *S. Brie*, Theorie der Staatenverbindungen, S. 80.

123 *S. Brie*, Theorie der Staatenverbindungen, S. 80.

124 *S. Brie*, Theorie der Staatenverbindungen, S. 82.

erscheinen zu lassen. Völlige Gleichheit des rechtlichen Einflusses der Gliedstaaten auf die Gesamtangelegenheiten ist dafür keine notwendige Voraussetzung,[125] denn die Überwindung widerstrebender Einzelwillen zum Wohle des Gemeinwesens ist gerade das Ziel des föderativen Prinzips.[126] Der Staatenbund ist somit

> *„ein mit eigener Rechtspersönlichkeit und eigenem, föderativ gebildeten Organismus (...) zusammengesetztes föderatives Gemeinwesen."*[127]

Seine völkerrechtliche Persönlichkeit folgt aus der Fähigkeit des Organs, wichtige Befugnisse für die Allgemeinheit ausüben zu können.[128] Trotzdem hat der Staatenbund gegenüber dem Bundesstaat nur eine beschränkte Kompetenz, die *Brie* als *„Specialität des Zweckes"* beschreibt.[129] Dem Staatenbund fehlt der allseitige Zweck, die allseitige Zuständigkeit. Das kommt in einem möglichst ausgedehnten und maßgebenden Einfluß auf die Bundesangelegenheiten durch die Majoritäts- und Abstimmungsverhältnisse in der Bundesversammlung, dem Fehlen einer Gesamtvolksvertretung, einer von den Gliedstaaten nur zur vorübergehenden Ausübungung vorgesehenen Übertragung von Hoheitsrechten auf den Bund und schließlich in einem lediglich von den Gliedstaaten vermittelten Verhältnis der Menschen zu dem staatenbündischen Gemeinwesen zum Ausdruck.[130]

Damit wird die Abgrenzung von Staatenbund und Bundesstaat wie bei *Jellinek* zu einer Frage der Souveränität, die *Brie* aber als Abstufung bzw. als Regel-Ausnahmeverhältnis versteht.[131] Im Staatenbund ist die Kompetenz lediglich in den wichtigen Bereichen des Gemeinwesens bei den Gliedstaaten verblieben. Die Souveränität der Gliedstaaten wird im Staatenbund *„nicht vernichtet, sondern nur gemindert, weil die Unterordnung unter die Bundes-*

---

125 *S. Brie*, Theorie der Staatenverbindungen, S. 82.

126 *S. Brie*, Theorie der Staatenverbindungen, S. 80.

127 *S. Brie*, Theorie der Staatenverbindungen, S. 83.

128 Dies kommt nach S. *Brie* für den Deutschen Bund in dem bereits erwähnten Art. 2 der WSA zum Ausdruck, der den Bund als in *„in politischer Einheit verbundene Gesamtmacht"* definierte.

129 *S. Brie*, Theorie der Staatenverbindungen, S. 88.

130 *S. Brie*, Theorie der Staatenverbindungen, S. 92ff. Vgl. auch S. *Brie*, Zur Lehre Jellineks, S. 375f.

131 So wird der Deutsche Bund als Mischform zwischen Staatenbund und Bundesstaat angesehen, vgl. *W. D. Gruner*, Deutscher Bund und Deutsche Frage, 235, 247. *R. Zippelius*, Deutsche Verfassungsgeschichte, S. 99ff.; *D. Grimm*, Deutsche Verfassungsgeschichte, S. 65ff.

gewalt sich beschränkt auf die nur einzelne Seiten des Staateslebens umfassenden Bundeszwecke".[132]

4. Der Staatenbund als begrenztes Zweckbündnis souveräner Einzelstaaten

Für die Einordnung des Staatenbundes in das System der Staatenverbindungen und damit für die Frage der staatenbündischen Qualität der Europäischen Union wird es entsprechend den vorhergehenden Ausführungen auf die Stellung der Gliedstaaten innerhalb der Verbindung ankommen. Neben der Existenz der Gliedstaaten überhaupt ist entscheidend, daß diese ihre Souveränität im Sinne einer Letztentscheidungsbefugnis gegenüber dem Bund nicht eingebüßt haben. Bei *Jellinek* ist dies eine absolute Souveränität, die sich über die eingegangenen völkervertraglichen Bindungen einseitig hinwegsetzen kann. Für *Brie* drückt sich Souveränität in der konkreten Kompetenzverteilung aus, deren Schwerpunkt im Staatenbund bei den Gliedstaaten liegt. Die Staatenverbindung besitzt einen begrenzten Zweck, der im Gegensatz zur umfassenden Kompetenzausstattung staatlicher Systeme zu sehen ist.

Es wird sich im folgenden zeigen, daß der Staatenbund nicht nur die Vereinigung einer Vielzahl von Staaten ist, die sich zur Wahrung ihres inneren und äußeren Friedens, zur Verwirklichung bestimmter Aufgaben oder zur Zusammenfassung militärischer Kräfte verbinden. Zum Wesen des Staatenbundes gehört auch eine soziale, politische und wirtschaftliche Dimension, die über die ursprünglichen Beweggründe des Zusammenschlusses hinausreichen.

IV. Entwicklungslinien zwischen Deutschem Bund und Deutschem Reich

1. Der wirtschaftliche Hintergrund des Deutschen Bundes

Neben den völkerrechtlichen Verbindungen, die der Deutsche Bund zwischen den Staaten knüpfte, vollzog sich parallel dazu eine wirtschaftliche Entwicklung, die im Deutschen Zollverein aus dem Jahre 1834 ihren Höhepunkt erreichte. Die zwei Jahrzehnte vor Gründung des Zollvereins waren durch heftige innerdeutsche Auseinandersetzungen geprägt, die die die Zollpolitik der Staaten des Deutschen Bundes zum Gegenstand hatten und in denen Preußen mit Hilfe einer aggressiven Zollpolitik versuchte, die wirtschaftliche Vormachtstellung zu gewinnen. Die Industrialisierung war in Deutschland durch Kleinstaaterei und wirtschaftspolitische Vorbehalte vieler konservativer Poli-

---

132 *S. Brie*, Zur Lehre Jellineks, S. 373.

tiker erschwert. Die Vielzahl der Zollschranken, die ein Transport aus dem Süden des Deutschen Bundes nach Norden über sich ergehen lassen mußte, behinderten den Güteraustausch in hohem Maße. Gleichzeitig zwang der Wettbewerb im Welthandel zu einer Konsolidierung der nationalen Wirtschaftssysteme, die durch das absolutistische Merkantilsystem geprägt war, das Deutschland in eine Vielzahl geschlossener Staatswirtschaften zersplittert hatte, die untereinander keinen größeren Zusammenhang aufwiesen.[133]

Auf dem Wiener Kongreß hatte sich vor allem Preußen bemüht, in der Bundesakte eine bindende Bestimmung über das deutsche Zoll- und Handelssystem einzufügen, denn es durfte sich von einer solchen Regelung die größten wirtschaftlichen Vorteile erhoffen. Preußen befand sich im Besitz der durch Bodenschätze begünstigten Gebiete in Deutschland, und hätte so schnell die wirtschaftliche Vormacht erringen können.[134] Da die Staaten des sog. „Dritten Deutschland" in der Vereinheitlichung der Zollgesetzgebung einen großen Einschnitt in ihre einzelstaatliche Souveränität erblickten, konnte man sich auf dem Wiener Kongreß nur auf eine Klausel in der Bundesakte einigen, in der man sich zu Beratungen über ein gemeinsames Zollwesen verpflichtete, ohne dem Bund eigene Handlungsbefugnisse zu verleihen.[135] Das so entstandene Vakuum auf wirtschaftspolitischem Gebiet versuchte Preußen in der Folgezeit durch eine zwiespältige Bundespolitik nutzbar zu machen. Einerseits stützte Preußen das staatenbündische System des Deutschen Bundes mit seinen souveränen Einzelstaaten, andererseits setzte es durch die Errichtung eines geschlossenen preußischen Zollgebietes[136] die anderen Staaten unter Druck und zwang sie zu einem Wirtschaftsverbund unter preußischer Führung. Insbesondere in den von preußischem Territorium umschlossenen Gebieten mußte eine handelspolitische Retorsion[137] starke Wirkung zeigen. So kam es in der Folgezeit zu zahlreichen Zollanschlußverträgen der kleineren deutschen Staaten, die im Rahmen der Zollunion mit Preußen einen ihrer Bevölkerungszahl entsprechenden Anteil an den gemeinsa-

133 *E. R. Huber*, Deutsche Verfassungsgeschichte, Band I, S. 790; *C. F. Menger*, Deutsche Verfassungsgeschichte der Neuzeit, Rz. 259.

134 *H. Kiesewetter*, Der Wandel der sozialen und wirtschaftlichen Rahmenbedingungen, S. 162, 168ff.; *E. R. Huber*, Deutsche Verfassungsgeschichte, Band I, S. 794.

135 Art. 19 DBA.

136 Durch das preußische Zollgesetz vom 26.5. 1818 mit freiem Binnenverkehr und effektiven Außenzollgrenzen.

137 Einsatz von sog. „Kampfzöllen", um die Wettbewerbsfähigkeit der konkurrierenden Wirtschaft in den Nachbarstaaten zu beeinträchtigen.

men Zolleinnahmen erhielten.[138] Da all dies ohne die Beteiligung Österreichs geschah, wurde auf wirtschaftlichem Gebiet bereits die spätere „kleindeutsche Lösung“ auf politischem Gebiet vorweggenommen.

2. Die Verknüpfung von wirtschaftlichen und politischen Entwicklungen

Ein wirtschaftlich weitblickender Mann dieser Zeit war der Tübinger Universitätsprofessor *Friedrich List*[139], der bereits 1819 der Bundesversammlung vorgeschlagen hatte, in Deutschland sämtliche Binnenzölle aufzuheben, um eine rasche industrielle Entwicklung zu ermöglichen.[140] *List* forderte für eine Übergangszeit gegenüber den stärker industriell entwickelten Staaten (hauptsächlich England) Schutzzölle, die aber nur durch Außengrenzen des Wirtschaftsraums Wirksamkeit erlangen konnten, was wiederum nur auf politischem Wege zu erreichen war. Damit kreierte *List* eine Verbindung von Politik und Wirtschaft, in der der Industriestaat ein einheitlicher Nationalstaat sein mußte, wollte er als Garant für die nationalen Wirtschaftsinteressen auftreten.[141] List hatte erkannt, daß eine Zollunion nicht nur eine Umlenkung der Handelsströme durch erhöhten Güteraustausch auf dem Binnenmarkt bewirkt, sondern daß sich der gemeinsame Außentarif als Symbol der Zusammengehörigkeit im politischen Sinne integrierend auswirken kann.[142]

Ihre konkrete politische Ausgestaltung fanden die Ideen *Lists* durch den Leiter des preußischen Finanzministeriums *Friedrich Christian von Motz*.[143] Sein Ziel war es, die deutschen Länder ohne Österreich unter preußischer

---

138 Zollanschlußverträge mit Schwarzburg-Sondershausen (25.10.1819); Schwarzburg-Rudolstadt (24.6.1822); Sachsen-Weimar (27.6.1823); Anhalt-Brandenburg (10.10.1823); Anhalt Bernburg (17.6.1826); Anhalt-Dessau und Anhalt-Köthen (17.7.1828). Daneben kam es zur Gründung bzw. Abschluß des preußisch-hessischen und des bayerisch-württembergischen Zollvereins (1828), des mitteldeutschen Handelsvereins (1828) und des preußisch süddeutschen Handelsvertrages (1829), Preußisch-kurhessische Zollvertrag (25.8.1830).

139 1789-1846.

140 In einer Petition klagte *List* über die übermäßigen Handelsbarrieren: *„28 Zoll- und Mautlinien in Deutschland lähmen den Verkehr im Innern und bringen ungefähr dieselbe Wirkung hervor, wie wenn jedes Glied des menschlichen Körpers unterbunden wird, damit das Blut ja nicht in ein anderes überfließe.“*, zitiert bei *W. Siemann*, Vom Staatenbund zum Nationalstaat, S. 337.

141 *F. List* schrieb im Jahre 1846 dazu: *„Handelseinigung und politische Einigung sind Zwillingsschwestern; die eine kann nicht zur Geburt kommen, ohne daß die andere folgt“*, zitiert bei *K. F. Bauer*, Spill-Over oder Spill-back, Europa-Archiv 1966, S. 519, 522.

142 *K. F. Bauer*, Spill-Over oder Spill-back, Europa-Archiv 1966, S. 519, 523.

143 1775-1830.

Führung zur bundesstaatlichen Einheit zu binden, wobei er in der Gründung eines umfassenden Zoll- und Handelsvereins die Vorstufe einer politischen Einigung erblickte.[144]

3. Der Deutsche Zollverein von 1834

Die Anschlußpolitik Preußens mündetet 1834 in den Deutschen Zollverein, dem die meisten deutschen Staaten angehörten[145] und zu denen sich nach der Gründung weitere Staaten gesellten.[146] Ohne Beteiligung Österreichs entstand ein einheitlicher deutscher Wirtschaftsraum ohne Binnenzölle, der die Verkehrserschließung und die Industrialisierung erheblich beschleunigte.[147] Der Eisenbahnbau trieb die Stahlerzeugung und die Produktion der Maschinenindustrie in die Höhe. In immer weiteren Bereichen vollzog sich der Übergang vom Handbetrieb zur maschinellen Produktion, der seinerseits wieder einen erhöhten Bedarf an technisch ausgebildeten Menschen hervorbrachte.[148]

Der Zollverein verfügte über eine eigene Gesetzgebung in Zollangelegenheiten,[149] die von der Generalkonferenz bestehend aus Bevollmächtigten der Mitgliedstaaten nach dem Prinzip der Einstimmigkeit ausgeübt wurde.[150] Dadurch stand auch den kleineren Staaten ein Vetorecht bei allen Änderungen der Zollgesetze zu. Aus der Perspektive Österreichs mußte sich der so entstandene Zollverein als Bedrohung darstellen, da sich die anderen Staaten des

---

144 *„Wenn es staatswissenschaftliche Wahrheit ist, daß Zölle nur die Folge politischer Trennung verschiedener Staaten sind, so muß es auch Wahrheit sein, daß Einigung dieser Staaten zu einem Zoll- und Handelsverbande zugleich auch die Einigung zu einem und demselben politischen Systeme mit sich führt"*, *F. Ch. v. Motz*, zitiert bei *E. R. Huber*, Deutsche Verfassungsgeschichte, Band I, S. 813.

145 Der letzte Schritt in der langen Kette der Zollanschlußverträge und Zollabkommen (vgl. oben Fn. 134) bildete die Verschmelzung des süddeutschen Zollbundes mit dem preußisch-hessischen Zollverein (22.3. 1833 mit Wirkung zum 1.1.1834).

146 Anschlüsse Sachsens (30.3.1839), Staaten Thüringen (10.5.1833), Baden (12.5.1835), Nassau (10.12.1835), Frankfurt (2.1.1836). Die bis dahin nicht beigetretenen Staaten vereinigten sich in den Jahren 1834-1836 zum „Steuerverein" zusammen. Ihm gehörten neben Hannover, Braunschweig, Oldenburg, Holstein-Lauenburg, Mecklenburg, Lippe auch die drei Freien Städte Lübeck, Bremen und Hamburg an.

147 Zu den wirtschaftlichen Daten und Entwicklungen dieser Zeit siehe *H. Kiesewetter*, Der Wandel der sozialen und wirtschaftlichen Rahmenbedingungen, S. 163ff.

148 1825 wurde daher in Karlsruhe die erste deutsche Technische Hochschule gegründet.

149 Zollgesetz, Zolltarif, Zollordnung.

150 Wie der Frankfurter Bundestag trug die Versammlung den Charakter eines Gesandtenkongresses.

Deutschen Bundes unter der hegemonialen Führung Preußens in wirtschaftlicher Hinsicht zu einem „*Staat im Staate*“[151] vereinigt hatten.

In der Folgezeit konnten sich Bürgertum und Bauernschaft aufgrund der in allen Staaten vollzogenen Befreiung von den bisher noch bestehenden Bindungen in einer freien Wirtschaft kräftig entwickeln. An die Stelle staatlicher Bevormundung trat zunehmend der Wirtschaftsliberalismus, der eine soziale Schicht des Unternehmertums entstehen ließ, die ihrerseits die freie Expansion der Wirtschaftskräfte forderte.[152] Während der gleichen Zeit gelang es der preußischen Politik, das wirtschaftliche Übergewicht gegenüber Österreich und den Mittelstaaten auszuspielen. In der Handelspolitik wurde Österreich ausgeschaltet und die Mittelstaaten mußten sich Preußens wirtschaftlicher Gesetzgebung unterordnen. Als im Jahre 1862 *Otto von Bismarck* zum Ministerpräsidenten ernannt wurde, versuchte er die wirtschaftliche Vormachtstellung auch im politischen Bereich auszubauen, Österreich aus dem Deutschen Bund auszumanövrieren und die Einigung Deutschlands im kleindeutschen Sinne zu erzwingen. Im Krieg gegen Dänemark im Jahr 1864 stellte sich Österreich dann zum letzten mal militärisch an die Seite Preußens. Über die Verwaltung der von Dänemark abgetretenen Herzogtümer kam es dann aber zu Differenzen, die am 15. Juli 1866 zum Krieg der Großmächte führten und den Deutschen Bund beendeten.[153]

4. Die Bedeutung ökonomischer und politischer Parallelitäten für das System der Staatenverbindungen

Die Bedeutung, die der Deutsche Zollverein in der geschichtlichen Entwicklung bis zur Gründung des Deutschen Reiches einnahm, ist im Hinblick auf die dahinterliegende Konzeption eines Staatenbundes ambivalent zu beurteilen. In den dreißiger Jahren hatte der Zollverein dazu beigetragen, das politische System des Deutschen Bundes zu stabilisieren. Im folgenden Jahrzehnt traten hingegen die zentrifugalen Kräfte in den Vordergrund, die den Bund in seinem Bestand gefährdeten,[154] gleichzeitig aber die Bildung eines kleindeutschen Nationalstaates förderten. In seiner wirtschaftlichen Dynamik bedeu-

---

[151] *Kl. v. Metternich*, Der preußische Zollverein, Nachgelassene Papiere Bd. 5, 1882, S. 502ff., zitiert bei *E. R. Huber*, Deutsche Verfassungsgeschichte, Band II, S. 287.

[152] *E. R. Huber*, Deutsche Verfassungsgeschichte, Band I, S. 790.

[153] *K. Kröger*, Einführung in die jüngere deutsche Verfassungsgeschichte, S. 88; *D. Grimm*, Deutsche Vrefassungsgeschichte, S. 237ff.; *W. Siemann*, Vom Staatenbund zum Nationalstaat, S. 415ff.; *U. Eisenhardt*, Deutsche Rechtsgeschichte, Rz. 556; *Th. Schieder*, Vom Deutschen Bund zum Deutschen Reich, S. 168.

[154] *H. W. Hahn*, Mitteleuropäische oder kleindeutsche Wirtschaftslösung, S. 186, 200.

tete der Zollverein für die liberale Bewegung einen Gegenpol zum Deutschen Bund, der die gesellschaftlichen und politischen Vorstellungen des konservativen Lagers repräsentierte.[155]

Eine politische Gemeinschaft ist aus dem Zollverein nicht erwachsen. Die meisten deutschen Staaten sind Gegner Preußens geblieben und haben 1866 auf der Seite Österreichs gegen Preußen gekämpft.[156] Der Zollverein diente in erster Linie fiskalischen, wirtschaftlichen und einzelstaatlichen Interessen, schloß aber zugleich langfristige, von ihren Urhebern nicht vorhergesehene Entwicklungen ein.[157] Trotz der vielschichtigen und teils widersprüchlichen Verflechtungen, die der Deutsche Zollverein in der Zeit seines Bestehens für die politische Landschaft auslöste, wird sich aber nicht leugnen lassen, daß er die meisten deutschen Staaten zumindest auf wirtschaftlichem Sektor einte und eine gemeinsame materielle Interessenbasis schuf,[158] die die Gründung des Norddeutschen Bundes und des späteren Deutschen Reiches erst ermöglichte.[159]

Der Gedanke der Verknüpfung zwischen wirtschaftlichen und politischen Aspekten und der darin liegenden Dynamik war auch in *Jellineks* Lehre von den Staatenverbindungen enthalten. Nach *Jellinek* wird die völkerrechtliche Staatengemeinschaft

---

155 Am Vorabend der Revolution 1848 schlug die Heppenheimer Versammlung gemßigter Liberaler vor, den Zollverein mit Hilfe eines Zollparlaments zur Grundlage eines großen nationalen Reformprogramms zu machen, *H. W. Hahn*, Mitteleuropäische oder kleindeutsche Wirtschaftslösung, S. 186, 200; vgl. auch *Th. Schieder*,Vom Deutschen Bund zum Deutschen Reich, S. 22.

156 Bayern, Württemberg, Sachsen, Hessen-Darmstadt und Baden.

157 *W. Siemann*, Vom Staatenbund zum Nationalstaat, S. 342; *W. Fischer*, Europa-Archiv 1961, S. 105, 108.

158 *H. v. Fallersleben* schrieb in einem Gedicht über den Zollverein, daß das Band der materiellen Interessen *„mehr als unser Bund die Herzen"* verbunden habe und der Liberale *K. Steinacker* bemerkte: *„Der Zollverein ist nun vorzugsweise die Heimat der Idee der Einheit geworden, und in seiner Mitte wird sie sich mit immer größerer Kraft entwickeln"*, beides zitiert bei *H. W. Hahn*, Mitteleuropäische oder kleindeutsche Wirtschaftslösung, S. 186, 200. Vgl. auch *C. F. Menger*, Deutsche Verfassungsgeschichte der Neuzeit, Rz. 282; *U. Eisenhardt*, Deutsche Rechtsgeschichte, Rz. 558.

159 Die Zollpolitik wurde von *O. v. Bismarck* auch in der politischen brisanten Situation vor Ausbruch des deutsch-österreichischen Krieges zielgerichtet eingesetzt, um die Mehrheit der Mittelstaaten und der süddeutschen Staaten an das preußische Lager zu binden: Verlängerung des Zollvereins und Annahme des französischen Handelsvertrags am 28.6.1864, vgl. *Th. Schieder*, Vom Deutschen Bund zum Deutschen Reich, S. 159.

> *„im Verlaufe der Culturentwicklung eine immer innigere. Immer mehr gemeinsame Interessen entstehen, d.h. Interessen, welche über das Wohl und Wehe eines einzelnen Volkes hinausragen und, je mehr gemeinsame Interessen, desto grösser die Zahl und mannigfaltiger die Art der Lebensverhältnisse, in welche die Staaten zu einander treten, desto breiter das Geflecht der internationalen Rechtsnormen, das sie umschlingt. Steigende Cultur ist verbunden mit Abnahme der Selbstgenügsamkeit des Einzelstaates.“*[160]

Wenn *Jellinek* vom *„Geflecht der internationalen Rechtsnormen“* spricht, das letztlich zur *„Abnahme der Selbstgenügsamkeit des Einzelstaates“* führt, umschreibt er die Prozeßhaftigkeit, die der Geschichte des 19. Jahrhunderts und nicht zuletzt auch der Geschichte der heutigen Europäischen Gemeinschaften innewohnt.[161] Auch wenn sich die Probleme aus dem Zeitalter der Frühindustrialisierung nur sehr begrenzt auf die Verhältnisse hochentwickelter marktwirtschaftlicher Gesellschaften der Gegenwart übertragen lassen, ist die hinter der staatenbündischen Konzeption stehende Dynamik mit den Entwicklungen der Europäischen Gemeinschaften vergleichbar, die - wie zu zeigen sein wird - in der wirtschaftlichen Integration ebenfalls einen Ansatzpunkt gemeinsamer Interessenbildung fanden. Auf das Verhältnis von Staatenbund und Bundestaat bezogen, läßt sich sagen, daß ein Staatenbund Gemeinsamkeiten zwischen den Bevölkerungen verschiedener Staaten entstehen lassen kann, die in ihrer wirtschaftlichen, gesellschaftlichen und politischen Ergänzung die *„Vorbereitung einer engeren, den natürlichen Anforderungen einer Nation entsprechenden Einigung, insbesondere eines Bundesstaates“*[162] bedeuten können.

---

160 *G. Jellinek*, Staatenverbindungen, S.81.

161 Mit *Jellinek* erkennt auch *Brie* eine Tendenz der Entwicklung innerhalb des Staatenbundes, die im Begriff ist, *„sich einer organisierten Staatengesellschaft zu nähern“*.

162 *S. Brie*, Theorie der Staatenverbindungen, S. 95.

V. Der Norddeutsche Bund und das Deutsche Reich und ihre Einordnung in das System der Staatenverbindungen bei G. Jellinek und S. Brie

1. Der Norddeutsche Bund (1. Juli 1867) und die Entstehung des Deutschen Reiches

a) *Historischer Hintergrund*

Unter dem Blickwinkel der Lehre von den Staatenverbindungen, ist der Norddeutsche Bund insbesondere hinsichtlich der in ihm angelegten Voraussetzungen für die Entstehung des Deutschen Reiches interessant.[163] Nach Ende des Krieges zwischen Preußen und Österreich im Jahre 1866[164] bestand die europäische Staatenwelt aus drei politischen Lagern, die im Friedensvertrag von Prag dokumentiert waren. Der preußische Einflußbereich nördlich des Mains, die südlich dieser Grenze gelegenen deutschen Staaten und der österreichische Kaiserstaat. Im Preußischen Kronrat hatte Bismarck am 28. Februar 1866 erklärt,

> *„Preußen sei die einzige lebensfähige politische Schöpfung, die aus den Ruinen des alten deutschen Reiches hervorgegangen sei und hierauf beruhe sein Beruf, an die Spitze von Deutschland zu treten"*.

Der entscheidende Schritt auf diesem Weg war die Gründung des Norddeutschen Bundes durch die sog. Augustverträge im Jahre 1866, dem neben Preußen alle nördlich der Mainlinie gelegenen deutschen Staaten angehörten.[165] Am 10. Juni 1866 gab Bismarck die Grundzüge der neuen Bundesverfassung bekannt, die die norddeutschen Staaten zur Gründung eines neuen Bundesstaates verpflichteten.[166] Die Landtage der einzelnen Staaten genehmigten den

---

163 Beide Verfassungen können hier gemeinsam behandelt werden, da sie inhaltlich bis auf geringe Unterschiede, die aus dem Beitritt der süddeutschen Staaten resultieren, übereinstimmen.

164 23.8.1866. Zum Verlauf des Krieges siehe *W. Siemann*, Vom Staatenbund zum Nationalstaat, S. 415ff.

165 Preußen schloß nach dem Frieden von Prag mit den 21 Staaten Norddeutschlands einschließlich Hessens für Oberhessen die sog. Augustverträge ab, durch welche sich die Staaten zum Norddeutschen Bund vereinigten, *C. F. Menger*, Deutsche Verfassungsgeschichte der Neuzeit, Rz. 283.

166 Dazu zählten neben dem Königreich Preußen die Thüringischen Staaten, das Königreich Sachsen im südlichen Teil. Im nördlichen Teil des Bundes gehörten das Großherzogtum Mecklenburg-Schwerin und Mecklenburg-Strelitz, das Großherzogtum Oldenburg und die drei großen Hansestädte Bremen, Hamburg und Lübeck dazu, vgl. im übrigen die Prä-

Entwurf der Bundesverfassung durch ihre Landesgesetze, kamen damit ihren vertraglichen Verpflichtungen nach und ließen die Verfassung des Norddeutschen Bundes schließlich am 1. Juli 1867 in Kraft treten.[167] Der Norddeutsche Bund war ein aus bereits bestehenden Staaten zusammengesetzter Staat, der aufgrund der veränderten Teilnehmer und der gleichzeitig in ihm enthaltenen Verfassungsschöpfung nicht als Rechtsnachfolger des Deutschen Bundes angesehen werden konnte.

Die Verfassung des Norddeutschen Bundes war so gestaltet, daß es keiner neuen Verfassungsgebung bedurfte, um den Norddeutschen Bund zum Deutschen Reich zu erweitern.[168] Der letzte Artikel der Verfassung des Norddeutschen Bundes erwähnte den möglichen Beitritt der süddeutschen Staaten, die in den Jahren 1866 und 1867 einzeln mit dem Norddeutschen Bund Angriffs- und Verteidigungsbündnisse abschlossen, in denen sich die Parteien die Integrität ihrer Staatsgebiete garantierten und sich verpflichteten, sich im Kriegsfall dem preußischen Oberbefehl unterzuordnen.[169]

Die militärische Klammer zwischen Norden und Süden wurde durch eine wirtschaftliche ergänzt. Durch die neuen Zollvereinsverträge, die die bisherige lockere Zollgemeinschaft durch politische Institutionen (Zollbundesrat, Zollparlament und Zollgesetzgebung) verdichteten, gelang es, die süddeutschen Länder neben ihrer Einbindung in ein politisch-staatliches System auch wirtschaftlich zu erfassen.[170] Bemerkenswert war, daß die Organisation des Zollbundes die des Deutschen Reiches - wenn auch in funktionaler Begrenzung - vorwegnahm und sich in der vergleichsweise kurzen Übergangszeit zu einem *„Zoll-Bundesstaat"* entwickelte, in dem *Bismarck* bereits ein *„kostbares Stück nationaler Einheit erreicht"*[171] sah. Nach der Erweiterung des Norddeutschen Bundes zum Deutschen Reich gingen die Funktionen des

ambel der Verfassung des Norddeutschen Bundes, in: *E. R. Huber*, Dokumente zur Deutschen Verfassungsgeschichte, Bd. II, S. 272.

167 Die föderative Grundlage des Bundes basierte auf dem Bundespräsidium (Krone Preußens), dem aus allgemeinen und direkten Wahlen hervorgehenden Reichstag, dem sich aus Mitgliedern des Bundes zusammengesetzten Bundesrat und dem Bundeskanzler in der Person *Bismarcks*, *U. Eisenhardt*, Deutsche Rechtsgeschichte, Rz. 557.

168 *U. Eisenhardt*, Deutsche Rechtsgeschichte, Rz. 558.

169 Abgedruckt bei *E. R. Huber*, Dokumente zur Deutschen Verfassungsgeschichte, Band II, S. 287ff.; *J.L. Kunz*, Die Staatenverbindungen, S. 539.

170 Vertrag zwischen dem Norddeutschen Bund einerseits und Bayern, Württemberg, Baden sowie Hessen andererseits betreffend die Fortdauer des deutschen Zoll- und Handelsvereins, abgedruckt bei *E. R. Huber*, Dokumente zur Deutschen Verfassungsgeschichte, Band II, S. 286. Vgl. auch *C. F. Menger*, Deutsche Verfassungsgeschichte der Neuzeit, Rz. 284.

171 Zitiert bei *O. Mejer*, Einleitung in das Deutsche Staatsrecht, S. 316f.

Zollvereins auf das Reich über,[172] hatten aber bereits die wirtschaftliche und die gesellschaftliche Basis für die politische Einigung geschaffen.[173]

Nach Beginn des Krieges mit Frankreich im Jahre 1870, dem Sturz des französischen Kaisertums und der militärischen Einschließung von Paris war der Weg frei für die Vollendung der deutschen Einheit.[174] Nach dem Abschluß der völkerrechtlichen Verträge über den Beitritt der süddeutschen Länder zum Norddeutschen Bund[175] wurden Bismarcks diplomatische Aktivitäten mit der Gründung des Deutschen Reiches gekrönt.[176] Mitten im Krieg mit Frankreich fand am 18. Januar 1871 im Schloß zu Versailles die Kaiserproklamation statt. Das Deutsche Reich war aufgrund eines Staatsvertrages zwischen dem Norddeutschen Bund und den süddeutschen Fürsten entstanden,[177] wobei die Verfassung des Deutschen Reiches aus der Änderung und Ergänzung der Verfassung des Norddeutschen Bundes durch die Verfassungsverträge und Militärkonventionen mit den süddeutschen Staaten hervorging.[178]

---

172 Art. 33-40 der späteren Reichsverfassung.

173 Die gesellschaftlichen Voraussetzungen hat der Zollverein insofern geschaffen als er die dem modernen Wirtschaftsprozeß zugewandten bürgerlichen Schichten entstehen ließ, die dann einen wichtigen Rückhalt der deutschen Einigungsbestrebungen bildeten. *E. R. Huber*, Deutsche Verfassungsgeschichte, Band III, S. 637; *R. Zippelius*, Deutsche Verfassungsgeschichte, S. 115.

174 *E. R. Huber*, Deutsche Verfassungsgeschichte, Band III, S. 724.

175 Die sog. „Novemberverträge“: 1. Vertrag zwischen dem Norddeutschen Bund und Baden und Hessen, 15.11.1870; 2. Vertrag zwischen dem Norddeutschen Bund, Baden, Hessen und Württemberg, 25.11.1870; 3. Vertrag zwischen dem Norddeutschen Bund und Bayern, 23.11.1870 und schließlich durch den Berliner Vertrag vom 8.12.1870, in dem Württemberg, Baden und Hessen dem Vertrag zwischen dem Norddeutschen Bund und Bayern, und Bayern den Verträgen zwischen dem Norddeutschen Bund und Baden-Hessen und Württemberg beitraten, *J.L. Kunz*, Die Staatenverbindungen, S. 539.

176 Das Deutsche Reich ging zwar aus dem Norddeutschen Bund hervor, konnte aber eine eigenständige Position beanspruchen, denn die deutsche Einigung wurde nicht auf dem Weg der Erweiterung des Norddeutschen Bundes, sondern durch eine neue Bundesgründung unter Aufhebung des Norddeutschen Bundes erreicht. Aufgrund der Übernahme der Gesetze, der Behörden und Verwaltungseinrichtungen, des Vermögens und der Schulden und der völkerrechtlichen Beziehungen des Norddeutschen Bundes durch das Deutsche Reich läßt sich lediglich eine Rechtsnachfolge im Sinne einer Universalsukzession begründen, vgl. *E. R. Huber*, Deutsche Verfassungsgeschichte, Band III, S. 765.

177 Wie der Norddeutsche Bund so war auch das Reich als Fürstenbund gegründet worden. Dazu gehörten das Königreich Bayern, das Königreich Württemberg, das Großherzogtum Baden und die südlichen Teile der Pfalz.

178 *K. E. Born*, Von der Reichsgründung bis zum Ersten Weltkrieg, S. 13; *U. Eisenhardt*, Deutsche Rechtsgeschichte, Rz. 558. Einen Überblick über die territoriale Aufgliederung

In der Entstehung des Norddeutschen Bundes und auf ihm aufbauend der Gründung des Deutschen Reiches vereinigten sich vertragliche und verfassungsrechtliche Elemente in Form der Mitwirkung des norddeutschen Reichstags und der Landtage der Einzelstaaten als Repräsentanten des Volkes sowie deren Regierungen. Während Staaten normalerweise in einem Zeitraum staatlichen Werdens und Wachsens entstehen und sich erst im Laufe der Zeit die reine Machtorganisation zu einer „Verfassungsorganisation" verdichtet, baute der Norddeutsche Bund auf bereits existierenden Staaten auf, die als Glieder eines neuen Bundes sich der Obergewalt eines hegemonial geleiteten Gesamtstaates unterwarfen.[179] Die juristische Erklärung dieser Geschehnisse stellte die Staatsrechtslehre vor systematische Schwierigkeiten.

b) Faktizitätstheorie nach G Jellinek

Für *Jellinek* geht der Frage nach der Entstehung des Bundesstaates die Frage nach der Entstehung des Staates voraus. Entscheidend für die Gründung eines Staates ist,

> *„dass ein Volk, welches sich als Einheit fühlt und weiss, diese Einheit dadurch zum Ausdruck bringt, dass es sich als solche organisiert und demgemäss als Staat darstellt."*[180]

Alle diese Vorgänge, durch die es zur Entstehung eines Staates kommt, können juristisch nicht erfaßt werden.[181] Wie der Staat selber, ist auch seine erste Verfassung nicht weiter juristisch ableitbar. Daraus resultiert die Differenzierung in Vertrag und Verfassung:

> *„Verträge können bei der Bildung eines Staates unter den Volksgenossen noch so viele geschlossen werden, der Vertrag wird darum noch nicht Rechtsgrund des Staates, weil er seiner Natur nach unfähig ist, einen solchen abzugeben und zwar schon deshalb, weil weder ein Einzelner, noch ein Staat durch Vertrag mit Anderen eine bisher nicht bestehende Volksgemeinschaft schaffen kann."*[182]

---

und die Bevölkerungsverteilung des neuen Deutschen Reiches gibt *H. Wagner*, Die innerdeutschen Grenzen, S. 240, 252ff.

179 Vgl. *E. R. Huber*, HStR Bd. I, § 2, Rz. 11ff.

180 *G. Jellinek*, Staatenverbindungen, S. 263.

181 *G. Jellinek*, Staatenverbindungen, S. 264.

182 *G. Jellinek*, Staatenverbindungen, S. 257.

Die Verfassung ist ihrem Wesen nach also höher, als das durch Vertrag eingegangene Rechtsverhältnis.[183] Der Staat entsteht aus einer Gesamtheit von Menschen, die sich als Einheit fühlt und dies dadurch zum Ausdruck bringt, daß sie sich eine Gesamtpersönlichkeit in Form einer Verfassung gibt.[184] Das Volk versucht sich durch diesen Vorgang eine rechtliche Existenz zu geben.[185] Dies kann grundsätzlich auf zwei Arten geschehen. Einmal durch völlige Neuschöpfung, wenn noch keine staatlichen Formen vorhanden sind[186] oder durch das *„Hinwegräumen der alten staatlichen Zustände"*[187] auf gewaltsamem oder friedlichem Wege. In beiden Varianten handelt es sich um völlig eigenständige Vorgänge, die in ihrer Faktizität juristisch nicht erklärt werden können.[188]

Die Gründung des Norddeutschen Bundes stellte *Jellinek* vor das Problem, daß bereits existente Staaten im Vorfeld der Gründung des Bundesstaates völkerrechtliche Verträge abschließen. Da aber die Entstehung eines Bundesstaates ebenso wie die eines Staates ein faktischer Vorgang ist, der nicht auf einen Vertrag zurückgehen kann und sich daher der juristischen Bewertung entzieht, können diese Verträge in keinem *„juristischen Causalitätsverhältnis"*[189] zu dem später entstandenen Bundesstaat stehen. Die Schöpfung des Bundesstaates besteht nach *Jellinek* vielmehr darin,

> *„dass eine Ordnung hergestellt wird, gemäss welcher die Functionen des Gemeinlebens ausgeübt, dass Organe bestellt werden, durch welche die bisher nur als natürliche Thatsache wirkende Nation rechtliche Gestaltung (...) empfängt."*[190]

Die tatsächlichen Vorgänge erzeugen eine Rechtsordnung, worin *Jellinek* die *„normative Kraft des Faktischen"*[191] erblickt. Aus dieser Perspektive ist *Jellinek* gezwungen, die rechtlichen Aspekte der Gründung des Norddeutschen Bundes völlig auszublenden, denn seit in Europa ein nahezu geschlossenes System von Flächenstaaten existierte, war eine Staatsgründung nur als Ab-

---

183 *G. Jellinek*, Staatenverbindungen, S. 259.
184 *G. Jellinek*, Staatenverbindungen, S. 257.
185 *G. Jellinek*, Staatenverbindungen, S. 263.
186 *G. Jellinek*, Staatenverbindungen, S. 263.
187 *G. Jellinek*, Staatenverbindungen, S. 263.
188 *G. Jellinek*, Staatenverbindungen, S. 263.
189 *G. Jellinek*, Staatenverbindungen, S. 265.
190 *G. Jellinek*, Staatenverbindungen, S. 265.
191 *G. Jellinek*, Allgemeine Staatslehre, S. 337ff.; ähnlich *J. C. Bluntschli*, Allgemeines Staatsrecht, S. 20ff.

leitung anderer staatlicher Systeme denkbar. Daraus folgt für *Jellinek*, daß der Anspruch auf souveräne Herrschaft für den Norddeutschen Bund rechtlich nicht aus dem Willen seiner Gründungsmitglieder zu legitimieren ist. Anderes kann nur für die Entstehung des Deutschen Reiches gelten, das ja aus der Änderung der Verfassung des Norddeutschen Bundes und der Verfassungsverträge und Militärkonventionen mit den süddeutschen Staaten hervorging. Der Vorgang der faktischen (Bundes-) Staatsbildung war zu diesem Zeitpunkt für den Norddeutschen Bund bereits abgeschlossen:

> *„Indem die Südstaaten in den Bund eintraten, haben sie sich der bereits bestehenden, ohne ihr Zuthun gebildeten Bundesgewalt unterworfen, welche sich gemäss den von ihr in den vorbereitenden Verträgen gemachten Aussagen in ihrer verfassungsmässigen Gestaltung den veränderten Verhältnissen angepasst modificirte"*[192]

Damit ist das Deutsche Reich nach *Jellinek* durch die Änderung der bereits bundesstaatlichen Verfassung des Norddeutschen Bundes entstanden, die sich ihrerseits allerdings einer juristischen Betrachtung entzieht.

c) *Entstehungstheorien auf der Basis eines Rechtsvorgangs: Vertragstheorie bei* S. Brie

In Abgrenzung zur „Faktizitätstheorie" *Jellineks* stehen andere Auffassungen, die die Gründung des Norddeutschen Bundes als Rechtsvorgang bewerten und dabei den Schwerpunkt auf staatsrechtliche oder völkerrechtliche Kriterien legen.

Die „Legalitätstheorie" sieht in der Gründung des Bundes eine *„freie Willenstat aller bei der Gründung beteiligten Staaten"*,[193] lenkt in dieser Einschätzung aber den Blick ausschließlich auf die Beteiligung der Landesregierungen und Landesparlamente. Die „Vereinbarungstheorie", die auf den übereinstimmenden Willen aller Beteiligten, im Gegensatz zu den grundsätzlich gegenläufigen Interessen der an einem völkerrechtlichen Vertrag beteiligten Parteien, abstellt,[194] blendet wiederum die Zustimmung der Landtage als rechtsunerheblich aus. Diese Einseitigkeiten versucht *Brie* zu vermeiden, indem er die Entstehung des Bundes auf einen völkerrechtlichen Vertrag zurückführt und die Beteiligung des Volkes durch ein Landesgesetzgebungsver-

---

192 *G. Jellinek*, Staatenverbindungen, S. 275.

193 *P. Laband*, Zitiert bei *E. R. Huber*, Deutsche Verfassungsgeschichte, Band III, S. 674.

194 *K. Binding*, zitiert bei *E. R. Huber*, Deutsche Verfassungsgeschichte, Band III, S. 676.

fahren als das *„thatsächliche Inslebentreten“*[195] des Bundes herausstellt. Der Bundesstaat entsteht *„ auf dem Wege der staatlichen Vereinigung bisher nur durch eine staatenbündische Ordnung mit einander verknüpfter Staaten“*[196] Die vertragsgemäße Entstehung des Bundesstaates beruht also darauf, daß eine Mehrzahl bisher souveräner Staaten durch Einigung ihrer Willen einen föderativ gegliederten Staat schaffen.[197] Dieser Vertrag bildet dann den Rechtsgrund, der durch *„ein den Inhalt des Staatsvertrags in sich aufnehmendes und gehörig publiziertes Landesgesetz“*[198] den Bundesstaat mit Leben erfüllt. Das Deutsche Reich ist demnach eine

> *„durch Verträge des Norddeutschen Bundes mit den süddeutschen Staaten geschaffene Erweiterung und Modifikation des vorher auf Norddeutschland beschränkten Bundesstaates“ wobei „die Errichtung des Norddeutschen Bundes und seiner Verfassung (...) durch Vertrag der einzelnen norddeutschen Staaten erfolgte“.*[199]

Der Frage, in welcher Weise die Verfassung des Bundesstaates entstanden ist, hat für sein rechtliches Wesen nur eine untergeordnete Bedeutung.[200] Wesentlich ist vielmehr, *„dass alle in dem Gemeinwesen vereinigten Staaten (...) bei der Entstehung der für die Gesamtangelegenheiten vorzugsweise massgebenden Willensakte, beteiligt seien“*[201] Unter diesem Gesichtspunkt soll nunmehr das Deutsche Reich in seiner organisatorischen und kompetenziellen Ausgestaltung untersucht werden.

---

195 *S. Brie*, Theorie der Staatenverbindungen, S. 130.

196 Oder durch die Neugliederung eines Staates, ohne den bis dahin bestehenden Staatsverband zu beseitigen, was allerdings für die Entstehung des Deutschen Reiches nicht zutrifft, S. *Brie*, Theorie der Staatenverbindungen, S. 128f.

197 *S. Brie*, Theorie der Staatenverbindungen, S. 130.

198 *S. Brie*, Theorie der Staatenverbindungen, S. 130.

199 *S. Brie*, Theorie der Staatenverbindungen, S. 131.

200 *S. Brie*, Theorie der Staatenverbindungen, S. 131.

201 *S. Brie*, Theorie der Staatenverbindungen, S. 80.

2. Das Deutsche Reich von 1871 und seine Verfassung[202]

a) Die föderale Struktur des Deutschen Reiches

Die Verfassung des Norddeutschen Bundes wurde mit geringfügigen Änderungen zur Reichsverfassung, und diente als Modell, nach dem die nationale Einigung im kleindeutschen Sinne[203] und die preußische Hegemonie in Deutschland zu vereinen waren. Dem Deutschen Reich gehörten 25 Einzelstaaten an,[204] die durch die föderalistisch gestaltete Verfassung einen gewissen Spielraum beanspruchen konnten, ohne den preußischen Führungsanspruch zu gefährden. Die Staaten vereinigten sich zu einem *„ewigen Bund zum Schutz des Bundesgebietes und des innerhalb desselben gültigen Rechtes, sowie zur Pflege der Wohlfahrt des Deutschen Volkes“*.[205]

b) Die Organe des Reiches

Als legislative Organe des Bundes fungierten der Kaiser als Bundespräsident mit Reichstag und Bundesrat. Die Wahlen zum Reichstag waren allgemein, gleich, geheim und direkt, was den Forderungen von 1848 entsprach.[206] Es fehlte aber jeder Einfluß der Volksvertretung auf die Regierung des Bundes. Zum einen war der Reichstag zusammen mit dem Bundesrat allein auf die Legislative beschränkt[207] und zum anderen wurde der Bundeskanzler nicht vom Reichstag gewählt, sondern vom Bundespräsidenten ernannt.[208] Er war als Leiter der Politik also nicht vom Vertrauen des Parlaments, sondern an das seines Monarchen gebunden. Die Delegierten der Paulskirche wollten Deutschland auf der Grundlage der Volkssouveränität einen, für Bismarck

---

202 Alle Verweise auf die Verfassung des Deutschen Reiches (RV) sind zitiert nach *E. R. Huber*, Dokumente zur deutschen Verfassungsgeschichte, Band II, S. 384-402. Die Reichsverfassung wird auch wiedergegeben bei *P. Laband*, Deutsches Reichsstaatsrecht, S. 425-453.

203 Also ohne Österreich.

204 Die vier Königreiche Preußen, Bayern, Sachsen und Württemberg, die sechs Großherzogtümer Baden, Hessen, Mecklenburg-Schwerin, Mecklenburg-Strelitz, Oldenburg und Sachsen-Weimar-Eisenach, die fünf Herzogtümer Anhalt, Braunschweig, Sachsen-Meiningen, Sachsen-Altenburg und Sachsen-Koburg-Gohta, die sieben Fürstentümer Reuß ältere Linie, Reuß jüngere Linie, Schwarzburg Rudolfstadt, Schwarzburg-Sondershausen, Lippe, Schaumburg-Lippe und Waldeck. Neben den drei Freien Städten Hamburg, Bremen und Lübeck kam noch das Reichsland Elsaß-Lothringen.

205 Präambel der Reichsverfassung.

206 Art. 20 RV.

207 Art. 23 RV.

208 Art. 15 Abs. 1 RV.

war hingegen Preußen das Fundament, in dem an eine Initiative aus dem Volk nicht zu denken war. So hatte *Bismarck* dem Zeitgeist entsprechend das allgemeine Wahlrecht zugelassen, gleichzeitig aber dem Parlament die Teilnahme an der Regierung abgeschnitten.

Im Bundesrat saßen die von den Regierungen ernannten Vertreter der gleichberechtigten Mitgliedstaaten.[209] Die Stimmverteilung (17 Stimmen für Preußen gegenüber 26 der anderen Mitgliedstaaten)[210] sah ein starkes Übergewicht Preußens vor, das es ermöglichte, jeden Antrag auf Verfassungsänderung zu blockieren.[211]

Abgesehen vom Bundesrat ruhte die Exekutive allein beim Bundespräsidium, das dem preußischen König das Recht gab, Reichstag und Bundesrat zu eröffnen, zu vertagen oder zu schließen.[212] Anordnungen und Verfügungen des Bundespräsidenten bedurften zu ihrer Gültigkeit der Gegenzeichnung des Kanzlers.[213] Bismarck bekleidete in dem neuen Staatsgebilde alle entscheidenden Ämter. Er war nicht nur Bundeskanzler, sondern auch preußischer Ministerpräsident und Außenminister und daher Vertreter Preußens im Bundesrat, dessen Vorsitz wiederum Preußen, also ihm, zustand. Seine Stellung war unangreifbar, solange er das Vertrauen seines Kaisers besaß.[214]

Das Reich verfügte schließlich auch über ein eigenes Streitbeilegungssystem,[215] das im Reichsgericht in Leipzig seine höchste Instanz hatte, und das über Beschwerden und Revisionen gegen die Entscheidungen und Endurteile der Oberlandesgerichte der Einzelstaaten zu urteilen hatte. Verfassungsstreitigkeiten innerhalb eines Bundesstaates, in dem es an einer zur Entscheidung kompetenten Behörde fehlte, hatte der Bundesrat im Wege der Reichsgesetzgebung zur Erledigung zu bringen.[216] Gleiches galt für Streitigkeiten zwischen den verschiedenen Gliedstaaten.

---

209 Vgl. im einzelnen dazu *P. Laband*, Deutsches Reichsstaatsrecht, S. 57ff.; *U. Eisenhardt*, Deutsche Rechtsgeschichte, Rz. 560.

210 Art. 6 RV.

211 Art. 7 Abs. 3 i.V.m. Art. 78 RV. Für eine Verfassungsänderung war eine Zweidrittelmehrheit erforderlich.

212 Art. 12 RV. Zur Rechtsstellung des Kaisers vgl. auch *K. Kröger*, Einführung in die jüngere deutsche Verfassungsgeschichte, S. 95.

213 Art. 17 RV.

214 Zur Stellung des Reichskanzlers vgl. *P. Laband*, Deutsches Reichsstaatsrecht, S. 85ff.

215 Art. 74-77 RV.

216 Art. 76 RV.

c) *Das Kompetenzverteilungssystem des Reiches*

Die Kompetenzen zwischen Reich und Einzelstaaten unterteilten sich in ausschließliche[217] und konkurrierende[218] Gesetzgebungskompetenzen mit Vorrang der Reichsgesetze vor den Landesgesetzen.[219] Bestand keine ausschließliche oder konkurrierende Kompetenz des Reiches, waren die Mitgliedstaaten zuständig.[220] Die Kompetenzverteilung wurde durch eine Vielzahl von Sonder- und Reservatsrechten der einzelnen Staaten durchbrochen, die die Ungleichheit der Mitgliedstaaten zum Ausdruck brachte.[221] Das Gewicht der Einzelstaaten war aber nach Größe und Einwohnerzahl sehr unterschiedlich, wobei Preußen neben seiner institutionellen Vormachtstellung auch ein großes faktisches Übergewicht zukam.

Im Rahmen der äußeren Angelegenheiten stand dem Reich das ausschließliche Recht der Entscheidung über Krieg und Frieden,[222] das aktive Konsulatsrecht,[223] das aktive und passive Gesandtschaftsrecht[224] und die Vertragsschließungskompetenz mit dritten Staaten zu.

Dem König von Preußen unterstand schließlich auch das Bundesheer,[225] das sich aus Kontingenten der großen und mittleren Bundesstaaten zusammensetzte.[226] Neben dem preußischen Kriegsministerium und großen Generalstab bestanden weitere Kriegsministerien in Bayern, Sachsen und Württemberg, wobei der Oberbefehl über das Reichsheer beim Kaiser lag. Die

---

217 Z.B. Zollwesen (Art. 4 Ziff 2 RV), Besteuerung von Salz, Taback, Zucker (Art. 35 RV, das sonstige Steuerwesen blieb bei den Bundesstaaten); Kriegsmarine, Militärwesen (Art. 4 Ziff 14 RV), Emmission von Papiergeld Art. 4 Ziff. 3 RV).

218 Z.B. Freizügigkeit, Heimat- und Niederlassungsverhältnisse, Staatsbürgerrecht, Paßwesen, Fremdenpolizei (alles Art. 4 Ziff. 1 RV), Maß-, Münz- und Gewichtssystem (Art. 4 Ziff. 3 RV), Eisenbahnwesen (Art. 4 Ziff. 8 RV), Schifferei und Flößereiwesen (Art. 4 Ziff. 9 RV), vgl. im übrigen die Übersicht bei *J.L. Kunz*, Die Staatenverbindungen, S. 541.

219 Art. 2 Satz 1 RV.

220 Die Kompetenzverteilung entsprach weitgehend dem heute in der Bundesrepublik Deutschland etablierten System.

221 Z.B. Freihäfen für Hamburg und Bremen; Besteuerung des inländischen Bieres in Baden; Sachsens Anspruch auf einen ständigen Sitz im Bundesratsausschuß für auswärtige Angelegenheiten; daneben bestand eine Vielzahl von Reservatsrechten für Bayern, *J.L. Kunz*, Die Staatenverbindungen, S. 545f.

222 Art. 11 RV.

223 Art. 4 Ziff. 7, 56 RV.

224 Art. 11 Abs. 1 und 2 RV, das Gesandtschaftsrecht der Mitgliedstaaten war dem des Reiches rechtlich nachgeordnet.

225 Art. 64 RV.

226 Art. 63 RV.

politische und militärische Führung waren also nur in der Person des Monarchen vereint. Daran änderte die sonst mit umfassenden Rechten ausgestattete Position des Kanzlers nichts. Auf den militärischen Bereich konnte der Kanzler lenkend und kontrollierend nur dort einwirken, wo eine Gegenzeichnungspflicht für die Willensäußerungen des Kaisers bestand. Das war nur im Bereich der Militärverwaltung der Fall, nicht jedoch bei den Kommandosachen, die komplett der ministeriellen Gegenzeichnung entzogen waren.[227]

Finanzpolitisch war das Reich *„Kostgänger der Einzelstaaten"*[228], da die dem Reich zugewiesenen eigenen Einnahmen aus Zöllen, Verbrauchssteuern und den Erträgen aus der Reichspost dem Finanzbedarf nicht decken konnten.[229]

Eine Verfassungsänderung und damit die Möglichkeit zu einer Neuverteilung der Kompetenzen erfolgte im Wege der Reichsgesetzgebung und der Beteiligung der Bundesstaaten im Bundesrat. Ein darüber hinausgehender Einfluß der Gliedstaaten existierte nicht, so daß insgesamt die Kompetenz-Kompetenz beim Reich angesiedelt war.

d) *Bundesbürger und Landesbürger*

Nach Art. 3 der Reichsverfassung bestand für ganz Deutschland ein „gemeinsames Indigenat" mit der Wirkung, daß der Angehörige eines jeden Bundesstaates in jedem anderen Bundesstaate als Inländer zu behandeln und demgemäß zum festen Wohnsitz, zum Gewerbebetrieb, zu öffentlichen Ämtern, zur Erwerbung von Grundstücken und zum Genuß aller sonstigen staatbürgerlichen Rechte unter denselben Voraussetzungen wie der Einheimische zuzulassen war. Diese Rechte erstreckten sich zudem auf die Rechtsverfolgung und den Rechtsschutz im Inland wie im Ausland. Anders als zu Zeiten des Deutschen Bundes waren die Menschen in den Gliedstaaten des Deutschen Reiches in größerem Maße Adressaten der Bundesgesetzgebung. Die Reichsgesetze hatten direkte Durchgriffswirkung, gingen den Landesgesetzen vor und konnten notfalls im Wege der Bundesexekution durchgesetzt werden.[230] Das besondere der Reichsverfassung lag darin, daß trotz des offensichtlichen Weiterbestehens einer Staatsgewalt in den einzelnen deutschen

---

227 Diese Trennung von Militärverwaltung und Militärkommando ging auf die preußische Verfassung zurück und sollte den Einfluß des Parlaments auf das Militär verhindern.

228 *O. v. Bismarck*

229 Art. 70 RV.

230 Art. 19 RV, Die Bundesexekution war vom Bundesrat zu beschließen und vom Kaiser zu vollstrecken.

Staaten eine Reichsgesetzgebung existierte, die in allen Mitgliedstaaten unmittelbar gegenüber den Bürgern ihre Wirkung entfaltete.[231]

3. Das Wesen des Bundesstaates bei *G. Jellinek*

a) Übergang der Souveränität der Gliedstaaten auf den Bundesstaat

Ausgangspunkt der Theorie des Bundesstaates, die *Jellinek* an den tatsächlichen Gegebenheiten des Deutschen Reiches exemplifiziert, ist wiederum die Frage nach der Souveränität, die im Entstehungsakt des Bundesstaates begründet liegt. Treten bereits existente Staaten einem Bundesstaat bei, unterwerfen sie sich der Bundesgewalt, um von ihr als Gliedstaaten die verfassungsmäßig zugedachten Rechte zu empfangen. Die Souveränität der Gliedstaaten geht in einer ihr übergeordneten Souveränität auf und das Bündnis besitzt von nun an die Qualität eines Bundesstaates. Nur wenn aus der Vereinbarung der Wille erkennbar wird, die Voraussetzungen eines Herrschaftskonzepts zu schaffen, das die bisherigen innerstaatlichen Herrschaftskonzepte beseitigt, kann dieser Akt eine staatsrechtliche Ordnung begründen und so zum letzten Souveränitätsakt der Gliedstaaten werden.[232] Entscheidend ist daher, ob die Staaten als Vertragsparteien fortbestehen und ihre völkerrechtliche Verantwortlichkeit behalten (dann Staatenbund) oder ob der Staat auch seine innere Souveränität aufgibt (dann Bundesstaat).[233] Eine geteilte Souveränität zwischen Bund und Gliedstaaten kann es nicht geben.[234]

---

231 *K. E. Heinz*, Staatswissenschaft und Staatspraxis 1994, 77.

232 *G. Jellinek*, Staatenverbindungen, S. 281ff. Vgl. auch *A. Schmitt-Glaeser*, Grundgesetz und Europarecht als Elemente europäischen Verfassungsrechts, S. 36.

233 *„Der Eintritt in den Bundesstaat ist jedoch bedingungslos, die ganze staatliche Existenz wird der Bundesgewalt zur Verfügung gestellt, denn Reservation eines Gliedes in Form derart selbständiger Rechte, dass sie dem Staatswillen absolut entzogen sind, wären gegen die Natur des souveränen Staates"*, *G. Jellinek*, Staatenverbindungen, S. 272.

234 Die Verteilung der Souveränität im Bundesstaat ist, wie die vorhergehenden Ausführungen in Teil A II. gezeigt haben, in verschiedenen Varianten vorstellbar: Nur die Gliedstaaten sind souveräne Staaten; Bund und Gliedstaaten besitzen beide Souveränität; nur Bund und Gliedstaaten in ihrer Totalität sind souverän; die äußere und innere Souveränität wird auf Bund und Gliedstaaten verteilt, siehe die Übersicht bei *J.L. Kunz*, Die Staatenverbindungen, S. 48f und 599ff.; *A. Weber*, Zur Verfassungsstruktur der Europäischen Gemeinschaften nach Maastricht, S. 121, 122f.

b) *Kompetenzverteilung im Bundesstaat und Kompetenz-Kompetenz*

Die Mitgliedstaaten treten nach ihrer Unterwerfung unter die Bundesstaatsgewalt in eine besondere Rechte und Pflichtenstellung, die sie *„aus der Hand des souveränen Staates"*[235] empfangen. Über den Kreis der Aufgaben, die in einem Bundesstaat dem Bund und den Gliedern zustehen, lassen sich nach *Jellinek* keine genauen Aussagen treffen. Notwendig sei nur,

> *„dass der Bundesstaat, (...), auch staatlich organisiert sei, dass er daher die nothwendigen Functionen des Staatslebens: Gesetzgebung, Regierung, Verwaltung und Gerichtsbarkeit selbst ausübe. Über das Was und das Wie der von ihm auszuübenden Thätigkeiten aber eröffnet sich ihm ein weiter Spielraum."*[236]

Beim Bundesstaat liegt allein zwingend die Kompetenz-Kompetenz und das Recht der Verfassungsänderung.[237] Da die Aufgaben des Staates weder von der Bundes- noch von den Einzelstaatsgewalten allein erfüllt werden können,[238] ist

> *„ein Bundesstaat (...) ein Staat, in welchem die souveräne Staatsgewalt die Gesamtheit der in ihrem Herrschaftsbereich auszuübenden Functionen verfassungsmässig derart vertheilt, dass sie nur ein bestimmtes Quantum derselben sich zur eigenen Ausübung vorbehält, den Rest jedoch ohne Controle über die Festsetzung der regelnden Normen, sowie über die Art und Weise der Ausübung selbst, (...) den durch diese verfassungsmässige Zuweisung von selbständiger staatlicher Macht geschaffenen nichtsouveränen Gliedstaaten überlässt."*[239]

In der ganzheitlichen Betrachtung der Kompetenzverteilung, klingt bei *Jellinek* das für moderne Bundesstaaten typische System der Kompetenzergänzung an.

---

235 *G. Jellinek*, Staatenverbindungen, S. 281.

236 *G. Jellinek*, Staatenverbindungen, S. 289f.

237 Nur der Bundesstaat kann *„in den verfassungsmäßigen Formen seine Competenz verengen und erweitern"*, *G. Jellinek*, Staatenverbindungen, S. 294.

238 *G. Jellinek*, Staatenverbindungen, S. 313.

239 *G. Jellinek*, Staatenverbindungen, S. 278. *„In diesem höheren, über den Kreis juristischer Betrachtungen hinausreichenden Sinne ist es richtig, dass erst die Totalität von Bundes- und Gliedstaat den Staat in der geschichtsphilosophischen Betrachtung repräsentiert"*, *G. Jellinek*, Staatenverbindungen, S. 313.

c) *Durchgriffswirkung von Exekutivakten und doppelte Staatsangehörigkeit*

Ein weiteres zentrales Kriterium, an dem die Souveränität des Bundesstaates festgemacht werden kann, ist die Durchgriffswirkung von Exekutivakten des Zentralorgans. Als Bundesstaat gilt danach ein Verband, dessen Akte den einzelnen rechtlich erreichen und nicht der Vermittlung der Gliedstaaten bedürfen. Die Durchgriffswirkung erlangt nach *Jellinek* aber nur in dem Moment Relevanz, in dem die Akte der übergeordneten Institution zu den Vorgaben der Glieder in Konflikt treten. Dazu führt er aus:

> „(...) *solange kein tiefer Conflict in seinem Inneren herrscht, sich von einem Bundesstaat praktisch kaum mehr unterscheidet, wie aber auch in dieser täuschenden Umhüllung die Natur der Souveränität in unerbittlicher Weise die Existenz der bloß vertragsmäßigen Gemeinschaft zu einer bedingten, von dem Willen der Vertragsglieder ununterbrochen abhängigen macht*“[240]

Im Falle eines Konfliktes ist das Instrument des Bundesstaates die Bundesexekution, die dem Staatenbund nicht zur Verfügung steht. Während im Staatenbund sich nur die Mitgliedstaaten einer Bundesexekution gegenüber sehen, ist im Bundesstaat die „*unvermittelte Bundesstaatsgewalt auf das Volk*“ die Möglichkeit, ein organisches Zusammenleben zu gewährleisten.[241] Der Bundesstaat erfaßt die Menschen in einer Rechte- und Pflichtenstellung und verleiht ihnen eine „*doppelte staatliche Qualification*“, indem er das Volk nicht nur hinsichtlich des Bundes, sondern auch „*in Beziehung auf die den Gliedstaaten zu uncontrolierbarem Rechte überlassene Staatsmacht einer zweiten, der nichtsouveränen Staatsgewalt*“ unterwirft.[242] Da die Einwohner des Bundesstaates sowohl Angehörige des Bundes als auch der Gliedstaaten sind, folgt daraus ihre „*doppelte Staatsangehörigkeit*“.[243]

d) *Die Beteiligung des Volkes und der Gliedstaaten an der Willensbildung des Bundes*

Die unvermittelte Wirkung des Bundes auf das Volk setzt voraus, daß ein aus unmittelbaren Wahlen hervorgehendes Parlament, dessen Mitglieder sich nicht als Organe des Einzelstaates (dann Staatenbund), in dem sie gewählt

---

240 *G. Jellinek*, Staatenverbindungen, S. 188.
241 *G. Jellinek*, Staatenverbindungen, S. 282.
242 *G. Jellinek*, Staatenverbindungen, S. 278.
243 *G. Jellinek*, Staatenverbindungen, S. 278.

sind, sondern direkt als Organe des Gesamtstaates darstellen.[244] Im Reichstag kam nach *Jellinek* „*der Gedanke der Einheit der Nation am ungetrübtesten und prägnantesten zum Ausdruck.*"[245]

Gänzlich anders ist jedoch die Notwendigkeit der Teilnahme der Gliedstaaten am Gesamtwillen des Bundes zu beurteilen. Da der Bundesstaat nicht durch die Staaten geschaffen wurde, sondern eine Tat der Nation und des in ihm vereinigten Volkes ist, zwingt aus rein juristischer Perpektive nichts dazu, die Gliedstaaten an der Entscheidungsfindung der Zentralgewalt zu beteiligen.[246] Wenn den Gliedern am Zustandekommen des Staatswillens trotzdem in der Bundesverfassung eine Mitwirkung eingeräumt wird, so hat dies allein politische, aber keine rechtliche Bedeutung, denn die

> „*Gesundheit des Staatslebens ist davon abhängig, dass die im Volke wirkenden realen Mächte in den Dienst des Staates gestellt werden,* (denn) *sonst ist die Gefahr vorhanden, dass sie sich feindlich dem politischen Ganzen entgegenstellen*".[247]

Von einer Teilnahme an der Souveränität durch die Gliedstaaten kann daher nur in einem ethisch-politischen, aber nicht im juristischen Sinne gesprochen werden.[248]

e) Das Deutsche Reich als Bundesstaat bei G. Jellinek

Aufgrund der dargestellten theoretischen Grundlagen ordnet *Jellinek* das Deutsche Reich als Bundesstaat ein.[249] Alle von ihm als wesentlich beschriebenen Funktionen des Staatslebens, wie Gesetzgebung, Regierung, Verwaltung und Gerichtsbarkeit waren unter dem Dach des Reiches vereint. Der Vorrang der Reichsgesetze vor den Landesgesetzen und die beim Reich ange-

---

244 *G. Jellinek*, Staatenverbindungen, S. 283.
245 *G. Jellinek*, Staatenverbindungen, S. 284.
246 *G. Jellinek*, Staatenverbindungen, S. 285.
247 *G. Jellinek*, Staatenverbindungen, S. 287.
248 *G. Jellinek*, Staatenverbindungen, S. 286.
249 In dieser Einschätzung herrscht Übereinstimmung. Die Differenzen liegen in der Begründung der Bundesstaatlichkeit, vgl. *G. Jellinek*, Staatenverbindungen, S. 253f.; S. *Brie*, Theorie der Staatenverbindungen, S. 98; *H. Nawiasky*, Grundprobleme der Reichsverfassung, S. 4ff.; *P. Laband*, Reichsstaatsrecht, S. 21ff. Für die neuere Literatur vgl. beispielhaft *K. Stern*, Staatsrecht Bd. I, § 19, I, 6 a, S. 654; *R. Zippelius*, Verfassungsgeschichte, S. 117; *C. F. Menger*, Deutsche Verfassungsgeschichte der Neuzeit, Rz. 287; *U. Eisenhardt*, Deutsche Rechtsgeschichte, Rz. 560; *K. E. Born*, Von der Reichsgründung bis zum ersten Weltkrieg; S. 12ff.; *K. Kröger*, Einführung in die jüngere deutsche Verfassungsgeschichte, S. 93.

siedelte Kompetenz-Kompetenz prägten das Kompetenzverteilungssystem. Die Durchgriffswirkung von Rechtsakten auf die Individuen in den Mitgliedstaaten machte diese zum Adressaten des Bundes und verlieh ihnen die Reichsstaatsangehörigkeit.

Problematisch erscheint hier wiederum *Jellineks* scharfe Trennung zwischen Faktizität und Recht.[250] Die Reduktion des Bundesstaates auf die *„Souveränität der Centralgewalt, die direkte Unterordnung des Volkes unter dieselbe und die Existenz der Gliedstaaten"*[251] vermag die tatsächliche Kompetenzverteilung zwischen Bund und Gliedstaaten und damit die tatsächlichen Machtverhältnisse nur als politische Notwendigkeiten zu erfassen, ohne deren Einfluß auf die rechtliche Qualifikation des Bundesstaates berücksichtigen zu können.

4. Die Bundesstaatstheorie *S. Bries*

a) Die Allseitigkeit des Zwecks des Bundesstaates

Die Bundesstaatstheorie *Bries* überwindet diese dogmatische Differenzierung, indem die *„Allseitigkeit des Zwecks"* zum zentralen Moment des Bundesstaates erklärt wird. Durch seine Universalität unterscheidet sich der Bundesstaat von dem auf die Förderung einzelner, bestimmter Interessen beschränkten Zwecks des Staatenbundes.[252] Die Universalität kommt in der Verteidigung gegen Angriffe von außen, dem Rechtsschutz im Inneren und der Pflege der Volkswohlfahrt zum Ausdruck, womit sämtliche Bereiche des Staatslebens überhaupt abgedeckt werden.[253] In Übereinstimmung mit *Jellinek* geht *Brie* davon aus, daß sich die Kompetenzen des Bundes und der Gliedstaaten ergänzen. Die modernen Bundesstaatsverfassungen[254] zeichnen sich dadurch aus, daß sie den Einzelstaaten eine mit der Zuständigkeit der Zentralgewalt konkurrierende Kompetenz und damit beschränkte Staatsgewalt belassen haben. Diese Staatsgewalt ordnet sich der Zentralgewalt unter, was in verschiedenen Aspekten zum Ausdruck kommt. Dazu gehört ein Aufsichtsrecht der Reichsgewalt über die Einzelstaaten,[255] der Vorrang von An-

---

250 Vgl. die Ausführungen oben in diesem Kapitel V. 1. b zur Faktizitätstheorie.

251 *G. Jellinek*, Staatenverbindungen, S. 291.

252 *S. Brie*, Theorie der Staatenverbindungen, S. 100.

253 *S. Brie*, Theorie der Staatenverbindungen, S. 100.

254 *S. Brie* führt hier als Beispiele die nordamerikanische Bundesverfassung von 1874 und die schweizerische Eidgenossenschaft von 1848 an, S. *Brie*, Theorie der Staatenverbindungen, S. 106ff.

255 Vgl. Art. 4, 17, 36 RV.

ordnungen des Gesamtstaates vor denen des Einzelstaates[256] und die Entscheidung von Kompetenzstreitigkeiten durch ein Organ des Gesamtstaates.[257]

b) Souveränität und Kompetenz-Kompetenz

Ihre stärkste Ausprägung hat die Unterordnung der Einzelstaaten unter die Zentralgewalt in der Kompetenz-Kompetenz seitens des Bundes, die damit zur notwendigen Voraussetzung des Bundesstaates wird.[258] Es ist daher nicht möglich, den Gliedstaaten des Bundes Souveränität zuzusprechen, da es keine Sphäre mehr gibt, in der der Bund nicht seine Kompetenz an die der Staaten setzten könnte. Damit herrscht zwischen *Jellinek* und *Brie* insofern Übereinstimmung, als die Souveränität im Bundesstaat allein der Zentralgewalt zugeschrieben wird. Während *Jellinek* dies aus dem Entstehungsakt des Bundes ableitet, der ihm die Kompetenz-Kompetenz verleiht, begründet *Brie* die Souveränität des Bundes aus der tatsächlichen Kompetenzverteilung, die in der Bundesverfassung ihre Grundlage findet.

Eine Durchbrechung erfährt dieser Grundsatz nur in den sog. Reservatsrechten, die einzelne Mitgliedstaaten sich im Rahmen der völkerrechtlichen Verträge zur Gründung des Reiches gesichert haben.[259] *Brie* beurteilt dies als *„Anomalie“* vom Standpunkt der Bundesstaatstheorie, da darin eine Ausnahme von der bundesstaatlichen Souveränität läge.[260] Für *Jellinek* handelt es sich lediglich um Rechte, die hinsichtlich ihrer Änderung oder Entziehung erschwerenden Formerfordernissen unterliegen, ohne darin einen Einbruch in die bundestaatliche Souveränität zu sehen.[261]

---

256 Vgl. Art. 2 Satz 1 RV.

257 Vgl. Art. 76 RV. S. *Brie*, Theorie der Staatenverbindungen, S. 109ff.

258 Im Deutschen Reich kommt dies nach *Bries* Auffassung darin zum Ausdruck, daß in Art. 78 Abs. 1 RV die Kompetenz für Verfassungsänderungen lediglich den zur gewöhnlichen Gesetzgebung berufenen Organen des Gesamtstaates anvertraut wurde, S. *Brie*, Theorie der Staatenverbindungen, S. 105. Mit S. *Brie* hat auch *H. Triepel* dieses Ergebnis vor allem auf die Bestimmung des Art. 78 der Reichsverfassung gestützt, der eine Kompetenzerweiterung des Reichs im Gesetzeswege erlaubt und damit eine Herrschaft des Bundes gegenüber seinen Mitgliedern zu begründen schien, vgl. *K. E. Heinz*, Staatswissenschaften und Staatspraxis 1994, 77, 80.

259 Vgl. in diesem Kapitel V. 2. c.

260 *S. Brie*, Theorie der Staatenverbindungen, S. 105f. und 112.

261 *G. Jellinek*, Staatenverbindungen, S. 272.

c) Die Doppelnatur des Bundesstaates

Das Wesen des Bundesstaates zeigt sich nach *Brie* in seiner Doppelnatur. Der Bundesstaat ist zugleich Bund und Staat.

> *„Er ist ein aus Staaten zusammengesetztes, föderativ organisiertes Gemeinwesen, und andererseits ein aus Menschen zusammengesetztes Gemeinwesen mit einer principiell alle Zwecke des menschlichen Lebens umfassenden Aufgabe und Zuständigkeit."*[262]

Die Doppelnatur des Bundes findet ihren Niederschlag in der doppelten Staatsangehörigkeit der Individuen, die vom Bund in eine Rechts- (Freiheitsrechte) und Pflichtenstellung (Besteuerung, Wehrpflicht) eingebunden werden.[263] Im Gegensatz zu *Jellinek* geht *Brie* davon aus, daß die Beteiligung der Gliedstaaten an der Gesamtwillensbildung für die Natur des Bundesstaates im juristischen Sinne entscheidend ist. In der Organisation des Bundesstaates drückt sich das föderale Prinzip im Einfluß der Gliedstaaten auf die Gesamtangelegenheiten des Bund aus, das im Deutschen Reich durch den Bundesrat wahrgenommen wurde.[264] Gleichzeitig existieren mit dem Deutschen Kaiser und dem Reichstag als Vertretung des deutschen Volkes Organe, die den Gesamtwillen des Bundes selbst repräsentieren und ebenfalls an dessen Bildung beteiligt sind. Dementsprechend läßt sich nach *Brie* nicht eindeutig bestimmen, wer als Träger der Gesamtstaatsgewalt anzusehen ist. Der Doppelnatur des Bundesstaates entspricht

> *„am meisten eine* (...) *Zusammensetzung des Trägers der Centralgewalt aus einem unitarischen und einem föderativen Faktor".*[265]

Damit gibt *Brie* eine Theorie des Bundesstaates, die der *Jellineks* insofern überlegen ist, als sie die rein faktische Gleichzeitigkeit von Bund und Gliedern, die bei den Gliedstaaten verbliebenen Teilsouveränitäten (Reservatsrechte) und die fortbestehende Völkerrechtsfähigkeit der Mitgliedstaaten aufzunehmen vermag.[266] Aus der föderativen Natur des Bundesstaates ist erst ein volles Verständnis des Wesens dieser Vereinigungsform möglich.[267]

---

262 *S. Brie*, Theorie der Staatenverbindungen, S. 95.

263 *S. Brie*, Theorie der Staatenverbindungen, S. 114.

264 *S. Brie*, Theorie der Staatenverbindungen, S. 119. Vgl. auch S. *Brie*, Zur Lehre Jellineks, S. 399.

265 *S. Brie*, Theorie der Staatenverbindungen, S. 128.

266 Nach *H. Ehringhaus* ist dies der Weg, eine normative, die faktischen Verhältnisse nicht wertungslos reflektierende Staatsrechtslehre aufzubauen, Kooperaticer Föderalismus, S. 15.

267 *S. Brie*, Zur Lehre Jellineks, S. 399f.

5. Das Problem der Eindeutigkeit der Abgrenzung zwischen Bundesstaat und Staatenbund

Die vorhergehenden Ausführungen haben die Unterschiede zwischen der Lehre *Jellineks* und *Bries* deutlich hervortreten lassen. Verbinden sich bereits existente Staaten zu einem Bundesstaat, so liegt nach *Brie* der Rechtsgrund dafür in einem völkerrechtlichen Vertrag, wobei *Jellinek* diesen Vorgang aufgrund der Faktizität der Ereignisse juristisch nicht erfassen kann. Sind nach *Jellinek* die Gliedstaaten vom Bundesstaat geschaffen und erhalten von ihm ihre staatlichen Rechte, haben sie nach *Brie* nur gewisse Befugnisse auf den Gesamtstaat übertragen. Sie sind im Gegensatz zu *Jellinek* grundsätzlich an der Bildung des Gesamtwillens des Bundes zu beteiligen, was für *Jellinek* juristisch ohne Bedeutung ist.[268] Eine Gesamtschau der delegierten Befugnisse, einschließlich der beim Bund angesiedelten Kompetenz-Kompetenz, erlauben dann für *Brie* das Souveränitätsurteil, das für den Bundesstaat und den Staatenbund in ihrem Verhältnis zu den Gliedstaaten unterschiedlich ausfällt. Da für *Brie* die Entstehung des Bundesstaates für sein rechtliches Wesen nicht entscheidend ist, verlagert sich die Beurteilung auf die Wertung der tatsächlichen Kompetenzverteilung.[269] Damit begibt sich *Brie* aber gleichzeitig der theoretischen Klarheit der Abgrenzung von Bundesstaat und Staatenbund, denn diese wird je nach der individuellen Kompetenzverteilung zwischen Bund und Gliedstaaten anders ausfallen. Da sich die Gliedstaaten bei *Jellinek* vollständig der Bundesgewalt unterwerfen und dadurch ihre Souveränität verlieren,[270] gelingt ihm die Umschreibung fest umrissener Typen der Staatenverbindungen, denen alles schwankende und fließende in den Begrifflichkeiten fremd ist.[271]

> *„Die Begriffe, nach welchen wir suchen, müssen (...) scharf, bestimmt, fest und gegeneinander streng abgegrenzt sein. Bis auf den heutigen Tag hört man immer wieder, daß die Grenzen zwischen Staatenbund und Bundesstaat fließend sind, dass es manigfaltige Uebergänge in den Staatenverbindungen von der einfachen Allianz bis zum Einheitsstaate*

---

268 Vgl. zu den Unterschieden in der Lehre *Jellineks* und *Bries*, *J. L. Kunz*, Die Staatenverbindungen, S. 608f.

269 Vgl. auch *G. J. Ebers*, Lehre vom Staatenbunde, S. 177.

270 Wenn den Gliedstaaten trotzdem noch gewisse Rechte zustehen, so können diese nicht *„als dem Willen der Bundesgewalt gänzlich entrückt angesehen werden"*, sondern es handelt sich um Rechte, die lediglich einer erschwerten Abänderbarkeit seitens des Bundes unterliegen. *G. Jellinek*, Staatenverbindungen S. 272.

271 *G. J. Ebers*, Lehre vom Staatenbunde, S. 168.

gibt. Auch diese Behauptung ist die Folge einer Verwechslung politischer mit juristischen Gesichtspunkten. Rechtsbegriffe sind allemal kantig, das Verschwimmen des einen in den anderen wäre der Tod der Wissenschaft."[272]

Die gewünschte scharfe Trennung ist durch das Kriterium der Souveränität möglich, die innerhalb der Staatenverbindung entweder dem Bund oder den Gliedern zugeschrieben werden muß. *Jellinek* stattet zwar beide Rechtsformen mit hoher Elastizität aus, läßt ihre Toleranzen aber an der Souveränitätsfrage enden, indem der Staatenbund „*nur an der Souveränität der Bundesglieder (...) der Bundesstaat nur an der Souveränität der Centralgewalt seine Grenze*" findet.[273]

Kennzeichnend für das Wesen des Deutschen Reiches war aber gerade die von *Brie* beschriebene Doppelnatur, bestehend aus dem Reich und seinen 25 Gliedstaaten.[274] Die föderative Einung der Gliedstaaten und die unitarische Selbstverwirklichung der Nation bildeten die beiden integrativen Momente, aus denen das Reich als Einheit hervorging und die den Staat deutscher Nation formten.[275] Interpretiert man mit *Jellinek* die Entstehung des Reiches als den Willen der Gliedstaaten, sich einer alleinigen Souveränität unter der hegemonialen Führung Preußens zu unterwerfen, so wird diese Betrachtung den tatsächlichen Machtverhältnissen nicht gerecht.[276] Die Gliedstaaten waren weiterhin ein wesentlicher Machtfaktor im Reich. Die deutsche Einigung bedeutete für sie die Möglichkeit, ein fester Bestandteil im Konzert der europäischen Mächte zu werden und darin eine nicht nur untergeordnete Rolle zu spielen. Auch wenn der Bund „*ewig*" gelten sollte, blieben die Gliedstaaten aktiv und passiv botschaftsfähig, wurden also international trotz ihrer Eingliederung ins Deutsche Reich weiterhin als Völkerrechtssubjekte angesehen.[277] Die starke Stellung des Bundesrates in der Legislative wie in der Exekutive gab den Einzelstaaten zudem einen großen Anteil an der Bildung des Reichswillens und der Ausübung der Reichsgewalt. Die von Bismarck konzi-

272 *G. Jellinek*, Staatenverbindungen S. 15.

273 *G. Jellinek*, Staatenverbindungen S. 291.

274 Vgl. *E. R. Huber*, Deutsche Verfassungsgeschichte, Band III, S. 791.

275 *H. Nawiasky*, Grundprobleme der Reichsverfassung, S. 5; *E. R. Huber*, Deutsche Verfassungsgeschichte, Band III, S. 792.

276 So auch *H. Nawiasky*, Grundprobleme der Reichsverfassung, S. 9f. Häufig wird die Souveränität im Deutschen Reich den Fürsten der Einzelstaaten zugeschrieben, vgl. beispielhaft *K. E. Born*, Von der Reichsgründung bis zum ersten Weltkrieg, S. 14.

277 *K. E. Heinz*, Das Bismarck-Reich als Staatengemeinschaft, Staatswissenschaft und Staatspraxis 1994, 77, 78.

pierte Bundesverfassung ließ die Frage der Souveränität also gezielt offen und befand sich in der Balance zwischen monarchischer Herrschaft, dem gliedstaatlichen Einfluß des Bundesrates und den Ansätzen einer Volkssouveränität in Gestalt des Reichstages.[278] Prägend für diese Konstruktion war insbesondere die Beteiligung der Einzelstaaten an der zentralen Willensbildung und die Verzahnung von zentraler Gesetzgebung und einzelstaatlicher Verwaltung.[279] *Brie* erkennt in all dem den föderativen Charakter des Deutschen Reiches,[280] der bereits deutliche Züge eines integrierten Systems aufweist, wie es heute für die Bundesstaatlichkeit Deutschlands mit einer lückenlosen Kompetenzergänzung existiert.[281]

Die Analyse des Deutschen Bundes und des Deutschen Reiches zeigt insgesamt, daß jeweils Elemente in der Organisation der Staatenverbindung existieren, deren rechtliche Qualifikation durch faktische Elemente in Frage gestellt wird. Dementsprechend ist die Bestimmung der Souveränität in einer Staatenverbindung allein in rechtsformaler Betrachtung möglich. An diesem Punkt setzt die Kritik *Kelsens* an, der die Trennung des Staates in seine juristische und faktische Seite und damit die Aussagekraft des Souveränitätsbegriffs grundsätzlich in Zweifel zieht und in seiner *„Allgemeinen Staatslehre“* in ihrem Anspruch relativiert.[282]

VI. Die Kritik der Abgrenzung von Bundesstaat und Staatenbund bei H. Kelsen

1. Der Primat der Völkerrechtsordnung

Der Ausgangspunkt für *Kelsens* Kritik ist die Auseinandersetzung mit dem Problem der Souveränität und des darin enthaltenen Absolutheitsanspruchs.[283] Die Forderung nach der *„Gleichheit der Staaten“*,[284] die sich in einer Staa-

278 *S. Oeter*, ZaöRV 1995, 659, 664f.

279 Nach *Jellinek* ist dies für die Bundesstaatlichkeit nicht entscheidend, sondern besitzt nur die Bedeutung, die Einzelwillen politisch in den Bund einzubeziehen und nutzbar zu machen, Vgl. oben in diesem Kapitel V. 3 d.

280 *S. Brie*, Theorie der Staatenverbindungen, S. 97f.

281 Vgl. *K. Stern*, Staatsrecht Bd. I, § 19 I 1a, S. 645.

282 Dem hat sich im Jahre 1928 *C. Schmitt* angeschlossen, der in seiner „Verfassungslehre“ zu einer Nivellierung der griffigen Unterschiede zwischen Staatenbund und Bundesstaat gelangt, S. 366ff.

283 Vgl. oben in diesem Kapitel I. 1.

284 Der heute allgemein anerkannte völkerrechtliche Grundsatz der Gleichheit der Staaten.

tenverbindung zusammenfinden, ist nach *Kelsen* nur denkbar, wenn man die gleiche Unterordnung unter eine übergeordnete (Völker-) Rechtsordnung voraussetzt. Wenn die herrschende Lehre die Souveränität als einen staatsrechtlichen Begriff kennzeichnet, der nur im Bereich der Völkerrechtsordnung nicht voll zur Entfaltung kommen kann, so kaschiert sie damit die Überzeugung, daß der Staat die absolut höchste und einzige Macht darstellt.[285] Ein solches Verständnis wird der Funktion des Völkerrechts, ein gedeihliches Zusammenleben der Staaten zu ermöglichen, nicht gerecht. Daher ist es *Kelsens* Hauptanliegen, das Dogma der *„Souveränität des Staates"* zu überwinden um der Anerkennung einer objektiven und unabhängigen, über den Einzelstaaten stehenden Völkerrechtsordnung den Weg zu ebnen.

2. Die Einheit der Rechtsordnung

Alle Erkenntnis zielt für *Kelsen* auf Einheit, deren negatives Kriterium die Widerspruchslosigkeit ist.[286] Wenn es überhaupt eine Erkenntnis von Staat und Recht geben soll, so muß ein einheitliches *„System von Normen ihr unerschütterliches Fundament sein"*[287] Auch der Staat selbst erweist sich als eine Norm oder Ordnung, die von einer Grundnorm abgeleitet werden kann,[288] denn

> *„ihren Geltungsgrund findet die Staats- und Rechtsordnung nicht in dem Seinsfaktum irgendeiner in der Außenwelt sich vollziehenden Satzung, sondern in der Voraussetzung einer höchsten Norm als Ursprungshypothese."*[289]

Geht die staatliche Rechtsordnung auf eine höhere Ordnung zurück, so sind *„Grundnorm"* und *„Souveränität"* vollständig gegeneinander austauschbar. Nach *Kelsen* liegt in der Grundnorm die Voraussetzung, die im Hinblick auf die staatliche Rechtsordnung Souveränität genannt wird.[290] *Kelsen* gelangt so

---

285 *H. Kelsen*, Völkerrechtliche Souveränität, zitiert bei *J.L. Kunz*, Die Staatenverbindungen, S. 31.

286 *H. Kelsen*, Allgemeine Staatslehre, S, 105.

287 *H. Kelsen*, Allgemeine Staatslehre, S, 105.

288 *A. J. Merkl*, Kelsens System einer reinen Rechtstheorie, S. 176, zitiert bei *M. W. Hebeisen*, Souveränität in Frage gestellt, S. 237.

289 *H. Kelsen*, Soziologischer und juristischer Staatsbegriff, S. 94, zitiert bei *M. W. Hebeisen*, Souveränität in Frage gestellt, S. 40.

290 *H. Kelsen*, Allgemeine Staatslehre, S. 104. Auf eine Korrespondenz zwischen Normativität und Faktizität ist aber auch die reine Rechtslehre angewiesen. Sie wird bei *Kelsen* nur

zur Lehre von der Souveränität der Völkerrechtsordnung, als der höchsten Stufe eines einheitlichen Rechtssystems.[291] Der Begriff der Souveränität als Abgrenzungskriterium zwischen Bundesstaat und Staatenbund wird dadurch relativiert.[292]

3. Die Relativität der Begriffe Bundesstaat und Staatenbund

a) *Der Grad der Zentralisierung*

Innerhalb dieses einheitlichen Rechtssystems stehen die Staaten in rechtlichen Beziehungen und werden zu Teilen der Ordnung selbst. Gliedstaat und Bund sind jeweils nur eine durch spezielle Merkmale gekennzeichnete Teilordnung der Gesamtrechtsordnung und unterscheiden sich nur durch die Art ihrer Organisation.[293] Daran anknüpfend entwickelt *Kelsen* ein Organisationsverständnis, dessen *„Erzeugung und Anwendung (...) arbeitsteilig eingerichtet"* ist.[294] Der Unterschied zwischen Bundesstaat und Staatenbund reduziert sich dadurch auf eine bloße *„Rechtsinhaltsdifferenz"*,[295] in der die Übergänge fließend sind und nur an dem jeweiligen Grad der inneren organisatorischen Ausgestaltung der Staatenverbindung gemessen werden können. Die Lehre von den Staatenverbindungen wird so zu einer Lehre von den *„typischen Inhalten"*[296] völkerrechtlicher Verträge. Der Staatenbund unterscheidet sich von anderen Staatenverbindungen nur noch durch *„vertragsinhaltliche Momente"*,[297] die einen mehr oder weniger großen Grad der Zentralisierung aufweisen:

---

hypothetisch vorausgesetzt in der Grundnorm, in der der Unterschied von Normativität und Faktizität aufgehoben ist, vgl. *M. W. Hebeisen*, Souveränität in Frage gestellt, S. 313.

291 Staatliche Souveränität wird ersetzt durch den Primat der Völkerrechtsordnung.

292 Sog. *„kelsensche Relativismus"*, vgl. *M. W. Hebeisen*, Souveränität in Frage gestellt, S. 313ff.

293 Die Staaten selbst sind Organe der Völkerrechtsordnung.

294 *„d.h. norminhaltsgemäß auf spezielle Organe übertragen, diesen vorbehalten ist; eine Rechtsordnung, in der verfassungsgemäß die Erzeugung neuer (...) genereller Normen einem besonderen Gesetzgebungsorgan, die Durchsetzung der Rechtsordnung besonderen Exekutivorganen zugewiesen ist."*, *H. Kelsen*, Souveränität, S. 258, zitiert bei *J.L. Kunz*, Die Staatenverbindungen, S. 88.

295 *J.L. Kunz*, Die Staatenverbindungen, S. 88.

296 *H. Kelsen*, Souveränität, S. 278, zitiert bei *J.L. Kunz*, Die Staatenverbindungen, S. 88.

297 In die gleiche Richtung dürfte die Abgrenzung bei *S. Brie*, Theorie der Staatenverbindungen, S. 95-135, gehen. Anlehnend an seinen Staatsbegriff, der auf der *„Allseitigkeit des Zwecks"* beruht, grenzen sich nach *Brie* Bundesstaat und Staatenbund durch die Verschiedenheit des Zwecks ab. Der Staatenbund charakterisiert sich durch die *„Spezialität des*

„Staatenbund und Bundesstaat, diese beiden Haupttypen der Staatenverbindungen unterscheiden sich voneinander auch nur durch den Grad der Dezentralisation und Zentralisation. Gemeinde, Kommunalverband, Land, Gliedstaat und Bundesstaat, Einzelstaat, Staatenbund und Völkerrechtsgemeinschaft unterscheiden sich nur noch oder doch in erster Linie durch den Grad der Dezentralisation, die das Gesetz der Reihe darstellt, in der eine Form kontinuierlich in die andere übergeht.“[298]

An die Stelle der von *Jellinek* vertretenen scharfen Trennung der Begriffe mit Hilfe des Souveränitätskriteriums treten *„Übergangsstufen zwischen zwei Grenzpunkten“*. Bundesstaat und Staatenbund sind keine *„begrifflich fest abgrenzbaren Typen, sondern Annäherungsgrößen“*.[299]

b) Der einheitliche Entstehungsgrund

Diesem fließenden Übergang nach dem Grad der Zentralisierung fällt sodann der von *Jellinek* postulierte Unterschied im Entstehungsgrund von Staatenbund und Bundesstaat zum Opfer. Die auf Vertrag und Verfassung aufbauende Differenzierung kommt nach *Kelsen* nur dadurch zustande, daß in unzulässiger Weise der Standpunkt von der völkerrechtlichen hin zu einer rein innerstaatlichen Betrachtung gewechselt wird. Die Vertragsverfassung des Bundesstaates wird dort selbst als höchste, souveräne Staatsordnung vorausgesetzt, während der Vertrag des Staatenbundes allein auf dem Völkerrechtssatz beruhen soll.[300] Vertrag und Verfassung sind aber keine Gegensätze, denn jeder Vertrag ist zugleich die Verfassung der durch ihn konstituierten überstaatlichen Rechtsordnung, auf die alles zurückgeführt werden kann. Auch der Staatenbund besitzt in diesem Sinne eine über den Einzelstaaten stehende Bundesverfassung und am Beginn eines Bundesstaates kann ein völkerrechtlicher Vertrag stehen.

Zweckes“ und die ihr entsprechende beschränkte Kompetenz gegenüber den Einzelstaaten. So auch *H. Zöpfl*, Grundsätze des gemeinen deutschen Staatsrechts, Heidelberg 1841, zitiert bei *G. J. Ebers*, Lehre vom Staatenbunde, S. 65f.; siehe auch *J.L. Kunz*, Die Staatenverbindungen, S. 445. Zweck und Bezugspunkt des Staatenbundes sind dann auch nur die Staaten, nicht aber die Menschen, wie das beim Bundesstaat der Fall ist. Der Gedanke geht auf *P.A. Pfizer*, Über die Entwicklung des öffentlichen Rechts in Deutschland durch die Verfassung des Bundes aus dem Jahr 1835, zurück; zitiert bei *G. J. Ebers*, Lehre vom Staatenbunde, S. 71f.

298 *H. Kelsen*, Staatslehre, S. 194.

299 *H. Kelsen*, Souveränität, zitiert bei *J.L. Kunz*, Die Staatenverbindungen, S. 92.

300 *J.L. Kunz*, Die Staatenverbindungen, S. 91.

c) *Das Sezessionsrecht der Gliedstaaten*

Von der Auflösung der Kriterien ist schließlich auch das von *Jellinek* für den Staatenbund angenommene und für den Bundesstaat verneinte Sezessionsrecht der Gliedstaaten betroffen. Nach *Kelsens* Auffassung hat diese Differenzierung allein darin ihre Ursache, daß dem Bundesstaat im Gegensatz zu dem lose gefügten Staatenbund eine festere Grundlage gegeben werden soll.[301] Um zu vermeiden, daß der Bundesstaat durch ein aus dem Völkerrecht abgeleitetes Sezessionsrecht der Gliedstaaten gesprengt wird, muß die vertragliche Grundlage des Bundesstaates in eine staatsrechtliche Verfassung umgedeutet werden, die den Anschein größerer Stabilität erweckt und damit die politische Grundlage gegenüber Abspaltungsbestrebungen der Gliedstaaten liefert.[302] So entfällt in der Theorie *Kelsens* die Möglichkeit, eine prinzipielle Unterscheidung zwischen Staatenbund und Bundesstaat anhand einer bestehenden Auflösungsoption für die Gliedstaaten vorzunehmen.

d) *Die Kompetenz-Kompetenz als Bestandteil der Gesamtordnung*

In Übereinstimmung mit *Jellinek* und *Brie* geht *Kelsen* davon aus, daß sich Bundestaaten und Staatenbünde durch das größere Ausmaß der der Zentralgewalt vorbehaltenen Kompetenzen, also in quantitativer Hinsicht, unterscheiden. Liegt der Zweck des Staatenbundes meist allein in der gemeinsamen militärischen Verteidigung des Bundesgebietes, so reicht der Zweck des Bundesstaates darüber hinaus und ergreift auch die inneren Angelegenheiten der Gliedstaaten.[303] Das hat seine Ursache darin, daß die üblichen Begriffsbestimmungen der beiden Staatenverbindungen nach ganz verschiedenen Gesichtspunkten erfolgen. Der Staatenbund wird als zweckorientiertes Bündnis souveräner Einzelstaaten gesehen, während im Bundesstaat ein konkreter Zweck aufgrund seiner eigenen allumfassenden staatlichen Qualität überhaupt nicht auszumachen ist.[304] Können im Staatenbund und Bundesstaat also unterschiedliche Kompetenzgewichtungen festgestellt werden, so darf das nach *Kelsen* nicht dazu verleiten, dies als Abgrenzungskriterium heranzuziehen. Insbesondere das Kriterium der Kompetenz-Kompetenz, also dem Recht, die Zuständigkeitsverteilung innerhalb der Verbindung neu vorzunehmen,[305] ist trügerisch. Selbst wenn ein Organ damit betraut ist, das in seiner Beset-

---

301 *H. Kelsen*, Allgemeine Staatslehre, S. 225.

302 Vgl. *J.L. Kunz*, Die Staatenverbindungen, S. 94.

303 *H. Kelsen*, Allgemeine Staatslehre, S. 207.

304 *H. Kelsen*, Allgemeine Staatslehre, S. 207.

305 Sog. Verfassungsautonomie, *H. Kelsen*, Allgemeine Staatslehre, S. 208.

zung den Gliedstaaten zuzurechnen ist und man daher nach herkömmlicher Betrachtung die Kompetenz-Kompetenz bei den Gleidstaaten sähe, ist die Verschiebung der durch die Gesamtverfassung gezogenen Kompetenzgrenze letztlich auf die Gesamtordnung zurückzuführen.[306] Dies gilt auch dann, wenn dieses Organ nur aus Vertretern der Mitgliedstaaten besteht und die Ausübung der Kompetenz-Kompetenz an die Voraussetzung der Einstimmigkeit gebunden ist oder der gesonderten Zustimmung aller Mitgliedstaaten bedarf.[307] Ebenfalls kann umgekehrt aus der Tasache, daß ein Bundesorgan mit von den Gliedstaaten unabhängigen Vertretern besetzt ist, auf die Verfassungsautonomie des Bundes geschlossen werden, denn der kompetenzändernde Akt, den dieses Organ ausführt, bleibt immer ein Akt der Gesamtordnung, die die Wahrnehmung der Kompetenz-Kompetenz in dieser jeweils speziellen Form vorgesehen hat. Damit relativiert *Kelsen* auch das letzte Kriterium der herrschenden Auffassung durch seine Lehre von der Einheitlichkeit der Rechtsordnung.

Kelsen hat insgesamt gezeigt, daß der Verzicht auf das Kriterium der Souveränität als wesentliches Merkmal des Staates dazu führt, daß es nur noch fließende Übergänge gibt, nur mehr quantitative Differenzen zwischen den Staatenverbindungen festzustellen sind. Sofern man trotzdem nach festen Grenzen sucht, so muß diese Absicht scheitern,

> *„denn die inhaltlichen Variationen sind zu manigfaltig, die Übergänge zu allmählich, um das Ziehen scharfer Linien zu ermöglichen, die den einen Typus vom anderen trennen, ohne daß solche Abgrenzungen den Charakter der Willkür annehmen“.*[308]

VII. Gemeinsamkeiten und Unterschiede der Lehren von Jellinek, Brie und Kelsen

1. Staatsrechtliche und völkerrechtliche Perspektive

Versucht man die Aussagen der Lehren von den Staatenverbindungen insgesamt zu würdigen, so fällt zunächst die unterschiedliche Grundlage ins Auge, auf der die Konstruktionen basieren. In dieser Auseinandersetzung spiegelt sich letztlich die Diskussion wider, die seit Ende des 19. Jahrhunderts zwischen Dualisten und Monisten über das Verhältnis der völkerrechtlichen und

306 *H. Kelsen*, Allgemeine Staatslehre, S. 208.
307 Wie das im Rat der Europäischen Union der Fall ist.
308 *H. Kelsen*, Allgemeine Staatslehre, S. 111 und 119.

der staatlichen Rechtsordnung geführt wurde und die vorliegend am Beispiel der staatenbündischen und bundesstaatlichen Definition zutage tritt.[309] *Jellinek* knüpft dabei am Kriterium der einzelstaatlichen Souveränität an, die im Staatenbund und im Bundesstaat jeweils den Gliedstaaten oder der Zentralgewalt zugeordnet ist. Für *Brie* ist die Frage nach der Souveränität für die Abgrenzung ebenfalls entscheidend, im Gegensatz zu *Jellinek* wird Souveränität aber nicht aus dem Entstehungsakt der Verbindung für Gliedstaat oder Bund postuliert, sondern folgt aus der Analyse der tatsächlichen inneren Organisation der Verbindung einschließlich deren Kompetenzverteilungssystem. *Kelsen* sieht in diesen Ansätzen eine auf politische Motive zurückführbare Inkonsequenz. Die ganze auf der unterschiedlichen Zuweisung der Souveränität aufbauende Differenzierung zwischen Staatenbund und Bundesstaat kommt nach seiner Auffassung nur dadurch zustande, daß die Konstruktion des Staatenbundes von der Hypothese des Primats der Völkerrechtsordnung ausgeht, bei der Konstruktion des Bundesstaates aber der Primat der eigenstaatlichen, selbst dem Völkerrecht nicht unterworfenen, staatlichen Rechtsordnung zugrundegelegt wird.[310] Dieser Standpunktwechsel ist nicht durch juristische, sondern durch politische Motive verursacht, die die dahinter liegenden staatlichen Herrschaftsansprüche verdecken sollen.[311] Will man die zwischenstaatlichen Beziehungen aus ihrem Naturzustand kurzlebiger Zweckbündnisse und rein faktischer Interessenkoalitionen herausführen, muß die staatliche Ordnung letztlich einer völkerrechtlichen Gesamtordnung unterworfen werden.[312]

2. Rechtsinhaltliche und rechtsformale Betrachtung

Die Unterordnung unter eine einheitliche Rechtsordnung hat also weitreichende Konsequenzen für die Unterscheidung von Bundesstaat und Staatenbund. Die Einheitlichkeit des Standpunktes läßt beide Formen als organisatorische Typen erscheinen, die einen mehr oder weniger hohen Grad der Verflechtung erreicht haben. Die Differenzierung ist nach *Kelsen* rechtsinhaltlicher Natur und liegt in dem jeweiligen Stand der Zentralisation oder Dezen-

---

309 Vgl. *K. Stern*, Staatsrecht Bd. I, § 14 I 3 c m.w.N. zu den Vertretern der verschiedenen Richtungen.

310 Der Staatenbund wird so zumTeil einer höheren Gesamtordnung, während die Vertragsverfassung des Bundesstaates selbst als höchste, als souveräne, als Staatsordnung vorausgesetzt wird, *J. L. Kunz*, Die Staatenverbindungen, S. 91.

311 *J. L. Kunz*, Die Staatenverbindungen, S. 91.

312 *W. Pauly*, Souveräner Staat und Staatenverbindungen, S. IX.

tralisation der Bestandteile der Verbindung. Auf dieser Grundlage kann eine Staatenverbindung nur danach beurteilt werden, ob sie mehr staatenbündische oder mehr bundesstaatliche Strukturen aufweist.

Der rechtsinhaltlichen steht die rechtsformale Betrachtung *Jellineks* gegenüber, die in der Art der Organisation, der Durchgriffswirkung von Exekutivakten, dem Zustandekommen von Entscheidungen nur Elemente erblickt, die dazu beitragen, den klaren Blick auf die Abgrenzung zwischen Staatenbund und Bundesstaat zu verstellen. Die Wurzel der Unklarheit, auf die das Fehlverständnis der Souveränität zurückgeht, liegt nach *Jellinek* darin, daß man die Ausformungen der jeweiligen Staatenverbindung zur Grundlage der Beantwortung der Souveränitätsfrage macht.[313]

Eine vermittelnde Position vertritt *Brie*, wenn er die Abgrenzung von Bundesstaat und Staatenbund an der *„Allseitigkeit des Zwecks"* vornimmt. In seinem Standpunkt vereinigen sich rechtsinhaltliche und rechtsformale Betrachtung. Das rechtsformale Kriterium der Souveränität wird durch die Untersuchung der rechtsinhaltlichen Momente und hier insbesondere der Kompetenzverteilung innerhalb der Staatenverbindung ermittelt.

Aus der Perspektive der Wissenschaft leuchtet die rechtsformale, die rechtsinhaltliche, als auch die vermittelnde Lehre *Bries* vollständig ein. Die rechtsformale Analyse hat für sich, daß sie die klare Trennung zwischen der Rechtswissenschaft und den sozial- und politikwissenschaftlichen Disziplinen ermöglicht. Die Gebiete von empirischer und normativer Forschung werden getrennt und führen *Jellinek* zu seiner *„Zweiseitentheorie des Staates"* mit ihrer Unterscheidung in eine *„Allgemeine Soziallehre des Staates"* und eine *„Allgemeine Staatsrechtslehre"*[314]

Nach *Brie* sind es die föderalen Strukturen, die die Gleichzeitigkeit von unitarischen und partikularen Elementen einer Staatenverbindung beschreiben. Staatenbündische oder bundesstaatliche Föderationen können nur gedei-

---

313 *„Die Unklarheiten, Dunkelheiten und Widersprüche, mit denen die Geschichte der Lehren vom Staatenbunde behaftet ist, insbesondere die Schwierigkeit, ihn von anderen Formen der Staatenverbindungen zu trennen, haben alle ihren Grund erstens in dem unklaren Erfassen des Souveränitätsbegriffes und zweitens in dem Umstande, dass man, Unwesentliches mit Wesentlichem verwechselnd, in der Art und Weise der Organisation der Bundesgewalt, des Verhältnisses der Bundesgewalt zu den Unterthanen der verbündeten Staaten, in dem Umstande, ob wichtige Beschlüsse und vor allem ob eine Aenderung des Bundesvertrages nur zur Einhelligkeit oder auch mit Majorität der Stimmen vorgenommen werden kann u.s.w. das Kriterium des Staatenbundes erblickte", G. Jellinek,* Staatenverbindungen, S. 173.

314 *M. Stolleis*, Geschichte des öffentlichen Rechts in Deutschland, Band II, S. 451.

hen, wenn es gelingt, die in jedem Bund wirkenden unitarisch-zentralistischen wie die partikularistisch-zentrifugalen Kräfte in einem ausgewogenen Gleichgewicht zu halten.[315] Im Staatenbund entwickeln sich staatsrechtliche Elemente und im Bundesstaat wirken völkerrechtliche Elemente fort und es sind rechtsinhaltliche und rechtsformale Kriterien, die über die tatsächlichen Herrschaftsverhältnisse entscheiden.

Kelsens These von der erkenntnistheoretischen Einheit von Staat und Recht, von Verfassung und Vertrag, von rechtlicher und faktischer Betrachtung lösen die Antipoden Staatenbund und Bundesstaat letztlich auf. Gleiches gilt für das Souveränitätsproblem, das in dieser Konstruktion per se nicht mehr zu beantworten ist, aber auch den Blick auf die komplexen Sachverhalte innerhalb der Staatenverbindung nicht mit *„simplifizierender Gewaltsamkeit“*[316] verdunkelt.

3. Die politische Ursache des Dogmas von der staatlichen Souveränität

Ist der Begriff der Souveränität also grundsätzlich nicht geeignet, seine eigentliche Funktion als Abgrenzungskriterium zwischen staatsrechtlichen und völkerrechtlichen Ordnungen zu erfüllen, so drängt sich der Verdacht auf, daß damit ganz andere Ziele verfolgt werden sollen. *Kelsen* erkennt, daß Souveränität nicht in erster Linie auf eine theoretische Wesenserkenntnis des Staates zielt, sondern vielmehr auf politische Zwecke. Man will gewisse, besonders wichtig erscheinende Kompetenzen durch die Behauptung staatlicher Souveränität sichern.[317] *Kelsen* verdeutlicht dies an der Darstellung der üblicherweise verwendeten Argumentationsmuster: Am Anfang steht eine staatliche Ordnung, die Souveränität für sich beansprucht. Zum Wesen der Souveränität, so wird unterstellt, gehört die Ausstattung des Staates mit einem hinreichend großen Gebiet, einer hinreichenden Volkszahl, genügend Bodenschätzen und Streitkräften. Auf diesem Wege ist es möglich aus dem Postulat der staatlichen Souveränität Machtansprüche verschiedenster Art herzuleiten. Souveränität hat daher die deutliche Tendenz, nicht ausschließlich eine rechtliche, sondern eine faktische Qualität auszudrücken:[318]

> *„Wie kein anderer Begriff hat gerade derjenige der Souveränität das theoretische Mäntelchen für höchst praktische Postulate abgegeben“.*[319]

---

315 Vgl. *E. R. Huber*, Deutsche Verfassungsgeschichte, Band II, S. 660.
316 Vgl. *E. R. Huber*, Deutsche Verfassungsgeschichte, Band II, S. 663.
317 *H. Kelsen*, Allgemeine Staatslehre, S. 113.
318 *H. Kelsen*, Allgemeine Staatslehre, S. 113.
319 *H. Kelsen*, Allgemeine Staatslehre, S. 114.

VIII. Folgerungen für die Analyse der Europäischen Union als Staatenverbindung

1. Parallelen zwischen der deutschen Einigung des 19. Jahrhunderts und der europäischen Integration

Die Entstehung des deutschen Nationalstaates im 19. Jahrhundert war das Ergebnis einer Entwicklung, die in der territorialen Neugliederung durch den Rheinbund ihren Anfang nahm, sich in den staatenbündischen Formen des Deutschen Bundes verdichtete und schließlich im Deutschen Reich ihre bundesstaatliche Form fand. Die Parallelität, die die nunmehr fast 50-jährige Geschichte der Europäischen Integration mit den Ereignissen des vorigen Jahrhunderts aufweist, ist evident. Auch die Europäische Union hat im Laufe der Zeit immer mehr Staaten in einem auf Rechtsnormen basierenden Organisationsgefüge vereint, ohne daß allerdings die Flamme eines Nationalbewußtseins dafür prägend gewesen wäre.[320] Die vornehmlich sich auf wirtschaftlichem Gebiet vollziehende Vereinheitlichung im Rahmen der drei Europäischen Gemeinschaften findet ihr Pendant in den zahlreichen Zollunionen und Zollbünden, die zur Zeit des Deutschen Bundes das Fundament schufen, auf dem eine politische Neuordnung Deutschlands errichtet werden konnte.[321] Im Hinblick auf die immer häufiger gestellte Frage nach der zukünftigen Gestalt der Europäischen Union, liegt es nahe, die Finalität ebenfalls - wie im Deutschen Reich von 1871 - in einer künftigen Bundesstaatlichkeit Europas zu sehen. Wie die Diskussion um die rechtliche Einordnung des Deutschen Bundes und des Deutschen Reiches, wird für eine mögliche Gestalt der Europäischen Union nach wie vor das Konzept eines Bundesstaates oder das eines Staatenbundes prägend in den Mittelpunkt gerückt.[322] Die Einseitigkeit dieser

---

320 *E. Schulz*, Europa-Archiv 1969, S. 589, 590.

321 *U. Sahm*, Europa-Archiv 1951, S. 3977, 3978.

322 Vgl. beispielhaft für die Vielzahl der Abhandlungen, die sich mit dieser Frage beschäftigen *R. Breuer*, NVwZ 1994, 417, 423; *M. Herdegen*, EuGRZ 1992, 589, 594; *K.-P. Sommermann*, DÖV 1994, 596, 599; *H. J. Papier*, NJW 1997, 2841, 2844; *P. M. Huber*, Recht der Europäischen Integration, § 1 Rz. 12; *M. Herdegen*, EuGRZ 1992, 589, 590; *R. Scholz*, in: Maunz/Dürig, Grundgesetz-Kommentar, Art. 23, Rz. 88; *I. Pernice*, Die Verwaltung 26 (1993), 450, 472, 486; *R. Streinz*, in: Sachs, Grundgesetz-Kommentar, Art. 23, Rz. 84; *O. Rojahn*, in: Leibholz/Rink, v. Münch-Grundgesetz-Kommentar, Band II, Art. 23, Rz. 51; *U. Fink*, DÖV 1998, 133, 136; *M. Zuleeg*, DÖV 1977, 462, 464; *Th. Schotten*, Verwaltungsrundschau 1992, 305, 310ff.; *Th. Schilling*, AöR 116 (1991), S. 32, 38; *H. A. Stöcker*, Der Staat 1992, 495, 497; S. *Magiera*, Jura 1994, 1, 3; *W. Philipp*, ZRP 1992, 433, 438; *U. Everling*, DVBl. 1993, 936, 943; *U. Penski*, ZRP 1994, 192, 195; *N. Kloten*, Europa-Archiv

Sichtweise wird häufig beklagt. In Vorwegnahme dieser kritischen Stimmen bemerkte bereits *C. Schmitt* im Jahre 1928 lapidar:

> *„Die theoretische Behandlung, welche das Bundesproblem bisher in Deutschland erfahren hat, leidet daran, daß sie ganz von dem Interesse an einer Gegenüberstellung von Staatenbund (d.h. konkret gesprochen: des Deutschen Bundes von 1815) mit dem Bundesstaat (d.h. dem Deutschen Reich von 1871) beherrscht ist und nun für diese Unterscheidung möglichst einfache Antithesen sucht. (...) Heute ist diese einfache Methode nicht mehr möglich."*[323]

Die dargelegten Theorien der Staatenverbindungen von *Jellinek, Brie* und *Kelsen*, tragen dazu bei, die Ursachen dieser Einseitigkeit aufzudecken und diesen ein alternatives Konzept gegenüberzustellen.

2. Relevanz der Lehren von den Staatenverbindungen für die Europäische Union von heute

Früher wie heute steht das Verhältnis zwischen Bund und Gliedstaaten innerhalb der Staatenverbindung im Zentrum der Betrachtungen. Hier ist nicht nur ungeklärt, was den Bund mehrerer Staaten als Staatenverbund qualifiziert und ob ein rein faktischer Machtzuwachs auf europäischer Ebene bereits Staatlichkeit annehmen kann, es geht immer auch um die entsprechenden Konsequenzen für die Souveränität der Mitgliedstaaten. Die Befürchtungen des Verlustes nationaler Souveränität finden in der umfangreichen Kompetenzverlagerung auf die Europäische Union ihren Nährboden und im Zusammenhang mit der geplanten Währungsunion wird die Möglichkeit zu einem einseitigen Ausstieg der Mitgliedstaaten aus dem gesamten Integrationsprogramm oder zumindest aus Teilbereichen offen ausgesprochen.[324] Immer geht es auch um die Frage, ob die Staatenverbindung der Europäischen Union nur eine Übergangsfigur darstellt, deren Ablösung durch einen europäischen Bundesstaat in einem momentan nicht abschätzbaren Zeitintervall ansteht.[325]

In einem System - wie *Jellinek* es zur Verfügung stellt -, das eine genaue Zuordnung einer Staatenverbindung zu den Polen Bundesstaat und Staaten-

---

1993, 397, 402; *M. Hilf*, Die Europäische Union und die Eigenstaatlichkeit ihrer Mitgliedstaaten, S. 75, 83; *ders.*, VVDStRL 53 (1993), 7, 23; *U. Everling*, DVBl. 1993, S. 936, 941; *G. Ress*, JuS 1992, 985, 986; *H. D. Jarass*, in: Jarass/Pieroth, Grundgesetz, Art. 23, Rz. 14.

323 *C. Schmitt*, Verfassungslehre, 1954, S. 366.

324 Vgl. BVerfGE 89, 155, 204.

325 *W. Pauly*, Souveräner Staat und Staatenverbindungen, S. VII, XXVII.

bund erlaubt, ist scheinbar die Frage nach der nationalen Souveränität und einem gliedstaatlichen Sezessionsrecht eindeutig zu beantworten: Gehen die Mitgliedstaaten im Bundesstaat auf, verlieren sie ihre Souveränität und ihr Austrittsrecht. Wurde der Bund allerdings nur als Staatenbund gegründet, wird das nationale Letztentscheidungsrecht nicht tangiert. Damit kann *Jellineks* Lehre dazu mißbraucht werden, politische Zielvorstellungen zu legitimieren. Dies geschieht, indem man dem Begriff der Souveränität über seine Funktion als Abgrenzungskriterium, eine faktische Dimension beimißt. Auf diese Weise können Vereinheitlichungstendenzen zwischen Staaten politisch greifbar gemacht und gleichzeitig in der politischen Diskussion instrumentalisiert und Machtansprüche unter Verweis auf eine behauptete Souveränität begründet werden.[326] Der Hinweis darauf, daß die Verbindung noch nicht die Qualität eines Bundesstaates erreicht hat, genügt dann, um Handlungen des Bundes abzuwehren, die mit nationalen politischen Interessen nicht in Einklang stehen. Umgekehrt kann das Argument, die Verbindung besitze bereits bundesstaatliche Qualität unter Verweis auf die darin enthaltenen herrschaftlichen Strukturen im Sinne *Jellineks* an die Stelle von sachlich begründeten Entscheidungen treten. Beide Argumentationsmuster basieren auf reinen Behauptungen (der staatenbündischen oder bundesstaatlichen Qualität) ohne diese mit der positiv-rechtlichen Lage zu begründen. Gerade dieser Aspekt kann bei der zentralen Aufgabe der Staatenverbindung, nämlich der Erfüllung ihres Zwecks, kontraproduktive Wirkung entfalten.

Der Ansatz *Kelsens* vermeidet diese Gefahren. Die Souveränität und deren politisches Wesen ist für ihn *„eine wahrhaft tragische Maske, hinter der sich Herrschaftsansprüche verschiedenster Art verbergen.“*[327] In einer ideologiefreien Verwendung erklärt *Kelsen* den Souveränitätsbegriff daher zum *„Wesensmerkmal ebenso des Staates wie des Rechts“*.[328] Souveränität als *„Positivität des Rechts“* kann keine eindeutige, d. h. rechtsformale Differenzierung zwischen den Erscheinungsformen der Staatenverbindungen liefern. Die Abgrenzung von Bundesstaat und Staatenbund kann nur auf das *„Rechtsinhaltsmoment“* abstellen, das aus der Analyse des positiven Rechts einen kompetenziellen Schwerpunkt seitens des Bundes oder der Glieder erkennen läßt. Auch ein Sezessionsrecht ist dann nicht mehr aus einer postulierten Souveränität der Gliedstaaten innerhalb des Staatenbundes abzuleiten, son-

---

326 Vgl. oben in diesem Kapitel VII. 3.

327 *H. Kelsen*, Der Wandel des Souveränitätsbegriffs, zitiert bei *W. Pauly*, Souveräner Staat und Staatenverbindungen, S. XII.

328 *H. Kelsen*, Das Problem der Souveränität und die Theorie des Völkerrechts, zitiert bei *W. Pauly*, Souveräner Staat und Staatenverbindungen, S. XII.

dern folgt aus den Rechtsnormen, die sich die Verbindung gibt und die ihrerseits auf eine völkerrechtliche Grundnorm zurückführbar sind.[329] Gleiches gilt für das Kriterium der Kompetenz-Kompetenz.[330]

Wenn *Brie* die Begriffe Bundesstaat und Staatenbund auf die jeweilige Kompetenzverteilung zurückführt, so liegt darin der Versuch einer graduellen Abstufung, der auch dem vom Bundesverfassungsgericht in seinem Maastricht-Urteil verwendeten Begriff des „Staatenverbundes" inne wohnt. Es geht darum, eine Begrifflichkeit zu finden, die eine Beschreibung des Zustandes der Europäischen Union erlaubt und gleichzeitig die Konzeption der Staatenverbindung an der Spezialität des Zwecks und damit an der Effektivität der gemeinsamen Aufgabenerledigung der Staatenverbindung ausrichtet.

IX. Ergebnisse zu Kapitel A

1. Von einer Staatenverbindung kann gesprochen werden, wenn sich das Verhältnis zwischen den Beteiligten so verdichtet, daß nicht nur eine Anzahl von einzeln nebeneinander stehenden vertraglichen Beziehungen, sondern ein Netz gegenseitiger Rechte und Pflichten existiert, das einen gewissen Grad institutioneller Verfestigung aufweist.

2. Staatenverbindungen besitzen eine innere Dynamik, die auf die Auflösung der Unterschiede ihrer Mitglieder in politischer, wirtschaftlicher und kultureller Hinsicht hinwirken. Die zunehmende Dichte der Verbindung führt zur wesenhaften Veränderung des politisch-rechtlichen Status der beteiligten Staaten, ohne daß dies bei der Gründung der Verbindung beabsichtigt gewesen sein muß.

3. Zur Erfüllung ihres Zwecks verfügt die Staatenverbindung über ein Zentralorgan, das aus bevollmächtigten Vertretern der Mitgliedstaaten besteht. Die Gesandten werden von den Regierungen ernannt, instruiert und abberufen. Es herrscht ein nach Regelungsmaterien unterschiedliches Majoritätsprinzip. Die Zuständigkeit des Bundes ist in allen Staatenverbindungen beschränkt und erstreckt sich auf eine größere oder kleinere Zahl von Materi-

---

329 *W. Pauly* hat dies treffend in dem Satz zusammengefaßt: „*Wenn die Völker-, Europa- und staatliches Recht einschließende Gesamtrechtsordnung entpersonalisierter Ausdruck von Souveränität und ausgeübter Kompetenz-Kompetenz ist, dann stellt sich unbelastet von Souveränitätspostulaten schlicht die Frage nach der jeweiligen positiv-rechtlichen Lage*", Souveräner Staat und Staatenverbindungen, S. XXIV.

330 Vgl. oben in diesem Kapitel VI. 3. d.

en. Während im Staatenbund die Kompetenzen des Zentralorgans stärker auf die Erfüllung des Zwecks der Verbindung zugeschnitten sind, läßt sich im Bundesstaat eine umfassende Regelungskompetenz des Bundes erkennen. Auch die Individuen der Mitgliedstaaten sind in unterschiedlichem Maße Adressaten der Rechtssetzung des Zentralorgans, je nachdem, ob die Rechtswirkung über die Mitgliedstaaten vermittelt wird oder direkt durchgreift. Streitigkeiten zwischen Bundesgliedern werden durch den Schiedsspruch eines Rechtsprechungsorgans des Bundes entschieden.

4. Ob eine exakte Abgrenzung zwischen Bundesstaat und Staatenbund möglich ist, hängt davon ab, ob man sich der Frage aus einer rechtsformalen oder rechtsinhaltlichen Perspektive nähert. Versucht man mit *Jellinek* die Differenzierung in einer rechtsformalen Betrachtung vorzunehmen, so bedarf man des Kriteriums der Souveränität, das dann entweder dem Bund oder den Gliedstaaten zugeschrieben wird. Geht man mit *Kelsen* von einem rechtsinhaltlichen Ansatz aus, so läßt sich noch nicht einmal am Kriterium der Kompetenz-Kompetenz eine Abgrenzung vornehmen, denn diese kann unabhängig von dem Organ, das über sie verfügt, immer auf die über der gesamten Verbindung stehende Gesamtrechtsordnung zurückgeführt werden. Die Lehre *Bries* nimmt eine vermittelnde Position ein, da sowohl rechtsformale als auch rechtsinhaltliche Momente für die Qualifikation als Bundesstaat oder Staatenbund herangezogen werden.

5. Hat man erkannt, daß der Begriff der Souveränität, neben seiner Funktion als Abgrenzungskriterium, die Tendenz besitzt, die Grundlage für politische Argumentationen zu liefern, die der Erfüllung des Zwecks der Staatenverbindung abträglich sein können, so sind die von *Jellinek, Brie* und *Kelsen* vertretenen Lehren von ihrem jeweiligen Standpunkt aus konsequent.

B. Integrationskonzepte und Integrationsziele der Europäischen Gemeinschaften

I. Integrationslinien von 1945 bis zur Einheitlichen Europäischen Akte von 1986

1. Die Suche nach neuen Wegen der Friedenssicherung

a) *Besondere Herausforderungen der Nachkriegszeit*

Die Idee einer europäischen Einigung geht geschichtlich, wie das erste Kapitel gezeigt hat, sehr weit zurück.[331] Bis 1945 gab es ca. 350 Autoren, die ihre Gedanken über Europas Einigung in theoretischen Konzepten niederlegten.[332] Zwischen den beiden Weltkriegen und während des zweiten Weltkrieges erhielt die europäische Einigungsidee keine nennenswerten Impulse.[333] Erst nach 1945 fand eine allgemeine Besinnung auf Europa und das gemeinsame Erbe statt. Es wurden eine Reihe nichtstaatlicher Vereinigungen gegründet, die unterschiedliche Konzeptionen für ein europäisches Einigungswerk entwickelten.[334] Die europäischen Bestrebungen nach Ende des Zweiten Welt-

---

331 Vgl. dazu *P. Fischer/H. F. Köck*, Europarecht, S. 59ff.

332 Beispielhaft seien hier genannt *Pierre Dubois*, De recuperatione terrae sactae, 1307; *Georg von Podjebrad*, Bündnis- und Freundschaftsvertrag zwischen König Ludwig XI. von Frankreich, König Georg von Böhmen und dem Hohen Rat von Venedig, um den Türken zu widerstehen, 1461; *William Penn*, Ein Essay zum gegenwärtigen und zukünftigen Friedens Europas durch Schaffung einer Europäischen Versammlung, eines Parlaments oder Staatentages, 1693; *Appé de Saint Pierre*, Le projet de paix perpétuelle, 1713; *Immanuel Kant*, Zum Ewigen Frieden, 1794.

333 Vgl. *C. H. Pegg*, Europa-Archiv 1962, S. 749-758; *ders.*, Europa-Archiv 1962, S. 783-790; *ders.*, Europa-Archiv 1962, S. 865-774.

334 In Deutschland entstand die Europa-Union (Hermes 1946); in Großbritannien das United Europe Movement (Churchill, Sandy 1947); in Italien das Movimento Federalista Europeo (Spinelli 1943); in Frankreich der Conseil Francais pour l'Europe unie (Herriot u.a. 1947). Konkreten Niederschlag fanden diese auch auf politischer Ebene vorangetriebenen Einigungsbemühungen zunächst in der Gründung der OEEC im Jahr 1948 in Paris, der Vorläuferorganisation der OECD und in der Gründung des Europarates 1949 in Straßburg, der 1950 die EMRK (die Europäishe Konvention zum Schutze der Menschenrechte) verabschiedete. Daneben wurden einige kleinere Zusammenschlüsse gebildet (Benelux, Nordischer Rat, Rat für gegenseitige Wirtschaftshilfe RGW oder COMECON). Eine Übersicht über die ersten europäisch-föderalistischen Gruppen in Deutschland gibt *W. Cornides*, Europa-Archiv 1951, S. 4243ff.

kriegs waren von der Einsicht geprägt, daß es nur durch die Einung Europas möglich sei, einen Schlußstrich unter die Geschichte der Kriege zu ziehen.[335] Die berühmte Rede *Winston Churchills* in Zürich im September 1946 bringt dies exemplarisch zum Ausdruck:

> „*Wir müssen eine Art Vereinigter Staaten von Europa errichten.* (...) *Der erste Schritt bei der Neubildung der europäischen Familie muß ein Zusammengehen zwischen Frankreich und Deutschland sein* (...). (Damit soll) „*den* (...) *Völkern dieses unruhigen und machtvollen Kontinents das Gefühl eines weitgespannten Patriotismus und einer gemeinsamen Staatszugehörigkeit*" *gegeben werden.* (...) *Es gibt kein Wiedererstehen Europas ohne ein geistig großes Frankreich und ein geistig großes Deutschland.*"[336]

Diese Gedanken standen im Gegensatz zur Politik, die die Siegermächte nach Ende des 1. Weltkrieges verfolgt hatten. Sie waren nun bemüht, die Fehler der Versailler Friedensordnung von 1919 nicht zu wiederholen, die auf einem statischen Machtarrangement basierte, in dem England und Frankreich die uneingeschränkte Vormachtstellung besaßen und Deutschland aus dem Kreis der Sieger vollständig ausgegrenzt wurde.[337] Wichtiges Instrument dieser Politik waren die hohen Reparationszahlungen, die eine wirtschaftliche Gesundung Deutschlands ausschließen mußten.[338] Um politische Argumente für den Erlaß der Zahlungsverpflichtungen zu erhalten, wurde Deutschland in den 20er Jahren zu einer Politik gezwungen, die eine unauffällige, aber doch systematische Zerstörung der eigenen Wirtschaft sinnvoll erscheinen lassen mußte. Diese Taktik ging zwar insoweit auf, als im Jahre 1932, auf dem Höhepunkt der Weltwirtschaftskrise, die Reparationspflichten erlassen wurden. Die dadurch bedingte innerstaatliche Destabilisierung Deutschlands hatte aber die erste deutsche Demokratie zerrüttet und den Boden für den aufkeimenden Nationalsozialismus geschaffen.[339]

An die Stelle des Kontrollverlustes durch Ausgrenzung sollte nun nach Ende des Zweiten Weltkriegs die Einbindung Deutschlands in die Völkergemeinschaft treten.[340] Europas Machtstrukturen sollten nun vornehmlich auf

335 *F. Emmert*, Europarecht, S. 11ff.

336 Zitiert bei S. *Breitenmoser*, Praxis des Europarechts, S. 18.

337 *H. Hattenhauer*, Europäische Rechtsgeschichte, S. 755.

338 *E. R. Huber*, Deutsche Verfassungsgeschichte, Band VII, S. 21.

339 *F. Emmert*, Europarecht, S. 13.

340 Einen Überblick über die Anfänge der Einbeziehung Deutschlands in die europäischen Verteidigungskonzeptionen gibt *W. Cornides/H. Volle*, Europa-Archiv 1952, S. 5020; *G.*

der Egalität der gesellschaftlichen Potentiale und der demokratischen Herrschaftssysteme aufbauen. Im Zentrum stand die Frage, wie die staatlichen Systeme am effektivsten und am beständigsten in eine europäische Ordnung eingebunden bzw. *integriert* werden können.

b) Der Begriff der Integration

Im europäischen Kontext tauchte der Begriff erstmals im Pariser Protokoll vom 23.10.1954 über die Westeuropäische Union auf, in dem sich die Mitgliedstaaten zur *„fortschreitenden Integration in Europa"* verpflichteten.[341] Dies geschah auf Anraten des Marshall-Plans, der den westeuropäischen Staaten eine *„engere Integration"* auf politischem, militärischem und wirtschaftlichem Gebiet nahelegte.[342]

Unter Integration versteht man die Herstellung eines höheren Grades an Einheit. Sie ist das Ergebnis eines Prozesses, in dem sich die Elemente zu einem größeren Ganzen zusammenfinden. Das Resultat ist dann *„mehr als die Summe der vereinigten Teile"*.[343] Integration findet ihren Ausdruck auf wirtschaftlichem, rechtlichem und politischem Gebiet, wobei die Übergänge fließend sind. Von wirtschaftlicher Integration spricht man dann, wenn sich zwei oder mehrere Staaten auf gleiche Marktbedingungen einigen und gleichzeitig die Handelsbarrieren zwischen ihren nationalen Märkten reduzieren. Instrumente der rechtlichen Integration sind die Rechtsangleichung und Rechtsvereinheitlichung, die als Ziel einen einheitlichen rechtlichen Rahmen zur Regelung der zwischenstaatlichen Beziehungen anstreben. In der politischen Integration werden schließlich die Entwicklungen zusammengeführt, die in den wirtschaftlichen und rechtlichen Vereinheitlichungen angelegt sind. Es geht hier um die organisatorische Verschmelzung der Entscheidungsstrukturen der Staaten zu einem - meist föderalen - Gemeinwesen.[344]

Wettig erklärt das Bedürfnis an der Einbindung Deutschlands aus seiner zentralen geopolitischen Lage, Trends und Probleme in Europa, Außenpolitik 1997, 3, 9.

341 Abgedruckt in: Europa-Archiv 1954, Bd. 2, S. 7138f.

342 *G. Jaenicke*, Wörterbuch des Völkerrechts, Stichwort „Europäische Integration", S. 466.

343 *R. Smend*, Integration, S. 482f. Vgl. auch *B. Beutler/R. Bieber*, Die Europäische Union, S. 70. Auf die disziplinenübergreifende Bedeutung des Begriffs der Integration weist hin *P. Fischer/H. F. Köck*, Europarecht, S. 47; *A. Bleckmann*, Europarecht, Rz. 803; *S. Breitenmoser*, Praxis des Europarechts, S. 4f.

344 Vgl. zu den verschiedenen Begriffen *P. Fischer/H. F. Köck*, Europarecht, S. 47ff.; *A. Bleckmann*, Europarecht, Rz. 803ff.

Integration ist im Gegensatz zur Vereinnamung oder Okkupation die friedliche Form der Vereinheitlichung, die in einem dynamischen Prozeß eine immer engere Verflechtung der beteiligten Staaten herbeiführt.[345] Im Hinblick auf die Eingliederung in eine Staatenverbindung bedeutet Integration die Unterordnung der Mitgliedstaaten unter eine gemeinsame Entscheidungsstruktur und die zunehmende Angleichung der mitgliedstaatlichen Rechtsordnungen und ihrer gesellschaftlichen Systeme.[346]

Wenn man von der europäischen Integration im weiteren Sinne spricht, so meint man die vielfältigen Verflechtungen, die die europäischen Nationalstaaten nach 1945 auf völkerrechtlicher Ebene eingegangen sind. Europäische Integration im engeren Sinne erfaßt die Angleichungen und Harmonisierungen innerhalb der drei Europäischen Gemeinschaften bis hin zur Europäischen Union von heute. Integration ist hier im wesentlichen auf die Materien des Europarechts als eigenständiger Rechtsordnung der Europäischen Union bezogen und beinhaltet insoweit die Verschmelzung der verschiedenen mitgliedstaatlichen Ordnungen zu einem einheitlich europaweit geltenden Rechtssystem.[347]

Smend hat darauf hingewiesen, daß sich der Integrationsvorgang nicht bewußt, sondern *„vermöge einer nicht intendierten Gesetzlichkeit oder List der Vernunft“*[348] vollzieht. So haben beispielsweise die Wahlen und parlamentarischen Verhandlungen innerhalb eines staatlichen Systems vordergründig den Sinn, bestimmte Entscheidungen, Wahlergebnisse oder Gesetzesbeschlüsse zu erzielen. Gleichzeitig wird aber dadurch eine politische Gemeinschaft durch Gruppen-, Parteien- und Mehrheitsverhältnisse geschaffen, die eine *„politische Gesamthaltung und aktive Gemeinschaftswirklichkeit“* erzeugen.[349] Darin liegt nach *Smend* die grundlegende Bedeutung der Integrationsfaktoren für ein politisches Gemeinwesen.

c) *Kooperativer und integrativer Ansatz*

Integration ist abzugrenzen von der bloßen zwischenstaatlichen Kooperation, die auf eine Intensivierung der Beziehungen unter Beibehaltung der kooperierenden Einheiten abzielt. Kooperation basiert auf dem Entschluß eines Staa-

---

345 S. *Magiera*, Jura 1994, 1, 4.

346 *M. Zuleeg*, in: Groeben/Thiesing/Ehlermann, Art. 1, Rz. 7.

347 *A. Bleckmann*, Europarecht, Rz. 33; *G. Jaenicke*, Wörterbuch des Völkerrechts, Stichwort „Europäische Integration“, S. 466.

348 *R. Smend*, Integrationslehre, S. 475, 476.

349 *R. Smend*, Integrationslehre, S. 475, 477.

tes, unter Wahrung seiner vollen Autonomie, bei der Gestaltung seiner inneren und äußeren Angelegenheiten mit anderen Staaten zusammenzuwirken.[350] Sie kann sich in Abstimmungen oder Vereinbarungen erschöpfen, oder sich zu zwischenstaatlichen Organisationen und eigenen Organen ausbilden, die dann im allgemeinen die ihnen übertragenen Aufgaben erörtern und dazu Empfehlungen verabschieden, nicht jedoch die einzelnen Mitgliedstaaten gegen ihren Willen verpflichten dürfen. Der Koordinationsansatz zeichnet sich dadurch aus, daß er die volle Autonomie des Staates bei der Gestaltung seiner inneren und äußeren Angelegenheiten bewahrt. Da jede Verpflichtung der Mitgliedstaaten der ausdrücklichen Zustimmung bedarf, unterliegt dieser Ansatz grundsätzlich den gleichen Leistungsgrenzen wie das staatliche Ordnungsmodell selbst. Der Koordinationsansatz ist deshalb für eine über die Grenzen der Staaten hinausgehende Aufgabenbewältigung in geringerem Maße geeignet.

Demgegenüber beruht der Integrationsansatz, der für die Europäische Einigung seit dem EGKS-Vertrag prägend war, auf dem freiwilligen Entschluß, als gleichberechtigtes Mitglied in der Staatengemeinschaft mitzuwirken. Der wesentliche Unterschied besteht darin, daß die einzelnen Mitglieder nicht nur ausnahmsweise, sondern in erheblichem Umfang durch Mehrheitsbeschlüsse gegen ihren Willen verpflichtet werden können. Der Integrationsansatz beschränkt somit die Autonomie des Staates bei der Gestaltung seiner Angelegenheiten, indem er für den integrierten Bereich eine Bindung des einzelnen Staates auch gegen seinen Willen durch die Mehrheit der an der Organisation beteiligten Staaten zuläßt. Im Vergleich zur Koordination bietet die Integration deshalb einen wirksameren Ansatz zur Überwindung der Leistungsgrenzen des staatlichen Ordnungsmodells, weil die Entscheidungen in stärkerem Maße an den sachlichen Notwendigkeiten, als an nationalen Interessen orientiert werden können.[351] Koordination ermöglicht zwischenstaatliche Zusammenarbeit, Integration verändert die Strukturen des Zusammenwirkens.[352]

d) *Föderale und funktionelle Integrationskonzepte*

Nach Ende des 2. Weltkriegs bestand Einigkeit darüber, daß der rein kooperative Ansatz für die europäische Einigung nicht prägend sein durfte. Fraglich

---

350 S. *Magiera*, Die Einheitliche Europäische Akte, 507, 510; *K. D. Borchardt*, Die rechtlichen Grundlagen der Europäischen Union, S. 28.

351 S. *Magiera*, Die Einheitliche Europäische Akte, S. 507, 511.

352 Den strukturverändernden Charakter der Integration betont insbesondere *R. Smend*, Integration, S. 482f.; vgl. auch *M. Schweitzer/W. Hummer*, Europarecht, Rz. 30.

war aber, ob die größten integrativen Erfolge zu erzielen sind, wenn man die Staaten in ein institutionelles Ordnungsmodell einbindet (föderaler Ansatz) oder ob man durch die tatsächliche Zusammenarbeit in wirtschaftlichen und gesellschaftlichen Bereichen eine Entwicklung in Gang bringt, die aus sich selbst das Bedürfnis nach weiterer Integration hervorbringt (funktioneller Ansatz).[353]

Die großen Visionisten der frühen 50er Jahre waren neben *Jean Monnet*[354] mit seiner Idee der Supranationalisierung der deutschen und französischen Stahl und Montanindustrien, *Robert Schumann*, der auf den Vorarbeiten seines Mitarbeiters *Monnet* die Gründung der Europäischen Gemeinschaft für Kohle und Stahl (EGKS) am 9. Mai 1950 vollendete. *Schumann* vertrat die Auffassung, daß Europa nicht durch einen integrativen Gesamtakt konstruierbar sei. *Schumann* ging es zunächst um eine Integration in Teilbereichen. Sein Ziel war es, durch die Verschmelzung der französischen und deutschen Montanindustrien einen künftigen Krieg zwischen beiden Staaten unmöglich zu machen. Durch die Gründung eines supranantionalen Organs, der Hohen Behörde, sollte nur die erste Grundlage einer europäischen Föderation gelegt werden.[355] Diese Grundidee war im sog. *„Schumann-Plan"*[356] enthalten, der über die Fusion der wirtschaftlichen Interessen einen Prozeß fortschreitender sektoraler Integration in Gang setzte, dessen Sachzwänge ein Umschlagen von einer nur wirtschaftlichen in eine auch politische Integration ermöglichen sollten.[357] Im *Schumann-Plan* heißt es dazu:

> *„Auf diese Weise wird einfach und schnell die Interessen-fusion verwirklicht, die für die Schaffung einer wirtschaftlichen Gemeinschaft unentbehrlich ist, und das Ferment einer viel größeren und tieferen Gemeinschaft zwischen Staaten gelegt, die sich lange im blutigen Streit entgegenstanden."*[358]

---

353 Vgl. *St. Breitenmoser*, Praxis des Europarechts, S. 5; *G. Jaenicke*, Wörterbuch des Völkerrechts, Stichwort „Europäische Integration", S. 466.

354 Gedanken eines großen Europäers, S. 373ff.

355 *E. Steindorff*, Europa-Archiv 1951, 3955ff.

356 Abgedruckt in Europa-Archiv 1950, S. 3091f.

357 Vgl. dazu die Rede *W. Hallsteins* in Frankfurt/M. im Jahre 1951, Der Schumann-Plan, S. 7, 26f. Siehe auch *E. Steindorff*, Europa-Archiv 1951, S. 3955ff. und *U. Sahm*, Europa-Archiv 1951, S. 3977ff.

358 Europa-Archiv 1950, S. 3091f.; siehe auch S. *Breitenmoser*, Praxis des Europarechts, S. 20.

Der wirtschaftlichen Integration kam die Schlüsselrolle zu, über die zunehmende Verflechtung Rivalitäten abzubauen und so die Bereitschaft zur staatenübergreifenden „Schicksalsverbundenheit“ zu schaffen.[359] Diese Gedanken fanden Eingang in die Präambel des EGKS-Vertrages:

> *„In dem Bewußtsein, daß Europa nur durch konkrete Leistungen, die zunächst eine tatsächliche Verbundenheit schaffen, und durch die Errichtung gemeinsamer Grundlagen für die wirtschaftliche Entwicklung aufgebaut werden kann (...)“*

e) Erste supranationale Ansätze in der Europäischen Gemeinschaft für Kohle und Stahl

Sollte ein Gemeinsamer Markt für Kohle und Stahl nicht von vornherein an den unterschiedlichen Interessen der beteiligten Staaten scheitern, mußten diese zu einem Ausgleich geführt werden. Dies war am ehesten zu erreichen, wenn man die politischen Entscheidungen auf paritätisch besetzte Instanzen auslagerte und mit einer umfassenden Rechtssetzungsgewalt austattete.[360] Der defizitären Stabilitätssicherung in rein intergouvernementalen Beziehungen begegnete man durch eine supranationale Organisation, die durch die in sich selbst angelegte fortschreitende Verflechtung größere Gewähr für Frieden und Zusammenarbeit bietet. Der Fortschritt der supranationalen Organisationsform lag in einer institutionalisierten Festlegung und Durchführung einer gemeinschaftlichen Politik der Mitgliedstaaten. Der einmal gefundene Konsens in Form des Gründungsvertrags der Organisation diente der Überbrükkung nationaler Widerstände, während bisher die Durchführung gemeinsamer

---

359 Es wäre jedoch zu kurz gegriffen, wollte man den EGKS-Vertrag nur als ein Mittel der Friedenssicherung beschreiben. Der sogenannte *„Monnet-Plan“*, der dem französischen Wiederaufbau nach dem Zweiten Weltkrieg diente, sah für Frankreich vor, durch die Rationalisierung, Modernisierung und Expansion der Kohle und Stahlindustrien die Entwicklung der übrigen volkswirtschaftlichen Sektoren zu initiieren. Die geplanten Expansionszahlen im Kohle- und Stahlsektor überschritten aber den französischen Inlandsbedarf, so daß ein europäischer Markt gefunden werden mußte, der dies kompensierte, *H. Hattenhauer*, Europäische Rechtsgeschichte, S. 759. Vgl. zu den wirtschaftlichen Maßnahmen der EGKS während der Anlaufzeit *R. Barzel*, Europa-Archiv 1953, S. 5639ff.

360 Die EGKS verfügte über eine Hohe Behörde, den Besonderen Ministerrat, die Gemeinsame Versammlung und einen Gerichtshof, wobei das administrative und legislative Schwergewicht bei der Hohen Behörde lag, die *„für die Erreichung der (im) Vertrag festgelegten Zwecke nach Maßgabe des Vertrages zu sorgen“* hatte (Art. 8 EGKSV), vgl. *G. Hitzler*, Die Europäische Union, S. 19, 55; *R. Streinz*, Europarecht, Rz. 20.

Beschlüsse dem guten Willen jedes Mitgliedstaates überlassen geblieben war.[361]

Der Begriff der supranationalen Organisation wurde in Wissenschaft und Praxis ab diesem Zeitpunkt für eine besondere Form der durch völkerrechtlichen Vertrag gegründeten Staatenverbindungen gebraucht, die sich von anderen internationalen Organisationen dadurch unterscheidet, daß das Exekutivorgan „supranational" ist und über selbständige Entscheidungs- und Handlungsbefugnisse zur Erreichung der Ziele der Organisation verfügt.[362]

f) Überwindung nationaler Souveränitätsvorbehalte

Damit waren zwangsläufig - und das hatte man beabsichtigt - Souveränitätsverzichte der Mitgliedstaaten verbunden. Die überkommene Auffassung von der Unantastbarkeit und Unteilbarkeit der Souveränität[363] war der Überzeugung gewichen, daß hegemonialen Bestrebungen nur dann sinnvoll begegnet werden kann, wenn die einzelnen nationalen Souveränitäten in einem mehr oder weniger großen Bereich zu einer gemeinsamen Souveränität auf höherer Ebene zusammengelegt und in einer übernationalen Gemeinschaft verschmolzen werden.[364] Das System der Kooperation souveräner Einzelstaaten in einem Staatenbund wich dem Konzept der Integration supranationaler Prägung. Erstmals in Europa, am 18. April 1951, vereinigten sich sechs freie Nationen zu einer Gemeinschaft neuen Typs. Frankreich, die Benelux-Staaten, Italien und die Bundesrepublik Deutschland waren nach der Präambel des EGKS-Vertrages

> *„entschlossen, an die Stelle der jahrhundertealten Rivalitäten einen Zusammenschluß ihrer wesentlichen Interessen zu setzen, durch die Errichtung einer wirtschaftlichen Gemeinschaft den ersten Grundstein für eine erweiterte und vertiefte Gemeinschaft unter Völkern zu legen, die lange Zeit durch blutige Auseinandersetzungen entzweit waren, und die*

---

361 Vgl. dazu *F. Emmert*, Europarecht, S. 14f.; *R. Streinz*, Europarecht, Rz. 14ff.; *Th. Oppermann*, Europarecht, Rz. 774ff.; *H. Hattenhauer*, Europäische Rechtsgeschichte, S. 760.

362 *G. Jaenicke*, Wörterbuch des Völkerrechts, Stichwort „Supranationale Organisationen", S. 423ff.; *H. Reif*, Europäische Integration, S. 33f.; *R. Streinz*, Europarecht, Rz. 8; *Th. Oppermann*, Europarecht, Rz. 776ff.; *W. Leisner*, Staatseinung, S. 257f.; *M. Zuleeg*, in: Groeben/Thiesing/Ehlermann, Art. 1 Rz. 6; *A. v. Bogdandy/M. Nettesheim*, in: Grabitz/Hilf, Kommentar zur Europäischen Union, Art. 1, Rz. 59. Die Herausbildung eines dritten Rechtskreises neben dem Staats- und dem Völkerrecht betont *W. Cornides*, Europa-Archiv 1954, S. 6494.

363 Vgl. Zur grundsätzlichen Bedeutung „nationaler Souveränität" Kapitel A.I.

364 *K. D. Borchardt*, Die rechtlichen Grundlagen der Europäischen Union, S. 29.

institutionellen Grundlagen zu schaffen, die einem nunmehr allen gemeinsamen Schicksal die Richtung weisen können.“

Bereits im EGKS-Vertrag war damit der Grundstein für eine weiter um sich greifende Integration gelegt.[365]

2. Erste Rückschläge der Integration

a) *Das Scheitern der Europäischen Verteidigungsgemeinschaft*

Nach den Integrationserfolgen der Europäischen Gemeinschaft für Kohle und Stahl, versuchte man die europäische Einigung auch auf politischem und militärischem Gebiet durch weitere Projekte voranzubringen.

Der französische Ministerpräsident *Pleven* entwickelte 1950 den Plan einer Europäisierung der Verteidigungskräfte, der am 27.5.1952 von allen Mitgliedstaaten unterzeichnet wurde.[366] Der Plan sah die Eingliederung der Unterzeichnerstaaten in eine supranationale Europäische Verteidungsgemeinschaft vor, die, anders als ein bloßes Militärbündnis herkömmlicher Art mit nationalen Verbänden unter einem gemeinsamen Oberbefehl, eine überstaatliche Gemeinschaft mit eigenen Organen einschließlich Gesetzgebungs-, Verwaltungs- und Rechtsprechungsbefugnissen, eigenen Streitkräften und eigenem Haushalt schaffen sollte. Insbesondere die Streitkräfte verstanden sich im Gegensatz zu Koalitionsarmeen alten Stils nicht national, sondern europäisch. Die nationalen Truppenverbände sollten in der integrierten Armee der Verteidigungsgemeinschaft neben einem gemeinsamen Oberbefehl auch einen europäischen Status erhalten, der in Art. 9 und 10 des EVG-Vertrages niedergelegt war. Danach sollten die Streitkräfte zu sog. *„Europäischen Verteidigungsstreitkräften verschmolzen“* werden, unter dem gleichzeitigen Verbot der Beibehaltung nationaler Streitkräfte. Auch der Konzeption der Europäischen Verteidigungsgemeinschaft lag der Gedanke zugrunde, daß die angestrebten Ziele der allgemein politischen Integration Europas mit den hergebrachten Mitteln zwischenstaatlicher Verknüpfung nicht bewältigt werden können.[367]

---

365 *K. Weigelt*, Europäische Union als Instrument der Friedens- und Wohlstandsicherung, S. 73. Siehe auch *E. J. Mestmäcker*, Recht und ökonomisches Gesetz, S. 83; *R. Freudenstein*, Internationale Politik 1997, 43, 44.

366 BGBl. 1954, II, S. 342. Die Entwicklung wurde angestoßen durch den Koreakrieg 1950 und dem Wunsch der USA, durch eine Wiederaufrüstung der Bundesrepublik das nordatlantische Verteidigungssystem zu stärken.

367 Vgl. die Begründung zum EVG-Vertrag, BTDrs. Nr. 219/52, S. 8.

Nachdem das Ratifizierungsverfahren bis 1954 in den übrigen Unterzeichnerstaaten abgeschlossen war, verweigerte die französische Nationalversammlung am 30.8.1954 ihre Zustimmung. Ein Souveränitätsverzicht in einem der neuralgischsten Bereiche der Staatlichkeit, der Verteidigungspolitik, war nicht möglich.[368] An die Stelle des Konzepts der Europäischen Verteidigungsgemeinschaft trat die Westeuropäische Union,[369] die im Gegensatz zur supranationalen Konzeption der Europäischen Verteidigungsgemeinschaft, lediglich ein Militärbündnis klassischer Prägung darstellte.[370]

b) Das Scheitern der Europäischen Politischen Zusammenarbeit

Artikel 38 des Vertrages über die Europäische Verteidigungsgemeinschaft enthielt eine Bestimmung, die den weiteren Ausbau der Staatenverbindung vorsah. Die Vorschrift beinhaltete die Konstruktion einer endgültigen Organisation, die die vorläufige Organisation der Europäischen Verteidigungsgemeinschaft ersetzen sollte. Diese sollte

> *„so beschaffen sein, daß sie den Bestandteil eines späteren bundesstaatlichen oder staatenbündischen Gemeinwesens bilden kann, das auf dem Grundsatz der Gewaltenteilung beruhen und insbesondere über ein Zweikammernsystem verfügen soll."*[371]

Die Ausarbeitung des Verfassungsentwurfs oblag der zukünftigen Versammlung der Europäischen Verteidigungsgemeinschaft. Um das voraussichtlich langwierige Ratifikationsverfahren in den Mitgliedstaaten des EVG-Vertrages nicht abwarten zu müssen, entschlossen sich die Außenminister der sechs Mächte im Vorgriff auf Art. 38 EVGV eine Sonderversammlung mit

---

368 Die Mehrheit gegen die EVG kam durch betont nationalistische Abgeordnete, die einen Souveränitätsverlust Frankreichs fürchteten und durch die kommunistische Fraktion zustande, die eine Stärkung des Westens unter gleichzeitiger Wiederbewaffnung Deutschlands verhindern wollten, *P. Fischer/H.F. Köck*, Europarecht, S. 83; *Th. Oppermann*, Europarecht, § 1, Rz. 21. Den nationalen Pathos verdeutlichen die Reden des französischen Außenministers *G. Bidault*, der in dem Vertrag die *„Auslöschung der Vaterländer"* sah und des Abgeordneten *E. Herriot*, der darin einen Souveränitätsgewinn Deutschlands bei gleichzeitigem Souveränitätsverlust Frankreichs erblickte und sich zu dem Satz hinreißen ließ: *„Für uns ist die Europäische Gemeinschaft das Ende Frankreichs"*, zitiert bei *H. Hattenhauer*, Europäische Rechtsgeschichte, S. 761.

369 Gegründet am 23.10.1954.

370 Vgl. dazu *H. Brandweiner*, Die Pariser Verträge, S. 15ff.

371 BGBl 1954, II, S. 342ff., Art. 38 § 1 c Abs. 3 EVGV

der Erstellung eines solchen Entwurfs zu beauftragen.[372] Die Vorschläge, die daraufhin verabschiedet wurden, bauten auf dem Modell einer paralmentarisch-demokratischen Ordnung innerhalb eines staatlichen Verfassungssystems auf. Neben Beitrittsmöglichkeiten sahen die Verträge abgestufte Assoziierungen vor. Der Europäische Exekutivrat (Ministerrat) sollte nach dem Prinzip der Einstimmigkeit verfahren und wurde von einer gleichrangigen Völkerkammer unterstützt, der das Recht eines konstruktiven Mißtrauensvotums zustand. Neben der schrittweisen Realisierung der Zollunion zwischen den Mitgliedstaaten, war die Wahl von Abgeordneten zu einer „Europäischen Parlamentarischen Versammlung" durch allgemeine, unmittelbare Wahlen in der Konzeption enthalten.[373]

Auch wenn die Entstehungspläne zur Europäischen Politischen Gemeinschaft von der Europäischen Verteidigungsgemeinschaft in verfahrensrechtlicher Hinsicht unabhängig waren,[374] schwächte das Scheitern der Europäischen Verteidigungsgemeinschaft die Impulse in Richtung auf eine politische Union.[375] Insbesondere die Briten widersetzten sich jeder politischen Einigung und strebten lediglich eine Wirtschaftsgemeinschaft im traditionell völkerrechtlichen Rahmen an.[376]

Erstmals waren die Gegenkräfte der europäischen Einigungsbewegung offen zu Tage getreten. Die wirtschaftlichen Fortschritte förderten in den Mitgliedstaaten das Bewußtsein der eigenen Stärke und vergrößerten die Abnei-

---

372 Sog. Luxemburger Entschließung, vgl. *H. Ridder*, Wörterbuch des Völkerrechts, Stichwort „Europäische politische Gemeinschaft", S. 475.

373 Daneben waren noch der Gerichtshof und der Wirtschafts- und Sozialrat als Organe vorgesehen.

374 In der Luxemburger Entschließung wurde vereinbart, daß die Bildung eines politischen Gemeinwesens nicht von der Realisierung einer Organisation der Europäischen Verteidigungsgemeinschaft abhängen sollte, vgl. *H. Ridder*, Wörterbuch des Völkerrechts, Stichwort „Europäische politische Gemeinschaft", S. 475.

375 Vgl. dazu *H. Volle*, Europa-Archiv 1954, S. 7115ff.

376 Die Ursachen dafür können sowohl in der Befürchtung nationaler Souveränitätsverluste als auch in der besonderen Einbindung Englands in das Commonwealth gesehen werden. Grundsätzlich bestand auch eine Abneigung gegenüber europäischen Einigungsbestrebungen, die England in ein System einbindet, das in der politischen Willensbildung ein Letztentscheidungsrecht Englands ausschließen kann. Der britische Außenminister hat diesen psychologischen Aspekt in einer Rede im Jahre 1952 zum Ausdruck gebracht: *„I am speaking of the frequent suggestion that the United Kingdom should join a federation on the continent of Europe: This is something which we know in our bones we cannot do"*, zitiert bei *H. J. Heiser*, Europa-Archiv 1952, S. 5081. Die Abneigung Großbritanniens gegenüber föderalen-supranationalen Konzeptionen betont auch *H. Volle*, Europa-Archiv 1955, S. 7234 und *R. Bailey*, Europa-Archiv 1957, S. 9803.

gung gegenüber einem weiteren Souveränitätsverzicht, die man nicht als unmittelbare Notwendigkeit ansah.[377] Die Realisierung der Europäischen Verteidigungsgemeinschaft und der Europäischen Politischen Gemeinschaft hätten einen großen Schritt in Richtung auf eine europäische Föderation mit Eingriffen in nationale Hoheitsbereiche bedeutet.[378] Stattdessen wurde deutlich, daß Integration ohne einen gleichzeitig bestehenden starken Anreiz allein durch die Schaffung eines organisatorisch-institutionellen Rahmens nicht zu verwirklichen war. Eine Staatengemeinschaft, wie sie die Europäische Gemeinschaft für Kohle und Stahl geschaffen hatte, konnte nicht automatisch in die Qualität einer unauflöslichen politischen Gemeinschaft umschlagen. Bereits jetzt zeigte sich, daß der föderale Ansatz in Form einer politischen Integration *„von oben"* nur bedingt geeignet ist, nationale Souveränitätsvorbehalte zu überwinden.[379]

3. Die wirtschaftliche Integration als Fundament der Einigung

a) Die Idee eines Gemeinsamen Marktes

Nach dem Scheitern der Europäischen Politischen Gemeinschaft und der Europäischen Verteidigungsgemeinschaft im Jahre 1954, war rein politischen Einigungsbestrebungen zunächst der Boden entzogen.[380] Eine europäische Gesamtkonstruktion rückte in weite Ferne. Es blieb jedoch Raum für Integrationsgemeinschaften, denen die nationalen Interessen nicht im Wege standen. Am Beispiel der Europäischen Gemeinschaft für Kohle und Stahl hatte sich der wirtschaftliche Sektor als derjenige erwiesen, in dem das europäische Einigungswerk am ehesten zu realisieren war.[381]

---

377 *I. Seidl-Hohenveldern*, Völkerrecht, Rz. 236.

378 Die Mitglieder der Deutschen Delegation bei den Verhandlungen zur Europäischen Verteidigungsgemeinschaft waren sich der grundlegenden Bedeutung des Vertrages für die europäische Einigung bewußt, vgl. *J. A. Graf Kielmannsegg*, Europa-Archiv 1952, S. 5009, 5010.

379 Vgl. *F. Hellwig*, Die Integrationsidee der EWG, S. 31, 35f.; *F. Emmert*, Europarecht, S. 16; *P. M. Huber*, Recht der europäischen Integration, S. 16;

380 *H. Hattenhauer*, Europäische Rechtsgeschichte, S. 760f.

381 Die wirtschaftlichen Perspektiven Europas stellten sich am Beginn der 50er Jahre zudem äußerst positiv dar, vgl. *E. Weghorn*, Europa-Archiv 1950, S. 3113, 3121. Vgl. auch *H. P. Ipsen*, Europäisches Gemeinschaftsrecht, § 6 V 1a, S. 155. Zur Entwicklung des Bruttosozialprodukts in den Jahren 1950-1955 und der Schätzungen bis 1960 siehe Europa-Archiv 1957, S. 9879, 9881f. Zu den europäischen Wirtschaftsanteilen am Weltmarkt siehe die Übersicht in Europa-Archiv 1957, 9899 und *N. Kohlhase/J. Willmann*, Europa-Archiv 1958, 10711, 10715ff.

Am 1.6.1955 beauftragte die Außenministerkonferenz von Messina daher einen Studienausschuß unter der Leitung von *Paul-Henri Spaak* mit der Prüfung der Möglichkeiten weiterer Wirtschaftsintegration einschließlich der Atomenergie.[382] Letzteres war notwendig, um dem steigenden Energiebedarf in Europa gerecht zu werden und durch die Entwicklung der Atomenergie eine Alternative zum Öl zu etablieren.[383]

Am 21. April 1956 wurde der sog. „Spaak-Bericht" vorgestellt, der eine wirtschaftliche Gesamtintegration mit Sonderregeln für die Atomenergie vorschlug. Über eine vollständige Zollunion der sechs Mitgliedstaaten sollte binnen einer Übergangszeit von 12 Jahren[384] ein Gemeinsamer Markt geschaffen werden,[385] der durch die schrittweise Annäherung der Wirtschaftspolitiken der Mitgliedstaaten eine harmonische Entwicklung des Wirtschaftslebens innerhalb der Gemeinschaft, eine beständige und ausgewogene Wirtschaftsausweitung, größere Stabilität und eine beschleunigte Hebung der Lebenshaltung erzielen sollte. Geplant war also nicht nur ein bloßes Handelsabkommen, eine Freihandelszone oder eine Zollunion, sondern eine darüber hinausgehende Stufe der Einheit, in Form eines umfassenden *Gemeinsamen Marktes* mit dem Ziel der allgemeinen grenzübergreifenden Wohlstandsmehrung.[386]

b) Die Aushandlung der Römischen Verträge

Die Aushandlung der Römischen Verträge, die auf den Vorarbeiten des *„Spaak-Berichts"* aufbaute, war keineswegs von einer großen Europa-Euphorie getragen. Die Vorschläge, mit denen *Jean Monnet*, der belgische Außenminister *P.-H. Spaak* und dessen niederländischer Kollege *J. W. Beyen*

---

382 Zur Vorgehensweise des Ausschusses vgl. *G. Keiser*, Europa-Archiv 1958, 10423f.; *Th. Oppermann*, Europarecht, § 1, Rz. 22.

383 Zu den Vorläuferorganisationen, die sich mit der friedlichen Nutzung der Atomenergie beschäftigten vgl. *K. Huber*, Europa-Archiv 1957, 10083ff.

384 Die Übergangszeit begann mit Inkrafttreten des EWG-Vertrages am 1.1.1958.

385 Der Beginn mit einer Zollunion hatte in den Anforderungen des Weltwirtschaftsrechts seine Ursache. Aufgrund der Meistbegünstigungsklausel des GATT mußten Zollzugeständnisse zwischen einzelnen Mitgliedern des GATT automatisch auch den anderen Mitgliedern gewährt werden. Art. XXIV Abs. 8 des GATT sah eine Ausnahme von der Meistbegünstigungsklausel nur für regionale Präferenzzonen vor, die mit der Gründung der EWG geschaffen werden sollte, vgl. *R. Streinz*, Europarecht, Rz. 18.

386 Vgl. den Bericht über die erste mündliche Vorstellung des Spaak-Berichts in Europa-Archiv 1956, S. 8779ff. Siehe auch *E. J. Mestmäcker*, Recht und ökonomisches Gesetz, S. 84; *G. Schiffler*, Europa-Archiv 1957, 9871; *F. Hellwig*, Die Integrationsidee der EWG, S. 31, 33.

im Frühjahr 1955 an die Öffentlichkeit traten, stießen auf eine Fülle von Widerständen, die eine Flankierung der wirtschaftlichen Beratungen über die geplante Integration durch andere politische Erwägungen notwendig machte.[387]

In Frankreich konnte sich so gut wie niemand für den Vorschlag einer supranationalen Gemeinschaft begeistern, die über den Weg einer Zollunion bis zur Verwirklichung einer Wirtschaftsunion fortschreiten sollte. Angesichts der Verschlechterung der französischen Handelsbilanz Anfang der 50er Jahre befürchtete man eine zu große Beeinträchtigung noch nicht wettbewerbsfähiger französischer Wirtschaftszweige.[388] Das hohe Zollniveau in Frankreich und Italien stand den niedrigen Zöllen in den Benelux-Ländern und Deutschland gegenüber, die eine Zollunion daher stärker befürworteten.[389] In Deutschland konnte man sich hingegen weder für den Gemeinsamen Markt, noch für die Atomgemeinschaft begeistern. Wirtschaftsminister *Ludwig Erhard* sah im Gemeinsamen Markt ein dirigistisches Hindernis auf dem Weg zu einem weltweiten Freihandelssystem und der mit der Atomfrage betraute Sonderminister *Franz Josef Strauß* zog eine Zusammenarbeit mit den technisch weiter fortgeschrittenen Briten und Amerikanern vor.[390] Die Niederlande hatten wiederum ein großes Interesse an einem möglichst wenig subventionierten landwirtschaftlichen Großmarkt, da sich der niederländische Außenhandel auf Milch und Fleischprodukte konzentrierte, die auf der Grundlage von auf dem Weltmarkt eingekauften Rohstoffen hergestellt wurden.[391]

Zum Durchbruch bei den Verhandlungen kam es nur dadurch, daß sowohl in Frankreich als auch in der Bundesrepublik die weitere Integration aus allgemeinpolitischen Gründen als dringende Notwendigkeit empfunden und die Verhandlungsführer von den Regierungen auf einen Kompromiß verpflichtet wurden. *Konrad Adenauer* wollte mit der wirtschaftlichen Einbindung Deutschlands in die westliche Gemeinschaft die sicherheitspolitische Gemeinschaft voranbringen. Er sah sich zu dieser Zeit im Spannungsfeld der Gefahren einer nationalen Rückbesinnung Deutschlands einerseits und der kommunistischen Bedrohung andererseits. Beidem konnte nur durch eine unbedingte Westintegration begegnet werden, die durch eine Politik der Stärke nach Osten zumindest die Chance auf eine Wiedervereinigung barg. In

---

387 Vgl. zum Verhandlungsablauf die ausführliche Darstellung bei *W. Loth*, Integration 1997, 1ff.

388 *W. Loth*, Integration 1997, 1; *W. Cornides*, Europa-Archiv 1958, 10707, 10708f.

389 *F. Hellwig*, Die Integrationsidee der EWG, S. 31, 38.

390 *W. Loth*, Integration 1997, 1; *W. Cornides*, Europa-Archiv 1958, 10707, 10710f.

391 *W. Loth*, Integration 1997, 1, 8; *G. J. Balkenstein*, 1957, S. 9807, 9812f.

wirtschaftlicher Hinsicht gehörte die Bundesrepublik in dieser Zeit zu den am stärksten exportierenden Ländern und konnte sich von der Beseitigung der Zollschranken die größten Hoffnungen machen.[392]

Der französische Ministerpräsident *Guy Mollet* war entschlossen, nicht nur die Atomgemeinschaft sondern auch die Wirtschaftsgemeinschaft durchzusetzen, um die Bundesrepublik dauerhaft an den Westen zu binden und den Europäern zu mehr Eigenständigkeit gegenüber der amerikanischen Führungsmacht zu verhelfen.[393] Im Bereich der Atomenergie versprach der Gemeinsame Markt die Chance, die technisch in Europa weit überlegene französische Atomindustrie zu integrieren und dafür einen großen Markt zu erschließen.[394] Großbritannien entschied sich für einen assoziierten Status gegenüber der geplanten Freihandelszone. Die differenzierte Haltung wurde bestimmt durch die Gefahren, die von einem kontinentalen Binnenmarkt für die englische Wirtschaft ausgehen mußten und den Verpflichtungen, denen das Land im Commonwealth unterlag.[395]

c) Die Römischen Verträge als Kompromiß zwischen dem funktionellen und föderalen Ansatz

Am 25. März 1957 kam es zur Unterzeichnung der Römischen Verträge, die einen ausgewogenen Kompromiß zwischen der weltmarktorientierten Bundesrepublik und dem bis dahin eher protektionistisch ausgerichteten Frankreich bedeuteten.[396] Trotz der stark divergierenden ordnungspolitischen Vorstellungen stimmte man darin überein, daß der weitgehende Abbau von Handelshemmnissen und die damit einhergehende Schaffung größerer Märkte mit einheitlichen Wettbewerbsbedingungen den internationalen Austausch steigern und auf diesem Wege den wirtschaftlichen Wohlstand mehren müßte.[397] Die Verträge bedeuteten insoweit einen Kompromiß zwischen den „Funktionalisten" und den „Institutionalisten".[398] In institutioneller Hinsicht konnte

---

392 Zu den wirtschaftlichen Daten vgl. *M. Levi*, Europa-Archiv 1957, S. 10059ff.

393 *W. Loth*, Integration 1997, 1, 3, 5.

394 Vgl. *K. Huber*, Europa-Archiv 1957, S. 10341.

395 Eine totale Abgrenzung war nicht möglich, weil der Binnenmarkt die Exportmöglichkeiten Großbritanniens beschneiden mußte. Andererseits konnte sich Großbritannien auch nicht einem Abkommen anschließen, das die vorzugsweise Behandlung von Waren aus dem Commonwealth unterbindet, *R. Bailey*, Europa-Archiv 1957, S. 9803; *W. Cornides*, Europa-Archiv 1958, 10707, 10709f.; *R. W. G. Mackay*, Europa-Archiv 1959, 695ff.

396 *G. Schiffler*, Europa-Archiv 1957, 9871, 9872ff.

397 *H.-D. Smeets*, Grundlagen der regionalen Integration, S. 47, 62.

398 Vgl. oben in diesem Kapitel I. 1. d.

der organisatorische Rahmen der EGKS, der sich in den vorhergehenden Jahren bewährt hatte, auf die neuen Gemeinschaften übertragen werden. Im Sinne des funktionellen Ansatzes wurde die Integration aber auf eine breitere Basis gestellt, aus deren Sachzwängen sich weitere politische Integrationserfolge ergeben sollten.[399]

d) *Politische Flankierung des Gemeinsamen Marktes*

In der Aufbruchstimmung nach 1958 konnte der freie Warenverkehr, die Freizügigkeit des Personenverkehrs und eine gemeinsame Handels- und Agrarpolitik bis zum Ende der Übergangszeit realisiert werden.[400] Die Zollunion mit der Beseitigung interner Zölle und der Einführung einheitlicher und gemeinsamer Außenzölle wurde bereits 18 Monate vor dem Ende der Übergangszeit, am 1. Juli 1967 Realität. Ein Blick auf die volkswirtschaftlichen Daten der nächsten Jahre zeigt, daß die wirtschaftliche Integration die Erwartungen voll erfüllte und eine deutliche Wohlfahrtssteigerung für die beteiligten Länder bedeutete.[401] Der Gemeinsame Markt bediente sich des marktwirtschaftlichen Systems, das darauf angelegt ist, die auf den Märkten getroffenen Dispositionen der Anbieter und Nachfrager über den Wert der Güter und Produktionsfaktoren und damit der Produktionsziele entscheiden zu lassen.[402] Auch bei bestmöglicher Allokation der Produktionsfaktoren ist der gesamtwirtschaftliche Wohlstand aber noch nicht gewährleistet. Die Bereitstellung von Gütern und Leistungen, nach denen keine individuelle Nachfrage besteht, gesamtwirtschaftliche Gleichgewichtsstörungen und nationaler Protektionismus verlangen nach politischen Entscheidungen. Im politischen Prozeß muß entschieden werden, welche Einbußen marktbezogener Effizienz zugunsten anderer politischer Zielsetzungen hingenommen werden müssen und welche wirtschaftspolitischen Ziele auf Dauer realisierbar sind.[403] Die marktwirtschaftlichen Unzulänglichkeiten erfordern daher eine enge Verbindung mit der politischen Entscheidungsebene. Die Politik gibt die Vorgaben,

---

399 Nach *J. Monnet „durfte die Integration nicht mehr nur vertikal sein, es wurde vielmehr Zeit, daß sie auch horizontal wurde"*, Erinnerungen eines Europäers, S. 508.

400 Bereits Ende 1961 wurden die letzten quantitativen Restriktionen zwischen den Mitgliedstaaten beseitigt.

401 Vgl. die Daten bei *H. P. Ipsen*, Europäisches Gemeinschaftsrecht, § 6 IV., S. 145ff. und *K. Weigelt*, S. 71, 76ff. Zu den volkswirtschaftlichen Ursachen dieser Effekte siehe *H.-D. Smeets*, Grundlagen der regionalen Integration, S. 47ff.

402 *E. J. Mestmäcker*, Recht und ökonomisches Gesetz, S. 84.

403 *E. J. Mestmäcker*, Recht und ökonomisches Gesetz, S. 85. Vgl. auch *L. Vollmer*, Die Wirtschaftsverfassung der Europäischen Union, S. 83, 88.

die im Hinblick auf die sachnotwendigen Ergänzungen der Marktintegration unerläßlich sind. Die enge Verknüpfung zwischen wirtschaftlicher und politischer Integration kommt auch in einer Studie des Genfer Völkerbundes aus dem Jahre 1947 zum Ausdruck, die die Unmöglichkeit der Trennung beider Bereiche folgendermaßen resümiert:

> *„Damit eine Zollunion zustande komme, muß man freie Warenbewegungen in der Union erlauben. Damit eine Zollunion Wirklichkeit werde, muß man freie Bewegung von Personen erlauben. Damit eine Zollunion von Bestand bleibe, muß man freie Austauschbarkeit der Währungen und feste Wechselkurse in der Union aufrechterhalten. Das bedingt unter anderem freie Kapitalbewegung in der Union. Wenn aber freie Bewegung von Waren, Personen und Kapital in einem Gebiet existiert, können keine verschiedenen Wirtschaftspolitiken zur Aufrechterhaltung des Wirtschaftsprozesses betrieben werden.“*[404]

Die Integration der Europäischen Gemeinschaften bedeutete daher von Anfang an das schrittweise Hineinwachsen in eine politisch motivierte und wirksame Gemeinschaft, auch wenn die Verträge selbst darüber nur wenig Auskunft gaben.[405]

4. Die politische Integration bis zur Einheitlichen Europäischen Akte

Nach der erfolgreichen Ausdehnung des EGKS-Modells auf die Bereiche der EWG und der EAG beschäftigte man sich wieder zunehmend mit der Frage, wie Europa in seinen Grundlagen konzipiert sein soll. Diese Ansätze firmierten unter den Bezeichnungen einer *„Europäischen Politischen Union“* bzw. einer *„Politischen Union“*.

a) Das Scheitern der „Fouchet-Pläne“

Am 18. Juli 1961 bekundeten die Staats- und Regierungschefs der EWG-Länder in Bonn die Bereitschaft, *„ihre politische Zusammenarbeit mit dem Ziel der Einigung Europas zu entwickeln und damit gleichzeitig das mit den*

---

404 Zitiert bei *F. Hellwig*, Die Integrationsidee der EWG, S. 31, 34. Vgl. auch *H. Schneider*, Föderale Verfassungspolitik, S. 21, 32. Vgl. auch *N. Kohlhase*, Europa-Archiv 1961, S. 339, 342.

405 *N. Kohlhase*, Europa-Archiv 1961, S. 339, 343; *M. Faure*, Europa-Archiv 1961, S. 711, 714; *F. Berg*, Europa-Archiv 1960, S. 647, 648.

Europäischen Gemeinschaften begonnene Werk fortzuführen."[406] Diese Erklärung hatte zunächst die Hoffnung geweckt, die nach dem Scheitern der Europäischen Verteidigungsgemeinschaft und der Europäischen Politischen Zusammenarbeit ins Stocken geratene politische Integration wieder in Gang zu bringen. Die Staats- und Regierungschefs beauftragten daraufhin eine Kommission unter der Leitung des Franzosen *Christian Fouchet* mit der Ausarbeitung eines Konzepts auf der Grundlage der Bonner Erklärung. Der gleichnamige Bericht, den die Kommission kurze Zeit später vorlegte, ließ dann allerdings wesentliche Elemente der Bonner Erklärung vermissen. Die Pläne entsprachen vollumfänglich der Politik des französischen Staatspräsidenten *de Gaulle*, der ein „Europa der Vaterländer" mit der Letztverantwortung bei den Mitgliedstaaten favorisierte und daher eine Europäische Union als klassischen völkerrechtlichen Staatenbund ohne supranationale Elemente anstrebte.[407] Die Außenminister der anderen Mitgliedstaaten, die sich am 20. März 1962 in Luxemburg mit den französischen Vorschlägen beschäftigten, konnten dem Entwurf aufgrund seines nationalstaatlichen Charakters dann ebenfalls nicht zustimmen. In der sog. „Aueler Erklärung" wiesen zudem sieben prominente Mitglieder der Europäischen Bewegung in Deutschland kurz und bündig darauf hin, daß *„die bestehende institutionelle Ordnung im Bereich der Europäischen Gemeinschaften durch Vereinbarungen dieser Art* (Fouchet-Pläne) *nicht ausgebaut, sondern im Ergebnis geschwächt würde"*.[408] Die Pläne scheiterten also letztlich an der Sorge der EWG-Partner vor einer herabgestuften Eingliederung der drei Integrationsgemeinschaften in eine Staatenunion klassischer Prägung. Hinzu kamen Differenzen über die Rolle, die Großbritannien in einer angestrebten politischen Union spielen sollte.[409]

---

406 Erklärung der Konferenz der Staats- und Regierungschefs der sechs Mitgliedstaaten der EWG in Bonn vom 18. Juli 1961 über die Verstärkung der europäischen Zusammenarbeit, Europa-Archiv 1961, Band 2, S. D 469f. Dem war eine gemeinsame Erklärung des Aktionskomitees für die Vereinigten Staaten von Europa vorausgegangen, Europa-Archiv 1960, Band 2, S. D 229ff.

407 Vgl. zu den französichen Zielsetzungen *W. Cornides*, Europa-Archiv 1960, S. 533ff.; *Koppe*, Europa-Archiv 1962, S. 263, 264f.; *P. Fischer/ H. F. Köck*, Europarecht, S. 101. Zur grundsätzlichen Einstellung *de Gaulles* gegenüber Europa siehe *J. Schomerus*, Europa-Archiv 1963, S. 323ff.; *E. Jouve*, Europa-Archiv 1965, S. 261, 272.

408 Zitiert bei *K. Koppe*, Europa-Archiv 1962, S. 263, 266. Vgl. auch den Bericht im Europa-Archiv 1962, Band 2, S. D 255.

409 Zu den Differenzen über die Fouchet-Pläne siehe die Presseerklärung des deutschen Außenministers vom 18. April 1962, Europa-Archiv 1962, Band 2, S. D 263f.; *H.-J. Merkatz*, Europa-Archiv 1965, S. 245, 246. An die Stelle der Fouchet-Pläne trat im Jahr 1963 der deutsch-französische Zusammenarbeitsvertrag (Elysée-Vertrag), der die deutsch-

b) Wirtschaftsintegration und institutionelle Entscheidungsfindung

Je mehr die Marktintegration vorankam, desto unabweisbarer trat das Bedürfnis nach einer politischen Integration in den Vordergrund. Die Öffnung der Grenzen und der Abbau von einzelstaatlichen Interventionsmöglichkeiten führte zu Disparitäten von starken und schwachen Regionen und Strukturen und setzte die Regierungen unterschiedlichen Zugzwängen aus.[410] Zunehmend wurde deutlich, daß die Marktintegration durch möglichst schnelle und effiziente politische Entscheidungen abgesichert werden mußte. Seit 1960 hat das politische System der Europäischen Gemeinschaften hierauf mit einer Zunahme verbindlicher Entscheidungen reagiert.[411] Eine rein quantitative Steigerung konnte aber allein nicht ausreichen, um den Bedürfnissen des Marktes gerecht zu werden, der sich am Ziel größtmöglicher Liberalisierung, weniger aber an nationalen Interessen orientierte. Um entscheidungsfähig zu bleiben, mußte man langfristig von der Prozedur einstimmiger Ratsentscheidungen Abstand nehmen. Bereits der EWG-Vertrag von 1957 sah mit dem Ablauf der einzelnen Stufen der Übergangszeit Mehrheitsentscheidungen vor.[412] Für die Mitgliedstaaten bedeutete das einen weiteren Souveränitätsverzicht zugunsten des supranationalen Verbandes, da der nationale Einfluß auf die europäische Politik durch eine Abstimmungsniederlage ausgeschaltet werden konnte. Somit trat zunehmend das Problem in den Vordergrund, ob man den wirtschaftlichen Sachzwängen durch eine Veränderung der Verfahrensregeln innerhalb der europäischen Organe begegnen sollte.

---

französischen Beziehungen vertiefte, aber keine neuen Impulse für eine politische Integration Europas hervorbrachte.

410 Welche staatlichen Interventionen im Hinblick auf die Funktionsfähigkeit des Gemeinsamen Marktes zu unterbinden, zu harmonisieren oder zu vergemeinschaften sind, entscheidet der EWG-Vertrag anhand des Kriteriums der Wettbewerbsverfälschung. Je genereller und weniger zielgerichtet staatliche Regelungen sind, um so schwieriger wird die Feststellung, ob eine Wettbewerbsverfälschung vorliegt und desto politisch brisanter wird die Suche nach einem Beurteilungskriterium, das sich am Wettbewerbseffekt der Maßnahmen orientieren soll.

411 Die Zahl der jährlichen Rechtsakte des Rates ist von 10 im Jahr 1960 auf 468 im Jahr 1994 gestiegen. Die Rechtsakte der Kommission stiegen sogar von 6 (1960) auf 7034 (1994). Gleiches gilt für die Gesamtzahl der organinternen Sitzungen: 2182 (1960) und 10674 (1994), Angaben in *W. Wessels*, Europäische Union - Entwicklung eines politischen Systems, S. 19, 41f.

412 Vgl. z.B. Art. 43 Abs. 2, Uabs. 3 EGV.

c) *„Politik des leeren Stuhls" durch Frankreich*

Ein Vorschlag der Kommission zur Finanzierung der gemeinsamen Agrarpolitik vom 31. März 1965, der eine Stärkung der Haushaltsbefugnisse der Gemeinschaft durch eigene Einnahmen vorsah, ließ die kontroversen Auffassungen über die zukünftigen Vetomöglichkeiten der Mitgliedstaaten gegenüber europäischen Beschlüssen offensichtlich werden. Zudem sahen die Entwürfe einen Ausbau der Stellung des Europäischen Parlaments hinsichtlich der Haushaltskontrolle und eine Stärkung der Rolle der Kommission vor, die das ausschließliche Vorschlagsrecht für Ratsentscheidungen verliehen bekommen sollte. Die Verordnungsentwürfe der Kommission hätten dazu geführt, daß Frankreich in der Finanzierung und dem Absatz seiner landwirtschaftlichen Produkte auf die Europäische Wirtschaftsgemeinschaft angewiesen gewesen wäre. Gleichzeitig zielten die Pläne mit der Erweiterung der Aufgaben des Europäischen Parlaments und der Kommission auf eine grundsätzliche Änderung der Verteilung der Autoritäten zwischen der Gemeinschaft und den Mitgliedstaaten.[413]

In der Nacht zum 1. Juli 1965 wurden die Verhandlungen vom Ratsvorsitzenden französischen Außenminister abgebrochen, bevor es zur Entscheidung über die strittigen Punkte kommen konnte. Auch in der Folgezeit blieb Frankreich den Ratssitzungen fern. Es kam zur sog. *„Politik des leeren Stuhls"*, die aus französischer Perspektive auf eine befriedigende Lösung der Finanzierung der gemeinsamen Agrarpolitik und eine Begrenzung der Rolle der Europäischen Organe im Sinne der französischen Position hinwirken sollte.[414] Der französische Präsident *de Gaulle* stellte die Gemeinschaft vor die Wahl eines *„Europa der Vaterländer"* unter der Führung Frankreichs und eines Europa internationaler Gemeinschaften ohne Frankreich.[415]

Die „Luxemburger Beschlüsse"[416] der EWG-Außenminister vom 29.1.1966 beendeten schließlich Frankreichs Abwesenheit im Rat. Darin verpflichteten sich die Mitgliedstaaten, falls bei Mehrheitsbeschlüssen sehr wichtige Interessen auf dem Spiel stehen, sich innerhalb eines angemessenen Zeitraums um Lösungen zu bemühen, die von allen Mitgliedern des Rates angenommen werden können. Für den Fall, daß es nach Ablauf dieser Frist zu keiner Einigung gekommen ist, bringt das Protokoll die divergierenden Meinungen Frankreichs einerseits und der übrigen Mitgliedstaaten anderer-

---

413 *E. Kobbert*, Europa-Archiv 1965, S. 511ff.

414 *E. Kobbert*, Europa-Archiv 1965, S. 919; *I. Seidl-Hohenveldern*, Völkerrecht, Rz. 243.

415 *H. Hattenhauer*, Europäische Rechtsgeschichte, S. 763.

416 Abgedruckt in S. *Breitenmoser*, Praxis des Europarechts, S. 43.

seits zum Ausdruck. Frankreich vertrat den Standpunkt, daß bis zu einem Einvernehmen weiterdiskutiert werden müsse, während die anderen Mitgliedstaaten eine Einigung nach dem Mehrheitsprinzip bevorzugten.[417] Da Frankreichs zustimmendes Votum nicht erzwungen werden konnte, waren Mehrheitsentscheidungen somit nur noch dann möglich, wenn alle Mitgliedstaaten damit einverstanden waren und signalisierten, daß *„sehr wichtige Interessen"* nicht betroffen seien und sie sich ggf. überstimmen lassen würden.[418] Ziffer IV. der Luxemburger Erklärung stellte schließlich klar, daß sich die sechs Mitgliedstaaten darin einig waren, die Arbeit der Gemeinschaft nach dem normalen Verfahren wieder aufzunehmen.

Die Entwicklung der Europäischen Gemeinschaften, die von Anfang an in ihren Gründungsverträgen eine gesamteuropäische Einigung über den wirtschaftlichen Sektor hinaus zum Ziel hatte, mußte durch den Luxemburger Kompromiß eine pragmatische Wende erfahren. Die gefundene Kompromißformel machte deutlich, daß es in Wahrheit um die prinzipielle Ablehnung des Mehrheitsprinzips im Rat zugunsten der Beibehaltung der Einstimmigkeit ging und gleichzeitig um die Verhinderung eines eigenständigen Handlungsspielraums von Kommission und Europäischem Parlament. Damit war der Konflikt zwischen einem präföderal voranschreitenden Integrationsprozeß und der klassisch-internationalen Staatenzusammengehörigkeit unter strikter Souveränitätswahrung offen zu Tage getreten.[419]

d) Die politischen Impulse der Haager Gipfelkonferenz

Nach dem Rücktritt *de Gaulles* wurde die Periode des Stillstandes im europäischen Integrationsprozeß Ende 1969 auf der Haager Gipfelkonferenz der Regierungschefs der EG-Staaten überwunden.[420] Die Haager Gipfelkonferenz zeichnete sich dadurch aus, daß sie mit den Themen einer Finanzverfassung der Gemeinschaft, einer Wirtschafts- und Währungsunion und einer Europäischen Politischen Zusammenarbeit sowie neuer Beitrittsverhandlungen alle

---

417 *R. Hellmann* weist aber zu Recht darauf hin, daß die Bereitschaft zu Mehrheitsentscheidungen bei den anderen Mitgliedstaaten auch nicht in unbeschränktem Maße vorhanden war. Frankreichs demonstratives politisches Verhalten ermöglichte es den anderen Mitgliedstaaten, ihre eigenen Bedenken nicht publik machen zu müssen, Europa-Archiv 1966, S. 259, 260. So auch *E. Kobbert*, Europa-Archiv 1965, S. 511-520.

418 Nach *H.P. Ipsen* ist die Frage nach der Bedeutung der nationalen Wichtigkeit des Abstimmungsthemas die *„Testfrage nach der Supranationalität der Gemeinschaften"*, Europäisches Gemeinschaftsrecht, § 6 V.2., Rz. 30.

419 *Th. Oppermann*, Europarecht, S. 15.

420 Konferenz vom 1. und 2. Dezember 1969.

wichtigen Bereiche europäischer Themen der siebziger Jahre benannte und in Bewegung setzte.[421] Nach Ablauf der 12-jährigen vertraglichen Aufbauphase der Europäischen Wirtschaftsgemeinschaft (Art. 8 EWGV) waren so erstmals wieder zukunftsweisende Antworten auf die Frage nach der Fortsetzung des Einigungsprozesses zu hören. Insbesondere von französischer Seite wurde durch den Staatspräsidenten *Georges Pompidou* wieder ein eindeutiges Bekenntnis zu einer umfassenden Fortsetzung des Integrationsprozesses und zu einer Wiederaufnahme der Beitrittsverhandlungen mit Großbritannien, Dänemark, Irland und Norwegen gegeben.[422] Die Regierungschefs bekräftigten zudem ihre Absicht, den sensiblen Bereich der Finanzierung der Agrarpolitik, über den es 1965 zum Zerwürfnis gekommen war, einer endgültigen Regelung zuzuführen.[423] Durch die Einführung eigener direkter Einnahmen der Gemeinschaft[424] und der Verleihung von Haushalts- und Kontrollbefugnissen an das Europäische Parlament konnten wichtige Schritte im Hinblick auf eine föderative europäische Ordnung getan werden.[425]

Die Errichtung eines gemeinsamen Außenzolltarifs[426] und die Möglichkeit zur Verhängung von Embargo-Maßnahmen gegenüber Drittländern[427] - beides war nun nach Ablauf der Übergangszeit möglich - erforderten zwingend eine gemeinsame Haltung in der Außenpolitik.[428] Nicht zuletzt die Verhandlungen

---

421 *Th. Oppermann*, Europarecht, Rz. 31. Zu den Themen der Konferenz siehe das Aide-mémoire der Kommission der Europäischen Gemeinschaften vom 19.11.1969 in Europa-Archiv 1970, Band 2, S. D 32-34 und das Kommuniqué der Konferenz der Staats- und Regierungschefs in Den Haag am 1. und 2.12.1969 in Europa-Archiv 1970, Band 2, S. D 42ff. *H. v. d. Groeben*, Europa-Archiv 1971, S. 1, 4ff.

422 Vgl. die Rede *G. Pompidous* auf der Konferenz in Den Haag am 1.12.1969, Europa-Archiv 1970, Band 2, S. D 34f. Zum unbedingten Willen Deutschlands bezüglich eines Beitritts Großbritanniens siehe Rede des Bundeskanzlers *W. Brandt* vom 1.12.1969 in Den Haag, Europa-Archiv 1970, Band 2, S. D 36.

423 Kommuniqué der Konferenz der Staats- und Regierungschefs in Den Haag am 1. und 2.12.1969, Europa-Archiv 1970, Band 2, S. D 42, 43, Ziff. 5.

424 In der Zeit von 1971 bis Ende 1974 wurden die Finanzbeiträge der Mitgliedstaaten schrittweise durch eigene Einnahmen der Gemeinschaft ersetzt. Die Gemeinschaft erhielt nun sämtliche Einnahmen aus den Agrarabschöpfungen und einen wachsenden Anteil an den Zolleinnahmen. Ab 1975 erhält die Gemeinschaft einen Anteil aus der Mehrwertsteuer der Mitgliedstaaten, die auf die Höhe von 1 % der Bemessungsgrundlage begrenzt wurde, *M. Schüler*, Europa-Archiv 1974, S. 45, 46f.

425 Zu den Entscheidungen des Ministerrats nach dem Gipfel in Den Haag siehe *K. Focke*, Europa-Archiv 1970, S. 267, 270ff.

426 Art. 18ff EWGV

427 Vgl. Art. 228a und 113 EGV.

428 *P. Fischer*, Europa-Archiv 1973, S. 95f.

der Sechser-Gemeinschaft mit den Beitrittsaspiranten machten eine einheitliche Linie unentbehrlich. Seit dieser Zeit bemühte man sich daher um die Etablierung eines politischen Kooperationsverfahrens, das zunächst in regelmäßigen informellen Konsultationen bestand. In der Überzeugung, daß der wirtschaftliche Integrationsprozeß notwendigerweise mit einem Mindestmaß an Übereinstimmung in der Außenpolitik einhergehen muß, wurde aufbauend auf dem *„Davignon-Bericht“*[429] die *„Europäische Politische Zusammenarbeit“* (EPZ), im Jahre 1970 ins Leben gerufen.[430]

e) Politische Integrationsfortschritte in den 70er Jahren

aa) Das Bekenntnis zu einer politischen Union auf dem Gipfel in Paris

Die ersten Erfolge der Europäischen Politischen Zusammenarbeit konnten bereits zwei Jahre später auf dem ersten Gipfel in Paris für die politische Integration Europas erzielt werden.[431] Wichtigstes Ergebnis der Konferenz bildete eine gemeinsame Erklärung, in der sich die Mitgliedstaaten verpflichteten, bis 1980 die Europäischen Gemeinschaften zu einer *„Europäischen Union“* auszubauen, ohne allerdings den Begriff konkret zu definieren.[432] Aus der Vereinbarung lassen sich jedoch die wesentlichen Grundzüge entnehmen, nach denen die *„Europäische Union“* nach den Vorstellungen der Konferenzteilnehmer aufgebaut sein sollte.[433] In Ziffer 1 bekräftigten die Mitgliedstaaten ihren Willen, *„die Entwicklung ihrer Gemeinschaft auf Demokratie,*

---

429 Vom 27.10.1970, Bulletin des Presse- und Informationsamtes der Bundesregierung 1970, S. 1589ff. Siehe auch den Bericht der Außenminister der Europäischen Gemeinschaft an die Staats- und Regierungschefs vom 20. Juli 1970 betr. möglich Fortschritte auf dem Gebeit der politischen Einigung, Europa-Archiv 1970, Band 2, S. D 520ff.

430 *Th. Oppermann*, Europarecht, Rz. 34; *R. Streinz*, Europarecht, Rz. 28ff.; *M. Schweitzer/W. Hummer*, Europarecht, Rz. 1808; *A. Bleckmann*, Europarecht, Rz. 37f.; *H. Hattenhauer*, Europäische Rechtsgeschichte, S. 764f. Die Struktur der Europäischen Politischen Zusammenarbeit wurde aber erst im Londonder Bericht der Außenminister im Jahre 1981 zusammengefaßt und 1986 durch die Einheitliche Europäische Akte von einem losen Kooperationsverfahren auf eine vertragsrechtliche Grundlage gestellt.

431 19. und 20. Oktober 1972. Die Konferenz war erst das zweite Gipfeltreffen in der Geschichte der Europäischen Gemeinschaften überhaupt. Seit 1957 wurden die Regierungsvertreter allein im Rahmen der europäischen Organe tätig. Die Notwendigkeit zu außerplanmäßigen richtungsweisenden Gipfeltreffen der Staats- und Regierungschefs wurde noch nicht einmal in der Krise der Jahre 1965/66 gesehen.

432 Erklärung der Konferenz der Staats- bzw. Regierungschefs der Mitgliedstaaten der erweiterten Europäischen Gemeinschaften in Paris am 19. und 20. Oktober 1972, Europa-Archiv 1972, Band 2, S. D 502ff.

433 *U. Everling*, Europa-Archiv 1972, S. 791, 798.

Meinungsfreiheit, Freizügigkeit von Personen und Ideen sowie Mitverantwortung der Völker über ihre frei gewählten Vertreter zu gründen" und führten damit erstmals politische Grundwerte in den Integrationsprozeß ein. Nicht minder wichtig ist die Aussage, daß die „*Gesamtheit* (...) (der) *Beziehungen* (der Mitgliedstaaten) *in eine Europäische Union umzuwandeln*" sind.[434] Damit wurde erkannt, daß die „*Triebkraft beim Aufbau Europas*"[435] aus dem Zusammenspiel wirtschaftlicher und politischer Faktoren resultierte.[436] Sowohl in der Außenpolitik, der Wirtschafts- und Währungspolitik, als auch in allgemeinen gesellschaftspolitischen Themen sollte die künftige politische Union ihre Wirkungsfelder finden. Insgesamt erfaßte die Erklärung in weiten Teilen die politischen Bereiche, die erst 20 Jahre später in der Europäischen Union von Maastricht vertragliche Wirklichkeit werden sollten. Der weitere Weg der Gemeinschaft war damit in Grundzügen vorgezeichnet.

bb) Die Erweiterung der Europäischen Gemeinschaften

Neben den Bemühungen, die Integration von dem wirtschaftlichen auf den politischen Sektor auszudehnen, wurde die Entwicklung die ganze Zeit über von Versuchen begleitet, weitere Mitglieder in die Gemeinschaft aufzunehmen. Nachdem in den 60er Jahren am französischen Widerstand eine Reihe von Beitrittsverhandlungen mit Dänemark, Großbritannien, Irland und Norwegen gescheitert waren,[437] kam es in den 70er-Jahren zum Durchbruch. Der sog. „Norderweiterung" der Europäischen Gemeinschaften um die genannten Staaten[438] mit Ausnahme von Norwegen,[439] folgte in den Jahren 1981 und 1986 die sog. „Süderweiterung" um die Länder Griechenlands,[440] Spaniens

---

434 Ziffer 7 der Präambel der Erklärung.

435 Ziffer 7 der Präambel der Erklärung.

436 *U. Everling*, Europa-Archiv 1972, S. 791, 794.

437 Aus der Fülle der Literatur, die sich mit den gescheiterten Beitrittsverhandlungen mit Großbritannien und deren Ursachen beschäftigen, siehe beispielhaft *M. Faure*, Europa-Archiv 1961, S. 711, 713f.; *N. Kohlhase*, Europa-Archiv 1961, S. 339, 343f.; *U. Kitzinger*, Europa-Archiv 1962, S. 186ff.; *L. Heald*, Europa-Archiv 1962, S. 843, 851f.; *W. Bauer*, Europa-Archiv 1962 S. 211ff.; *E. Kobbert*, Europa-Archiv 1969, S. 39.;

438 Beitritt zum 1.1.1973.

439 Eine Volksabstimmung am 24. und 25.9.1972 lehnte die Mitgliedschaft mit 53,6 % der Stimen ab. Vgl. dazu *N. J. Haagerup*, Europa-Archiv 1972, S. 601ff.

440 Beitritt zum 1.1.1981 (1. Süderweiterung).

und Portugals.[441] Der Beitritt bestätigte die integrierende Kraft der Europäischen Gemeinschaften und die Attraktivität ihrer Ziele.

cc) Institutionelle Verankerung der Europäischen Politischen Zusammenarbeit und erste Direktwahl zum Europäischen Parlament

Auf den Grundlagen der geplanten Europäischen Union aufbauend, vereinbarten die Staats- und Regierungschefs auf dem zweiten Pariser Gipfel im Jahr 1974 die Gründung des Europäischen Rates, dessen prägender Rolle in europäischen Angelegenheiten dadurch ein fester Rahmen gegeben wurde. Die Sitzungen sollten nun künftig je nach Materie und gemäß den jeweiligen Vertragsregeln zugleich als Organ der Gemeinschaft und als Konferenz im Rahmen der Politischen Zusammenarbeit abgehalten werden. Die entscheidende Neuerung lag in der Verbindung zwischen der Gemeinschaft und der Europäischen Politischen Zusammenarbeit, ohne letzterer allerdings in Angelegenheiten der Gemeinschaftsmaterien eine Lenkungsrolle zu übertragen.[442]

Die Aufgaben des Europäischen Rates wurden durch den sog. *„Tindemanns-Bericht"* ein Jahr später inhaltlich näher ausgestaltet.[443] Als Elemente einer Europäischen Union sah der Bericht das gemeinsame Auftreten nach außen sowie die Vereinheitlichung der Politik im inneren vor, ohne dafür konkrete Vorgaben zu machen.[444] Der Bericht enthielt kein *„grand design"* der Einigung Europas, sondern vertraute auf den evolutionären Prozeß von den Europäischen Gemeinschaften zu einer Europäischen Union, deren Struktur nach *Tindemanns* Auffassung zu diesem Zeitpunkt noch nicht erkennbar war. Diese sehr allgemeinen Aussagen ließen die Diskussion über die mögliche künftige Gestalt der Europäischen Union neu aufleben. Sowohl bundesstaatliche als auch rein staatenbündische Konzeptionen wurden ver-

---

441 Beitritt zum 1.1.1986 (2. Süderweiterung). Eine umfassende Darstellung der gesamten Problematik der Süderweiterung findet sich bei *W. Wallace/G. Edwards/L. Tsoukalis*, Europa-Archiv 1977, S. 627ff.; *W. Wagner*, Europa-Archiv 1972, S. 295, 296f.

442 Ziffer 3 des Kommuniqué über die Konferenz der Staats- und Regierungschefs der Mitgliedstaaten der Europäischen Gemeinschaften in Paris am 9. und 10.12.1974, Europa Archiv 1975, Band 2, S. D 41. Zu den Folgen des zweiten Pariser Gipfels siehe *U. Everling*, Europa-Archiv 1975, S. 59, 61f.

443 Bericht des belgischen Ministers Leo Tindemans, über die Europäische Union, dem Europäischen Rat am 29.12.1975 übermittelt, Europa-Archiv 1975, Band 2, S. D55ff.

444 Vgl. Kapitel I B des Berichts, Europa-Archiv 1975, Band 2, S. D 55, 58f.; *P. Fischer/H. F. Köck*, Europarecht, S. 101.

treten.[445] Die großen Interpretationsspielräume waren die Folge der begrifflichen Weite einer *„Europäischen Union"* einerseits und der zwischen den Mitgliedstaaten nach wie vor ungeklärten Frage nach der Finalität des Integrationsprozesses.

Der Tindemans-Bericht enthielt zudem Aussagen über die zukünftige Rolle der Organe der Europäischen Gemeinschaften. Mit dem Europäischen Rat, dem Organ der Europäischen Politischen Zusammenarbeit, verknüpfte sich die Erwartung, daß er dem europäischen Einigungswerk neue Impulse geben könnte.[446] Im Rat der Europäischen Gemeinschaften sollte es nach *Tindemans* Vorschlägen verstärkt zu Mehrheitsentscheidungen kommen[447] und die Kommission sollte mit mehr Ausführungsbefugnissen ausgestattet werden, um sich im Laufe der Zeit der zentralen Rolle anzunähern, die ihr in Gestalt der Hohen Behörde im Rahmen des EGKS-Vertrages schon seit langem zukam.[448]

Die erste Direktwahl des Europäischen Parlaments, die dann im Jahr 1979 Wirklichkeit wurde, sah der Bericht bereits als gesichert an. *Tindeman* selbst und die Anhänger eines föderalen Europas erhofften sich davon einen Legitimationsschub für weitere Integrationsinitiativen und die Übertragung weiterer Kompetenzen auf dieses Organ.[449] Die damit verbunden Wünsche, lösten gleichzeitig in den Mitgliedstaaten jedoch die Angst vor der Herabsetzung der Stellung der nationalen Parlamente aus, zeigten aber auf der anderen Seite die Bedeutung, die der Direktwahl des Europäischen Parlaments in der staatenbündischen Struktur der Europäischen Gemeinschaften zukam.[450] In der Folgezeit vermochte das Europäische Parlament seine veränderte Rolle zu nutzten und sich neben dem Europäischen Rat als zukunftsweisendes Organ der Gemeinschaften zu etablieren. In seinen Reihen wurde im Jahr 1984 ein Vertragsentwurf für die *„Europäische Union"* entwickelt, der die Grundlage

---

445 Vgl. *H. Schneider/W. Wessels*, Europa-Archiv 1975, S. 587f.; *Th. M. Loch*, Europa-Archiv 1976, S. 67ff.; *M. Zuleeg*, Europa-Archiv 1976, S. 549ff.

446 Tindemans-Bericht, Europa-Archiv 1976, Band 2, S. D 55, 79.

447 Tindemans-Bericht, Europa-Archiv 1976, Band 2, S. D 55, 79.

448 Tindemans-Bericht, Europa-Archiv 1976, Band 2, S. D 55, 80.

449 Tindemans-Bericht, Europa-Archiv 1976, Band 2, S. D 55, 78; *W. Wessels*, Europäische Union - Entwicklung eines politischen Systems, S. 19, 23; *M. Zuleeg*, Europa-Archiv 1976, S. 549, 550; *W. Wagner*, Europa-Archiv 1978, S. 783ff.; *A. Boguslawski*, Europa-Archiv 1983, S. 7ff.

450 Zu den Vorbehalten in den Mitgliedstaaten siehe *R. Bieber*, Europa-Archiv 1976, S. 707, 709f.

der zwei Jahre später unterzeichneten Einheitlichen Europäischen Akte bildete.

f) Die Verbindung der wirtschaftlichen und politischen Integration in der Einheitlichen Europäischen Akte

aa) Die Neuerungen der Einheitlichen Europäischen Akte

Auf Grund einer Initiative des Europa-Abgeordneten *Spinelli* legte das Europäische Parlament 1984 den Entwurf eines Vertrages über die *„Europäische Union“* vor,[451] der am 17. und 28. Februar 1986 in Luxemburg und Den Haag als Einheitliche Europäische Akte unterzeichnet wurde.[452] Das Vertragswerk[453] vertiefte die Gemeinschaften in formeller und materieller Hinsicht und führte sie seit den Gründungsverträgen einer erstmaligen umfassenden Novellierung zu.

(1) Das Binnenmarktprogramm

Im Zentrum der Einheitlichen Europäischen Akte stand die Intensivierung der wirtschaftlichen Integration der Mitgliedstaaten. Das Binnenmarktkonzept der Kommission, niedergelegt im *„Weißbuch an den Europäischen Rat zur Vollendung des Binnenmarktes“*,[454] war von der Erkenntnis geprägt, daß auch 15 Jahre nach Ablauf der Übergangszeit[455] der Gemeinsame Markt noch immer viele nichttarifäre Handelshemmnisse enthielt. Das Weißbuch zielte daher auf einen einheitlich integrierten Binnenmarkt ohne Beschränkungen des Waren-, Personen-, Dienstleistungs- und Kapitalverkehrs unter Einschluß eines einheitlichen Wettbewerbs- und Steuersystems. Vom Binnenmarktkonzept, das in Art. 7a Abs. 2 EGV verankert wurde und bis Ende 1992 verwirklicht werden sollte, erhoffte man sich im allgemeinen sehr starke wirtschaftli-

---

451 Abgedruckt in Europa-Archiv 1984, Band 2, S. D 209ff.; siehe dazu auch *W. Wessels*, Europa-Archiv 1984, S. 239ff.

452 Als die wesentlichen Stationen der Entwicklung der Einheitlichen Europäischen Akte sind zu nennen: „Tindemanns-Bericht“ 1975, „Bericht des Ausschusses der drei Weisen“ 1979, „Genscher/Colombo-Initiative“ 1981, „Stuttgarter feierliche Deklaration zur Europäischen Union“ 1983, „Spinelli-Bericht“ 1984. Die Einheitliche Europäische Akte trat am 1. Juli 1987 in Kraft. Vgl. zu den Verhandlungen der Einheitlichen Europäischen Akte *R. Hrbek/Th. Läufer*, Die Einheitliche Europäische Akte, Europa-Archiv 1986, S. 173ff.; *Th. Oppermann*, Europarecht, Rz. 42.

453 Abgedruckt in: Europa-Archiv 1986, Band 2, S. D 163ff.

454 Dok. KOM (85) 310.

455 31.12.1969 (Art. 8 EWGV).

che Effekte, zu denen neben den direkt eingesparten Transaktionskosten durch den Wegfall von Grenzkontrollen jeder Art, vor allem eine verbesserte Produkt- und Faktormobilität innerhalb der Gemeinschaft zählten.[456]

Der Begriff des Gemeinsamen Marktes ist vertraglich selbst nicht definiert. Wie der Europäische Gerichtshof in seiner Rechtsprechung herausgearbeitet hat, bedeutet er

> *„die Beseitigung aller Hemmnisse im innergemeinschaftlichen Handel mit dem Ziel der Verschmelzung der nationalen Märkte zu einem einheitlichen Markt, dessen Bedingungen demjenigen eines wirklichen Binnenmarktes möglichst nahekommen“.*[457]

Während der ersten Jahre des Binnenmarktprogramms gelangen viele der 300 im Weißbuch aufgelisteten Harmonisierungsvorhaben.[458] Die Zeit war geradezu von einer Binnenmarkteuphorie geprägt und das Jahr 1992 wurde zum Symbol für den Aufbruch Europas in eine gemeinsame Zukunft.[459]

(2) Institutionelle und kompetenzielle Veränderungen

Im institutionellen Bereich erhielt das Europäische Parlament ein Mitbestimmungsrecht im Gesetzgebungsverfahren und der Europäische Gerichtshof wurde durch das Gericht erster Instanz entlastet. Die Kommission erfuhr durch eine Erweiterung der Delegationsbefugnisse ebenfalls eine Stärkung im institutionellen Gefüge der Gemeinschaft.[460] Für den Integrationsprozeß war aber vor allem entscheidend, daß im Rat mehr Raum für Mehrheitsbeschlüsse geschaffen wurde. Mit Hilfe des neuen Art. 100 a EGV konnte der Rat die für die Realisierung des Binnenmarktprogramms notwendigen Beschlüsse überwiegend mit qualifizierter Mehrheit treffen.[461] Ausgenommen waren lediglich die besonders sensiblen Bereiche der Rechtsangleichung bei den Steuern, dem Niederlassungsrecht und der Änderung der Berufsordnungen. Als Kom-

---

456 Von 1986 bis 1988 erstellte eine Forschungsgruppe unter *P. Cechini* einen Bericht über die Vorteile des Binnenmarktes, in dem die potentiellen jährlichen Wohlstandsgewinne für die 12 Mitgliedstaaten auf 5,3 % des Bruttoinlandsprodukts vorhergesagt wurden, *F. Emmert*, Europarecht, S. 24. Zu den wirtschaftlichen Effekten des Binnenmarktes siehe auch *H. D. Smeets*, Grundlagen der regionalen Integration, S. 47, 65ff.

457 EuGH Slg 1982, 1409, 1431f.

458 *H. Wallace*, Europa-Archiv 1988, S. 583, 584ff.; *R. Streinz*, Europarecht, Rz. 36ff.

459 Bis 1992 konnten über 90 % aller Vorhaben des Binnenmarktprogramms realisiert werden, *F. Emmert*, Europarecht S. 24f.

460 *R. Streinz*, Europarecht, Rz. 35.

461 *P. M. Schmidhuber*, Der Binnenmarkt 1992, Europa-Archiv 1989, S. 75, 78.

pensation der erweiterten Entscheidungsfähigkeit und der damit verbundenen verstärkten Vergemeinschaftung von Regelungsbereichen, wurde in den Absätzen 3 bis 5 des Art. 100 a EGV nationalen Vorbehalten, insbesondere der Möglichkeit zu nationalen Sonderregeln, Rechnung getragen.[462]

In materieller Hinsicht bezog die Einheitliche Europäische Akte neue Politikbereiche in die Gemeinschaftskompetenzen ein. Hierzu zählten die Sozialpolitik (Art. 21 EEA), die regionale Förderung durch Strukturfonds (Art. 23 EEA), der Bereich der Forschung und der technologischen Entwicklung (Art. 24 EEA) und die Umweltpolitik (Art. 25 EEA). Erstmals wurde der Begriff der Wirtschafts- und Währungsunion vertraglich verankert und die Konvergenz der nationalen Wirtschafts- und Währungspolitiken zum Gemeinschaftsziel erklärt (Art. 20 EEA).

(3) Politische Impulse

Gleichzeitig leitete die Einheitliche Europäische Akte den ersten Schritt zu einer in den EG-Verträgen selbst verankerten politischen Einigung Europas mit ihrer Zielsetzung ein,

> *„das von den Verträgen zur Gründung der Europäischen Gemeinschaft ausgehende Werk weiterzuführen und die Gesamtheit der Beziehungen zwischen deren Staaten (...) in eine Europäische Union umzuwandeln".*[463]

Der wesentliche Verdienst im Hinblick auf eine politische Integration der Mitgliedstaaten lag in der organisatorischen Verfestigung der Europäischen Politischen Zusammenarbeit im Gemeinschaftsrecht selbst (Art. 30 EEA). Die nunmehr bestehende Verpflichtung der Mitgliedstaaten auf das Ziel einer europäischen Außenpolitik, die Verstärkung der seit 1970 entwickelten Grundlinien der Europäischen Politischen Zusammenarbeit und die Verbesserung der Funktionsfähigkeit der Entscheidungsprozesse[464] stabilisierten insgesamt den Aktionsrahmen für die Abstimmung und Angleichung der außenpolitischen Positionen.[465] Nach wie vor handelte es sich aber um eine intergouvernementale, nicht um eine supranationale Zusammenarbeit.[466] Das Be-

---

462 *B. Langeheine*, in: Grabitz/Hilf, Kommentar zur Europäischen Union, Band I, Art. 100a EGV, Rz. 5.

463 Präambel der Einheitlichen Europäischen Akte.

464 Unter Beteiligung der Kommision und des Europäischen Parlaments.

465 *R. Hrbek/Th. Läufer*, Europa-Archiv 1986, S. 173, 179.

466 *P. M. Huber*, Recht der europäischen Integration, Rz. 26.

sondere lag in der von nun an ausgeprägten Zweispurigkeit der europäischen Entwicklung, bestehend aus den drei Europäischen Wirtschaftsgemeinschaften und der Europäischen Politischen Zusammenarbeit. Damit war die *„Tempel-Konstruktion"* der heutigen Europäischen Union mit den drei Gemeinschaften in der ersten Säule und der fortentwickelten Europäischen Politischen Zusammenarbeit zur Gemeinsamen Außen- und Sicherheitspolitik in der zweiten Säule vorgezeichnet.[467]

bb) Die Gleichzeitigkeit von intergouvernementalen und supranationalen Strukturen

Das komplexe Vertragswerk der Einheitlichen Europäischen Akte hat in der Wissenschaft eine unterschiedliche Einschätzung erfahren, die auf diverse Unklarheiten in der Kodifikation zurückzuführen ist. Deren Gesamtstruktur betrachtend fällt auf, daß trotz ihrer formalen Zusammenfassung in dem einheitlichen Vertragswerk die Europäischen Gemeinschaften und die Europäische Politische Zusammenarbeit weiterhin scharf voneinander getrennt behandelt werden. Die Europäische Gemeinschaft beruht, wie es in Art. 1 der gemeinsamen Bestimmungen heißt, auf ihren Gründungs-, Änderungs- und Ergänzungsvereinbarungen, wobei die Europäische Politische Zusammenarbeit durch einen anderen für sie bestimmten Abschnitt der Akte geregelt wird. Zur Bekräftigung wird in den Schlußbestimmungen die Zuständigkeit des Europäischen Gerichtshofes ausdrücklich auf die Europäische Gemeinschaft beschränkt und für den Bereich der Europäischen Politischen Zusammenarbeit ausgeschlossen (Art. 31 EEA). Somit versteht sich die Einheitliche Europäische Akte als Änderungsvertrag der Gründungsverträge und als allgemeiner völkerrechtlicher Vertrag ohne supranationale Qualität. Die Europäische Politische Zusammenarbeit wurde also nicht Bestandteil der drei Gemeinschaften mit der Konsequenz, daß keine der Rechtsformen des Gemeinschaftsrechts, wie z.B. Verordnungen und Richtlinien, zur Durchführung der Europäischen Politischen Zusammenarbeit genutzt werden konnten. Gleiches galt für das vom Europäischen Gerichtshof postulierte gemeinschaftsrechtliche Prinzip des Vorrangs des Gemeinschaftsrechts.[468]

Andererseits wird in Art. 1 Abs. 1 EEA hervorgehoben, daß die Europäische Gemeinschaft und die Europäische Politische Zusammenarbeit das Ziel verfolgen *„gemeinsam zu konkreten Fortschritten auf dem Wege zur Europäischen Union beizutragen"*. Ferner nennt Absatz 5 des Art. 30 als Voraus-

---

467 *M. Schweitzer/W. Hummer*, Europarecht, Rz. 48-50.

468 Vgl. dazu unten I. 5. in diesem Kapitel.

setzung, daß *„die auswärtigen Politiken der EG und die im Rahmen der Europäischen Politischen Zusammenarbeit vereinbarten Politiken (...) kohärent sein"* müssen.[469] Der auf wirtschaftlichem Sektor verfolgte supranationale Ansatz wurde durch die Einheitliche Europäische Akte also mit den Formen der intergouvernementalen Zusammenarbeit verknüpft. Der integrative Fortschritt lag in der vertraglichen und insbesondere institutionellen Verbindung beider Bereiche.[470]

Eine vergleichbare Ambivalenz bestand von nun an auch innerhalb der wirtschaftlichen Integration. Zur Verwirklichung ihrer Ziele und Aufgaben im wirtschaftlichen Bereich verfügte die Europäische Gemeinschaft seit der Einheitlichen Europäischen Akte über zwei Instrumente, die in unterschiedlichem Maße auf kooperativen und integrativen Strukturen basierten. Der Gemeinsame Markt mit seinen Materien des freien Waren-, Personen-, Dienstleistungs- und Kapitalverkehrs sollte auf Gemeinschaftsebene zu einem einheitlichen Ganzen integriert werden, während die von dem zweiten Sektor erfaßten Sachbereiche, vor allem die Wirtschafts-, Finanz- und Sozialpolitik, grundsätzlich bei den Mitgliedstaaten verblieben und auf Gemeinschaftsebene lediglich angenähert wurden.[471] Zwischen beiden Instrumenten bestanden, ebenso wie zwischen der Europäischen Politischen Zusammenarbeit und den Europäischen Gemeinschaften, enge Verflechtungen und Übergänge, die eine eindeutige Zuordnung der kooperativen und integrativen Strukturen zu bestimmten Zielen und Aufgaben der Europäischen Gemeinschaften nicht erlaubten.[472] Insgesamt vermochte die Einheitliche Europäische Akte daher eine neue Form der stufenweisen Teilintegration zu etablieren. Konnte im Rahmen der Aushandlung des europäischen Primärrechts keine Einigung über die Supranationalisierung eines Politikbereichs erzielt werden, bestand die Möglichkeit, ihn in Formen intergouvernementaler Zusammenarbeit zu verfolgen

---

469 Vgl. S. *Magiera*, Die Einheitliche Europäische Akte, S. 507f. Kohärenz ist als Gebot zusammenhängender, in sich stimmiger Politik zu verstehen, *P.-Ch. Müller-Graff*, Integration 1993, 147.

470 Die integrative Strategie einer supranationalen Gemeinschaft konnte folglich auf die kooperativen Strukturen einer intergouvernementalen Zusammenarbeit zumindest formal ausgedehnt werden.

471 *W. Mussler/M. E. Streit*, Integrationspolitische Strategien in der Europäische Union, S. 265, 274.

472 Für den Ausbau des Gemeinsamen Marktes und der dazugehörigen Sachbereiche sind die Regelungen teilweise einstimmig zu erlassen wobei umgekehrt Durchführungsmaßnahmen im Bereich der Konjunkturpolitik, die lediglich eine Annäherungspflicht beinhalten, nach einstimmigem Erlaß der erforderlichen Rundentscheidungen mit qualifizierter Mehrheit beschlossen werden, S. *Magiera*, Die Einheitliche Europäische Akte, S 507, 518.

und trotzdem der Wahrnehmung der europäischen Organe zu überantworten. Die ab diesem Zeitpunkt vorzufindende Gleichzeitigkeit von supranationalen und intergouvernementalen Strukturen sollte sich im Vertrag von Maastricht im Jahre 1992 fortsetzen in die Einbeziehung von Politiken in den europäischen Kontext ermöglichen, in denen aufgrund ihrer nationalen Bedeutung die größten Widerstände zu erwarten waren.

5. Integration durch Recht

Ein wesentlicher Faktor wurde bis jetzt aus der Darstellung der Integrationsentwicklung ausgeblendet. Die Europäischen Gemeinschaften waren von Anfang an auch eine Rechtsgemeinschaft, in der sich die Mitgliedstaaten gemeinsamen Regeln unterwarfen. Die Quelle dieses Gemeinschaftsrechts lag in den Gemeinschaftsverträgen, die als Primärrecht in souveränitätsbeschränkender Weise Teilbereiche aus der nationalen Kompetenz ausklammerten und auf die Gemeinschaftsorgane übertrugen, die nun ihrerseits in Form von Sekundärrecht rechtssetzend tätig werden konnten.[473] So war es möglich, den supranationalen Organen Rechtsinstrumente zur Verfügung zu stellen, mit denen die vom Vertrag verfolgten Integrationsziele, und hier vorrangig die Schaffung eines Gemeinsamen Marktes, zu realisieren waren.

a) Die Eigenständigkeit der europäischen Rechtsordnung und ihre Umsetzung durch die Mitgliedstaaten

Die Rechtsordnung der Europäischen Gemeinschaften zeichnet sich durch ihre Eigenständigkeit gegenüber den nationalen Rechtsordnungen aus.[474] Nach der grundlegenden Entscheidung des Europäischen Gerichtshofs im Fall *Costa/Enel* liegt der Unterschied zwischen der europäischen Rechtsordnung und gewöhnlichen internationalen Verträgen darin, daß die Mitgliedstaaten auf begrenztem Gebiet ihre Souveränitätsrechte beschränkt und so einen Rechtskörper geschaffen haben, der für ihre Angehörigen und sie selbst verbindlich ist.[475] Auch wenn die Rechtsordnung der Gemeinschaft Eigenständigkeit besitzt, ist sie doch mit den nationalen Rechtsordnungen in vielfacher Weise verflochten und bedarf der Mitwirkung der Mitgliedstaaten, um sich im innerstaatlichen Bereich voll entfalten zu können.[476] Die durch das

---

473 *A. Bleckmann*, NVwZ 1993, 824, 825; S. *Magiera*, DÖV 1998, 173f.

474 *K. Stern*, Staatsrecht Bd. I, § 15 III 2, S. 541.

475 „Costa/Enel" EuGH Slg. 1964, S. 1251, 1270.

476 *M. Zuleeg*, in: Groeben/Thiesing/Ehlermann, Art. 1, Rz. 28.

europäische Gemeinschaftsrecht veranlaßte staatliche Tätigkeit läßt sich als *„Durchführung des Gemeinschaftsrechts“* bezeichnen. Unmittelbar anwendbares primäres und sekundäres (Verordnungen) Gemeinschaftsrecht muß von allen staatlichen Stellen beachtet und im sog. mittelbaren Verwaltungsvollzug angewendet werden. Gleiches gilt für die nationale Rechtsprechung. Andere europäische Rechtsakte in Form von Richtlinien werden in nationales Recht umgesetzt, das dann ebenfalls die staatlichen Stellen bindet. Da die Europäischen Gemeinschaften nicht in der Lage sind, hoheitliche Zwangsgewalt zur Durchsetzung der rechtlichen Ziele einzusetzen, besteht für die europäische Rechtsordnung eine besondere faktische Abhängigkeit von der freiwilligen Anwendung des Rechts durch die Mitgliedstaaten. Daher werden die Mitgliedstaaten gemäß Art. 10 Abs. 1 Satz 1 EGV (Art. 5 Abs. 1 Satz 1 EGV a.F.) besonders verpflichtet, alle geeigneten Maßnahmen zu treffen, um ihren vertraglichen oder sich aus Handlungen der Organe ergebenden Verpflichtungen nachzukommen. Darüber hinaus haben die Mitgliedstaaten der Gemeinschaft gemäß Art. 10 Abs. 1 Satz 2 EGV (Art. 5 Abs. 1 Satz 2 EGV a.F.) die Erfüllung ihrer Aufgaben zu erleichtern. Gemäß Art. 10 Abs. 2 EGV (Art. 5 Abs. 2 EGV a.F.) dürfen die Mitgliedstaaten keine Maßnahmen ergreifen oder aufrechterhalten, die die praktische Wirksamkeit des Vertrages beeinträchtigen könnten. Dazu zählt auch die Unterlassung gemeinschaftsrechtswidriger nationaler Gesetzgebung.

b) Rechtsfortbildung und Rechtsschöpfung durch den Europäischen Gerichtshof

Eine Rechtsgemeinschaft bedarf einer unabhängigen rechtlichen Kontrolle, die in den Europäischen Gemeinschaften durch den Europäischen Gerichtshof ausgeübt wird. Die Rolle des Europäischen Gerichtshofs beschränkte sich aber von Anfang an nicht nur auf die Auslegung und Anwendung des geschriebenen europäischen Rechts. Das vom Gerichtshof gemäß Art. 164 EGV zu wahrende *Recht* bestand nicht, wie in historisch gewachsenen nationalen Rechtsordnungen, aus einem gesicherten Bestand gemeinsamer Rechtsüberzeugungen. Die Lückenhaftigkeit sowie die vielfach unklaren und häufig unbestimmten Formulierungen des EG-Vertrags mußten mit Leben gefüllt und im Sinne der Gemeinschaften ausgelegt werden, wenn der Gerichtshof seiner Rechtsprechungsfunktion nachkommen wollte.[477]

---

[477] *H. P. Ipsen* spricht hier von der Funktion der Verfassungsgestaltung, Die Verfassungsrolle des Europäischen Gerichtshofs für die Integration, S. 173, 174.

Die rechtsfortbildende Tätigkeit des Europäischen Gerichtshofs stieß auf das Problem, daß im Rechtssystem der Europäischen Union, das auf der Parallelität der europäischen und der nationalen Rechtsordnungen aufbaut, der Regelungshorizont an sich bereits beschränkt ist. Bei der Wahrnehmung seiner rechtsschöpfenden und rechtsfortbildenden Aufgaben geriet der Gerichtshof zwangsläufig in das Spannungsfeld zum Gemeinschaftsgesetzgeber einerseits, dem die rechtspolitischen Entscheidungen in der Gemeinschaft obliegen, und den Kompetenzschranken andererseits, die die Mitgliedstaaten den Europäischen Gemeinschaften auferlegt hatten (Prinzip der begrenzten Einzelermächtigung).

Unproblematisch war eine Rechtsfortbildung nur dann, wenn sie die vorhandenen Kompetenzen der Gemeinschaft im Lichte und im Einklang mit den Vertragszielen auslegte und konkretisierte,[478] denn eine gewollte Begrenzung der Rechtsordnung kann keine Rechtfertigung für die Erweiterung derselben sein. Diesem Erfordernis paßte sich das Gericht dadurch an, daß es die allgemeinen Rechtsgrundsätze aus den Rechtsordnungen der Mitgliedstaaten in dem Maße herleitete, wie das für eine funktionsfähige Rechtsprechung und eine funktionsfähige Gemeinschaft erforderlich war.[479] Der Rückgriff auf das Kriterium der Funktionsfähigkeit der Gemeinschaften war aber ebenfalls nicht unproblematisch, da keine eindeutigen und allgemein gültigen Aussagen darüber getroffen werden konnten, was zur Sicherung der Funktionsfähigkeit der Gemeinschaft notwendig ist.[480] Als Leitmotive dienten dem Gerichtshof hier vor allem die Grundsätze der Gleichheit mit dem Verbot offener und versteckter Diskriminierungen, die vier Grundfreiheiten, die Solidarität der Mitgliedstaaten untereinander und die Einheit des Rechts- und Wirtschaftsraumes.[481] Auch die Rechtsentwicklung war daher von Anfang an von

---

478 So auch BVerfGE 75, 223, 243. Vgl. *K. Hailbronner*, in: Hailbronner/Klein, Ordner 2, Art. 164, Rz. 3.

479 „Nold“, EuGH Slg. 1974, 491, 507f.; „Groupement des Hautes Forneaux et Acièries Belges“, EuGH Slg. 1958, S. 231, 257; „MannesMann“, EuGH Slg. 1962, 717, 754; „Maurice Alvis“, EuGH Slg. 1963, 107, 123; „Hauer“, EuGH Slg. 1979, 3727, 3744f.; „Deutsche Tradax GmbH und Generalanwalt de Lamothe“, EuGH Slg. 1971, 157. Die Erwähnung dieser Rechtsquelle in Art. 215 Abs. 2 EGV und Art. 188 Abs. 2 EAGV hat nach allgemeiner Auffassung nur beispielhaften Charakter und steht einer Ausformung allgemeiner Rechtsgrundsätze im gesamten primären Gemeinschaftsrecht nicht entgegen, *Th. Oppermann*, Europarecht, Rz. 404. Vgl. *J. Schwarze*, Entwicklungsstufen des Europäischen Gemeinschaftsrechts, S. 259, 261.

480 *K. D. Borchardt*, Richterrecht durch den Gerichtshof der Europäischen Gemeinschaften, S. 29, 34.

den Bedürfnissen des Binnenmarktes geprägt, der um seiner Funktionsfähigkeit Willen einer Abstützung im europäischen Gemeinschaftsrecht bedurfte.[482]

c) Vorrang und Geltung des Gemeinschaftsrechts vor den nationalen Rechtsordnungen

aa) Die Rangfolge nach der Rechtsprechung des Europäischen Gerichtshofs

Aus der Gleichzeitigkeit der europäischen und der nationalen Rechtsordnung folgt im Kollisionsfall die Notwendigkeit einer Stufenfolge.[483] Der Europäische Gerichtshof hat diese Frage zugunsten eines Vorrangs des europäischen Rechts vor den nationalen Rechtsordnungen einschließlich der nationalen Verfassungen entschieden[484] und dies in seiner Rechtsprechung immer wieder bestätigt.[485] Als Begründung führte der Gerichtshof aus, daß die

> *„einheitliche Geltung des Gemeinschaftsrechts beeinträchtigt* (würde), *wenn bei Entscheidungen über die Gültigkeit von Handlungen der Gemeinschaftsorgane Normen oder Grundsätze des nationalen Rechts herangezogen würden".*[486]

Für diese Auffassung spricht zunächst, daß eine Bindung des Gemeinschaftsrechts an nationale Verfassungsbestimmungen rechtstechnisch ausscheidet, da die nationalen Verfassungsvorschriften nur den jeweiligen Staat als Adressaten haben.[487] Zum anderen kann nur bei Annahme des Vorrangs eine Gleichheit vor dem europäischen Gesetz für alle Mitgliedstaaten und alle EG-

---

481 *K. D. Borchardt*, Richterrecht durch den Gerichtshof der Europäischen Gemeinschaften, S. 29, 38.

482 *V. Götz*, JZ 1994, 265, 266.

483 Innerhalb des Gemeinschaftsrechts gilt der Grundsatz der Einheit der Rechtsordnung mit in sich selbst angelegten Kollisionsregeln: Die spätere verdrängt die frühere Rechtsnorm; eine speziellere Regelung geht einer allgemeineren vor; Primärrecht hat Vorrang vor Sekundärrecht; *M. Zuleeg*, in: Groeben/Thiesing/ Ehlermann, Art. 1, Rz. 32.

484 „Costa/Enel" EuGH Slg. 1964, S. 1251, 1270.

485 Seit dem Jahr 1963 ist der Europäische Gerichtshof in ständiger Rechtsprechung von der Vorrangigkeit des Europäischen Rechts gegenüber allen Formen nationalen Rechts ausgegangen „Van Gend/Loos", EuGH Slg. 1963, S. 1ff.; „Internationale Handelsgesellschaft" EuGH Slg. 1970, S. 1125, 1135; „Simmenthal II" EuGH Slg. 1978, S. 629, 644; „Schaffleisch", EuGH Slg. 1979, S. 2729ff.; „Journalisten" EuGH Slg. 1986, S. 2945 (Ls.); „Abalko" EuGH Slg. 1987 , S. 2345 (Ls.); „Factotame" EuGH Slg. I-1990, S. 2433, Rn. 20f. Vgl. auch *J. Isensee*, Vorrang des Europarechts und deutsche Verfassungsvorbehalte, S. 1239, 1241ff.

486 EuGH 1970, S. 1125.

487 Vgl. Art.1 Abs. 3 und Art. 20 Abs. 3 Satz 3 GG.

Bürger erreicht werden, die als eine elementare Voraussetzung einer nach rechtsstaatlichen Grundsätzen geformten Europäischen Union angesehen werden muß. Der entscheidende Aspekt liegt aber darin, daß die Ziele der Europäischen Gemeinschaften nicht verwirklicht werden könnten, wenn das Gemeinschaftsrecht sich nicht gegenüber entgegenstehendem nationalen Recht durchsetzen könnte. Das Gemeinschaftsrecht ist insofern in seiner Funktionsfähigkeit von einem Anwendungsvorrang abhängig, der dadurch erst die Voraussetzungen wirtschaftlicher und politischer Integration schafft.[488]

Mit der vorrangigen Geltung des Gemeinschaftsrechts korrespondiert der Grundsatz der größtmöglichen Anwendung, der als *„effet utile"* in die Rechtsprechung des Europäischen Gerichtshofs eingegangen ist. Man kann diesen Begriff auch als Grundsatz der einheitlichen Wirksamkeit des Gemeinschaftsrechts verstehen. Er verbietet den Mitgliedstaaten die Berufung auf nationale Umstände oder Gegebenheiten, die ihren Verpflichtungen aus dem Gemeinschaftsrecht entgegenstehen könnten.[489] Es geht demnach hauptsächlich um die Sicherung bestehenden Gemeinschaftsrechts gegenüber Gefährdungen, die durch nachlässigen Vollzug seitens der Mitgliedstaaten entstehen können.[490] Von diesem Gedanken ausgehend hat der Europäische Gerichtshof seine Rechtsprechung zur unmittelbaren Geltung von Normen des primären Gemeinschaftsrechts,[491] der unmittelbaren Wirkung von Richtlinien[492] und des gegen einen Mitgliedstaat gerichteten Staatshaftungsanspruchs[493] entwickelt.

---

488 Ob dem Gemeinschaftsrecht darüber hinaus auch ein Geltungsvorrang gegenüber nationalem Recht zukommt, ist umstritten, für einen Geltungsvorrang *G. Hirsch*, NJW 1996, S. 2457, 2458; für einen Anwendungsvorrang *R. Streinz*, Europarecht, Rz. 200.

489 *M. Zuleeg*, in: Groeben/Thiesing/Ehlermann, Art. 1, Rz. 33; *M. Nettesheim*, Der Grundsatz der einheitlichen Wirksamkeit des Gemeinschaftsrechts, S. 447, 448; *R. Streinz*, Der „effet utile" in der Rechtsprechung des Gerichtshofs der Europäischen Gemeinschaften, S. 1491-1510. *I. Pernice*, in: Grabitz/Hilf, Kommentar zur Europäischen Union, Band I, Art. 164, Rz. 27.

490 *R. Streinz*, Der „effet utile" in der Rechtsprechung des Gerichtshofs der Europäischen Gemeinschaften, S. 1491, 1506f.

491 „Van Gend & Loos" EuGH Slg. 1963, S. 1, 6; „Lütticke" EuGH Slg. 1966, S. 257, 258; „Mehrwertsteueranrechnung" EuGH Slg. I-1991, S. 621.

492 „Ratti" EuGH Slg. 1979, S. 1629, 1630; „Van Duyn" EuGH Slg. 1974, S. 1337, 1342; „Kolpinghuis Nijmegen", EuGH Slg. 1987, S. 3969; „Moormann" EuGH Slg. 1988, S. 4689, 4690; „Emmott" EuGH Slg. I-1991, S. 4269, 4270.

493 „Francovich" EuGH Slg. I-1991, S. 5357, 5359ff.; „Wagner Miret" EuZW 1994, 182; „Brasserie du Pecheur" EuZW 1993, 226. Vgl. auch *Th. v. Danwitz*, DVBl. 1997, 3ff.

Die Durchsetzung des *„effet utile“*-Anspruchs erreicht der Europäische Gerichtshof, indem er die nationalen Gerichte zur Beachtung des europäischen Rechts verpflichtet und dem einzelnen Marktbürger erlaubt, sich auf die für ihn günstigere europäische Norm zu berufen.[494] Der Integrationsprozeß wird dadurch in Teilen dem Zuständigkeitsbereich der Politik entzogen und entwickelt sich auf Initiative des Individuums hin.[495] Während die europäischen Organisationen vom Europarat bis zum Rat für gegenseitige Wirtschaftshilfe im wesentlichen internationale Organisationen im klassischen Sinne des allgemeinen Völkerrechts geblieben sind, bestand die Besonderheit der Europäischen Gemeinschaften darin, daß die öffentliche Gemeinschaftsgewalt mit Hilfe eines eigenen Rechtssystems unmittelbar in die Mitgliedstaaten hineinwirkte und so die supranationale Qualität des Gemeinschaftsrechts ausmachte.[496]

Der Gerichtshof hat durch seine inhaltlichen Weichenstellungen insgesamt Entwicklungen autorisiert, die zum Teil erst viel später durch Vertragsänderungen kodifizierend eingeholt wurden.[497] Die integrationsfreundliche Ausrichtung erklärt sich aus der Einbettung des Gerichts in ein politisches System, welches sich durch die im Gründungsvertrag festgeschriebenen Integrationsziele und somit durch einen permanenten Verfassungswandel im Rahmen des politischen Programms definierte, dem der Europäische Gerichtshof in seiner Rechtsprechung Rechnung tragen mußte.[498]

---

494 So vor allem im Rahmen des Vorabentscheidungsverfahrens nach Art. 177 EGV.

495 *J. F. Baur*, Wirtschaftliche Integration durch Recht, S. 3, 5. „EWR-Gutachten" EuGH Slg. I-1991, S. 6079, 6102; „Van Gend & Loos" EuGH Slg. 1963, S. 1, 24.

496 *Th. Oppermann*, Europarecht, Rz. 140.

497 *J. F. Baur*, Wirtschaftliche Integration durch Recht, S. 3, 5ff. exemplifiziert in der Warenverkehrsfreiheit, wie der Europäische Gerichtshof durch seine Rechtsprechung die freie Verkehrsfähigkeit und Zirkulation von Waren ermöglicht hat. Dazu gehört auch der Übergang zum „Ursprungslandprinzip“ mit dem der Europäische Gerichtshof intraregionale Diskriminierungen im Austausch von Waren, Dienstleistungen und der Mobilität von Arbeit und Kapital unterbinden wollte, erstmals im Urteil „Cassis de Dijon“ EuGH Slg. 1979, S. 649ff. Vgl. auch *H. D. Smeets*, Grundlagen der regionalen Integration, S. 47, 65.

498 Der Gerichtshof hat hierzu seinen integrationspolitischen Beitrag geleistet, indem er die Ziele der Gemeinschaft im Hinblick auf die Auslegung des Vertragstextes gewichten mußte. *A. Bleckmann*, Studien zum Europäischen Gemeinschaftsrecht, S. 26. Zu den künftigen Herausforderungen des Europäischen Gerichtshofs *U. Everling*, EuR 1997, 398, 400ff.; *A. Wolf-Niedermaier*, Der Europäische Gerichtshof zwischen Recht und Politik, S. 253; *Th. Oppermann*, DVBl. 1994, 901, 905.

bb) Nationale Vorbehalte gegenüber dem Vorrang europäischen Rechts

Das integrationsfreundliche Verständnis des Verhältnisses zwischen der europäischen und der nationalen Rechtsordnung wird vom Bundesverfassungsgericht nicht in vollem Umfang mitgetragen. Zwar billigt das Gericht den Vorrang grundsätzlich auch gegenüber der deutschen Verfassung,[499] macht aber hinsichtlich der Grundrechtsgewährleistung und der Kompetenzausübung europäischer Organe gewisse Ausnahmen.[500]

Zunächst ist festzustellen, daß das Bundesverfassungsgericht mit dem Europäischen Gerichtshof von einem Anwendungsvorrang des primären und sekundären Gemeinschaftsrechts *vor dem einfachen Gesetz* ausgeht. Der Anwendungsvorrang beruht auf einer ungeschriebenen Norm des primären Gemeinschaftsrechts, der das Zustimmungsgesetz zum EG-Vertrag gemäß Art. 59 Abs. 2 GG i.V.m. Art. 23/24 GG den innerstaatlichen Rechtsanwendungsbefehl erteilt hat. Die Einwirkung des Gemeinschaftsrechts auf die nationale Rechtsordnung ist insoweit möglich, wie das Zustimmungsgesetz die nationale Rechtsordnung für das Gemeinschaftsrecht öffnet. Die Instanzgerichte müssen das *„Verwerfungsmonopol"* des Bundesverfassungsgerichts nicht beachten, sondern sind selbst befugt und verpflichtet, das deutsche Gesetz im Falle eines Widerspruchs zum europäischen Recht nicht anzuwenden. Voraussetzung dafür ist allerdings, daß das Zustimmungsgesetz selbst mit der Verfassung in Einklang steht, was im Maastricht-Urteil für den Integrationsstand von 1992 festgestellt wurde.

Im Grundrechtsbereich geht das Bundesverfassungsgericht dann allerdings von einem sog. *„Kooperationsverhältnis"* zum Europäischen Gerichtshofs aus, innerhalb dessen sich das Gericht eine generelle subsidiäre Grundrechts-

499 BVerfGE 31, 145, 174; 75, 223, 224; 85, 191, 204; 89, 155, 198; 92, 203, 227.

500 Das Bundesverfassungsgericht kann mit Kollissionsfällen europäischen und nationalen Rechts im Rahmen verschiedener Verfahren befaßt werden, Abstrakte (Art. 93 Abs. 1 Nr. 2 GG) und konkrete Normenkontrolle (Art. 100 Abs. 1 GG), vgl. BVerfGE 52, 187, 199; Organstreitverfahren (Art. 93 Abs. 1 Nr. 1 GG); Bund-Länder-Streit (Art. 93 Abs. 1 Nr. 3 GG), vgl. BVerfGE 80, 74, 79; Verfassungsbeschwerde (Art. 93 Abs. 1 Nr. 4a GG), vgl. BVerfGE 79, 339, 366ff. Gegenstand der Untersuchung können aber immer nur Maßnahmen der deutschen öffentlichen Gewalt sein, die als Zustimmungsgesetz zu einem Gründungs- oder Änderungsvertrag des primären Gemeinschaftsrechts, als Beschlüsse über das deutsche Abstimmungsverhalten im Rat ergehen oder den Vollzug von Gemeinschaftsrecht (von Verordnungen) oder deutschem Durchführungsrecht (Gesetze zur Durchführung von Richtlinien) betreffen.

gewährleistung vorbehält und so die Vorrangigkeit europäischen Rechts begrenzt.[501] Im Maastricht-Urteil heißt es dazu:

> *„Allerdings übt das Bundesverfassungsgericht seine Gerichtsbarkeit über die Anwendbarkeit von abgeleitetem Gemeinschaftsrecht in Deutschland in einem „Kooperationsverhältnis" zum Europäischen Gerichtshof aus, in dem der Europäische Gerichtshof den Grundrechtsschutz in jedem Einzelfall für das gesamte Gebiet der Europäischen Gemeinschaften garantiert, das Bundesverfassungsgericht sich deshalb auf eine generelle Gewährleistung der unabdingbaren Grundrechtsstandards (...) beschränken kann."*[502]

Nach Auffassung des erkennenden Senats ist mittlerweile im Hoheitsbereich der Gemeinschaft ein Maß an Grundrechtsschutz erwachsen, der nach Konzeption, Inhalt und Wirkungsweise dem Grundrechtsstandard des Grundgesetzes im wesentlichen gleichzuachten ist.[503] Das Bundesverfassungsgericht befindet sich heute zum Europäischen Gerichtshof in einer Art *„Arbeitsteilung"*, in der der Europäische Gerichtshof den Grundrechtsschutz in jedem

501 *W. Rothley*, Europa alla tedesca, S. 22, 31ff.; *G. Hirsch*, NJW 1996, 2457, 2459; *Ch. Enders*, Offene Staatlichkeit unter Souveränitätsvorbehalt, S. 29, 44.

502 BVerfGE 89, 155, 175, siehe auch Ls. 7.

503 Dies ist das Ergebnis einer langen Rechtsprechungsentwicklung. Das Bundesverfassungsgericht ging im Jahre 1967 zunächst von einem faktischen Anwendungsvorrang des Gemeinschaftsrechts aus, indem Verfassungsbeschwerden über die Vereinbarkeit europäischen Rechts mit dem Grundgesetz als unzulässig angesehen wurde, weil es sich bei den Rechtsakten der Gemeinschaftsorgane um Akte nicht-deutscher öffentlicher Gewalt handeln sollte, BVerfGE 22, 293ff. Zu einem auch materiellen Vorrang des sekundären Gemeinschaftsrechts kam es im Jahre 1971. Nach dieser Entscheidung waren die Hoheitsakte der Gemeinschaft auch vom deutschen Hoheitsträger in ihrer vorrangigen Wirkung anzuerkennen, BVerfGE 37, 173ff. Die sog. *„Solange-Rechtsprechung"* nahm ihren Anfang im Jahre 1974. Im Rahmen einer Vorlage gem. Art. 100 Abs. 1 GG entschied das Bundesverfassungsgericht, daß diese solange zulässig und geboten sei, bis sich auf europäischer Ebene ein Grundrechtsstandard herausgebildet habe, der dem deutschen vergleichbar sei, BVerfGE 37, 271ff. Dem folgte 1979 der sog. *„Vielleicht-Beschluß"*, der gegenüber „Solange I" dessen Geltung offen ließ, BVerfGE 52, 202ff. Das Bundesverfassungsgericht entschied sich im Jahre 1986 schließlich zu einer verfahrensrechtlichen Lösung des Kollisionsproblems. In der Entscheidung *„Solange II"* sollten Verfassungsbeschwerden oder konkrete Normenkontrollen nur solange unzulässig sein, wie die Gemeinschaft und mit ihr der Europäischen Gerichtshof einen Grundrechtsschutz gewährleistet, der dem des Grundgesetzes im wesentlichen (und im Wesensgehalt) vergleichbar ist. Es kam zum sog. *„Kooperationsverhältnis"*, das aber erst im Maastricht-Urteil des Bundesverfassungsgerichts so benannt wurde, BVerfGE 89, 155, Ls. 7 und S. 175; *H. P. Ipsen*, HStR Bd. VII, § 181, Rz. 64ff.

Einzelfall für das gesamte Gebiet der Europäischen Gemeinschaften garantiert und sich das Bundesverfassungsgericht auf die generelle Gewährleistung des unabdingbaren Grundrechtsstandards beschränkt.[504]

Eine vergleichbare Konstellation findet sich im Bereich der Kompetenzausübung durch europäische Organe. Im Maastricht-Urteil führte das Bundesverfassungsgericht hierzu aus, daß europäischen Rechtsakten, die durch die Kompetenzübertragung im Rahmen des Zustimmungsgesetzes nicht gedeckt sind, die Gefolgschaft zu verweigern ist und daß eine vertragserweiternde Auslegung von Befugnisnormen für Deutschland keine Bindungswirkung entfaltet.[505]

Bei der Auseinandersetzung zwischen dem Europäischen Gerichtshof und dem Bundesverfassungsgericht geht es letztendlich um die Frage, ob eine nationale oder eine europäische Instanz das Recht besitzt, verbindliche endgültige Entscheidungen für die Gemeinschaft zu treffen. Das Bundesverfassungsgericht versucht diesen Konflikt zu entschärfen, indem es sich faktisch aus einem Terrain zurückzieht, für das es aber rechtlich nach wie vor eine Kompetenz beansprucht.[506] Damit nimmt das Bundesverfassungsgericht insgesamt eine souveränitätsbewahrende Stellung innerhalb der Staatenverbindung der Europäischen Gemeinschaften ein und versucht einer im Dienste größerer Funktionalität der Gemeinschaften sich ausweitenden europäischen Kompetenzallokation auf Gemeinschaftsebene Einhalt zu gebieten.[507]

d) Die Funktionen des europäischen Rechts für die Integration

Das Gemeinschaftsrecht unterscheidet die Rechtsangleichung von der Rechtsvereinheitlichung. Die erste Form gibt nur das Ziel einer bestimmten rechtlichen Regelung vor und überläßt den Mitgliedstaaten die Wahl der Form und der Mittel, erlaubt also die Beibehaltung nationaler rechtlicher Eigenheiten, während die zweite Variante auf die Errichtung eines einheitlich geltenden Gemeinschaftsrechts gerichtet ist.[508] Beide Instrumente zielen darauf ab, die in den Mitgliedstaaten existierenden unterschiedlichen Regelungen in Wirtschaft, Handel und Verkehr zu einer einheitlichen Wirtschaftsrechtsordnung zu verschmelzen, die freien Wirtschaftsverkehr unter möglichst gleichen Wettbewerbsbedingungen ermöglichen soll. Durch die Exi-

---

504 *G. Hirsch*, NJW 1996, 2457, 2459; *M. Schröder*, DVBl. 1994, 316, 322.

505 BVerfGE 89, 155, 195, 210.

506 *G. Hirsch*, NJW 1996, 2457, 2464.

507 Vgl. hierzu auch unten Kapitel D IV. 6.

508 *P. Fischer/H. F. Köck*, Europarecht, S. 49.

stenz einheitlicher Normen wurde der Rahmen vorgegeben, innerhalb dessen sich wirtschaftliches Handeln vollziehen kann. Die allgemeine Akzeptanz dieses Rahmens ermöglichte eine effektive Bewältigung der auf die europäischen Institutionen übertragenen Aufgaben und diente gleichzeitig der Vorhersehbarkeit und Berechenbarkeit europäischen Agierens. Die Rechtsvereinheitlichung löste wiederum Interdependenzen zu anderen Rechtsgebieten aus, die um der Funktionsfähigkeit der Gemeinschaften willen dann ebenso vereinheitlicht werden mußten. Somit war im europäischen Rechtssystem ebenfalls eine Dynamik angelegt, wie sie der Integrationsprozeß in wirtschaftlicher und politischer Hinsicht aufwies.[509] Ergänzt durch die dynamische Rechtssprechung des Europäischen Gerichtshofs im Rahmen der Rechtsfortbildung und der grundsätzlichen Vorrangigkeit des europäischen Rechts, drückt sich der supranationale Charakter der Europäischen Gemeinschaften vor allem in ihrem Rechtssystem aus. Die politischen Entscheidungen der europäischen Organe realisieren sich in europäischem Sekundärrecht und müssen von den Mitgliedstaaten auch dann umgesetzt werden, wenn sie im Rechtssetzungsverfahren eine ablehnende Haltung eingenommen haben.

II. Die Europäischen Gemeinschaften und ihre Stellung im System der Staatenverbindungen

Die Erkenntnisse aus Kapitel A über die theoretischen Grundlagen der Staatenverbindungen erlauben nunmehr eine genaue Untersuchung der Unterschiede und Gemeinsamkeiten mit den Europäischen Gemeinschaften, wie sie sich am Ende der 80er Jahre darstellten. Die Europäischen Gemeinschaften nehmen im System der Staatenverbindungen eine Sonderrolle ein, obwohl sie, wie die Staatenverbindungen des 19. Jahrhunderts, vorrangig dem Ziel europäischer Friedenssicherung dienten.[510] Die überkommene Auffassung von der Unantastbarkeit und Unteilbarkeit der Souveränität der Staaten wich der Überzeugung, daß die unvollkommene Ordnung des menschlichen und staatlichen Zusammenlebens, die eigene Unzulänglichkeit des nationalen Systems und die in der europäischen Geschichte zahlreichen Machtübergriffe eines Staates nur überwunden werden können, wenn die einzelnen nationalen Sou-

509 *H. P. Ipsen*, Die Verfassungsrolle des Europäischen Gerichtshofs für die Integration, S. 173, 193; *J. Grundwald*, Die Europäischen Gemeinschaften als Rechtsgemeinschaft, S. 43, 54.

510 Vgl. oben in diesem Kapitel I. 1 a. *K. Weigelt*, Die EU als Instrument der Friedens- und Wohlstandssicherung, S. 71ff.

veränitäten zumindest partiell zusammengelegt und auf höherer Ebene in einer supranantionalen Gemeinschaft verschmolzen werden.[511]

1. Supranationalität und Staatenverbindungen

Die oftmals vorgenommene Charakterisierung der drei Europäischen Gemeinschaften als *„internationale Organisationen"* stieß mit fortschreitender Integration und angesichts der Vielgestaltigkeit der Zusammenschlüsse auf Schwierigkeiten und konnte den zunehmend umfangreicheren Zielsetzungen und Aufgaben der Gemeinschaften immer weniger Rechnung tragen.[512] Man ging dazu über, die Europäischen Gemeinschaften als *„supranationale Organisationen"* zu begreifen. Der Begriff war für die europäischen Föderalisten *Monnet* und *Hallstein* ein Symbol für die bundesstaatliche Zukunft der Gemeinschaften, die sich bis zur Einheitlichen Europäischen Akte auch in einigen Teilbereichen verwirklichte. Die Gemeinschaften erfaßten immer mehr Bereiche des öffentlichen Wirtschaftsrechts und verfügten hinsichtlich der außereuropäischen Wirtschaftsbeziehungen über die notwendigen Kompetenzen. Die EG-Organe besaßen die Befugnis, unmittelbar verbindliches Gemeinschaftsrecht zu setzen, das nicht stets der Zustimmung aller Mitgliedstaaten bedarf (Mehrheitsprinzip), mit Vorrang vor den nationalen Rechtsordnungen gilt und gegenüber den Bürgern Durchgriffswirkung entfaltet.[513] Seit 1980 finanzierte sich die EG zudem vollständig aus eigenen Einnahmen, die zu einem ungewöhnlich hohen Haushaltsvolumen führten, das der Gemeinschaft sowohl international als auch gegenüber den Mitgliedstaaten ein gewisses Eigengewicht verlieh. Die Gemeinschaften verfügten im wirtschaftlichen Bereich über sehr fortgeschrittene integrative Mechanismen, waren aber gleichzeitig in der Wirtschafts- und Außenpolitik den staatenbündischen Strukturen einer intergouvernementalen Zusammenarbeit verhaftet. Im Ergebnis hatte sich hier eine Konzeption durchgesetzt, die aus supranationalen Gemeinschaftspolitiken und einer institutionalisierten intergouvernementalen Zusammenarbeit im Bereich der Außenpolitik bestand.

Insgesamt war der vollständige Übergang von einem kooperativ agierenden Staatenbund zu einer Integration in einem bundesstaatlichen Verband nicht gelungen. Die Mitgliedstaaten blieben der zentrale Ausgangspunkt, auf den die Organisation in ihrer Existenz nicht verzichten konnte. Die Gemein-

---

511 *K. D. Borchardt*, Die rechtlichen Grundlagen der Europäischen Union, S. 29; *W. Hallstein*, Europa-Archiv 1967, S. 765, 767.

512 *P. M. Huber*, Recht der Europäischen Integration, § 5 Rn. 1.

513 Vgl. oben in diesem Kapitel I 5 c.

schaften befanden sich in einer Art Schwebezustand zwischen staatenbündischen und bundesstaatlichen Strukturen, der ihnen die Bezeichnung als eine *„höhere Form Internationaler Organisationen"* oder als eine *„partiell-bundesstaatliche"* Ordnung einbrachte.[514] Nach *Th. Oppermann* handelt es sich bei einer supranationalen Organisationen um eine Verbindungen, die durch

> *„die spezifische Akkumulation und 'Mischung' starker Kompetenzen (...) die Eigenart der Gemeinschaft als einer besonders intensiven Staatenverbindung sui generis aus* (macht)".[515]

Die *„sui generis"* Bezeichnung ist aber insofern unbefriedigend, als sie lediglich das Problem aufzeigt, die Gemeinschaften begrifflich zu fassen, ohne selbst einen konkreten Bedeutungsgehalt zu liefern.[516]

2. Zweckverbände funktioneller Integration

Den beeindruckensten Versuch einer Charakterisierung der Europäischen Gemeinschaften hat *H. P. Ipsen* mit seinem Begriff der *„Zweckverbände funktioneller Integration"*[517] gegeben. Die Wissenschaft sah darin häufig den unpolitischen Charakter der Gemeinschaften als vor allem zu wirtschaftlichen Zwecken gebildete Organisationen.[518] In dieser Reduktion auf funktionelle Elemente sollte die *„europäische Idee"* mit dem Ziel eines allgemeinpolitischen Zusammenschlusses Europas keinen Platz haben. *Ipsen* selbst hat in einer späteren Schrift herausgestellt, daß eine solche Verengung nicht gemeint war.[519] In dieser Definition liegt, wie *Ipsen* betont, nicht der Versuch einer *„Entpolitisierung der Integration"*.[520] Politische Impulse sind für diesen prozeßhaften Vorgang immer mitentscheidend gewesen. Die Europäischen Gemeinschaften sollten nämlich den Veränderungen der globalen wirtschaft-

---

514 *G. Jeanicke*, Wörterbuch des Völkerrechts, Stichwort „Supranationale Organisationen", S. 423f.; *P. M. Huber*, Recht der Europäischen Integration, § 5 Rn. 2; *J. Chaban-Delmas*, Europa-Archiv 1985, S. 121, 129; *H. Schneider/W. Wessels*, Europa-Archiv 1975, S. 587f.

515 *Th. Oppermann*, Europarecht, Rz. 781. Für jedes der aufgezählten Souveränitätsopfer der Mitgliedstaaten zugunsten der Europäischen Union lassen sich historische Vorbilder im Recht der Internationalen Organisationen finden, vgl. *I. Seidl-Hohenveldern*, Das Recht der Internationalen Organisationen, Rz. 0113f.

516 *G. F. Schuppert*, Staatswissenschaften und Staatspraxis 1994, 35, 57.

517 *H. P. Ipsen*, Europäisches Gemeinschaftsrecht, § 8 I.3., Rz. 29, S. 199.

518 *Th. Oppermann*, Europarecht, 1. Aufl., Rz. 789.

519 *H. P. Ipsen*, Zur Gestalt der Europäischen Gemeinschaft, S. 79ff.

520 *H. P. Ipsen*, Zur Gestalt der Europäischen Gemeinschaft, S. 79, 84.

lichen und politischen Kräfteverhältnisse angepaßt werden.[521] Die Wirtschaftsintegration kann somit auch in dieser Beschreibung nicht von der poltischen Dimension abgekoppelt werden.[522] Der Zweck der Integration, dem die Politik den Namen *„politische Union"* zugedacht hat, liegt nach *Ipsen* in der Vergemeinschaftung der Nationalstaatlichkeit ohne rechtserhebliche Aussage über deren Endgestalt.[523] Es ging ihm darum, im Vergleich zu staatlichen und zwischenstaatlichen Integrationsverbänden Merkmale herauszustellen, die die Gestalt der Gemeinschaft ohne *„Staatlichkeitspräjudiz und mit Optionsmöglichkeiten"* offen halten.[524] *„Zweckverbände funktioneller Integration"* besitzen somit einen dynamischen, nicht statischen Charakter in der Zielsetzung der Integration und sind in funktionellem Verständnis auf Einzelaufgaben bezogen und beschränkt.[525] Als Methode bedient sich die Integration des Funktionalismus, der schrittweise unter dem Druck der Sachzwänge bislang staatliche Aufgaben vergemeinschaftet.

Mit den Begriffen der Funktionalität, der Dynamik und der offenen Konzeption hat *Ipsen* Kriterien genannt, die für die Integration der Gemeinschaften prägend waren. Darauf ist im folgenden näher einzugehen.

3. Spill-over-Effekte des funktionellen Integrationsansatzes

Von Beginn an stellte sich die Frage, mit welcher Methode der „Souveränitätspanzer"[526] der Staaten am effektivsten aufgebrochen werden könnte. Es standen sich zwei Grundkonzeptionen gegenüber, die die Diskussion bis heute prägen. Der föderale Ansatz zielte auf die Integration in Form einer spezifischen institutionellen Struktur, die von der Politik vorgegeben wird. Die dahingehenden Projekte der Europäischen Verteidigungsgemeinschaft und der Europäischen Politischen Zusammenarbeit waren jedoch zum Scheitern verurteilt.[527] Demgegenüber war den Funktionalisten eine prozeßhafte Entflechtung bislang staatlicher Funktionen hin zu einer gemeinsamen Wahr-

---

521 *J. v. Scherpenberg*, Perspektiven des Integrationsprozesses, S. 31, 32.

522 *F. Hellwig*, Die Integrationsidee der EWG, S. 31, 47.

523 *H. P. Ipsen*, Zur Gestalt der Europäischen Gemeinschaft, S. 79, 93.

524 *H. P. Ipsen*, Zur Gestalt der Europäischen Gemeinschaft, S. 79, 80.

525 Der „Zweck" gibt Antwort auf die Frage, was der Handelnde durch den Einsatz seiner Kräfte als empirische Wirkung realisieren will. Zweck steht synonym für „Absicht" und „zielgerichtetes Handeln", das ein Bewußtsein dessen voraussetzt, was erreicht werden soll.

526 *M. Zuleeg*, in: Groeben/Thiesing/Ehlermann, Art. 1, Rz. 22.

527 Vgl. oben in diesem Kapitel I. 2.

nehmung wesentlich.[528] Wirkungsgegenstände der Funktionalismustheorie sind die wirtschaftlichen, gesellschaftlichen und administrativen Aufgaben, die sich durch transnationale Interaktion optimal regeln lassen.

Der Ansatz basiert auf einer Eigengesetzlichkeit, die als *„Spill-over-Effekt"* bezeichnet wird.[529] Die Vergemeinschaftung eines Bereichs führt zwangsläufig zur Funktionalisierung anderer Politikbereiche, die bis dahin dem Aufgabenfeld der Mitgliedstaaten verhaftet waren. Damit bedeutet der *„Spill-over-Effekt"* eine graduelle, in sich selbst angelegte Politisierung der Gemeinschaft,[530] die aus wirtschaftswissenschaftlicher Perspektive daraus resultiert, daß Methoden und Ziele einer Abweichung vom marktwirtschaftlichen Allokationsverfahren nur politisch gefunden werden können.[531] Einmal getroffene Zielsetzungen und Entscheidungen können vom Moment der Vetragsunterzeichnung an oft nur verwirklicht werden, wenn die ursprüngliche Zielsetzung erweitert und die Kompetenzen der zentralen Institutionen verstärkt werden. Das führt wiederum dazu, daß noch mehr Sachgebiete, noch mehr Akteure und noch mehr Organisationen in den Integrationsprozeß einbezogen werden.[532] Angesichts sich wandelnder wirtschaftlicher und gesellschaftlicher Strukturen sah sich die Gemeinschaft einem permanenten Druck zur Aufgabenlösung und Aufgabenfortentwicklung ausgesetzt. Das Mittel zur Bewältigung dieser Anforderungen war das Gemeinschaftsrecht, das die Gemeinschaft in einen rechtlichen Organisations- und Funktionszusammenhang einband, der in einer inneren Dynamik immer weitere Integrationsfortschritte unumgänglich machte. Die Gemeinschaftsrechtsordnung war also als „Inte-

---

528 *H. P. Ipsen*, Europäisches Gemeinschaftsrecht, § 8 I.3., Rz. 29, S. 199; *G. Jaenicke*, Wörterbuch des Völkerrechts, Stichwort „Europäische Integration", S. 466.

529 Die Theorie wurde am Beispiel der Montanunion von *E. B. Haas*, The Uniting of Europe, Stanford-California 1958, entwickelt und von L. N. Lindberg, The Political Dynamics of European Integration, Stanford-California 1963, ausgebaut. Nachgewiesen bei *K. F. Bauer*, Europa-Archiv 1966, S. 519, Fn. 2.

530 Nach dem funktionalistischen Integrationstheoretiker *E. B. Haas*; siehe auch *H.P. Ipsen*, Europäisches Gemeinschaftsrecht, S. 983. *P. M. Huber*, Recht der Europäischen Integration, § 1 Rn. 8.

531 *E. J. Mestmäcker*, Recht und ökonomisches Gesetz, S. 86.

532 Als Beispiel solcher Effekte aus der Geschichte der Gemeinschaften ist die Verzahnung zwischen dem Abbau der Industriezölle und der Festlegung einer gemeinsamen Agrarpolitik auf deutschen und holländischen Druck in den Ratssitzungen des Jahres 1960 zu nennen. Ebenso der Richtlinienvorschlag über Bolzenwerkzeuge, der auch arbeitsrechtliche Schutzbestimmungen enthielt, zu deren Erlaß die Gemeinschaft aber aufgrund der Harmonisierungsvorschrift des Art. 100 EWGV nicht berechtigt war, vgl. *K. F. Bauer*, Europa-Archiv 1966, S. 519f.

grationsverfassung" selbst prinzipiell auf Wandel hin angelegt, um im Prozeß zunehmender Zusammenführung bislang mitgliedstaatliche öffentliche Aufgaben zu vergemeinschaften.[533]

Dies hatte für die nationalen Vorbehalte gegenüber einer immer weiter fortschreitenden Verlagerung ihrer Kompetenzen auf die Gemeinschaften eine besondere Wirkung. Den Mitgliedstaaten wurde nicht sofort die vollständige Preisgabe ihrer Souveränität abverlangt, sondern lediglich die Aufgabe des Dogmas von ihrer Unteilbarkeit. So brauchte zunächst nur festgestellt zu werden, auf welchen Sachgebieten die Mitgliedstaaten bereit waren, freiwillig auf einen Teil ihrer Souveränität zu verzichten.[534]

Eine wesentliche Verstärkung erfuhren diese Effekte durch die auf europäischer Ebene üblichen „Paketlösungen". Soweit in einem Sektor kein Konsens gefunden werden konnte, wurden andere, damit nicht in unmittelbarem Zusammenhang stehende Sektoren in die Verhandlungen einbezogen, über die dann ein Ausgleich der divergierenden Interessen in der ursprünglichen Verhandlungsmaterie erreicht werden konnte.[535] Eine solche Problemlösung kann aber nur so lange funktionieren, wie die Mitgliedstaaten den politischen Willen an einer Einigung haben. Sie scheitern, wie die „Politik des leeren Stuhls" durch Frankreich gezeigt hat, wenn ein Mitglied sich der Konsensfindung entzieht. Tritt ein solcher Fall ein, so lassen sich die Separationsbestrebungen nur dann stoppen, wenn der Verbleib in der Verbindung mehr Vorteile verspricht als ein Ausscheiden.[536] Die Geschichte der Europäischen Gemeinschaften hat gezeigt, daß selbst ein Vertragsbruch eines großen Mitgliedstaates bis hin zu Sezessionsdrohungen die Existenz der Verbindung nicht berühren können. Der ökonomische Zustand des Marktes war zu diesen Zeitpunkten bereits so gefestigt und die Attraktivität der Gemeinschaften für den einzelnen Mitgliedstaat so hoch, daß sie den desintegrativen Tendenzen standhalten konnte.[537]

---

533 *H. P. Ipsen*, Die Verfassungsrolle des Europäischen Gerichtshofs für die Integration, S. 173, 194.

534 *K. D. Borchardt*, Die rechtlichen Grundlagen der Europäischen Union, S. 29f.

535 *K. F. Bauer*, Europa-Archiv 1966, S. 519. 521; *P. Fischer*, Europa-Archiv 1973, S. 95, 102.

536 *W. Hallstein*, Europa-Archiv 1967, S. 765, 767.

537 *H. P. Ipsen*, Europäisches Gemeinschaftsrecht, § 6 V.2., Rz. 31, S. 157f.

4. Der Schwerpunkt der wirtschaftlichen Integration

Das funktionale Handeln unterscheidet sich vom föderal-politischen dadurch, daß es seine Maßstäbe an speziellen Zwecken ausrichtet, die es auf möglichst rationelle Weise zu erreichen sucht. Funktionales Handeln muß konkrete Situationen regeln und ist daher zweckbestimmt. Die Politik gibt dabei die grundsätzliche Richtung vor, in der sich Funktionalität entwickeln soll, übernimmt folglich die Zweckbestimmung. Die Entwicklung der Europäischen Gemeinschaften hat gezeigt, daß sich im wirtschaftlichen Bereich für die funktionelle Integration das breiteste Betätigungsfeld bot. Das hatte seine Ursache nicht zuletzt darin, daß im wirtschaftlichen Sektor die engste Verknüpfung zwischen einer notwendigen Sachgesetzlichkeit und einer politischen Zielfestlegung bestand. Die national geprägten Wirtschaftsbeziehungen der Handelsabkommen, Freihandelszonen und Zollunion wichen einem Gemeinsamen Markt und ab 1986 einem Binnenmarkt, der eine größere Allokation der Produktionsfaktoren und durch länderübergreifenden Wettbewerb die Leistungsfähigkeit der europäischen Volkswirtschaften insgesamt steigerte. Im Gemeinsamen Markt konnten sich die Marktgesetze ohne staatlich-hoheitliche Beschränkungen frei entfalten und „funktionieren".[538] Für die Politik der Mitgliedstaaten erwuchsen rechtliche und wirtschaftliche Konfliktsituationen, die die politische Einigung über den jeweils nächsten Schritt der Integration erforderlich machten.

Der Wille zur Vereinheitlichung wird gebremst durch den mit der Integration einhergehenden Verlusten eigener Identität und Selbstbestimmbarkeit. Für Staaten sind solche Verluste eigener Machtvollkommenheit und damit Souveränität nur dann akzeptabel, wenn die Vereinheitlichung die positive Prognose erleichterter Problemlösung hervorbringt. Je weniger der zu integrierende Politikbereich aber auf wirtschaftliche Vorteile zurückzuführen war, desto schwieriger war seine Realisierung und umso schwerer konnten nationale Souveränitätsvorbehalte überwunden werden.[539] Die Verwirklichung der Europäischen Gemeinschaft war daher immer vom Wechselspiel nationaler Souveränitätsvorbehalte einerseits und den gemeinschaftlichen Vereinheitlichungstendenzen andererseits geprägt. Funktionelle Integration ist daher kein in sich selbst angelegter Vorgang, sondern bedarf einer inneren Antriebskraft, die vom Willen der zu integrierenden Einheiten abhängt. Im staatlichen Kontext wird dieser Wille von Anforderungen bestimmt, die eine

538 *H. P. Ipsen* hat das funktionale Element der Integration als „dynamische Unerfülltheit" beschrieben, Europäisches Gemeinschaftsrecht, § 8 I.3., Rz. 28, S. 199.

539 *C. Gasteyger/W. Kewenig/N. Kohlhase*, Europa-Archiv 1970, 583, 586.

Fortexistenz der entsprechenden Volksgruppe ermöglichen. Staatliche Integration in Verbänden jeglicher Art muß daher immer von der Chance der erleichterten Bewältigung nationaler Aufgaben begleitet werden.[540]

5. Die fehlende politische Finalität

Zu Beginn des Integrationsprozesses kam das Spannungsverhältnis zwischen den integrativen Tendenzen der Europäischen Gemeinschaften und den Souveränitätsvorbehalten ihrer Mitgliedstaaten nur wenig zum Ausdruck. Die sechs Gründerstaaten betrachteten die auf völkerrechtlichem Vertrag beruhenden Gemeinschaften als ein Instrument ihrer Außenpolitik, über das sie die Kontrolle besaßen. Erst allmählich wurde deutlich, daß die Gemeinschaften eine Eigendynamik entwickelten und selbst zum politischen Akteur wurden, mit dem sich die Mitgliedstaaten auseinanderzusetzen hatten.[541] Je weiter der Aufbau der Gemeinschaften voranschritt, um so mehr näherte man sich den Bereichen, in denen die Planzeichnung undeutlicher und undetaillierter wurde und für die man keine Stütze mehr im Wortlaut des Vertrages fand.[542]

Herrschte in den ersten beiden Jahrzehnten europäischer Integrationsgeschichte nach 1945 noch die Überzeugung vor, durch die Schaffung eines europäischen Bundestaates dem Wunsch *Winston Churchills* („*Vereinigte Staaten von Europa*") gerecht zu werden, nahm die Europapolitik seit 1966 mit dem Luxemburger Kompromiß eine pragmatische Wende. Die Mitgliedstaaten, allen voran Frankreich, waren nicht bereit, ihre Kontrollbefugnisse über die Gemeinschaftspolitiken durch den Übergang vom Einstimmigkeits- zum Mehrheitsprinzip aufzugeben. Die Luxemburger Vereinbarungen können demzufolge als eine „Notbremse" auf dem Weg der Verdichtung des Integrationsgrades durch Verfahrensregeln angesehen werden. Übertragen auf das Gesamtkonzept der Europäischen Gemeinschaften, steht hinter dieser Auseinandersetzung der sachliche Unterschied zwischen einem mehr staatenbund- und einem mehr bundesstaatsähnlichen Einigungsmodell. Die Mitgliedstaaten hatten in Luxemburg zwar einen Weg gefunden, der die Fortset-

540 Der Integrationswille resultiert hier aus den Defiziten staatlicher Problemlösungskapazitäten, also aus den Anforderungen, die allein im nationalen Verband nicht zufriedenstellend bewältigt werden können.

541 *A. Wolf-Niedermaier*, Der Europäische Gerichtshof zwischen Recht und Politik, S. 11.

542 *W. Hallstein*, Europa-Archiv 1967, S. 765.

zung der gemeinsamen Arbeit ermöglichte, ohne sich aber auf die Grundstruktur der zukünftigen Gemeinschaft geeinigt zu haben.[543]

Die Haager Gipfelkonferenz überwand zwar die Krise der Gemeinschaften, schrieb aber ein verändertes Leitbild fest. An die Stelle einer bewußten Europapolitik, die sich an den Bedürfnissen integrierter Märkte orientierte, trat die neutrale Formel einer *„Europäischen Union"*, die in ihrer Unbestimmtheit die dahinterliegenden Konflikte über die Finalität der Gemeinschaften verdecken konnte. Anstelle einer konkreten Zielfestlegung vertraute man darauf, daß sich aus den in Gang gesetzten wirtschaftlich-sozialen Sachzwängen von selbst ein *„Point of no return"* der Wirtschaftsgemeinschaften entwickeln könnte, der dann in die Qualität einer allgemeinpolitischen Föderation umschlägt.[544] Stattdessen stieß die politische Integration immer wieder an die Grenzen nationalstaatlicher Souveränitätsvorbehalte und konnte mit der Entwicklung im wirtschaftlichen Bereich nicht mithalten.[545] Spektakuläre Erfolge im Sinne großer qualitativer Sprünge zu neuen Formen der Staatenverbindungen waren allein durch *„Spill-over Effekte"* nicht zu erreichen.[546] Es ging vielmehr darum, die Integration in einem langwierigen Prozeß fortzusetzen, der das Einvernehmen aller Beteiligten über jeden einzelnen Schritt der Entwicklung voraussetzte.[547]

6. Integrationsdynamik unter veränderten Bedingungen

Die in der Zeit zwischen dem Deutschen Bund und dem Deutschen Reich vor allem durch den Deutschen Zollverein zu registrierende Dynamik in politischer und wirtschaftlicher Hinsicht, ist ebenfalls bei den Europäischen Gemeinschaften zu beobachten. Der wesentliche Unterschied besteht aber darin, daß die Politik Bismarcks, die auf den wirtschaftlichen Annäherungen der

---

543 Zu den unterschiedlichen Interpretationen, die der Kompromiß in den einzelnen Mitgliedstaaten aufgrund seiner weiten Interpretationsspielräume erfahren hat siehe *E. Kobbert*, Europa-Archiv 1966, S. 119ff. *J. Vernant*, Europa-Archiv 1969, S. 339, 341f.

544 Die politische Integration ist in dieser Konzeption der krönende Abschluß einer schrittweisen Teilintegration; *M. Schweitzer/W. Hummer*, Europarecht, Rz. 34; *B. Beutler/R. Bieber*, Die Europäische Union, S. 71.

545 *P. Fischer*, Europa-Archiv 1973, S. 95.

546 *L.-J. Constantinesco* hat zur Methode der Integration bemerkt, sie versuche die *„Bewältigung politischer Probleme mit wirtschaftlichen Lösungen"* und erklärte damit gleichzeitig die begrenzten Erfolgsaussichten dieses Ansatzes, zitiert bei *H. P. Ipsen*, Zur Gestalt der Europäischen Gemeinschaft, S. 79, 95.

547 *R. Hrbek/Th. Läufer*, Europa-Archiv 1986, S. 173, 183; *P. Fischer*, Europa-Archiv 1973, S. 95, 104.

preußischen Zollpolitik aufbaute, zielgerichtet auf die Bildung eines deutschen Nationalstaates verbunden mit der Ausgrenzung Österreichs abzielte. Eine solche nationalstaatliche bzw. bundesstaatliche Finalität der Integration war am Beginn der Europäischen Gemeinschaften noch vorhanden, ging aber aufgrund der divergierenden Vorstellungen der Teilnehmer im Laufe der Jahre verloren. Mangels eines konkreten politischen Ziels konzentrierte man sich auf die möglichst effektive Anwendung der Integrationsmethode, von der man sich automatische Integrationserfolge erhoffte. Die Politik *Bismarcks* bestand demgegenüber darin, durch die geschickte Ausnutzung der vorherrschenden Machtkonstellationen die deutschen Länder an Preußen zu binden. Der Deutsche Zollverein war nicht das Ergebnis von Verhandlungen, die sich auf der Basis der Gleichordnung zum Wohle aller Beteiligten vereinigten. Den kleineren Staaten blieb aufgrund der wirtschaftlichen Stärke und geographischen Lage nichts anderes übrig, als sich auf die preußische Liaison einzulassen.[548] Die daraus für die Staaten erwachsenden wirtschaftlichen Vorteile, änderten an der preußischen Vormachtstellung nichts. Die anhaltende Stabilität in Europa nach 1945 ist hingegen das Ergebnis der symmetrischen Verteilung wirtschaftlicher, politischer und gesellschaftlicher Potentiale, die eine Vormachtstellung einzelner Mitgliedstaaten nicht erkennen läßt.

7. Überwindung der Gegenpole Staatenbund und Bundesstaat durch Aufrechterhaltung des Schwebezustands

Es fragt sich nun, woran die besondere Konzeption der Europäischen Gemeinschaften im System der Staatenverbindungen letztlich festgemacht werden kann. Im Verhältnis zu den Mitgliedstaaten haben die Europäischen Gemeinschaften eine Form der Überstaatlichkeit oder auch Supranationalität eingenommen, die sie als rechtlich selbständiges Gebilde erscheinen läßt. Ihre Antriebskraft liegt in einer funktionellen Integration, die sich an den Sachzwängen eines einheitlichen Wirtschaftsraumes orientierte und in der Folgezeit immer weitere Bereiche vergemeinschaften mußte, um weiterhin funktionieren zu können. In dieser Dynamik besitzen die Europäischen Gemeinschaften keine Finalität. Sie befinden sich in einem Schwebezustand,[549] der in dem Grad seiner inneren Verflechtung über staatenbündische Strukturen hin-

548 Vgl. oben Kapitel A IV. 3.

549 Insofern besteht eine Verwandtschaft zu der von *C. Schmitt* vertretenen These, daß es „*zum Wesen des Bundes* (gehört), *daß die Frage der Souveränität zwischen Bund und Gliedstaaten immer offen bleibt*", Verfassungslehre, 1928, zitiert bei *I. Pernice*, AöR 120 (1995), 100, 112.

ausreicht, ohne gleichzeitig eine Bundesstaatlichkeit erreicht zu haben. Dadurch war es möglich, die Integration an den Sachgesetzlichkeiten eines funktionierenden Gemeinsamen Marktes zu orientieren und so von der politischen Diskussion über die zukünftige Gestalt des Gemeinwesens frei zu halten.

In diesem Schwebezustand kann die Frage nach der Souveränität, vergleichbar der Situation im Deutschen Reich,[550] nicht eindeutig beantwortet werden. Einerseits haben sich die Mitgliedstaaten die Kontrolle über die Gemeinschaften vorbehalten, andererseits sind sie aber in eine sehr umfassende Abhängigkeit getreten, indem sie den Organen die Möglichkeit zur Rechtssetzung mit Durchgriffsbefugnissen im innerstaatlichen Bereich verliehen. Diese Kompetenzen dienen dazu, die von den Mitgliedstaaten festgelegten Ziele zu verwirklichen, um im Verbund die Aufgaben zu bewältigen, die im nationalen Verband allein nicht zufriedenstellend zu lösen sind. Die bewahrende Funktion des Staates im Hinblick auf die interne Ordnung des Zusammenlebens der in ihm vereinigten Menschen kann er nur dann wahrnehmen, wenn er sich den überstaatlichen Anforderungen stellt. Der einzelne Staat ist somit in seiner Fortexistenz von der supranationalen Gemeinschaft abhängig.

Dieses System optimaler Aufgabenbewältigung kann nur so lange funktionieren, wie es gelingt, die wechselseitigen Einflußsphären und damit die wechselseitigen Souveränitätsansprüche in einem ausgewogenen Verhältnis zu halten. Verschiebt sich der Schwerpunkt zugunsten der Mitgliedstaaten, wird sich die Gemeinschaft staatenbündischen Strukturen annähern, die in geringerem Maße geeignet sind, den supranationalen Aufgaben gewachsen zu sein.[551] Verlagert sich der Kompetenzschwerpunkt hingegen auf die Gemeinschaftsebene, so wird diese starke Züge einer Bundesstaatlichkeit annehmen. Das hätte eine Herabsetzung der nationalstaatlichen Bedeutung zur Folge, die ihrer Aufgabe der Wahrung der Interessen der vertretenen Volksgruppe nicht mehr in vollem Umfang gerecht werden könnten. Eine optimale Zielverwirklichung ist in diesem System nur dann möglich, wenn die aufgezeigten Gegensätze in der Schwebe gehalten werden. Nur dann ist die in den Gemeinschaften angelegte Dynamik, die letztendlich auf eine immer effektivere Problembewältigung angelegt ist, möglich. Eine begriffliche Festlegung der Europäischen Gemeinschaften als Staatenbund oder Bundesstaat würde diesen Schwebezustand aufheben und für die Zielrichtung der Gemeinschaften kontraproduktive Wirkung entfalten. Die Europäischen Gemeinschaften sind

550 Vgl. oben Kapitel A V. 5.

551 Z.B. aufgrund des dann wieder vorherrschenden Einstimmigkeitsprinzips.

somit eine Form der Staatenverbindung, die auf die Einordnung in die Kategorien Bundesstaat und Staatenbund verzichtet und damit letztlich darauf angelegt ist, die Beantwortung der Frage nach der nationalen Souveränität überflüssig werden zu lassen.[552]

Für die beiden nachfolgenden Kapitel ist damit der Untersuchungsgegenstand festgelegt. Zunächst wird es darum gehen, wie es der Europäischen Union in ihrer heutigen Gestalt nach dem Vertrag von Amsterdam gelingt, den Ausgleich zwischen den funktionellen Anforderungen und den mitgliedstaatlichen Kompetenzvorbehalten zum allgemeinen Nutzen aufrechtzuerhalten. In Kapitel D muß schließlich die nationale Seite betrachtet werden, die über Art. 23 GG bereits im Vorfeld Kollisionen zwischen Gemeinschaftsrecht und nationalem Recht ausschließen will, um eine möglichst große Homogenität innerhalb der Staatenverbindung zu erreichen.

III. Ergebnisse zu Kapitel B

1. Die Gründung der Europäischen Gemeinschaften beinhaltete gegenüber den Staatenverbindungen des 19. Jahrhunderts einen grundlegend neuen Ansatz. An die Stelle der machtstaatlichen Balance autonomer Nationalstaaten trat deren Einbindung in eine supranationale Organisation, die aufgrund der in ihr enthaltenen politischen, wirtschaftlichen und gesellschaftlichen Verflechtungen größere Gewähr für Frieden bieten konnte. Der Fortschritt der supranationalen Organisationsform lag in der institutionalisierten Festlegung von Politiken der Mitgliedstaaten, die diese zur eigenverantwortlichen Wahrnehmung auf die europäischen Organe übertrugen.

2. Die Möglichkeit zu Mehrheitsentscheidungen in einer supranationalen Organisation erweitert die Leistungsgrenzen, denen das staatliche Ordnungsmodell unterliegt, weil die Entscheidungen in stärkerem Maße an den sachlichen Notwendigkeiten orientiert werden können.

3. Die Rückschläge, die die Integration in den 50er und 60er Jahren erleiden mußte, zeigten, daß der föderale Integrationsansatz in Form einer politischen

---

552 Hinter dem Souveränitätsargument verbergen sich meist machtpolitische Beweggründe, die sich weniger an sachlichen Erwägungen orientieren, vgl. oben Kapitel A. VII. 3. *H. P. Ipsen*, Über Supranationalität, S. 97, 100f. *B. Beutler/R. Bieber*, Die Europäische Union, S. 70. So im Ergebnis auch *R. Smend*, Integrationslehre, S. 475, 478 und Integration, S. 482, 485; *H. Steiger* spricht hier von einem *„funktional-bündischen Prinzip"*, Staatlichkeit und Überstaatlichkeit, S. 149ff.; *W. Zeller*, Europa-Archiv 1978, S. 205, 212. Die Notwendigkeit einer dogmatischen Einordnung betont hingegen *H. Lecheler*, JuS 1974, S. 7, 9f.

Integration „von oben“ nur bedingt geeignet ist, eine staatenübergreifende Einigung herbeizuführen. Die Integration, die die Mitgliedstaaten in der Folgezeit erlebten, war stattdessen das Ergebnis eines angewandten Funktionalismus, der aus sich selbst heraus die Vergemeinschaftung immer weiterer Politikbereiche notwendig machte. Die größten *„Spill-over-Effekte“* konnten im wirtschaftlichen Sektor erzielt werden, der in Gestalt des Gemeinsamen Marktes eine Stärkung des gesamtvolkswirtschaftlichen Wohlstandes herbeiführte. Da selbst bei größtmöglicher Allokation der Produktionsfaktoren der freie Markt flankierender politischer Entscheidungen bedarf, ist die wirtschaftliche Integration an sich auf poltische Zusammenarbeit angelegt und fördert dadurch die Entwicklung entsprechender Strukturen. Die Schlüsselfunktion des supranationalen Ansatzes der Europäischen Gemeinschaften nimmt die europäische Rechtsordnung ein, die durch ihre Eigenständigkeit, Vorrangigkeit und der in ihr angelegten Dynamik dem Integrationsprozeß insgesamt zur Durchsetzung verhalf.

4. Allein durch den funktionellen Ansatz kam es nicht zu dem anfänglich erhofften Qualitätssprung zu einer europäischen Staatlichkeit. Die wirtschaftliche Integration schlug nicht von selbst in eine politische Union um. Allein die schrittweise Institutionalisierung der politischen Zusammenarbeit, der allmähliche Übergang zu Mehrheitsentscheidungen im Rat und die stufenweise institutionelle Verknüpfung von kooperativen und integrativen Strukturen vermochte Fortschritte auf dem Weg der Bildung der Europäischen Union zu erzielen.

5. Die Europäischen Gemeinschaften haben die nationalen Souveränitäten partiell auf supranationaler Ebene verschmolzen, um deren gemeinsame Wahrnehmung zum Nutzen aller beteiligten Staaten und deren Volksgruppen zu ermöglichen. Den Mitgliedstaaten wurde nicht die vollständige Preisgabe ihrer gesamten Souveränität abverlangt, sondern lediglich die Aufgabe des Dogmas von ihrer Unteilbarkeit. Die Überwindung der nationalen Souveränitätsvorbehalte wurde dadurch erleichtert, daß der Endzustand der Integration offen gehalten wurde. Dadurch konnte sich die institutionelle und materielle Gestaltung der Staatenverbindung am Integrationszweck orientieren, der in erster Linie an Sachgesetzlichkeiten und weniger an politischen Interessenlagen ausgerichtet ist. Die Europäischen Gemeinschaften sind das Ergebnis der symmetrischen Verteilung wirtschaftlicher, politischer und gesellschaftlicher Potentiale, die auf die Auflöung der Kategorien Bundestaat und Staatenbund und des Dogmas von der nationalen Souveränität angelegt sind.

C. Die besondere Verbundhaftigkeit der Europäischen Union nach den Verträgen von Maastricht und Amsterdam

Mit der Unterzeichnung des Vertrages über die Europäische Union am 7. Februar 1992 hat die Integration ihren bislang stärksten Impuls erhalten. Der sog. „Maastrichter-Vertrag" enthält Neuerungen, die die innere Struktur der Europäischen Union und das Verhältnis der Mitgliedstaaten zur europäischen Ebene betreffen. In Art. N Abs. 2 EUV a.F. war bereits das Datum für eine Revisionskonferenz des Maastrichter Vertrages für das Jahr 1996 vorgesehen. Im Juni 1997 hat diese Konferenz in Amsterdam ihren Abschluß gefunden. Im Gegensatz zur Einheitlichen Europäischen Akte und zum Maastrichter Vertrag wurden mit dem Vertrag von Amsterdam keine grundlegend neuen Politikbereiche vergemeinschaftet und auch keine neuartige Organisation, wie die Europäische Union, geschaffen. Der Vertrag von Amsterdam steht vielmehr im Zeichen innerer Reformen der Institutionen und Verfahrensabläufe. Das Bild, das heute von der Europäischen Union gezeichnet werden kann, ergibt sich aus den Grundlagen, die durch den Vertrag von Maastricht gelegt wurden und den Veränderungen, die auf der Regierungskonferenz in Amsterdam in den EU-Vertrag und die Gemeinschaftsverträge Eingang gefunden haben.[553]

---

553 Die nachfolgenden Ausführungen beziehen sich auf den bisher nur im Entwurf vorliegenden Vertrag von Amsterdam. Sein Inkrafttreten setzt zunächst die Zustimmung der Verfassungsorgane der Mitgliedstaaten und den Abschluß der Ratifikationsverfahren voraus. Der Regierungskonferenz gingen lange Verhandlungen der sog. Refelxionsgruppe voraus, die in verschiedenen Stellungnahmen an den Rat die Revision vorbereiteten, siehe den Zwischenbericht des Vorsitzenden der Reflexionsgruppe zur Regierungskonferenz 1996, SN 509/2/95 und den Bericht der Reflexionsgruppe an den Europäischen Rat in Madrid am 15./16. Dezember, abgedruckt in: *K. Schelter/W. Hoyer*, Der Vertrag von Amsterdam, Band 3, S. 20ff. Die Ausarbeitung des Amsterdamer Vertrages wurde zudem von zahlreichen Stellungnahmen der Organe der Europäischen Union begleitet, vgl. dazu *K. Schelter/W. Hoyer*, aaO., 36ff. und 121ff; *W. Hoyer*, Bericht des Beauftragten der Bundesregierung für die Regierungskonferenz 1996, S. 95ff.; *M. Piepenschneider*, Integration 1995, 209ff.; *H. Arnold*, Aus Politik und Zeitgeschichte, 1995, S. 3ff.; *H. Hausmann*, Aus Politik und Zeitgeschichte, 1996, S. 3ff.; *G. Falkner/M. Nentwich*, Integration 1995, S. 223ff.; *C. Masala*, Außenpolitik 1997, 228ff.; *W. Hoyer*, Integration 1995, 189ff.

I. Der Integrationsstand nach den Verträgen von Maastricht und Amsterdam

1. Der organisatorische und institutionelle Aufbau der Europäischen Union

Die zentrale Vorschrift, die den inneren Aufbau der Union beschreibt, ist Art. 1 Abs. 3 Satz 1 EUV. (Art. A Abs. 3 Satz 1 EUV a.F.) Danach bilden die Europäischen Gemeinschaften, ergänzt durch die Gemeinsame Außen- und Sicherheitspolitik und die Zusammenarbeit in den Bereichen Justiz und Inneres die Europäische Union, die diese drei Bestandteile als Dach überspannt und so an eine *„Säulen-"* bzw. *„Tempelkonstruktion"* erinnert.[554] Der Europäische Rat nach Art. 4 EUV (Art. D EUV a.F.) ist die einzige eigenständige Einrichtung der Europäischen Union. Als Versammlung der Staats- und Regierungschefs dient er dazu, der Union die für ihre Entwicklung erforderlichen Impulse zu geben.[555] Im Rahmen der ersten Säule, den drei Europäischen Gemeinschaften, verfügt die Union über die in Art. 7 EGV (Art. 4 EGV a.F.) genannten Organe. Der Europäische Rat und die Gemeinschaftsorgane formen zusammen den *„einheitlichen institutionellen Rahmen"*, der die *„Kohärenz"* der Maßnahmen der Europäischen Union sicherstellen soll (Art. 3 Abs. 1 EUV; Art. C Abs. 1 EUV a.F.). Der EU-Vertrag versteht sich als eine „Klammer" und will nicht nur die Beziehungen zwischen den Mitgliedstaaten sondern auch zwischen ihren Völkern kohärent und solidarisch gestalten (Art. 1 Abs. 3 Satz 2 EUV; Art. A Abs. 3 Satz 2 EUV a.F.).

a) Die intergouvernementalen Säulen der Union

aa) Die Gemeinsame Außen- und Sicherheitspolitik

(1) Die Stellung der Gemeinsamen Außen- und Sicherheitspolitik im Unionsaufbau

Die Gemeinsame Außen- und Sicherheitspolitik gehört gemäß Art. 1 Abs. 3 EUV (Art. A Abs. 3 EUV a.F.) zu den Politiken und Formen der Zusammenarbeit, die die Europäischen Gemeinschaften ergänzen. Es handelt sich um eine Unionspolitik, die rechtlich außerhalb der Gemeinschaften angesiedelt

554 *Ch. Koenig/M. Pechstein* haben nachgewiesen, daß sich allein aus der bildhaften Umschreibung der Europäischen Union keine dogmatischen Schlußfolgerungen ableiten lassen, Die Europäische Union, Rz. 93ff.

555 *M. Hilf/G. Pache* in Grabitz/Hilf, Art. D EUV, Rn. 2.

ist und als intergouvernemental ausgestaltete zweite Säule neben die supranationale erste Säule der Europäischen Union tritt. Wesentliches Merkmal dieser Struktur ist die Tatsache, daß die Union zwar als eigenständiger Akteur auftritt, ihr die im Rahmen der Gemeinsamen Außen- und Sicherheitspolitik gesetzten Aktivitäten aber nicht zugerechnet werden. Rechtlich sind dafür nach wie vor die Mitgliedstaaten verantwortlich.[556] Einen Schritt auf eine rechtlich eigenständige Stellung der Europäischen Union in der Gemeinsamen Außen- und Sicherheitspolitik bedeutet der in Amsterdam eingefügte Art. 24 EUV, der dem Rat eine Vertragsabschlußkompetenz mit dritten Staaten und internationalen Organisationen zuweist, ohne klarzustellen, ob die Mitgliedstaaten, die Europäischen Gemeinschaften oder die Europäische Union Vertragspartner sein sollen.[557] Die zweite Säule der Union erstreckt sich gemäß Art. 11 Abs. 1 EUV (Art. J Abs. 1 EUV a.F.) auf alle Bereiche der Außen- und Sicherheitspolitik der Europäischen Union einschließlich verteidigungspolitischer Zielsetzungen.[558]

Hinsichtlich einer gemeinsamen Verteidigungspolitik hat der Vertrag von Amsterdam zu einer noch engeren Verknüpfung der Europäischen Union mit der Westeuropäischen Union geführt. Bereits vor Amsterdam wurde die Westeuropäische Union als integraler Bestandteil der Gemeinsamen Außen- und Sicherheitspolitik angesehen.[559] Hervorzuheben ist, daß nach Art. 17 EUV (Art. J VII EUV a.F.) die sogenannten „Petersberg-Aufgaben" Aufnahme in die sicherheitspolitische Zuständigkeit der Europäischen Union gefunden haben. Diese umfaßt nunmehr in Abs. 2 der Vorschrift *„humanitäre Aufgaben und Rettungseinsätze, friedenserhaltende Aufgaben sowie Kampfeinsätze bei der Krisenbewältigung einschließlich friedensschaffender Maßnahmen"*.

In institutioneller Hinsicht wurde die Gemeinsame Außen- und Sicherheitspolitik durch den Vertrag von Amsterdam in mehrfacher Weise gestärkt.

---

556 Nach Art. 11 EUV (Art. J EUV a.F.) wird die Gemeinsame Außen- und Sicherheitspolitik gemeinsam von der Union und ihren Mitgliedstaaten erarbeitet und verwirklicht; *M. Schweitzer/W. Hummer*, Europarecht, Rz. 1814.

557 *M. Hilf/E. Pache*, NJW 1998, 705, 709.

558 Nicht davon umfaßt sind hingegen die wirtschaftlichen Außenbeziehungen, die sich im Kompetenzbereich der Europäischen Gemeinschaften befinden. Dazu zählt z.B. die Außenhandels- (Art. 133 EGV (Art. 113 EGV a.F.) und Entwicklungshilfepolitik (Art. 177-181 EGV (Art. 130 u-y EGV a.F.). Zum Stand vor dem Vertrag von Amsterdam vgl. *G. Hitzler*, Die Europäischen Union, S. 19, 27f.; *F. Emmert*, Europarecht, S. 48f.

559 *P. Fischer/H. F. Köck*, Europarecht, S. 315; *G. Hitzler*, Die Europäischen Union, S. 19, 28f.

Zum einen soll künftig der Generalsekretär des Rates gemäß Art. 18 Abs. 3 EUV die Aufgabe eines hohen Vertreters für die Gemeinsame Außen- und Sicherheitspolitik wahrnehmen und den für die Vertretung der Europäischen Union verantwortlichen Vorsitz unterstützen. Zwar wird es auch in Zukunft nicht einen sogenannten „Europäischen Außenminister" geben, die Stellung des Generalsekretärs des Rates könnte aber je nach personeller und politischer Konstellation, der Europäischen Union zu einer kontinuierlichen Außenpolitik verhelfen.[560]

In verfahrensrechtlicher Hinsicht herrscht das Prinzip der Einstimmigkeit vor. Entscheidungen mit qualifizierter Mehrheit sind nur möglich, wenn der Rat auf der Grundlage einer vom Europäischen Rat beschlossenen gemeinsamen Strategie gemeinsame Aktionen annimmt, gemeinsame Standpunkte festlegt oder andere Beschlüsse faßt (Art. 23 Abs. 2 EUV).[561] Für diese Fälle wurde allerdings in Amsterdam ein ausdrückliches Vetorecht in den Vertrag eingefügt, das in seiner Formulierung an den Luxemburger Kompromiß aus dem Jahre 1966 erinnert. In Art. 23 Abs. 2 Uabs. 2 heißt es:

> *„Erklärt ein Mitglied des Rates, daß es aus wichtigen Gründen der nationalen Politik, die es auch nennen muß, die Absicht hat, einen mit qualifizierter Mehrheit zu fassenden Beschluß abzulehnen, so erfolgt keine Abstimmung. Der Rat kann mit qualifizierter Mehrheit verlangen, daß die Frage zur einstimmigen Beschlußfassung an den Europäischen Rat verwiesen wird."*

Die in Art. 12 EUV (Art. J II EUV a.F.) aufgeführten Handlungsformen, betreffen verschiedene Formen der Abstimmung, Koordinierung und auch Durchführung von außenpolitischen Maßnahmen. Die Festlegung allgemeiner Leitlinien und gemeinsamer Strategien durch den Europäischen Rat bilden die Grundlage des gemeinsamen politischen Handelns. Während diese Handlungsformen lediglich ein konformes Verhalten auf der Ebene der Mitgliedstaaten herbeiführen sollen, zielen die „gemeinsamen Aktionen" auf ein

---

560 *M. Hilf/E. Pache*, NJW 1998, 705, 709; *R. Streinz*, EuZW 1998, 137, 140f.; *W. Schönfelder/R. Silberberg*, Internationale Politik 11/1997, 18, 20.

561 Je weiter und flächendeckender „gemeinsame Strategien" definiert werden, um so häufiger kann es zu Mehrheitsentscheidungen kommen, *W. Schönfelder/R. Silberberg*, Internationale Politik 11/1997, 18, 20. Einen Überblick über die bisher beschlossenen gemeinsamen Standpunkte der Europäischen Union gibt *F. Emmert*, Europarecht, S. 52.

einheitliches Vorgehen auf Unionsebene ab (Art. 14 EUV; Art. J IV EUV a. F.).[562]

(2) *Intergouvernementale Grundlage mit schwachen supranationalen Ansätzen*

Den Vertrag von Amsterdam wird man mit vorsichtigem Optimismus[563] als Fortschritt für eine verbesserte Handlungsfähigkeit der Union bezeichnen können, da er mit dem neuen Instrument der gemeinsamen Strategie und den erleichterten Beschlußfassungsregeln zumindest die Richtung in eine supranationale Zusammenarbeit eingeschlagen hat. Betrachtet man die Gemeinsame Außen- und Sicherheitspolitik aber unter dem Blickwinkel des zugrundeliegenden Systems der staatlichen Zusammenarbeit, so fällt auf, daß es im Kern um eine Bündelung und Verbindung der nationalen Außenpolitiken der Mitgliedstaaten geht.[564] Die europäische politische Zusammenarbeit, die 1986 in der Einheitlichen Europäischen Akte vertraglich festgehalten wurde, wird lediglich mit anderen Mitteln fortgesetzt. Die weitgehend aus dieser Zeit übernommenen Mechanismen sind sehr schwerfällig und besitzen nur eine schwache Wirkkraft. Nicht zuletzt bei der Bewältigung des Krieges in Jugoslawien haben die Defizite der Europäischen Außenpolitik dafür einen deutlichen Beleg geliefert.[565] Der Wille zum Verzicht auf nationale Souveränität ist eher gering ausgeprägt und tritt hinter Effektivitätsgesichtspunkten zurück.

bb) Die Zusammenarbeit in den Bereichen Justiz und Inneres

(1) Die Entwicklung innenpolitischer Themen bis Maastricht

Der EWG-Vertrag aus dem Jahr 1957 enthielt keinerlei Vorschriften über eine Zusammenarbeit in den Bereichen Justiz und Inneres. Sein Regelungsgegenstand bestand ausschließlich in der wirtschaftlich motivierten Bewegung von Personen, Waren und Dienstleistungen in einem Gemeinsamen Markt. Erst 1974, auf dem Treffen des Europäischen Rates in Paris, wurden auf europäischer Ebene innenpolitische Themen entwickelt, die aber von der

---

562 Gemeinsame Aktionen betreffen spezifische Situationen, in denen eine operative Aktion der Union für notwendig erachtet wird. Zur stufenweisen Durchführung solcher gemeinsamer Aktionen vgl. *M. Schweitzer/W. Hummer*, Europarecht, Rz. 1829 ff.; *M. Schweitzer/W. Hummer*, Europarecht, Rz. 1828; *R. Streinz*, EuZW 1998, 137, 140f.

563 *E. Regelsberger/M. Jopp*, Integration 1997, 255, 262.

564 *K. W. Lange*, JZ 1996, 442, 445.

565 *K. W. Lange*, JZ 1996, 442, 446.

Realisierung noch weit entfernt waren. Dazu zählen die Einführung eines einheitlichen Europasses, das Aufenthaltsrecht für Nichterwerbstätige sowie ein Kommunalwahlrecht für EG-Bürger.[566]

Der sogenannte *„Adonnino-Bericht“*[567] über das *„Europa der Bürger“* an den Europäischen Rat von Mailand im Juni 1985 beschäftigte sich dann erstmals intensiv mit der Frage der Abschaffung der Personenkontrollen an den Binnengrenzen.[568] Zeitgleich legte die Kommission ihr *„Weißbuch über die Vollendung des Binnenmarktes“*[569] vor, in dem sie die Forderung der Abschaffung aller Personenkontrollen an den Binnengrenzen erhob und eine Reihe von Ausgleichsmaßnahmen zur Gewährleistung der inneren Sicherheit und in den Bereichen Einwanderung und Asyl vorschlug. Die Fortschritte waren vor allem von den Funktionsanforderungen geprägt, die die Verwirklichung des Binnenmarktkonzepts an die Ausgestaltung einer Justiz und Innenpolitik stellte.[570] Dies galt insbesondere für den Bereich der polizeilichen Zusammenarbeit, da die Beseitigung der Binnengrenzen allgemein mit einem damit einhergehenden Sicherheitsdefizit in den Mitgliedstaaten in Verbindung gebracht wurde. Dem begegnete man durch die Entwicklung neuer polizeilicher Fahndungsmethoden und Formen zwischenstaatlicher polizeilicher Zusammenarbeit. Seit Mitte der 80er Jahre hat sich so die Zusammenarbeit im Innen- und Justizbereich ständig intensiviert und ist in einer Reihe von spezialisierten Arbeitsgruppen mit Leben erfüllt worden. Der wesentliche Impuls für eine vertiefte Zusammenarbeit in den Bereichen Justiz und Inneres ging aber vom sogenannten *„Schengener Prozeß“* aus.[571] Am 14. Juni 1985 kam es zur Unterzeichnung des ersten Schengener Abkommens über den schrittweisen Abbau der Kontrollen an den gemeinsamen Grenzen, dem neben Deutschland und Frankreich auch die drei Benelux-Staaten angehörten. Dem fünf Jahre später unterzeichneten Schengener Durchführungsübereinkommen (19. Juni 1990) schlossen sich zunächst Italien, dann Spanien und

---

566 Das Aufenthaltsrecht für Nichterwerbstätige wurde durch die Verordnungen Nr. 1251/70 vom 29.6.1970, der Europaß im Jahre 1987, und das Kommunalwahlrecht für EG-Bürger erst durch den Maastrichter Vertrag im Jahr 1992 Realität. Vgl. *M. Schweitzer/W. Hummer*, Europarecht, Rz. 1871ff.

567 BullEG 7/1985, S. 19ff.

568 S. *Magiera*, Die Beseitigung der Personenkontrollen, 1317, 1318f.

569 Vgl. oben Kapitel B I. 4. f, aa, (1).

570 *M. Schweitzer/W. Hummer*, Europarecht, Rz. 1874; *P.-Ch. Müller-Graff*, Integration 1997, 271, 272.

571 Zu dieser Entwicklung vgl. *W. Schreckenberger*, Zeitschrift für Verwaltungslehre 1997, 389ff.; *K. P. Nanz*, Integration 1994, 92ff.; *F. Emmert*, Europarecht, S. 54.

Portugal und schließlich auch Griechenland und Österreich an.[572] Seit April 1998 haben neben den anderen Unterzeichnerstaaten nun auch Italien und Österreich das Übereinkommen vollständig in Kraft gesetzt.[573]

Die Materien, die seit dem Maastrichter Vertrag Gegenstand der dritten Säule der Europäischen Union waren, lassen sich in drei Politikfelder einteilen.[574] Im Rahmen der Zugangspolitiken (Art. K. 1, Ziff. 1 - 3 EUV) versuchen die Mitgliedstaaten eine einheitliche Asyl-, Einwanderungs- und Drittausländerpolitik herzustellen. Das ist nur möglich, wenn die Mitgliedstaaten an den Außengrenzen eine einheitliche Zulassungslinie für Drittstaatsangehörige verfolgen. Die Politiken zur Verhütung und Bekämpfung konkreter Bedrohungen in den Ziffern 4, 5 und 9 des Art. K. 1 EUV a.F. betrafen die Bekämpfung der Drogensucht, Betrügereien im internationalen Maßstab, Terrorismus, illegaler Drogenhandel und sonstige schwerwiegende Formen internationaler Kriminalität. Die Politiken allgemeiner Zusammenarbeit, wie der justiziellen Zusammenarbeit in Zivilsachen und Strafsachen und der Zusammenarbeit im Zollwesen (Art. K. 1 Ziffern 6 - 8 EUV) rundeten das Bild der Zusammenarbeit in den Bereichen Justiz und Inneres ab.[575]

(2) Das heutige Bild der europäischen Innen- und Justizpolitik nach dem Vertrag von Amsterdam

Der Vertrag von Amsterdam hat für die Justiz- und Innenpolitik der Europäischen Union einige wesentliche Veränderungen gebracht. Zunächst ist bemerkenswert, daß wesentliche Teile der bisherigen dritten Säule der Europäischen Union ins Gemeinschaftsrecht überführt wurden. Gleichzeitig konnten die in der dritten Säule verbliebenen Teile der Zusammenarbeit in den Berei-

---

572 Das Schengener Durchführungsübereinkommen ist ein Kraft seit dem 26. März 1995.

573 Als Ausgleich für den Wegfall der Grenzkontrollen an den gemeinsamen Binnengrenzen und den damit verbundenen Verlusten an Möglichkeiten der Bekämpfung des Kriminalitätsimports, der illegalen Zuwanderung und der Fahndung, sieht das Schengener Durchführungsübereinkommen folgende Instrumente vor: An allen Übergängen der Außengrenzen der Schengener Staatengemeinschaft einschließlich der Häfen und Flughäfen sollen die Außengrenzen auf hohem Standard überwacht werden. Zugleich wird zwischen Polizeidienststellen eine Kommunikationsstruktur, ein koordiniertes Vorgehen sowie grenzüberschreitende Nacheile und Observation ermöglicht. Ein gemeinsames automatisiertes Fahndungssystem, dessen Daten zeitgleich mit der Eingabe bei allen Ausgabegeräten der nationalen Fahndungssysteme zur Verfügung stehen, runden die Handlungsmöglichkeiten zur Bekämpfung der Kriminalität ab.

574 *P.-Ch. Müller-Graff*, Integration 1997, 271, 277f.

575 *H. G. Fischer*, EuZW 1994, 747ff.; *U. Di Fabio*, DÖV 1997, 89ff.; *G. Hitzler*, Die Europäischen Union, S. 19, 29ff.

chen Justiz und Inneres unter dem neuen und engeren Titel VI. „*Bestimmungen über die polizeiliche und justizielle Zusammenarbeit in Strafsachen*" gestrafft und zumindest teilweise der Jurisdiktion des Europäischen Gerichtshofs unterstellt werden.[576] Der in den EG-Vertrag eingefügte Titel IV. enthält Regelungen, die die Visa-, Asyl-, Einwanderungs- und anderen, den freien Personenverkehr betreffenden Politikbereiche erfassen. Binnen fünf Jahren soll der Rat Maßnahmen zur Gewährleistung des freien Personenverkehrs an den Binnengrenzen,[577] Normen und Verfahren für Personenkontrollen an den Außengrenzen,[578] Regelungen über die Zuwanderungs-[579] und Visapolitik,[580] Bedingungen für die Freizügigkeit von Drittstaatsangehörigen im Unionsgebiet,[581] Kriterien und Verfahren für die Festlegung des zuständigen Asylantragsstaates und Mindestnormen für die Aufnahme von Asylbewerbern[582] festlegen.[583]

Der sogenannte „*Schengen-Besitzstand*", der in einem Protokoll zum Amsterdamer Vertrag festgehalten ist, wird nunmehr ausdrücklich in die Europäische Union einbezogen und die Unterzeichnerstaaten des Schengener Durchführungsübereinkommens werden zu der dort geregelten engeren Zusammenarbeit innerhalb des institutionellen und rechtlichen Rahmens der Europäischen Union ermächtigt.[584]

Zur Erfüllung der in der dritten Säule verbliebenen Aufgaben sind im EU-Vertrag drei Möglichkeiten vorgesehen. Dazu zählen die engere Zusammenarbeit der Polizei-, Zoll- und anderer zuständiger Behörden in den Mitgliedstaaten unter Einschaltung von Europol, die engere Zusammenarbeit der Justizbehörden sowie die Annäherung der Strafvorschriften der Mitgliedstaaten in den Bereichen der organisierten Kriminalität, des Terrorismus und des Drogenhandels. Letzteres galt in der Union bis dahin als „Tabu-Thema".[585]

---

576 Art. 68 EGV. Der Gerichtshof ist gemäß Art. 68 Abs. 2 EGV nicht für Entscheidungen oder Maßnahmen im Rahmen der Personenkontrollen an den Grenzen zuständig, die der Aufrechterhaltung der öffentlichen Ordnung und den Schutz der inneren Sicherheit betreffen.

577 Art. 62 Ziff. 1 EGV.

578 Art. 62 Ziff. 2 EGV.

579 Art. 63 EGV.

580 Art. 62 Ziff. 3 EGV

581 Art. 63 Ziff. 4 EGV.

582 Art. 63 Ziff 1 und 2 EGV.

583 *R. Rupprecht*, Integration 1997, 264, 265.

584 Protokoll zur Einbeziehung des Schengen-Besitzstands in den Rahmen der Europäischen Union, *K. Schelter/W. Hoyer*, Der Vertrag von Amsterdam, Band 4, Seite 150.

585 *M. Hilf/E. Pache*, NJW 1998, 705, 707.

Änderungen in der Stellung der politischen Institutionen resultieren insgesamt aus der Überführung einzelner Politikbereiche in den EG-Vertrag, andererseits aus der rechtlichen Festigung der reformierten dritten Säule. Soweit Politikbereiche in den EG-Vertrag überführt wurden, wird zugleich die jeweilige Rolle von Kommission, Rat und Parlament aufgrund der detaillierten Regeln gestärkt. Der Vertrag von Amsterdam sieht nunmehr vier Handlungsmittel des Rates vor: Neben der schon bisher existenten Möglichkeit der Festlegung eines gemeinsamen Standpunktes[586] und den Empfehlungen eines ausgearbeiteten Übereinkommens zur Annahme,[587] treten als neue Instrumente der Rahmenbeschluß[588] und die Verabschiedung anderer verbindlicher Beschlüsse hinzu.[589] Die rechtlichen Wirkungen eines Rahmenbeschlusses sind im Wortlaut der Definition der Richtlinie in Art. 189 Abs. 3 EG-Vertrag nachgebildet. Ausdrücklich ausgeschlossen ist jedoch dessen unmittelbare Wirksamkeit, um eine Rechtsprechung des Europäischen Gerichtshofes auszuschließen, die in Anlehnung an frühere Entwicklungen zu einer ausnahmsweisen unmittelbaren Anwendung der Rahmenbeschlüsse führen könnte.[590] Nach Ablauf von fünf Jahren entscheidet der Rat, ob und welche Materien des Titels IV des EG-Vertrags in das Verfahren der qualifizierten Mehrheit nach Art. 251 EGV (Art. 189b EGV a.F.) überführt werden.[591] Die Europäische Kommission erhält dann ein Initiativrecht im Bereich des freien Personenverkehrs, das neben das fortbestehende Inititativrecht der Mitgliedstaaten tritt.[592] Insgesamt weist die europäische Innen- und Justizpolitik, als auch die europäische Außenpolitik sehr komplizierte Strukturen auf, die zum überwiegenden Teil intergouvernemental bestimmt sind. Eine Verbindung zu den supranationalen Strukturen der Europäischen Gemeinschaften wird lediglich über die Kohärenz europäischen Handelns hergestellt.

b) *Die Kohärenz als zentrales Merkmal der Verbundhaftigkeit zwischen der Europäischen Union und den Europäischen Gemeinschaften*

Fragt man danach, in welcher rechtlichen Verbindung die unterschiedlichen Formen europäischen Primärrechts zueinander stehen, so fällt zunächst

---

586 Art. 34 Abs. 2 lit. a EGV.
587 Art. 34 Abs. 2 lit. d EGV
588 Art. 34 Abs. 2 lit. b EGV
589 Art. 34 Abs. 2 lit. c EGV
590 *P.-Ch. Müller-Graff*, Integration 1997, 271, 279.
591 Art. 67 EGV.
592 Art. 67 Abs. 2, 1. SpStr. EGV.

Art. 47 EUV (Art. M EUV a.F.) ins Auge, der vorbehaltlich der durch den Maastrichter-Vertrag bewirkten Änderungen die Gemeinschaftsverträge unberührt läßt. Art. 5 EUV (Art. E EUV a. F.) stellt darüber hinaus klar, daß ungeachtet des Tätigwerdens bestimmter Gemeinschaftsorgane die verschiedenen Kompetenzgrundlagen zwischen den drei Gemeinschaften und der Europäischen Union zu trennen sind.[593] Die strikte Differenzierung wird aber durchbrochen, wenn der Unionsvertrag an anderer Stelle den *„einheitlichen institutionellen Rahmen, der die Kohärenz und Kontinuität der Maßnahmen zur Erreichung ihrer Ziele unter gleichzeitiger Wahrung und Weiterentwicklung des gemeinschaftlichen Besitzstandes"* (Art. 3 Abs. 1 EUV; Art. C Abs. 1 EUV a.F.) nennt.

Kohärenz meint zunächst die konzeptionelle Stimmigkeit der Einzelmaßnahmen und damit die Vermeidung unabgestimmter, widersprüchlicher konterkarrierender Maßnahmen.[594] Das Gebot zur Herstellung von Kohärenz läßt sich nach den verschiedenen Beziehungsebenen der Europäischen Union differenzieren.[595] Im Sinne einer *inneren* Kohärenz dient sie der Wahrung des wirtschaftlichen und sozialen Zusammenhalts der Europäischen Gemeinschaften.[596] Hinsichtlich eines gemeinsamen Auftretens gegenüber Drittstaaten soll die Union über eine *äußere* Kohärenz verfügen (Art. 3 EUV; Art. C EUV a.F.). Beide Formen besitzen zudem eine *inhaltliche* Kohärenz in Form der Abstimmung der Unionsmaßnahmen.[597] Adressaten des Kohärenzgebotes sind einmal der Europäische Rat innerhalb der zweiten und dritten Säule der Union (Art. 3 Abs. 2 Satz 1 EUV Art. C Abs. 2 Satz 1 EUV a.F.) als auch der Ministerrat und die Kommission, die zu diesem Zweck zusammenarbeiten (Art. 3 Abs. 2 Satz 2 EUV Art. C Abs. 2 Satz 2 EUV a.F.).

Die Wahrung der Kohärenz als Gebot der Abstimmung von kompetenziell unterschiedlich zuzuordnenden Politikbereichen bedeutet stets den Verzicht

---

593 *M. Hilf/E. Pache*, in: Grabitz/Hilf, Kommentar zur Europäischen Union, Band 2, Art. C EUV, Rz. 2.

594 *Ch.-P. Müller-Graff*, Integration 1993, 147, 150; *M. Hilf/E. Pache*, in: Grabitz/Hilf, Kommentar zur Europäischen Union, Band II, Art. C EUV, Rz. 9; *G. Ress*, JuS 1992, 985, 987.

595 *Ch.-P. Müller-Graff*, Integration 1993, 147; *Ch. Koenig/M. Pechstein*, Die Europäische Union, Rz. 129; *M. Schweitzer/W. Hummer*, Europarecht, Rz. 1816.

596 Regelungen dazu finden sich in den Art. 158ff EGV (Art. 130a ff. EGV a.F.) aufgrund derer ein eigener „Kohäsionsfonds" eingerichtet wurde (Art. 161 EGV (Art. 130 d EGV a.F.).

597 *G. Hitzler* unterscheidet hier auch die horizontale Kohärenz im Rahmen der drei Säulen der Union und die vertikale Kohärenz zwischen dem Handeln der Union und den Mitgliedstaaten, Die Europäische Union, S. 19, 37.

auf bestimmte Handlungsoptionen, die sonst dem jeweiligen Politikträger offen stehen würden.[598] Für die im Rahmen der Gemeinsamen Außen- und Sicherheitspolitik und der Zusammenarbeit in den Bereichen Justiz und Inneres handelnden Vertragsstaaten hat dies die Konsequenz, bei der Festlegung ihrer politischen Ziele, die Folgewirkungen für die Gemeinschaften und die Europäische Union zu berücksichtigen. Insofern beinhaltet das Kohärenzgebot eine Beschränkung des nationalen Handlungsspielraums zugunsten der gemeinschaftlichen Interessen. Im Vergleich zu den supranationalen Strukturen der Europäischen Gemeinschaften und den intergouvernementalen Säulen der Europäischen Union stellt das Kohärenzgebot eine Zwischenstufe dar. Die Politikbereiche werden zwar nicht einem supranationalen Organ zur selbständigen Wahrnehmung überantwortet, verbleiben aber auch nicht in der nationalen Interessenpolitik, sondern sind in das durch die Union verkörperte Gesamtinteresse eingebunden.

c) Die Rolle der Organe innerhalb des einheitlichen institutionellen Rahmens

Gemäß Art. 4 EUV (Art. D EUV a.F.) und Art. 5 EUV (Art. E EUV a.F.) formen der Europäische Rat und die Gemeinschaftsorgane[599] den einheitlichen institutionellen Rahmen der Europäischen Union. Damit wurde die bisher nur in Ansätzen vorhandene und kaum sichtbare institutionelle Verknüpfung der Europäischen Gemeinschaften, der Gemeinsamen Außen- und Sicherheitspolitik und der Zusammenarbeit in den Bereichen Justiz und Inneres verwirklicht.[600] Obwohl die erste und die zweite Säule der Europäischen Union voneinander getrennt sind, bedienen sie sich derselben Organe und verleihen der Union trotz der fortbestehenden unterschiedlichen Entscheidungsstrukturen einen gewissen inneren Zusammenhalt.[601]

aa) Der Rat der Europäischen Union und der Europäische Rat

Seit den Maastrichter Verträgen führt das im primären Gemeinschaftsrecht nur als „Rat" bezeichnete Organ den offiziellen Namen „Rat der Europäischen Union". Der Rat ist das zentrale Koordinierungs-, Entscheidungs- und

---

598 *Koenig/M. Pechstein*, Die Europäische Union, Rz. 133.

599 Mit Ausnahme des Rechnungshofes.

600 *M. Hilf/E. Pache*, in: Grabitz/Hilf, Kommentar zur Europäischen Union, Band II, Art. C EUV, Rz. 3.

601 *J. P. Jacqué*, in: Groeben/Thiesing/Ehlermann, Band 1, 5. Aufl., Art C, Rz. 2; *O. Dörr*, NJW 1995, 3162, 3163.

Rechtssetzungsorgan der Europäischen Gemeinschaften. Daneben existiert der bereits erwähnte „Europäische Rat", dem als einzigem Organ der Europäischen Union eine allgemeine Lenkungsfunktion zukommt[602]. Auf dieser höchsten politischen Ebene sind Einigungen leichter zu erreichen, als auf der Ministerebene, weil die Akteure zum einen erheblich größere Entscheidungsfreiräume besitzen und zum anderen, weil die Staats- und Regierungschefs nationale Interessen nicht nur in einzelnen Bereichen wie die Fachminister, sondern bereichsübergreifend in ihrer Gesamtheit vertreten. Dies ermöglicht die Einigung in Form von Paketlösungen, indem in bestimmten Bereichen auf die Durchsetzung nationaler Interessen verzichtet wird, um in anderen Feldern Ziele durchsetzen zu können.[603] Nachdem seit der Einheitlichen Europäischen Akte wieder in zunehmendem Maße Mehrheitsentscheidungen im Ministerrat möglich wurden, hat auch der politische Einfluß dieses Organs zugenommen.[604] Ein entscheidender Durchbruch hinsichtlich des Übergangs zum Mehrheitsprinzip konnte allerdings auch in Amsterdam nicht erzielt werden.[605] Die Union ist heute nach wie vor weit davon entfernt, ein Regel-Ausnahmeprinzip dergestalt einzurichten, daß Entscheidungen grundsätzlich mit qualifizierter Mehrheit und nur als Ausnahme mit Einstimmigkeit zu treffen sind[606]

bb) Die Europäische Kommission

Die Europäische Kommission ist im Gegensatz zum Rat als überstaatliches und unabhängiges Gemeinschaftsorgan konzipiert, das ausschließlich den Zielen und Interessen der Gemeinschaft verpflichtet sein soll. Sie ist der institutionalisierte Ausdruck der Supranationalität der Gemeinschaft.

Die Aufgaben und Befugnisse der Kommission sind in den drei Gründungsverträgen unterschiedlich geregelt. Nach dem EGKS-Vertrag ist die Kommission sowohl das Initiativ- als auch das Entscheidungsorgan für Rechtsakte[607]. Nach dem Euratom- und dem EG-Vertrag ist die Kommission

602 Der Europäische Rat geht auf die Gipfelkonferenz der Staats- und Regierungschefs in Paris im Jahr 1972 zurück, vgl. oben Kapitel B I. 4. e, aa.

603 Vgl. oben.

604 *V. Nienhaus*, Geschichte der Institutionen und Strategien, S. 1, 50. *M. Schweitzer/W. Hummer*, Europarecht, Rz. 909 und 910.

605 Die Bereiche, in denen der Rat Rechtsakte mit qualifizierter Mehrheit erlassen kann, wurden durch den Vertrag von Amsterdam lediglich auf die Gebiete Beschäftigung, Forschung, Gesundheit und Datenschutz erweitert.

606 *M. Hilf/E. Pache*, NJW 1998, 705, 710; *R. Bieber*, Integration 1997, 236, 240.

607 Sie bedarf hier allerdings vielfach der Zustimmung des Rates.

nur das Initiativorgan, während der Rat über die Rechtsakte letztendlich entscheidet. Mit der Einheitlichen Europäischen Akte wurde die Kommission insofern zum zentralen Exekutivorgan, als ihr generell die Befugnis zur Durchführung der vom Rat beschlossenen Rechtsakte übertragen wurde.[608] Aufgrund dieser Aufgabenverteilung ist das Wirken der Kommission weniger als politisch-gestaltend, denn als bürokratisch verwaltend zu beurteilen. In den durch den EU-Vertrag neu hinzugekommenen Bereich der Gemeinsamen Außen- und Sicherheitspolitik sowie der Zusammenarbeit in den Bereich Justiz und Inneres sind die formalen Kompetenzen der Kommission sehr gering. Eine punktuelle Gewichtsverlagerung der Befugnisse ergibt sich lediglich aus der Neugestaltung des zweiten und dritten Pfeilers und durch einzelne Änderungen der Entscheidungsverfahren.[609] Innerhalb der Kommission kommt dem Kommissionspräsidenten eine zentrale Rolle zu, der bei der Auswahl der Kommissionsmitglieder mitwirken kann (Art. 214 Abs. 2 EGV; Art. 158 Abs. 2 EGV a. F.) und die vertragliche Befugnis zur politischen Führung der Kommission besitzt (Art. 219 Abs. 1 EGV; Art. 163 EGV a. F.).[610] Nach einer Erweiterung der Zahl der Mitgliedstaaten auf zwanzig, soll eine neue Regierungskonferenz über eine Umstrukturierung der Kommission und einen anderen Besetzungsmodus entscheiden.

cc) Das Europäische Parlament

Das Europäische Parlament konnte seine Stellung in der Geschichte der Europäischen Union immer weiter ausbauen.[611] Seine politische Bedeutung ist für die Integrationspolitik der Europäischen Union größer als es die formal relativ schwache Stellung im System der Organe der Union erwarten läßt.[612] Von einem reinen Konsultativorgan in den Anfängen der Europäischen Gemeinschaften hat sich das Parlament zu einem institutionellen Mitgestalter der Union entwickelt, der materiell an der Binnenmarktgesetzgebung ebenso mitwirkt wie an der Entwicklung neuer Politikbereiche. Hier hat sich das

608 Der Rat kann sich nur in spezifischen Fällen Durchführungsbefugnisse selbst vorbehalten, *V. Nienhaus*, Geschichte Institutionen und Strategien, S. 1, 42.

609 Beispielsweise die Schaffung der Möglichkeit zur Erhebung von Nichtigkeitsklagen gegen den Rat im Rahmen des dritten Pfeilers.

610 Im Vergleich reicht diese Befugnis aber nicht an die Richtlinienkompetenz des Deutschen Bundeskanzlers gegenüber den Bundesministern heran. Vgl. auch *R. Bieber*, Integration 1997, 236, 240.

611 Vgl. hierzu vor allem Kapitel B I. 4. e, cc.

612 *V. Nienhaus*, Geschichte Institutionen und Strategien, S. 1, 62; *M. Schweitzer/W. Hummer*, Europarecht, Rz. 911.

Parlament dadurch ausgezeichnet, daß es dem Integrationsprozeß durch eigene Initiativen immer wieder neue Anstöße gegeben hat, die insgesamt aufgrund seiner schwachen Befugnisse hinter der Gestaltungsfunktion von Rat und Kommission zurückblieben. Bemerkenswert ist, daß das Europäische Parlament in seiner Gesamtheit als wirkungsvolles Kontrollorgan der europäischen Exekutive fungiert, während diese Rolle in nationalen Parlamenten in der Regel nur von der Opposition wahrgenommen wird. Die Unabhängigkeit des Parlaments von Rat und Kommission ist aufgrund der spezifischen Wahl- und Ernennungsverfahren besonders groß.[613] Seine Kompetenzen erstrecken sich im wesentlichen auf Kontrollrechte gegenüber den Gemeinschaftsorganen, auf begrenzte Gestaltungsmöglichkeiten im Rahmen des Haushaltsverfahrens und auf Mitwirkungsrechte beim allgemeinen Rechtssetzungsverfahren. Seine Befugnisse haben durch den Vertrag von Amsterdam eine weitere Stärkung erfahren.[614] Diese beruhen einmal auf der Erweiterung der Beteiligung im Rechtssetzungsverfahren[615] und des verstärkten Einflusses auf die Benennung des Präsidenten der Kommission (Art. 214 Abs. 2 Uabs. 3 EGV; Art 158 Abs. EGV a.F.).[616] Die Mitgliederzahl des Parlaments wurde nunmehr endgültig auf 700 festgelegt (Art. 189 Abs.2 EGV n.F.), was hinsichtlich der Arbeitsfähigkeit des Parlaments sehr hoch erscheint. Man muß jedoch berücksichtigen, daß sich die Gesamtzahl der Parlamentarier auch nach der geplanten Osterweiterung der Union nicht vergrößern wird.[617]

dd) Der Europäische Gerichtshof und das Gericht erster Instanz

Die judikative Rolle im institutionellen Aufbau der Union übernimmt der Europäische Gerichtshof und das ihm beigeordnete Gericht erster Instanz.

613 Demgegenüber gibt es in den Mitgliedstaaten in der Regel enge Verflechtungen, weil die Mehrheit des Kontrollorgans die Mitglieder des zu kontrollierenden Organs wählt und beide Organe von der gleichen Parteienkoalition dominiert werden.

614 Von *M. Hilf/E. Pache*, NJW 1998, 705, 710 wird das Europäische Parlament als der Gewinner der Revisionskonferenz von Amsterdam bezeichnet.

615 Die Rechtssetzungsverfahren werden auf drei reduziert, und zwar auf das Mitentscheidungs-, das Zustimmungs- und das Anhörungsverfahren. Das Mitentscheidungsverfahren (Art. 251 EGV; Art. 189 b EGV a.F.), wird nochmals vereinfacht und von 15 auf 38 Rechtssetzungsmaterien ausgedehnt. Das mit weniger Einfluß des Europäischen Parlaments verbundene Zusammenarbeits- oder auch Kooperationsverfahren nach Art. 252 EGV (Art. 189c EGV a.F.) entfällt, bis auf den Bereich der Wirtschafts- und Währungsunion; *D. Nickel*, Integration 1997, 219, 221; *R. Bieber*, Integration 1997, 236, 240; *R. Streinz*, EuZW 1998, 137, 143; *E. Brok*, Integration 1997, 211.

616 *K. Hasselbach*, BayVBl. 1997, 454, 457.

617 *R. Bieber*, Integration 1997, 236, 239.

Der Europäische Gerichtshof hat die Aufgabe, die Wahrung des Rechts bei der Auslegung und Anwendung des Gemeinschaftsrechts zu sichern (Art. 220 EGV; Art 164 EGV a.F.) Auf die zentrale Rolle der Rechtsprechung für den europäischen Integrationsprozeß wurde bereits in Kapitel B hingewiesen.[618] Der Gerichtshof hat das Gemeinschaftsrecht als eine eigenständige Rechtsordnung immer zugunsten der Gemeinschaft und der Rechte ihrer Bürger angewandt bzw. ausgelegt. Seiner Rechtsprechung kommt daher für die Frage des Verhältnisses der europäischen zur nationalen Rechtsordnung wesentliche Bedeutung zu.

1989 wurde dem Gerichtshof zu seiner Entlastung und zur Verbesserung des Rechtsschutzes in Verfahren mit komplexen Sachverhalten ein Gericht erster Instanz beigeordnet.[619] Damit wurde allerdings kein zusätzliches Gemeinschaftsorgan errichtet, sondern dem Europäischen Gerichtshof lediglich ein eigenständiger Spruchkörper zur Seite gestellt. Das Gericht erster Instanz ist zuständig für dienst- und wettbewerbsrechtliche Fragestellungen und ist insofern das erstinstanzliche Eingangsgericht der Gemeinschaften für alle direkten Klagen gegen die Organe der Gemeinschaften, soweit diese nicht von anderen Mitgliedstaaten oder anderen Organen erhoben werden.[620]

ee) Der europäische Rechnungshof und die Hilfsorgane der Union

Als letztes Organ der Europäischen Union ist der Europäische Rechnungshof zu nennen. Seine Aufgabe besteht darin, die Recht- und Ordnungsmäßigkeit der Einnahmen und Ausgaben der Gemeinschaft und der von ihr geschaffenen Institutionen sowie die Wirtschaftlichkeit der Haushaltsführung zu überprüfen.[621]

---

618 Vgl. dort I. 5.

619 Beschluß des Rates (88/591/EGKS, EWG, Euratom) zur Errichtung eines Gerichts erster Instanz der Europäischen Gemeinschaften vom. 24.10.1988.

620 *H. Kirschner/K. Klüpfel*, Das Gericht erster Instanz der Europäischen Gemeinschaften, Rz. 2; *M. Schweitzer/W. Hummer*, Europarecht, Rz. 273ff.; *V. Nienhaus*, Geschichte, Institutionen und Strategien der Europäischen Union, S. 71.

621 Seine Prüfergebnisse stellt er jährlich in einem Bericht zusammen, der Grundlage für die Entlastung ist, die der Kommission vom Europäischen Parlament auf Vorschlag des Rates zu erteilen ist. Zusätzlich zum Jahresbericht werden eine Reihe von Sonderberichten veröffentlicht und Stellungnahmen zu Entwürfen für Finanzvorschriften abgegeben. Im Vertrag von Amsterdam wurde dem Rechnungshof zusätzlich ein Klagerecht zur Wahrung seiner Rechte zuerkannt (Art. 230 Abs. 3 EGV; (Art. 173 Abs. 3 EGV a.F.)), *M. Hilf/E. Pache*, NJW 1998, 705, 711.

Daneben existieren eine Reihe von Hilfsorganen, die die anderen Organe beratend unterstützen. Zu nennen sind hier vor allem der Wirtschafts- und Sozialausschuß[622] und der Ausschuß der Regionen.[623] Speziell auf dem Gebiet der Wirtschafts- und Währungsunion verfügt die Europäische Union über das Europäische System der Zentralbanken, das die ab 1999 vergemeinschaftete Währungspolitik leiten wird.

d) Das institutionelle Gleichgewicht der Europäischen Union

Die Organe, die den einheitlichen institutionellen Rahmen der Europäischen Union bilden, sind in einer originellen, die Verfassungsprinzipien der Mitgliedstaaten bewußt nicht widerspiegelnden Weise, konzipiert.[624] Das Gemeinschaftsrecht verfügt nicht - wie das Recht westlicher Staaten - über ein System der Gewaltentrennung, sondern basiert auf einer faktischen gegenseitigen Verschränkung und Hemmung der Organe untereinander. Dieses System faktischer *„checks and balances"* bezeichnet der Europäische Gerichtshof als *„institutionelles Gleichgewicht"*. In einer Entscheidung aus dem Jahre 1990 hat der Europäische Gerichtshof dazu ausgeführt, daß die Gemeinschaftsverträge

> *„ein System der Zuständigkeitsverteilung zwischen den verschiedenen Organen der Gemeinschaft geschaffen* (haben), *das jedem Organ seinen Auftrag innerhalb des institutionellen Gefüges der Gemeinschaft und bei der Erfüllung der dieser übertragenen Aufgaben zuweist"*.[625]

Staatsrechtlich wurde das Gewaltenteilungsprinzip zur Sicherung der individuellen Freiheitssphäre der Bürger entwickelt, wohingegen das institutionelle Gleichgewicht unter dem Prinzip der Sicherung der Funktionsfähigkeit der Europäischen Union steht. In diesem Sinne haben sich die einzelnen Organe

622 Art. 257-262 EGV; Art. 193-198 EGV a.F.

623 Art. 263-265 EGV; Art. 198a-198c EGV a.F. Der Ausschuß der Regionen erhält durch den Vertrag von Amsterdam einen eigenen Verwaltungsunterbau und weitere Aufgaben z. B. im Bereich der grenzüberschreitenden Zusammenarbeit. Darüber hinaus kann er künftig wie der Wirtschafts- und Sozialausschuß auch vom Europäischen Parlament angehört werden.

624 *M. Schweitzer/W. Hummer*, Europarecht, Rz. 923; *H. G. Fischer*, Europarecht, § 4 Rz. 94.

625 „Parlament/Rat" EuGH EuZW 1990, 221. Diese Entscheidung baut auf früheren Urteilen auf, in denen der Gerichtshof die Existenz eines institutionellen Gleichgewichts entwikkelte, vgl. „Köster" EuGH Slg. 1970, S. 1161, 1173; „Roquette-Frères-Isoglucose" EuGH Slg. 1980, S. 3333; „Transparenz-Richtlinie" EuGH Slg. 1982, S. 2545. Siehe auch „Tschernobyl I" EuGH Slg. I-1991, S. 4529.

nicht zum Wohle des einzelnen gegenseitig zu hemmen, sondern sind im Gegenteil auf eine effektive Funktionswahrnehmung ausgerichtet. Die Gemeinschaftsorgane lassen sich daher nicht in das herkömmliche gewaltenteilende Schema Legislative, Exekutive und Judikative einordnen. Der Rat als Legislativorgan besitzt auch exekutive Befugnisse und die Kommission als zentrales Exekutivorgan ist mit legislativen Befugnissen ausgestattet. Das Europäische Parlament ist nicht der demokratisch legitimierte Repräsentant der europäischen Völker,[626] sondern kann als Konsultativorgan mit Kontrollbefugnissen bezeichnet werden.[627] Lediglich der Europäische Gerichtshof übt judikative Befugnisse aus.

2. Die völkerrechtliche und staatsrechtliche Stellung der Europäischen Union und der Europäischen Gemeinschaften

a) Fehlende Völkerrechtssubjektivität der Union im Gegensatz zu den Europäischen Gemeinschaften

Erst die Verleihung der Völkerrechtsubjektivität gibt einer internationalen Organisation ihr rechtliches Eigenleben, das sie durch ihre Organe nutzt, um auf völkerrechtlicher Ebene Träger von Rechten und Pflichten, also Zurechnungssubjekt von völkerrechtlichen Rechtssätzen zu sein.[628] Das Kriterium der Völkerrechtssubjektivität läßt sich für eine Verbindung von Staaten dahingehend konkretisieren, daß eine völkerrechtliche Willenseinigung mehrerer souveräner Staaten vorliegen muß, die zur Erreichung eines gemeinsamen, nach Völkerrecht erlaubten Ziels auf Dauer angelegt ist.[629] Dazu wird auf mindestens ein Organ ein Teil der Souveränitätsrechte der Mitgliedstaaten zur selbständigen Wahrnehmung der gesteckten Ziele übertragen.[630]

Durch den Vertrag von Maastricht haben sich mehrere souveräne Staaten auf völkerrechtlicher Ebene geeinigt, die Europäische Union zur Verfolgung

---

626 Vgl. dazu auch unten in diesem Kapitel I. 3. c.

627 In der Sache Roquette Frères-Isoglucose führte der Europäische Gerichtshof zum Anhörungsrecht des Europäischen Parlaments aus: „Diese Befugnis ist für das vom Vertrag gewollte institutionelle Gleichgewicht wesentlich. Sie spiegelt auf Gemeinschaftsebene, wenn auch in beschränktem Umfang, ein grundlegendes demokratisches Prinzip wider, nach dem die Völker durch eine Versammlung ihrer Vertreter an der Ausübung der hoheitlichen Gewalt beteiligt sind." EuGH Slg. 1980, S. 3333, 3334.

628 *Ch. Koenig/M. Pechstein*, Die Europäische Union, Kap. 2, Rz. 4.

629 *A. Randelzhofer*, HStR Bd. I, § 15, Rn. 25.

630 *I. Seidl-Hohenveldern/G. Loibl*, Das Recht der Internationalen Organisationen, Rz. 0105.

der in diesem Vertrag genannten Ziele zu gründen. Der Europäische Rat (Art. D EUV) übt dabei die Rolle des zentralen Organs des Zusammenschlusses aus. Eine eigene Völkerrechtssubjektivität ist der Europäischen Union aber im Rahmen der völkerrechtlichen Übereinkunft ausdrücklich nicht verliehen worden.[631] Auch im Rahmen der Revisionsverhandlungen zum Amsterdamer Vertrag ist von dieser Möglichkeit nicht Gebrauch gemacht worden, obwohl dahingehende Pläne von der irischen[632] und niederländischen Ratspräsidentschaft[633] vorgelegt wurden.

Ob die Union trotzdem über eine eigene Rechtspersönlichkeit verfügt, ist umstritten.[634] Fehlt eine ausdrückliche Festlegung der Völkerrechtssubjektivität einer internationalen Organisation, müßten ihr im Gründungsvertrag Kompetenzen übertragen worden sein, die nur einem Völkerrechtssubjekt zustehen können.[635] Die Völkerrechtssubjektivität würde dann kraft der *„implied-powers-Lehre"* trotz einer ausdrücklichen Erwähnung in den Gründungsverträgen angenommen werden können.[636]

Da die Europäischen Gemeinschaften wegen Art. 47 EUV (Art. M EUV a.F.) vom EU-Vertrag unberührt bleiben, kann auf diese Kompetenzen für die Bestimmung der Rechtspersönlichkeit der Europäischen Union nicht zurückgegriffen werden.[637] Gleiches gilt für die Gemeinsame Außen- und Sicherheitspolitik und die Zusammenarbeit in den Bereichen Justiz und Inneres, denn deren intergouvernementaler Charakter ist lediglich eine vertraglich festgelegte Form der Koordinierung, aber kein der Europäischen Union zugewiesenes Handlungsfeld. Die Mitgliedstaaten gehen hier weiterhin von einer eigenen Zuständigkeit aus. Dem steht auch Art. 18 Abs. 1 EUV (Art. J.5

---

631 Bei den drei Europäischen Gemeinschaften ist dies geschehen (Art. 210/211 EGV; Art. 6 Abs. 1 und 2 EGKSV; und Art. 184/185 EAGV).

632 „Allgemeiner Rahmen für einen Entwurf zur Revision der Verträge", CONF/2500/96 vom 5.12.1996, S. 91ff.

633 „Addendum", CONF 2500/96, ADD. 1, vom 20.3.1997, S. 47ff.

634 Für eine Rechtspersönlichkeit sprechen sich nur vereinzelte Stimmen aus: *G. Ress*, JuS 1992, 985, 986; *A. v. Bogdandy/M. Nettesheim*, EuR 1996, 3, 23ff.; *dies.*, NJW 1995, 2324, 2327. Gegen eine eigene Rechtspersönlichkeit der Europäischen Union *Ch. Koenig/M. Pechstein*, Die Europäische Union, Rz. 60ff.; *dies.*, EuZW 1997, 225; *M. Hilf/E. Pache*, in: Grabitz/Hilf, Kommentar zur Europäischen Union, Band II, Art. A EUV, Rz. 25ff.; *H. Lecheler*, Der Rechtscharakter der Europäischen Union, S. 383, 393; *O. Dörr*, NJW 1995, 3162ff.

635 *R. Streinz*, Europarecht Rz. 121b; *H. Lecheler*, Der Rechtscharakter der Europäischen Union, S. 383, 391f.

636 *Ch. Koenig/M. Pechstein*, Die Europäische Union, Rz. 73ff.

637 Vgl. oben zum Verhältnis der Europäischen Union zu den Europäischen Gemeinschaften Kapitel C I. 2.

Abs. 1 EGV a.F.) nicht entgegen, wonach der Vorsitz in Angelegenheiten der Gemeinsamen Außen- und Sicherheitspolitik die Union vertritt. Darin liegt lediglich die Einräumung einer partiellen Vertretungsmacht zugunsten des den Vorsitz innehabenden Mitgliedstaates für die restlichen Vertragsstaaten der Union.[638] Gemäß Art. 49 EUV (Art. O EUV a.F.) kann ein Beitritt zur Europäischen Union nur insgesamt erfolgen, wobei der Wortlaut den Schluß nahelegt, daß ein Beitritt zu einem Rechtssubjekt gemeint ist. Eine derartige Interpretation der Vorschrift wäre aber unzutreffend, da Abs. 2 des Art. 49 EUV (Art. O EUV a.F.) davon ausgeht, daß die Aufnahme des antragstellenden Staates durch ein Abkommen mit den anderen Mitgliedstaaten, nicht aber mit der Union zu erfolgen hat. Aufgrund der rechtlichen Selbständigkeit der drei Europäischen Gemeinschaften (Art. 47 EUV; Art. M EUV a.F.) ist ein Beitritt immer nur mit einem Einzelbeitritt zu den Europäischen Gemeinschaften verbunden.[639] Der zweiten und dritten Säule der Europäischen Union kann dagegen wegen ihres rein intergouvernementalen Charakters nicht beigetreten werden. Art. 49 EUV (Art. O EUV a.F.) ist also allein so zu verstehen, daß ein Beitritt nur als „Paket" zu den drei Europäischen Gemeinschaften und den beiden intergouvernementalen Säulen möglich ist.[640]

Insgesamt muß daher festgestellt werden, daß der Europäischen Union keine eigene Völkerrechtssubjektivität zukommt. Sie kann nicht als internationale Organisation im eigentlichen Sinne verstanden werden. Die besondere Leistung des EU-Vertrages bestand allein darin, die rein intergouvernemental strukturierten Säulen der Gemeinsamen Außen- und Sicherheitspolitik (Art J ff. EUV a.F.) und der Zusammenarbeit in den Bereichen Justiz und Inneres (Art. K ff. EUV a.F.) mit den supranational ausgerichteten Europäischen Gemeinschaften und den Mitgliedstaaten verbunden zu haben. Ein eigenes Rechtssubjekt wurde damit nicht geschaffen.[641]

Anders stellt sich die Situation allerdings bei den drei Europäischen Gemeinschaften dar, die allgemein als selbständige Rechtspersönlichkeiten des Völkerrechts angesehen werden. Sie sind rechts-, handlungs- und haftungsfä-

---

638 *Ch. Koenig/M. Pechstein*, Die Europäische Union, Rz. 74.

639 Dies belegen die jeweiligen Art. 1 der Beitrittsabkommen mit Österreich, Schweden und Finnland, ABlEG 1994, Nr. C 241, S. 9ff.; *O. Dörr*, NJW 1995, 3162, 3163 und 3164.

640 Art. 49 EUV (Art. O EUV a.F.) regelt nur verschiedene Beteiligungsmodi auf einmal, *Ch. Koenig/M. Pechstein*, Die Europäische Union, Rz. 77.

641 Eine Stärkung der Identität der Europäischen Union auf internationaler Ebene durch den Vertrag von Amsterdam erkennt aber *Ch. Pippan*, Aus Politik und Zeitgeschichte B 47/97, 30ff.

hige Subjekte im zwischenstaatlichen Verkehr.[642] Die Völkerrechtsfähigkeit der Europäischen Gemeinschaften gegenüber Drittstaaten und internationalen Organisationen reicht in funktionalem Verständnis so weit, wie es zur Durchführung ihrer Aufgaben und zur Verwirklichung ihrer Ziele im Sinne der Verträge jeweils erforderlich ist.

b) *Die staatsrechtliche Einordnung der Europäischen Union und der Europäischen Gemeinschaften*

Das Bild von der Europäischen Union wäre unvollständig, würde man nicht die staatlichen Aspekte berücksichtigen, die die Europäische Union in ihrer heutigen Gestalt aufweist.

Jellinek hat den Staat als eine *„mit ursprünglicher Herrschaftsmacht ausgerüstete Verbandseinheit seßhafter Menschen"* beschrieben.[643] In dieser Definition klingen alle Merkmale an, die auch heute noch mit den Begriffen Staatsgewalt, Staatsvolk und Staatsgebiet als für den Staat konstituierend angesehen werden.[644] In personeller (gegenüber seiner Bevölkerung) und in räumlicher Hinsicht (bezüglich eines bestimmten Teils der Erdoberfläche) muß der staatliche Verband in der Lage sein, Befehle von unbedingt bindender Kraft zu erlassen um so durch seine Organe alle für das Zusammenleben der Staatsbürger erforderlichen Belange zu regeln.[645] Dazu gehört die höchste und unabhängige Macht des Staates, die es ihm erlaubt seine Kompetenzen ohne zeitliche Begrenzung festzulegen.[646] Die Rechtsgemeinschaft muß also selbständig handeln können und darf ihre Zuständigkeit nicht von einer anderen Staatsordnung ableiten.

aa) *Partielle europäische Staatsgewalt*

In seinem Maastricht-Urteil verneinte das Bundesverfassungsgericht die Frage, ob die Europäische Union bereits staatliche Qualität erreicht und dadurch

---

642 Für die Europäische Gemeinschaft für Kohle und Stahl ergibt sich dies aus Art. 6 EGKSV, für die Europäische Atomgemeinschaft aus Art. 184, 185 EAG und für die Europäische Gemeinschaft aus Art. 210, 211 EGV (Art. 281/282 EGV a.F.).

643 Vgl. oben Kapitel A I. 1. Fn. 13.

644 *I. Seidl Hohenveldern*, Völkerrecht, Rz. 622.

645 *I. Seidl-Hohenveldern*, Völkerrecht, Rz. 628.

646 Vgl. oben Kapitel A I. 1.

die Staatlichkeit ihrer Mitglieder abgelöst hat.[647] Nach Auffassung des Gerichts gründet sich die

> *„Wahrnehmung von Hoheitsgewalt durch einen Staatenverbund wie die Europäischen Union auf Ermächtigungen souverän bleibender Staaten".*[648] (...) *„Dementsprechend nimmt der Unions-Vertrag auf die Unabhängigkeit und Souveränität der Mitgliedstaaten Bedacht, indem er die Union zur Achtung der nationalen Identität ihrer Mitgliedstaaten verpflichtet* (...)*, die Union und die Europäischen Gemeinschaften nach dem Prinzip der begrenzten Einzelzuständigkeit nur mit bestimmten Kompetenzen und Befugnissen ausstattet (Art. E EUV; Art. 3 b Abs. 1 EGV) und sodann das Subsidiaritätsprinzip für die Union (Art. B Abs. 2 EUV) und für die Europäische Gemeinschaft (Art. 3 b Abs. 2 EGV) zum verbindlichen Rechtsgrundsatz erhebt."*[649]

Das Bundesverfassungsgericht zählt hier verschiedene Aspekte auf, die seiner Auffassung nach die fehlende staatliche Qualität der Europäischen Union begründen. Dazu gehören das Prinzip der begrenzten Einzelermächtigung (1), das Subsidiaritätsprinzip (2) und die Achtung der nationalen Identität der Mitgliedstaaten durch die Union (3). An anderer Stelle geht das Gericht davon aus, daß Deutschland die Mitgliedschaft an dem auf unbegrenzte Zeit geschlossenen Unions-Vertrag *„letztlich durch einen gegenläufigen Akt auch wieder aufheben könnte."*[650] Ob dies zutreffend ist und die Stellung Deutschlands, als einer der *„Herren der Verträge"*[651] in einem einseitigen Sezessionsrecht zum Ausdruck kommt, soll im Anschluß daran untersucht werden.

(1) Prinzip der begrenzten Einzelermächtigung

Zentrales Strukturprinzip im Verhältnis der Europäischen Union zu den Mitgliedstaaten ist das in Art. 5 EGV (Art. 3b Abs. 1 EGV a.F.)[652] niedergelegte

---

647 Im Leitsatz 8 führt das Gericht dazu aus, daß der Unions-Vertrag einen Staatenverbund begründet hat, aber *„keinen sich auf ein europäisches Staatsvolk stützenden Staat"*, BVerfGE 89, 155, 156.

648 BVerfGE 89, 155, 186.

649 BVerfGE 89, 155, 189.

650 BVerfGE 89, 155, 190.

651 BVerfGE 89, 155, 190.

652 Vgl. ebenso (Art. 7 Abs. 1 Satz 2; 8 und 9 EGV (Art. 4 Abs. 1 Satz 2; 4a und 4b EGV a.F.).

Prinzip der begrenzten Einzelermächtigung.[653] Danach besitzt die Gemeinschaft keine Kompetenz-Kompetenz, d.h. sie kann nicht selbst festlegen, in welchen Bereichen sie tätig werden will. Jeder verbindliche Rechtsakt der Gemeinschaft bedarf vielmehr einer Ermächtigungsgrundlage in den Gemeinschaftsverträgen,[654] die festlegt, *wann* ein Organ tätig werden darf, *wie*, d.h. mit welchem Rechtsakt (Verordnungen, Richtlinien, etc.) und in *welchem inhaltlichen Umfang*. Das Prinzips steht in engem Zusammenhang mit dem nationalen Zustimmungsgesetz, das die nationale Rechtsordnung für die Einflüsse des europäischen Rechts öffnet. Außerhalb des Zustimmungsgesetzes liegende Rechtsakte der Union wären daher nicht mehr vom Zustimmungsgesetz gedeckt, so daß die daraus hervorgehenden Rechtsakte im deutschen Hoheitsbereich nicht verbindlich wären.[655]

Dementsprechend sind auch die Möglichkeiten der Vertragsfortentwicklung begrenzt.[656] Die Union kann aus eigenem Recht ihre Kompetenzen über das vorhandene Instrumentarium hinaus nicht erweitern. Änderungen der Aufgaben und Befugnisbestimmungen sind dem vorherigen Einverständnis der Mitgliedstaaten im förmlichen Vertragsänderungsverfahren nach Art. 48 EUV (Art. N EUV a.F.) vorbehalten.[657]

Eine Kompetenz-Kompetenz der Union ergibt sich ferner nicht über den Umweg des Art. 6 Abs. 4 EUV (Art. F Abs. 3 EUV a.F.). Nach dem Wortlaut der Vorschrift könnte der Eindruck entstehen, die Union sei über die Ausstattung mit Mitteln, die zum Erreichen ihrer Ziele erforderlich sind, auch in der Lage, weitere Kompetenzen an sich zu ziehen. Innerhalb der Mitgliedstaaten besteht Einigkeit darüber, daß eine solche Interpretation der Vorschrift nicht zulässig ist. Das Bundesverfassungsgericht begründet dies zunächst damit, daß die Mitgliedstaaten mit der Europäischen Union kein eigenes Rechtssubjekt gründen wollten, das Träger eigener Kompetenzen sein soll.[658] Zudem fehlt Art. 6 Abs. 4 EUV (Art. F Abs. 3 EUV a.F.) eine verfahrensrechtliche Ergänzung, die für Befugnisnormen im EG-Vertrag typisch

---

653 Vgl. insgesamt die umfassenden Ausführungen bei *H. P. Kraußer*, Das Prinzip begrenzter Ermächtigung, S. 16ff.

654 Vgl. Art. 5 Abs. 1 EGV (Art. 3 b Abs. 1 EGV a.F.); Art. 7 Abs. 1 EGV (Art. 4 Abs. 1 EGV a.F.); Art. 202 EGV (Art. 145 EGV a.F.) („nach Maßgabe dieses Vertrages"); Art. 211 EGV (Art. 155 EGV a.F.) („Aufgaben"), Art. 249 Abs. 1 EGV (Art. 189 Abs. 1 EGV a.F.) („nach Maßgabe dieses Vertrages")

655 BVerfGE 89, 155, 188.

656 Vgl. dazu bereits oben Kapitel B I. 5. b und c.

657 BVerfGE 89, 155, 199, 209.

658 BVerfGE 89, 155, 199, 195.

ist.[659] Insgesamt stellt das Bundesverfassungsgericht daher zutreffend fest, daß die Vorschrift nur als eine *„politisch-programmatische"* Absichtserklärung der Mitgliedstaaten im Hinblick auf eine ausreichende Ausstattung der Union mit Eigenmitteln zu verstehen ist.[660] Eine Kompetenz-Kompetenz wird der Europäischen Union dadurch nicht verliehen.[661]

(2) Subsidiarität und Verhältnismäßigkeit

In engem Zusammenhang damit stehen die Prinzipien der Subsidiarität (Art. 5 Abs. 2 EGV; Art. 3 b Abs. 2 EGV a.F.) und der Verhältnismäßigkeit (Art. 5 Abs. 3 EGV; Art. 3 b Abs. 3 EGV a.F.). Beide bereits seit Maastricht im EG-Vertrag verankerten Grundsätze wurden durch ein eigenes Protokoll zum Amsterdamer Vertrag um rechtsverbindliche Leitlinien für ihre Anwendung präzisiert und ergänzt.[662] Der Grundsatz der Verhältnismäßigkeit enthält ein Übermaßverbot, das in der Lage ist, die nationale Identität der Mitgliedstaaten (Art. 6 Abs. 3 EUV; Art. F Abs. 1 EUV a.F.) vor einer europäischen Überreglementierung zu schützen. In die gleiche Richtung geht das Subsidiaritätsprinzip, das die nationalen Aufgaben und Befugnisse gegenüber den europäischen Zentralisierungstendenzen bewahren soll. Rechtsakte der Gemeinschaft sind nach Ziffer 5 des Subsidiaritätsprotokolls nur gerechtfertigt, wenn die Ziele der in Betracht gezogenen Maßnahmen nicht ausreichend durch Maßnahmen der Mitgliedstaaten im Rahmen ihrer Verfassungsordnung erreicht werden können (sog. „Effizienztest") und daher besser durch Maßnahmen der Gemeinschaft zu erreichen sind (sog. „Mehrwerttest").[663] Beide Voraussetzungen müssen kumulativ vorliegen.[664]

---

659 BVerfGE 89, 155, 199, 196.

660 BVerfGE 89, 155, 194f., 199.

661 *M. Schweitzer/W. Hummer*, Europarecht, Rz. 340; *A. Bleckmann*, Europarecht, Rz. 87; *F. Emmert*, Europarecht, S. 169.

662 Die „Dokumentensammlung" zum Subsidiaritätsprinzip umfaßt neben dem eigentlichen Art. 5 Abs. 2 EGV (Art. 3 b Abs. 2 EGV a.F.) das in Amsterdam beschlossene *„Protokoll über die Anwendung der Grundsätze der Subsidiarität und der Verhältnismäßigkeit"*, abgedruckt in: *K. Schelter/W. Hoyer*, Der Vertrag von Amsterdam, Band 4, S. 161ff., in dessen Präambel wiederum auf die Schlußfolgerungen des Europäischen Rates von Birmingham vom 16. Oktober und von Edinburgh vom 11./12. Dezemer 1992 sowie der *„Interinstitutionelle Vereinbarung"* vom 28. Oktober 1993 verwiesen wird.

663 Protokoll über die Anwendung der Grundsätze der Subsidiarität und der Verhältnismäßigkeit, abgedruckt in: *K. Schelter/W. Hoyer*, Der Vertrag von Amsterdam, Band 4, S. 161, 163; *H. J. Blanke*, ZG 1995, 193, 201; *G. Müller-Brandeck-Bocquet*, Aus Politik und Zeitgeschichte B 47/97, 21, 28f.

664 Dies war vor Amsterdam umstritten.

Das Subsidiaritätsprinzip enthält also den Grundsatz, daß die größere Einheit niemals Aufgaben übernehmen darf, die die kleinere Einheit zufriedenstellend erfüllen kann. Der letzte Aspekt gewinnt vor allem für Länder mit gliedstaatlicher Struktur, wie Belgien, Österreich und Deutschland zunehmend an Bedeutung, da über diese Argumentation versucht wird, Kompetenzen im nationalen gliedstaatlichen Raum zu halten. Das Subsidiaritätsprinzip kommt somit einer Kompetenzausübungsschranke gleich, die bei nicht ausschließlicher Zuständigkeit der Gemeinschaft die Rechtssetzung nur im Rahmen der dort skizzierten Prüfmuster erlaubt.[665] Die Versuche, das Subsidiaritätsprinzip zu einem *„Architekturprinzip Europas"*[666] zu machen, sind bis heute an den Schwierigkeiten einer begrifflichen Fixierung und seiner mangelnden Justitiabilität gescheitert.[667] Trotzdem zeigt das Subsidiaritätsprinzip, daß die Europäische Union nach Maastricht die Schwelle zu einem verfassungsähnlichen Zustand überschritten hat, in dem es zum Schutz der Identität der Mitgliedstaaten notwendig ist, gegenüber den Kompetenzansprüchen der Staatenverbindung ein Regulativ einzuführen.[668]

665 Die grundsätzlich erteilte Handlungsermächtigung gemäß Art. 5 Abs. 1 EGV (Art. 3b Abs. 1 EGV a.F.) wird an die Voraussetzungen des Art. 5 Abs. 2 EGV (Art. 3b Abs. 2 EGV a.F.) gebunden und begrenzt, BVerfGE 89, 155, 199, 210f.

666 Beschluß der Ministerpräsidentenkonferenz vom 20. und 21.12.1990, abgedruckt in: J. Bauer (Hrsg.), Europa der Regionen, S. 118.

667 Dies liegt nicht zuletzt daran, daß zum einen die Kompetenzen im EG-Vertrag final konzipiert sind und sich daher gegenständlich nur schwer begrenzen lassen (vgl. Art. 95 EGV; Art. 100a EGV a.F.) und zum anderen die im Rat gefällten politischen Entscheidungen über ein Tätigwerden oder eine Untätigkeit der Union einem normativen Maßstab unterworfen werden müssen, *H. J. Blanke*, ZG 1995, 193, 201ff.; *M. Jachtenfuchs*, Europa-Archiv 1992, 279, 282. Aus diesem Grund sind auch die Versuche gescheitert, im Amsterdamer Vertrag eine klare Kompetenzabgrenzung zwischen der Europäischen Union und der nationalen Ebene vorzunehmen, vgl. *W. Wessels*, Integration 1997, 117, 125.

668 *K. Kinkel*, Das Subsidiaritätsprinzip in der Europäischen Union, S. 1287, 1289. Zu bedenken ist, daß sich subsidiäre Ansätze in kooperativ geliederten Strukturen von selbst ergeben. Subsidiarität im Sinne einer Kompetenzausübungsschranke ist nur in herrschaftlich organisierten Verbindungen notwendig, die einen Souveränitätsverlust zur Folge haben, wie insbesondere in einem Bundesstaat. Dann bedarf dieser Grundsatz auch institutioneller Absicherung, um den kleineren Einheiten den beanspruchten Freiraum zu erhalten, *K. E. Heinz*, Staatswissenschaft und Staatspraxis, 1994, 77, 90f.

(3) Die Achtung der nationalen Identität der Mitgliedstaaten

Das Verhältnis der Europäischen Union zu den Mitgliedstaaten wird direkt in Art. 6 Abs. 3 EUV (Art. F Abs. 1 EUV) angesprochen. Danach achtet die Union die nationale Identität ihrer Mitgliedstaaten.

Um diesen an die Union gestellten Anspruch mit Leben zu erfüllen, muß man sich zunächst darüber im klaren werden, was unter *„nationaler Identität"* zu verstehen ist. Der EU-Vertrag selbst nennt in Art. 6 Abs. 1 (Art. F Abs. 1 EUV a.F.) Voraussetzungen, die nicht nur für die Europäische Union gelten, sondern zugleich Bestandteil der nationalen Identität sein sollen. Dazu gehören die Grundsätze der Freiheit, der Demokratie, der Achtung der Menschenrechte und Grundfreiheiten sowie der Rechtsstaatlichkeit.[669] Erwähnenswert ist ebenfalls, daß Art. 151 Abs. 1 EGV (Art. 128 EGV a.F.) im Hinblick auf die Kulturpolitik der Gemeinschaft, die Wahrung der *„nationalen und regionalen Vielfalt"* besonders herausstellt.[670]

Im nationalen Bereich findet Art. 6 Abs. 3 EUV (Art. F Abs. 1 EUV) sein Pendant in Art. 23 Abs. 1 Satz 1 GG. Die Vorschrift nennt - wie in Kapitel D noch ausführlich darzustellen sein wird - Verfassungsgrundsätze, die als Teil der Verfassungsidentität des Grundgesetzes für die Europäische Union gelten sollen.[671] Das Gebot der Gemeinschaftstreue im Sinne von Art. 10 EGV (Art. 5 EGV a.F.) wird auf die Ebene der Union übertragen und so zu einer wechselseitigen Verpflichtung ausgestaltet.[672] Neben den zuvor genannten Prinzipien, die die Rechtssetzungsbefugnisse der Europäischen Union beschränken, haben die Mitgliedstaaten mit dem Gebot der Wahrung ihrer nationalen Identität ein weiteres Gegengewicht zu den Zentralisierungstendenzen des Maastrichter Vertrages gesetzt. In dieser Fassung könnte Art. 6 Abs. 3 EUV (Art. F Abs. 1 EUV) sogar als eine Absage an eine Entwicklung zu einem europäischen Bundesstaat verstanden werden, die letztlich die Staatlichkeit der Mitglieder entscheidend herabstuft.[673] Da der Amsterdamer Vertrag die Bestimmung beibehalten hat und sie durch einen eigenen Absatz sogar besonders hervorhebt, ist davon auszugehen, daß ihre Sperrfunktion

---

669 Dies wird in der Denkschrift der Bundesregierung zum Maastrichter-Vertrag bestätigt, BT-Drs. 12/3334, S. 81, 85.

670 *A. Bleckmann*, JZ 1997, 265, 269.

671 Vgl. zur Deutung des Begriffs der nationalen Identität insgesamt *M. Hilf*, Europäische Union und nationale Identität der Mitgliedstaaten, S. 157, 160ff.; *A. Bleckmann*, JZ 1997, 265f.; *E. Klein*, in: Hailbronner/Klein, Handkommentar, Art. F EUV, Rz. 4.

672 S. *Magiera*, spricht vom „Prinzip der Interdependenz", Jura 1994, 1, 5.

673 *M. Hilf*, Europäische Union und nationale Identität der Mitgliedstaaten, S. 157, 164. So auch *A. Bleckmann*, JZ 1997, 265, 266.

gegenüber einer Entstaatlichung der Mitgliedstaaten weiterhin Bedeutung behalten wird.

Insgesamt läßt die Vorschrift erkennen, daß sich die nationale Identität in Europa in einem Spannungsverhältnis zwischen mehreren Identitätsbezügen behaupten muß.[674] Im Wort *„achten"* bringt die Bestimmung zugleich die Möglichkeit zur Wandlung der Identität der Mitgliedstaaten durch die Integration zum Ausdruck, denn die Identität ist nicht unantastbar; sie ist im Rahmen der Integration angemessen zu berücksichtigen und wird durch die Integration selbst modifiziert.

Die europäische Identität entwickelt sich nur auf der Grundlage fortbestehender nationaler Identitäten,[675] denn die Mitgliedstaaten haben als Träger und Gestalter bei der europäischen Integration die wichtigste Funktion behalten. Die Europäische Union ist das Gebilde mitgliedstaatlicher Entscheidungen und in ihrer Struktur auf diese zurückführbar.

(4) Austritts- und Ausschlußmöglichkeiten der Mitgliedstaaten aus der Europäischen Union

Für die Stellung der Mitgliedstaaten in der Europäischen Union und damit für deren staatsrechtliche Qualifikation ist weiterhin entscheidend, ob sie über die Möglichkeit verfügen, sich aus dem Integrationsverbund wieder zu lösen und damit in letzter Konsequenz ihre Vorherrschaft gegenüber den europäischen Entwicklungen behalten haben.

Die Europäische Union ist in ihrer Konzeption nicht zeitlich limitiert. Nach Art. 51 EUV (Art. Q EUV a.F.) gilt der Vertrag *„auf unbegrenzte Zeit"*. Mit demselben Wortlaut ist dies für die Europäische Gemeinschaft (Art. 312 EGV; Art. 240 EGV a.F.) und die Europäische Atomgemeinschaft (Art. 208 EAGV) festgehalten. Lediglich der EGKS-Vertrag wurde auf eine Laufzeit von 50 Jahren begrenzt (Art. 97 EGKSV). Da der EU-Vertrag in seiner ersten Säule die Europäische Gemeinschaft für Kohle und Stahl umfaßt (Art. 1 Abs. 3 Satz 1 EUV; Art. A Abs. 3 Satz 1 EUV a.F.), dürfte Art. 51

---

674 *M. Hilf*, Europäische Union und nationale Identität der Mitgliedstaaten, S. 157, 162.

675 In Parallele zur Konstruktion der Unionsbürgerschaft, tritt die europäische Identität nicht in Konkurrenz zur nationalen Identität, sondern überlagert und erweitert diese; vgl. *H.J. Blanke/M. Kuschnick*, DÖV 1996, S. 46, 48f., siehe unten in diesem Kapitel I. 2. b, bb. Vgl. auch *E. Denninger*, KritV 1995, 263ff.

EUV (Art. Q EUV a.F.) in seiner zeitlichen Unbegrenztheit den EGKS-Vertrag in seiner Geltung über das Jahr 2002 hinausführen.[676]

Fraglich ist, welche Schlußfolgerungen aus diesen Vorschriften hinsichtlich des Fortbestandes der Europäischen Union und ihrer drei Gemeinschaften bzw. eines einseitigen oder einvernehmlichen Ausscheidens der Mitgliedstaaten aus den Verträgen gezogen werden können.

(α) Fehlende zeitliche Begrenzung der Verträge

Mit der ausdrücklichen Bestimmung der unbegrenzten Vertragsdauer unterscheiden sich die Europäische Union, die Europäische Gemeinschaft und die Europäische Atomgemeinschaft von anderen internationalen Organisationen, die entweder eine begrenzte Vertragsdauer,[677] eine Kombination von Vertragsdauer und Weitergeltungsvorschriften[678] enthalten oder die Geltungsdauer überhaupt nicht regeln, dafür aber Kündigungsmöglichkeiten vorsehen.[679] In den Entwürfen zu den Römischen Verträgen war zunächst ebenfalls eine Befristung vorgesehen, die dann aber nicht in die endgültige Fassung aufgenommen wurde. Ebenso wurde damals ein Rücktrittsrecht für die Mitgliedstaaten abgelehnt.[680] Vom Wortlaut her ist interessant, daß der Ausdruck *„unauflöslich"*, den die ad-hoc-Versammlung für die Vorbereitung der Europäischen Gemeinschaft vorgeschlagen hatte, nicht von den Vertragsparteien aufgegriffen wurde.[681] Der verwendete Begriff *„auf unbegrenzte Zeit"* steht hier im Gegensatz zu den Formulierungen der Deutschen Bundesakte (*„unauflöslich"*, Art. 5)[682] und der deutschen Reichsverfassung von 1871 (*„ewig"*, Präambel).[683] Aus alledem läßt sich schließen, daß die Vorschriften lediglich eine Aussage über die zeitliche Geltungsdauer der Verträge, nicht jedoch auch über ihre mögliche *„Unauflöslichkeit"* aus anderen Gründen enthalten.[684]

---

676 *R. Streinz*, Europarecht, Rz. 106. Eine Verpflichtung zur Fortführung erkennt *M. Hilf*, in: Groeben/Thiesing/Ehlermann, Band 4 , Art. 240, Rz. 17.

677 Art. 97 EGKSV.

678 Art. 13 Nato-V.

679 Z.B. Art. 7 der Satzung des Europarates, vgl. *M. Schweitzer*, in: Grabitz/Hilf, Kommentar zur Europäischen Union, Band 2, Art. 240, Rz. 2.

680 *M. Hilf*, in: Groeben/Thiesing/Ehlermann, Band 4 , Art. 240, Rz. 2.

681 *M. Hilf*, in: Groeben/Thiesing/Ehlermann, Band 4 , Art. 240, Rz. 2.

682 Vgl. oben Kapitel A III. 1. c.

683 Vgl. oben Kapitel A V. 2. a.

684 *M. Schweitzer*, in: Grabitz/Hilf, Kommentar zur Europäischen Union, Band 2, Art. 240, Rz. 4; *E. Klein*, in: Hailbronner/Klein, Handkommentar, Ordner 2, Art. 240, Rz. 2; *M. Röttinger*, in: Lenz, Europarechtskommentar, Art. 240, Rz. 1. Im Vergleich zur Formulierung

(β) Anwendung der Wiener Vertragsrechtskonvention?

Weder die Verträge der Gemeinschaften noch der EU-Vertrag sehen eine Bestimmung für den Austritt oder Ausschluß eines Mitgliedstaates oder über eine Suspendierung der Verträge vor. Ob dies trotzdem möglich sein soll, wird kontrovers diskutiert. Zunächst ist fraglich, ob die Gemeinschaftsverträge und der EU-Vertrag als völkerrechtliche Verträge zwischen den Mitgliedstaaten den allgemeinen Auslegungsregeln der Wiener Vertragsrechtskonvention (WVRK) von 1969 unterstehen,[685] die Anhaltspunkte hinsichtlich einer Beendigung der Verträge bieten.

Nach Art. 54 lit. b) WVRK ist es jederzeit möglich einen Vertrag einvernehmlich zwischen allen Vertragsparteien zu beenden. Die Vorschrift stimmt insoweit mit der Regelung über Vertragsänderungen gemäß Art. 48 EUV (Art. N EUV a.F.) überein, die eine einstimmige Änderung, also auch eine Auflösung der Verträge, erlaubt.[686] Dies soll nach Auffassung einiger Autoren nur so lange möglich sein, wie die Integrationsdichte der Europäischen Union nicht einen Grad aufweist, der die völkerrechtliche Komponente in den Verträgen gänzlich überwunden hat.[687] Dementsprechend wird den Vorschriften über die Geltungsdauer ein *„Programmsatz"* entnommen, der bei zunehmender Integrationsdichte die Unauflöslichkeit der Verträge vorschreiben soll.[688]

---

des EGKS-Vertrages ist mit *„unbegrenzt"* mehr als 50 Jahre gemeint, *M. Hilf*, in: Groeben/Thiesing/Ehlermann, Band 4 , Art. 240, Rz. 4.

685 Für eine Anwendung der Wiener Vertragsrechtskonvention *E. Klein*, in: Hailbronner/Klein, Handkommentar, Ordner 2, Art. 240, Rz. 2; *Ch. Tomuschat*, in: Bonner-Kommentar, Art. 24, Rz. 99; *P. M. Huber*, Recht der europäischen Integration, § 5, Rz. 20; *R. Streinz*, Europarecht, Rz. 91; *M. Schweitzer*, in: Grabitz/Hilf, Kommentar zur Europäischen Union, Band 2, Art. 240, Rz. 4. Gegen eine Anwendung völkerrechtlichen Vertragsrechts *H. P. Ipsen*, Europäisches Gemeinschaftsrecht, S. 99ff. Für eine nur sehr eingeschränkte subsidiäre Anwendbarkeit *M. Röttinger*, in: Lenz, Europarechtskommentar, Art. 240, Rz. 3. Nach *M. Hilf* lassen sich aus der Wiener Vertragsrechtskonvention nur Anhaltspunkte für die Abwägung der in Frage stehenden Interessen entnehmen, wenn diese zugleich allgemeine Rechtsgrundsätze wiedergeben, die auch dem Gemeinschaftsrecht zugrunde liegen, in: Groeben/Thiesing/Ehlermann, Band 4 , Art. 240, Rz. 6.

686 *R. Streinz*, Europarecht, Rz. 90; *E. Klein*, in: Hailbronner/Klein, Handkommentar, Ordner 2, Art. 240, Rz. 2. Ein Beispiel für eine zulässige Änderung der Verträge, bildet der Austritt Grönlands aus den Europäischen Gemeinschaften aufgrund des einvernehmlichen Vertrages vom 13.3.1984, vgl. *M. Hilf*, in: Groeben/Thiesing/Ehlermann, Band 4, Art. 240, Rz. 14. A.A. *M. Röttinger*, in: Lenz, Europarechtskommentar, Art. 240, Rz. 5.

687 *M. Schweitzer*, in: Grabitz/Hilf, Kommentar zur Europäischen Union, Band 2, Art. 240, Rz. 4; *M. Röttinger*, in: Lenz, Europarechtskommentar, Art. 240, Rz. 4.

688 *M. Hilf*, in: Groeben/Thiesing/Ehlermann, Band 4 , Art. 240, Rz. 5.

In der Vereinbarung der unbegrenzten Geltung soll aber in jedem Fall der Ausschluß eines ordentlichen Kündigungsrechts liegen.[689] Dies steht wiederum in Übereinstimmung mit Art. 56 Abs. 1 WVRK, der für einen Vertrag, der keine Bestimmung über seine Beendigung enthält, wie das bei EG- und EU-Vertrag der Fall ist, weder eine Kündigungs- noch eine Rücktrittsmöglichkeit erlaubt.[690]

Fraglich ist in diesem Zusammenhang auch, ob die *„clausula rebus sic stantibus"* gemäß Art. 62 WVRK anwendbar ist. Danach kann von einem Mitgliedstaat bei einer grundlegenden Änderung der beim Vertragsabschluß vorliegenden Umstände, die von den Vertragsparteien nicht vorausgesehen werden konnten, die Beendigung des Vertrages geltend gemacht werden.[691] Dies ist jedoch an die Voraussetzung geknüpft, daß diese Umstände eine wesentliche Grundlage für die Zustimmung der Vertragsparteien zum Vertragsabschluß waren (Art. 62 Abs. 1 lit. a WVRK) und die Änderung der Umstände das Ausmaß der auf Grund des Vertrages zu erfüllenden Verpflichtungen tiefgreifend umgestalten würde (Art. 62 Abs. 1 lit. b WVRK).

Gegen die Anwendung des Art. 62 WVRK spricht, daß das Primärrecht selbst eine Reihe von Notstandsregeln vorsieht, die in solchen unvorhergesehenen Situationen eingreifen.[692] Dazu zählt die nunmehr in Art. 7 n.F. in den EU-Vertrag eingefügte Regelung, die bei Verstoß eines Mitgliedstaates gegen die in Art. 6 Abs. 1 EUV (Art. F Abs. 1 EUV a.F.) genannten Grundsätze (Freiheit, Demokratie, Achtung der Menschenrechte und Grundfreiheiten sowie Rechtsstaatlichkeit) eine Suspendierung der Mitgliedschaftsrechte des betreffenden Mitgliedstaates ermöglicht.[693] Gleiches muß für den Ausschluß bei nicht vertragsgemäßem Verhalten gelten. Auch hier sind die primärrecht-

689 *M. Hilf*, in: Groeben/Thiesing/Ehlermann, Band 4 , Art. 240, Rz. 8 und 9.

690 Darüber dürfte weitgehend Einigkeit bestehen: *M. Schweitzer*, in: Grabitz/Hilf, Kommentar zur Europäischen Union, Band 2, Art. 240, Rz. 5;

691 So z.B. bei der revolutionären Umwälzung der Verfassungsstruktur eines Mitgliedstaates, *R. Streinz*, Europarecht, Rz. 92; *P. M. Huber*, Recht der europäischen Integration, § 5 Rn 20; *ders.*, Der Staatenverbund der Europäischen Union, S. 349, 357.

692 Eine solche Funktion erfüllen insbesondere die Klagemöglichkeiten in den Art. 226 EGV (Art. 169 EGV a.F.), Art. 227 EGV (Art. 170 EGV a.F.), Art. 230 EGV (Art. 173 EGV a.F.) für die Mitgliedstaaten und die Gemeinschaftsorgane, *R. Streinz*, Europarecht, Rz. 91; *H. P. Ipsen*, Europäisches Gemeinschaftsrecht, § 4, Rz. 21, S. 100.

693 So bereits früher *R. Streinz*, Europarecht, Rz. 93. Vgl. zur Interpretation des Vertrags von Amsterdam in diesem Punkt *W. Wessels*, Integration 1997, 117, 129; *M. Hilf/E. Pache*, NJW 1998, 705, 706.

lich verankerten Klagemöglichkeiten vorrangig zu berücksichtigen.[694] Die Weigerung eines Mitgliedstaates, sich nicht an Vertragsänderungen zu beteiligen, kann jedenfalls keinen Ausschlußgrund darstellen, da damit das Einstimmigkeitserfordernis in Art. 48 EUV (Art. N EUV a.F.) umgangen würde.[695]

(χ) Rechtliche und faktische Sezessionsmöglichkeiten

Bei allen rechtlichen Überlegungen ist immer zu berücksichtigen, daß weder das Gemeinschaftsrecht selbst noch die völkerrechtlichen Schranken in Form der Wiener Vertragsrechtskonvention, faktischen Auflösungserscheinungen entgegenwirken können. Selbst das Bundesverfassungsgericht hat in seiner Maastricht-Entscheidung als *„ultima-ratio"* eine Lösung der Bundesrepublik aus der Europäischen Union als zumindest möglich angesehen.

> *„Die Bundesrepublik Deutschland ist somit auch nach dem Inkrafttreten des Unionsvertrags Mitglied in einem Staatenverbund, dessen Gemeinschaftsgewalt sich von den Mitgliedstaaten ableitet und im deutschen Hoheitsbereich nur Kraft des deutschen Rechtsanwendungsbefehls verbindlich wirken kann. Deutschland ist einer der 'Herren der Verträge', die ihre Gebundenheit an den 'auf unbegrenzte Zeit' geschlossenen Unions-Vertrag (Art. Q EUV) mit dem Willen zur langfristigen Mitgliedschaft begründet haben, diese Zuständigkeit durch einen gegenläufigen Akt auch wieder aufheben könnten."*[696]

Diese Auffassung ist weder mit dem Gemeinschaftsrecht noch mit völkerrechtlichen Grundsätzen vereinbar.[697] Der vom Gericht postulierten Austrittsmöglichkeit liegt die Überzeugung zugrunde, daß nur mit einem Kündigungs- bzw. Austrittsrecht die Frage positiv beantwortet werden kann, ob ein Staat noch in der Lage ist, über seine Zukunft zu entscheiden und damit sein

---

694 Vgl. Art. X ff. EGV (Art. 169 ff. EGV a.F.). Anders könnte die Situation zu beurteilen sein, wenn der Vertragsverstoß über das mit den Mitteln der Klagen vor dem Europäischen Gerichtshof sanktionierbare Maß hinausgeht, so *R. Streinz*, Europarecht, Rz. 92.

695 *M. Hilf*, in: Groeben/Thiesing/Ehlermann, Band 4 , Art. 240, Rz. 12; *R. Streinz*, Europarecht, Rz. 94.

696 BVerfGE 89, 155, 190. Eine weitere Aussage zum einseitigen Ausscheiden aus der Union enthält das Urteil hinsichtlich der Währungsunion, falls diese als Stabilitätsgemeinschaft scheitern sollte, BVerfGE aaO., 204. Zum Stabilitätspakt von Amsterdam und dessen verfassungsrechtlicher Bedeutung, vgl. *M. Kuschnick*, DZWir 1997, 315, 321.

697 Vgl. *M. Röttinger*, in: Lenz, Europarechtskommentar, Art. 240, Rz. 5; *J. Kokott*, AöR 119 (1994), 207, 225.

Selbstbestimmungsrecht auszuüben.[698] Es soll der faktischen Komponente der Souveränität entsprechen, daß eine tatsächlich bestehende Austrittsmöglichkeit bereits genügt, um den Verlust der Souveränität der Mitgliedstaaten zu verneinen.[699] Das einseitige Kündigungsrecht wird so zum wesentlichen Kriterium, an dem die Abgrenzung zwischen einem Staatenbund und einem Bundesstaat vorgenommen wird.[700] Dahinter steht die alte Frage nach dem Primat des Völkerrechts oder des Staatsrechts, wodurch sich das Bundesverfassungsgericht in direkter Tradition zur *Jellinekschen* Lehre von den Staatenverbindungen befindet.[701]

Die Untersuchung der Staatenverbindungen des 19. Jahrhunderts in Kapitel A hat gezeigt, daß sowohl der Staatenbund als auch der Bundesstaat vom inneren Grundkonsens der Beteiligten in ihrer Fortgeltung abhängig sind.[702] Die Konzeption der Geltung *„auf unbegrenzte Zeit"* wurde nicht zuletzt deshalb gewählt, um den Gemeinschaften und der Europäischen Union eine gewisse Stabilität zu verleihen. Wird den in der Union bestehenden Auflösungstendenzen kein rechtliches Verfahren geboten, so verweist dies die politischen Sezessionsbestrebungen in den gemeinschaftsrechtlich nicht legitimierten Bereich.[703] Der rechtliche Rahmen vermag die zentripedalen Kräfte jedoch nicht mehr zu halten, wenn der Grundkonsens innerhalb der Verbindung ein Maß unterschreitet, das es einem Mitgliedstaat politisch unmöglich macht, seine Mitgliedschaft weiter aufrechtzuerhalten. Fest steht auch, daß die Europäische Union in einem solchen Fall über keinerlei Zwangsmittel verfügt, die in letzter Konsequenz ein einseitiges Ausscheiden eines Mitgliedstaates verhindern könnten. Das einzige Mittel, das der Europäischen Union und ihrer supranationalen Gemeinschaften innewohnt, um Auflösungstendenzen entgegenzuwirken, ist in ihrer Existenz selbst begründet. Durch die Verträge haben die Mitgliedstaaten eine Staatengemeinschaft geschaffen, die gerade wegen ihres unabhängigen Rechtssystems über eine hohe Problemlösungskapazität verfügt und daher für die Mitgliedstaaten besonders

---

698 So auch *P. M. Huber*, Recht der europäischen Integration, § 3, Rz. 33; *J. Kokott*, AöR 119 (1994), 207, 225; *H. Steinberger*, Anmerkungen zum Maastricht-Urteil des Bundesverfassungsgerichts, S. 25, 34.

699 *A. Randelzhofer*, HStR Bd. I, § 15, Rz. 34.; *R. Zippelius*, Allgemeine Staatslehre, S. 68.

700 *J. Isensee*, in: Staatsrechtslexikon, Stichwort „Staat", Sp. 135.

701 Vgl. oben Kapitel A III. 2. zum Staatenbund und Kapitel A V. 3. zum Bundesstaat.

702 Vgl. dort VIII. 2.

703 Die gleiche Funktion erfüllt in der Bundesrepublik die Ewigkeitsgarantie des Art. 79 Abs. 3 GG, die revolutionären Umwälzungen den Anschein verfassungsrechtlichen Legitimation nehmen würde.

attraktiv ist.[704] Gleichzeitig entzieht sich diese Verbindung dadurch in ihrer Existenz und Wirksamkeit der Disposition einzelner Mitgliedstaaten.[705] Mit zunehmender Eigenständigkeit der Rechtsordnung der Gemeinschaft beginnt sich diese vom Willen der Mitgliedstaaten zu lösen. Dies geschieht zum einen in rechtlicher Hinsicht, indem sich die Anforderungen erhöhen, die an eine einseitige Änderung des Gemeinschaftsbestandes durch einen Mitgliedstaat gestellt werden müssen und zum anderen in faktischer Dimension, indem die wechselseitigen Verflechtungen zwischen den Mitgliedstaaten ein solches Maß erreicht haben, daß sich bereits aus diesem Aspekt heraus ein einseitiges Ausscheiden praktisch als Unmöglichkeit darstellt und so ebenfalls dem Willen der Mitgliedstaaten entzogen ist.

bb) Unionsbürgerschaft und europäisches Staatsvolk

Die zum Staat verfaßte Gesellschaft, das Staatsvolk, ist durch das rechtliche Merkmal der Staatsangehörigkeit verbunden,[706] wobei der Status des „Bürgers“ von dem des „Staatsangehörigen“ deutlich zu trennen ist. Der historisch sehr vielschichtige Begriff des „Bürgers“ war im ausgehenden Mittelalter an die Verleihung bestimmter Sonderrechte an Personengruppen geknüpft, die, meist als Burg- oder Stadtbewohner, einer wirtschaftlichen Betätigung nachgingen. Vor dem Hintergrund der französischen Revolution entwickelte sich dann der allgemeine bürgerliche Status der Freiheit, Gleichheit und Brüderlichkeit, des *„citoyen“*.[707] Mit der Etablierung der Nationalstaaten wurde aus dem „Bürger“ der „Staatsbürger“ bzw. „Staatsangehörige“, der durch ein Band gegenseitiger Rechte und Pflichten in einer besonderen ideellen Qualität mit seinem Staat verbunden war. Der bürgerliche Status bedeutete also nur die Vorstufe im Sinne eines gemeinsamen *„Indigenats“*,[708] die sich in der nationalstaatlichen Dimension erst zu einem Status der Staatsangehörigkeit entwickelte.

Die Stellung der Menschen der Mitgliedstaaten hat im europäischen Kontext eine ähnliche Entwicklung durchgemacht. Zunächst wurde der einzelne nur als „Marktbürger“, also in seiner Funktion als Produktionsfaktor Arbeit

---

704 Vgl. oben Kapitel B II. 3. a.E.

705 *H. P. Ipsen*, Europäisches Gemeinschaftsrecht, § 4, Rz. 25, S. 100.

706 *P. Badura*, Staatsrecht, A, Rz. 3.

707 *M. Hilf*, EuR 1997, 347, 351.

708 Vgl. auch das Indigenat in Art. 3 Abs. 1 der Norddeutschen Verfassung und der späteren Reichsverfassung von 1871 (oben Kapitel A. V. 2. d), das erst im Jahre 1913 zum ersten Reichs- und Staatsangehörigkeitsgesetz führte, *M. Hilf*, EuR 1997, 347, 352, oben Kapitel A V. 2. d.

von den Gemeinschaftsverträgen erfaßt. Die Gewährung von Freizügigkeitsrechten förderte die Mobilität der Arbeitnehmer und diente der optimalen Auslastung der Produktionsstätten, was langfristig der gesamtvolkswirtschaftlichen Entwicklung zugute kommen sollte. Über die wirtschaftliche Funktion hinaus erkannte man zunehmend, daß man den Marktbürger in seiner gesellschaftlichen und politischen Dimension erfassen mußte, wollte man das europäische Gemeinwesen nicht ohne ihn errichten. Seit 1969 ergriffen die Europäischen Gemeinschaften daher die Initiative, allgemeine Bürgerrechte auf europäischer Ebene zu entwickeln.[709] Der Maastrichter Vertrag stellt bisher den bedeutendsten Schritt in Richtung auf die Verleihung europäischer Bürgerrechte dar. Ansätze zu einer solchen Verbindung zwischen Union und Bürgern finden sich in einer Reihe von Vorschriften unter dem Titel Unionsbürgerschaft, die allerdings nach wie vor die funktionale Ausrichtung der dort genannten Bürgerrechte erkennen läßt.[710] Die Einführung

---

709 1969 *„Gipfelkonferenz in Den Haag"* mit einer Initiative zum „Europa der Bürger" (vgl. das Abschlußkommuniqué, Europa-Archiv 1970, Band 2, S. D 42ff.); 1974 *„Pariser Gipfelkonferenz"* mit der Einsetzung einer Arbeitsgruppe bezüglich der Zuerkennung besonderer Rechte für die Angehörigen der Gemeinschaft (Ziff 11 des Abschlußkommuniqués, in: Achter Gesamtbericht über die Tätigkeit der Europäischen Gemeinschaften, 1974, S. 337, 339); 1975 *„Tindemanns-Bericht"* mit Vorschlägen für die Einführung eines individuellen Klagerechts zum Europäischen Gerichtshof, der Teilnahme an Kommunalwahlen am Wohnsitz, dem Recht auf freien Zugang zu den öffentlichen Ämtern, dem Ausbau der Freizügigkeit und der Förderung des Schüler- und Studentenaustauschs (Bericht des belgischen Ministers Leo Tindemans, über die Europäische Union, dem Europäischen Rat am 29.12.1975 übermittelt, Europa-Archiv 1975, Band 2, S. D55ff.); 1976 *„Einführung der Direktwahl des Europäischen Parlaments"*, erstmals wurden den Staatsangehörigen der Mitgliedstaaten politische Bürgerrechte verliehen; 1984 *„Spinelli-Vertragsentwurf"* bringt erstmals den Begriff des „Unionsbürgers" in die Diskussion und definiert ihn als besondere Rechtsstellung zu den Europäischen Gemeinschaften in parallele zur nationalen Staatsangehörigkeit (ABlEG 1984 Nr. C 77/S. 33ff.). Vgl. auch S. *Magiera*, Die Beseitigung der Personenkontrollen an den Binnengrenzen, 1317ff.

710 Unter der anspruchsvollen Etikettierung einer Unionsbürgerschaft zählt der EG-Vertrag in den Art. 18 - 22 (8a bis 8e EGV a.F.) eine Reihe konkreter Bürgerrechte auf, namentlich das Recht, bei Europa- und Kommunalwahlen dort zu wählen und gewählt zu werden, wo er seinen Lebensmittelpunkt hat (Art. 19 Abs. 1 EGV; Art. 8 b Abs. 1 EGV a.F.), ferner das Recht auf Freizügigkeit und Aufenthalt (Art. 18 EGV; Art. 8 a EGV a.F.), sowie nötigenfalls - das Recht auf diplomatischen und konsularischen Schutz durch die Vertretungen anderer Mitgliedsländer in Drittstaaten (Art. 20 EGV; Art. 8 c EGV a.F.). Darüber hinaus sieht der Vertrag ein Petitionsrecht beim Europäischen Parlament (Art. 21 Abs. 1 EGV; Art. 8d Abs. 1 EGV a.F.) in Verbindung mit Art. 194 EGV; Art. 138 d) EGV a.F.) und die Möglichkeit vor, sich an den Bürgerbeauftragten zu wenden (Art. 21 Abs. 2 EGV; Art. 8d Abs. 2 EGV a.F.) in Verbindung mit Art. 195 EGV; Art. 138 e) EGV a.F.). Das für die Mobilität der Unionsbür-

des *„Kommunalwahlrechts für EU-Ausländer"* gilt vor allem als eine Ergänzung der Freizügigkeitsrechte des EG-Vertrages. Die vom jeweiligen Aufenthaltsort losgelöste Garantie politischer Mitwirkungsrechte und ihre gemeinsame Ausübung auf supranationaler und lokaler Ebene sollten zum einen das Gefühl europäischer Identität stärken und ihm zugleich sichtbaren Ausdruck verleihen. Zum anderen wird für den einzelnen der Wechsel von einem Mitgliedstaat in einen anderen nur dann attraktiv sein, wenn es hierdurch nicht zu einer Beeinträchtigung seiner staatsbürgerlichen Rechte kommt. Es drängt sich daher der Verdacht auf, daß der Antrieb zur Verleihung politischer Bürgerrechte nicht aus dem Wunsch resultierte, ein europäisches Staatsvolk zu schaffen, das die Grundlage eines europäischen Staates sein könnte, sondern die Unionsbürgerschaft sollte vielmehr den notwendigen Annex zur wirtschaftlichen Integration darstellen. Das bestätigt sich, wenn man berücksichtigt, daß die Unionsbürger lediglich über sporadische oder unvollkommene Rechte verfügen, die ihrerseits wiederum restriktiven Bedingungen unterliegen. Da die Voraussetzungen für den Erwerb und Verlust der Unionsbürgerschaft nicht durch das Gemeinschaftsrecht, sondern durch die Einzelstaatsangehörigkeit der Mitgliedstaaten vermittelt werden, ist die Unionsbürgerschaft nicht unitarisch, sondern föderal konzipiert (Art. 17 Abs. 2 EGV n.F.). Sie verdrängt nicht die nationale Staatsangehörigkeit, sondern ergänzt und überlagert sie.

---

ger bedeutendste Recht auf Freizügigkeit und Aufenthalt wurde allerdings nicht generell gewährt, sondern ist nach (Art. 18 EGV; Art. 8a Abs. 1 EGV a.F.) "Beschränkungen und Bedingungen" unterworfen, die sich aus dem EG-Vertrag sowie aus den gemeinschaftsrechtlichen Durchführungsbestimmungen ergeben. Die Freizügigkeitsgarantien stellen somit nur eine vertragliche Absicherung des Rechtszustandes dar, der im sekundären Gemeinschaftsrecht bereits vorher bestand. Die Erweiterung des diplomatischen und konsularischen Schutzes in Art. 20 EGV (Art. 8c EGV a.F.) bedeutet nur dann eine Verbesserung, wenn der Mitgliedstaat, dessen Bürger Schutz begehrt, nicht im Gastland vertreten ist. Die Regelung sollte daher in Zukunft auch Situationen erfassen, in denen zwar eine Vertretung des Heimatstaates im Gastland besteht, aber der konsularische oder diplomatische Schutz eines anderen Mitgliedslandes leichter zu erreichen oder effektiver zu verwirklichen ist. Das Petitions- und Beschwerderecht des Art. 21 EGV (Art. 8d EGV a.F.) schafft eine politische Alternative zu den formalisierten Strukturprinzipien nationaler und europäischer Gerichtsbarkeiten und ist insofern zu begrüßen. Vor allem mit Blick auf die Rechte eines effektiven diplomatischen Schutzes sowie der Petition und der Beschwerde ist allerdings zutreffend festgestellt worden, daß ihnen eher ein *"valeur fortement emblemique"* (*Kovar/Simon*) und eine *"great symbolic importance"* (*C. Harley*) denn ein essentieller rechtlicher Gehalt zukommt, vgl. insgesamt *H.-J. Blanke/M. Kuschnick*, DÖV 1997, 45ff.

Der momentane Entwicklungsstand der Unionsbürgerschaft erfüllt nach den nur marginalen Änderungen des Vertrags von Amsterdam[711] daher bei weitem noch nicht die hohen Anforderungen, die es rechtfertigen würden, von einem europäischen Staatsvolk zu sprechen, das als Träger europäischer Staatsgewalt und damit als eigenständiges Legitimationssubjekt der durch die Europäische Union ausgeübten partiellen öffentlichen Gewalt in Betracht käme.[712] Dies entspricht den Vertragstexten selbst, die in der Präambel und Art. 1 Abs. 2 EUV (Art. A Abs. 2 EUV) von den *„Völkern Europas"* und in Art. 189 EGV (Art. 137 EGV a.F.) von den *„Völkern der in der Gemeinschaft zusammengeschlossenen Staaten"*, nicht jedoch von einem europäischen Staatsvolk sprechen.[713] Es fehlt an einem Band einer unmittelbaren EU-Staatsangehörigkeit mittels derer die Europäische Union eine umfassende Personalhoheit über diesen Personenkreis ausüben könnte.[714]

cc) Europäische Union und Staatsgebiet der Mitgliedstaaten

Das gleiche negative Ergebnis hinsichtlich der staatlichen Qualität der Europäischen Union und der Europäischen Gemeinschaften erhält man, wenn man die dritte Voraussetzung einer möglichen Staatlichkeit untersucht. Gebietshoheit oder territoriale Souveränität realisiert sich auf einem abgegrenzten Teil der Erdoberfläche und bezeichnet das Recht, über das Staatsgebiet oder Teile desselben endgültig und ohne Einschaltung anderer Stellen verfügen zu können.[715] Sie bildet die Grundlage des räumlichen Anwendungsbereichs für die in dem Gebiet geltende Rechtsordnung. Der Vertrag über die Europäische Union enthält keine ausdrückliche Regelung über die Gebietshoheit der Europäischen Union. Der räumliche Geltungsbereich wird über Art. 1 Abs. 3

---

711 Eine Gesamtschau der in Amsterdam bewirkten Änderungen läßt lediglich das Bemühen der Konferenz um eine Verbesserung des Rechtsstatus der Unionsbürger erkennen, *M. Hilf*, Integration 1997, 247, 248ff.; *ders.*, EuR 1997, 347, 360; *B. Cassen*, Internationale Politik 1997, 13ff.

712 *P. M. Huber*, Recht der Europäischen Integration, § 5, Rn. 8. Als Hinderungsgrund wird auch häufig die fehlende Transparenz europäischen Handelns für die Unionsbürger angemahnt, *Th. Oppermann*, Zur Eigenart der Europäischen Union, S. 87, 88ff.; *W. Wessels*, Integration 1992, 2, 9; *O. Schmuck*, Europa-Archiv 1992, 97, 105. Für mehr Transparenz durch eine Reform der Normenhierarchie im europäischen Recht plädiert S. *Magiera*, Integration 1995, 197, 201ff.

713 *H. H. Klein*, FAZ v. 17.10.1994; *R. Scholz*, in: Maunz/Dürig, Art. 23, Rz. 31.

714 Somit hat sich bis heute an der Einschätzung *H. P Ipsens* aus dem Jahr 1972 nichts geändert, Europäisches Gemeinschaftsrecht, § 8, Rz..6, S.187. Vgl. auch *P. Badura*, VVDStRL 23 (1964), 34, 101; *R. Streinz*, EuZW 1994, 329, 332.

715 *I. Seidl-Hohenveldern*, Völkerrecht, Rz. 1112; *Graf Vitzthum*, HStR Bd. I, § 16, Rz. 4.

EUV (Art. A Abs. 3 EUV a.F.) i.V.m Art. 299 EGV (Art. 227 Abs. 1 EGV a.F.) durch die Mitgliedstaaten vermittelt.[716] Von einer Verfügungsgewalt der Gemeinschaften über ein europäisches Staatsgebiet kann also ebenfalls nicht die Rede sein.[717]

c) Die Europäische Union im Spannungsfeld zwischen Bundesstaat und Staatenbund

Der Maastrichter- und der Amsterdamer-Vertrag haben die Europäische Union nicht in einen europäischen Bundesstaat verwandelt.[718] Die Gründung *„Vereinigter Staaten von Europa"* war weder im Jahre 1992 noch im Jahre 1997 beabsichtigt.[719] Eine staatliche Struktur, die sich auf eine Herrschaft durch Recht stützt, ist in Ansätzen allenfalls in den Europäischen Gemeinschaften zu erkennen, die intergouvernementalen Säulen der Union sind darauf jedoch nicht angelegt. Die ausgeübte öffentliche Gewalt ist von den Mitgliedstaaten abgeleitet[720] und wird von der Europäischen Union nur partiell wahrgenommen.[721] Für eine eigenstaatliche Struktur fehlt es an einem geschlossenen eigenen Staatsgebiet, an einer eigenständigen europäischen Per-

---

716 *R. Streinz*, Europarecht, Rz. 77.

717 *P. M. Huber*, Recht der Europäischen Integration, § 5 Rn 9.

718 Darüber besteht weitestgehend Einigkeit: *B. Beutler/R. Bieber*, Die Europäische Union, S. 69; *Ch. Koenig/M. Pechstein*, Die Europäische Union, Rz. 56; *Ch. O. Lenz*, NJW 1993, 1962, 1963; *P. M. Huber*, Die Rolle des Demokratieprinzips, S. 349, 353; *U. Fastenrath*, EuR 1994, 101, 121; *Th. Oppermann/C. D. Classen*, NJW 1993, 5, 11. *R. Scholz* nennt die Union *„teil-bundesstaatliche"* und *„teil-staatenbündische Zweckverbände"*, in: Maunz/Dürig, Grundgesetz-Kommentar, Art. 23, Rz. 33, wobei nach seiner Einschätzung in der in der 12. Legislaturperiode eingesetzten Verfassungskommission die Überzeugung bestand, daß die durch den Vertrag von Maastricht eingeführte Europäische Union einen grundlegenden Qualitätssprung bedeutet, für den die Übertragung von Hoheitsrechten nach Art. 24 Abs., 1 GG nicht mehr ausgereicht hätte, NVwZ 1993, 817, 818; so auch *F. Ossenbühl*, DVBl. 1993, 629, 631., *U. di Fabio* spricht von *„prästaatlichen Formationen"*, Der Staat 1993, 197.

719 BVerfGE 89, 155, 189. Nach Auffassung von *M. Seidel* bestand bei Unterzeichnung des Maastrichter Vertrages vielmehr ein breiter Konsens darüber, daß die Grundstruktur der Gemeinschaft als Staatengemeinschaft unangetastet bleiben sollte, EuR 1992, 125, 144.

720 *P. M. Huber*, Recht der Europäischen Integration, § 1 Rn. 10; *Th. Oppermann/C. D. Classen*, NJW 1993, 5, 11.

721 Die alleinige Verantwortung der Mitgliedstaaten für Außenpolitik, Verteidigung, innere Verwaltung, Sicherheit, Rechtsfrieden und Kultur ist in der Substanz nicht auf die Europäische Union übergegangen.

sonalhoheit sowie an dem für jede Form der Eigenstaatlichkeit notwendigen Prinzip der Kompetenz-Kompetenz.[722]

Trotz der bundesstaatlichen Defizite, läßt sich die Union ebenfalls nicht als bloßer völkerrechtlicher Staatenbund beschreiben, da die vorhandenen Strukturen mit ihrem besonders engen Geflecht von Rechtsnormen darüber deutlich hinausreichen. Der historische Begriff des Staatenbundes assoziiert sich zu stark mit Vorstellungen einer primär völkerrechtlichen, klassisch diplomatischen Staatenzusammenarbeit, der eine umfassende Zentralgewalt und das Recht zum Durchgriff fehlen.[723]

Die Europäische Union läßt sich daher in ihrer konzipierten und gewachsenen Form nicht in das Schema staatsrechtlicher Verbindungen pressen. Sie ist eine besonders tiefgreifende völkerrechtliche Staatenverbindung mit selbständigen Gliedern,[724] deren kennzeichnendes Merkmal in der rechtlichen Verflechtung und in der stärkeren politischen Bindung der Mitglieder untereinander liegt.[725] Der Begriff der Europäischen Union ist letztlich eine Sammelbezeichnung für bestimmte, rechtlich unterschiedlich organisierte und aufeinander abgestimmte Formen der Kooperation der Unionsstaaten innerhalb der intergouvernementalen Säulen einerseits und der drei Europäischen Gemeinschaften andererseits.[726]

Entstehen und Wirken der Europäischen Union sind nach wie vor vom Willen der Mitgliedstaaten abhängig, die als *„Herren der Verträge“*[727] in ihrem Hoheitsgebiet der europäischen Rechtsordnung den *„Rechtsanwendungsbefehl“*[728] erteilt haben. Diese Situation ist Ausdruck der Tatsache, daß die Mitgliedstaaten *„die Qualität eines souveränen Staates aus eigenem Recht“* wahren,[729] und *„im zwischenstaatlichen Bereich regelmäßig durch ihre Regierungen handeln und dadurch die Integration steuern“*.[730] Sie haben die Europäische Union, nach Ansicht des Bundesverfassungsgerichts, lediglich gegründet, *„um einen Teil der Staatsaufgaben gemeinsam wahrzu-*

---

722 *R. Scholz*, in: Maunz/Dürig, Grundgesetz-Kommentar, Art. 23, Rz. 11; *Ch. Koenig/M. Pechstein*, Die Europäische Union, Rz. 56.

723 *Th. Oppermann*, EuR, Rz. 788.

724 *A. Schmitt-Glaeser*, Grundgesetz und Europarecht, S. 40f.

725 *H. Nawiasky*, Wörterbuch des Völkerrechts, Stichwort „Staatenverbindungen“, S. 313.

726 *Ch. Koenig/M. Pechstein*, Die Europäische Union, Rz. 12.; *B. Beutler/R. Bieber*, Die Europäische Union, S. 74.

727 BVerfGE 89, 155, 190.

728 BVerfGE 89, 155, 190.

729 BVerfGE 89, 155, 190.

730 BVerfGE 89, 155, 186.

nehmen und insoweit ihre Souveränität gemeinsam auszuüben".[731] Damit reduziert sich der Zweck der Verbindung auf eine arbeitsteilige Komponente, losgelöst von der Idee einer staatlichen Neuorientierung.

3. Demokratische Verfassungsstaatlichkeit in der Europäischen Union

a) Die Notwendigkeit demokratischer Strukturen in der Europäischen Union

Demokratische Strukturen in Staatenverbindungen sind keine zwingende Notwendigkeit. Das Völkerrecht ist traditionell auf zwischenstaatliche Beziehungen beschränkt und der einzelne wird allenfalls indirekt durch die Normsetzung der internationalen Organisation in seinen Rechten berührt.[732] Anders ist die Situation in der Europäischen Union, die zusammen mit ihren drei Europäischen Gemeinschaften über ein System verfügt, das Recht mit Durchgriffswirkung für den einzelnen in bisher nicht gekannter Quantität in den Mitgliedstaaten setzen kann.[733]

Herrschaft von Menschen über Menschen ist nach modernem Verständnis nicht einfach hinzunehmen, sondern bedarf einer sie rechtfertigenden Herleitung (Legitimation).[734] Staatliche Herrschaft findet diese Legitimation im Volk, das als Summe der im Wahl- und Abstimmungsakt sich betätigenden Staatsbürger in Erscheinung tritt.[735] Das Volk ist damit Ausgangs- und Bezugspunkt demokratischer Legitimation.[736] Dies muß unabhängig davon gelten, ob es um die Legitimation staatlicher Herrschaft oder um die Legitimation einer Hoheitsgewalt geht, die qualitativ gleichwertig von einer Staatenverbindung ausgeübt wird.

b) Legitimationsprobleme innerhalb einer Staatenverbindung

Demokratische Legitimation kommt grundsätzlich in einer entscheidungserheblichen Mitwirkung des Volkes durch Wahlen und Abstimmungen zum Ausdruck. Im Rahmen direkter oder unmittelbarer Demokratie übernehmen

---

731 BVerfGE 89, 155, 188f.

732 *A. Randelzhofer*, Zum behaupteten Demokratiedefizit der Europäischen Gemeinschaft, S. 39, 40.

733 Dies dürfte seit der Entwicklung des Grundsatzes der unmittelbaren Anwendbarkeit und des Vorranges des Gemeinschaftsrechts durch den Europäischen Gerichtshof in den Urteilen „Van Gend&Loos" und „Costa/Enel" gelten, vgl. dazu Kapitel B I. 5. c.

734 *E. W. Böckenförde*, HStR Bd. I, § 22, Rz. 3.

735 *K. Stern*, Staatsrecht Bd. I, § 18 I 4 b und c, S. 593f.

736 *E. W. Böckenförde*, Demokratie und Verfassungsprinzip, HStR Bd. I, § 22, Rz. 26.

Volksabstimmungen und Volksentscheide die Funktion, konkrete Sachentscheidungen nach dem Mehrheitsprinzip zu fällen. Der mittelbaren oder repräsentativen Demokratie entspricht die Willensäußerung des Volkes in Wahlen von Abgeordneten, die in Volksvertretungen die Staatsgewalt im Namen des Volkes ausüben. Das Grundgesetz der Bundesrepublik Deutschland hat zum Beispiel das demokratische Prinzip strikt repräsentativ ausgestaltet, indem es die Mitglieder des Bundestages von Aufträgen und Weisungen freistellt und in ihren Entscheidungen nur ihrem Gewissen unterwirft (Art. 38 Abs. 1 GG).[737]

Eine unmittelbare demokratische Legitimation scheidet bei Rechtsakten der Europäischen Union aus, da diese von den Verträgen nicht vorgesehen ist. Eine mittelbare demokratische Legitimation sieht sich dem Problem gegenüber, daß eine supranationale Organisation, die selbständig durch ihre Organe Recht setzen kann, die nationalen demokratischen Strukturen verändert. Werden nämlich auf die Europäischen Gemeinschaften nationale Kompetenzen übertragen, so hat dies gleichzeitig den Verlust dieser Kompetenzen für die nationale Volksvertretung zur Folge. Im Rechtssetzungsorgan der Gemeinschaft, dem Rat, kommen nun aber keine direkt gewählten Vertreter zusammen, sondern Regierungsmitglieder, die ihre demokratische Legitimation von der Volksvertretung, dem Deutschen Bundestag, ableiten. Die Legitimationskette vom Volk zu den Entscheidungsträgern wird also um ein Glied erweitert. Die Einfluß und Kontrollmöglichkeiten der Bürger auf die Entscheidungen erfahren dadurch zwangsläufig eine Einschränkung.[738] Es kommt zu einem *„Legitimationsproblem“*, das allen vertikal strukturierten Verbänden eigen ist[739] und das sich verstärkt, je mehr Kompetenzen auf die supranationale Ebene verlagert werden. Insbesondere stellt sich dann die Frage, wie der Schwund an Einfluß und Kontrollmöglichkeiten kompensiert werden kann.

c) Die demokratische Legitimation der europäischen Organe

Das Hauptargument, mit dem ein demokratisches Defizit der Europäischen Union begründet wird, besteht darin, daß die ausschlaggebende Rolle im europäischen Rechtssetzungsverfahren bei Rat und Kommission konzentriert,

---

737 *K. Stern*, Staatsrecht Bd. I, § 18 II 5 b, S. 608.

738 *Ch. Kirchner/A. Schwartze*, Legitimationsprobleme in einer Europäischen Verfassung, S. 183. Gleichzeitig führt dies zu einer Stärkung der Exekutive im System der Gewaltenteilung.

739 *Ch. Kirchner/A. Schwartze*, Legitimationsprobleme in einer Europäischen Verfassung, S. 183; *C. D. Classen*, Europäische Integration und demokratische Legitimation, S. 238, 248.

also exekutivisch geprägt ist.[740] Weder Rat noch Kommission gehen auf ein europäisches Staatsvolk zurück, das beide Organe durch einen konstitutiven Akt legitimieren könnte.[741] Der Ansatzpunkt für die Beseitigung des demokratischen Defizits wird daher im Vergleich mit den Strukturen in den Mitgliedstaaten in erster Linie im Ausbau der Stellung des Europäischen Parlaments gesehen.[742] Der Einigung der Regierungschefs im Jahre 1976 auf die Einführung der direkten Wahlen der Abgeordneten des Europäischen Parlaments, die dann 1979 zum ersten Mal Realität wurde, kam insofern hohe europapolitische Bedeutung zu. Das Europäische Parlament erhielt eine unmittelbare demokratische Legitimation, die jedoch aufgrund seiner schwachen Mitwirkungsrechte und der Tatsache relativiert wurde, daß seine Wahl nicht den Grundsätzen der Gleichheit genügt.

aa) Schwache Mitentscheidungsbefugnisse des Europäischen Parlaments

Die Befugnisse des Europäischen Parlaments wurden im Laufe der Jahre beständig erweitert, blieben aber bis heute hinter den Legislativbefugnissen eines nationalen Parlaments weit zurück.[743] Nur im Haushaltsverfahren wird das Parlament neben dem Rat als Gesetzgeber tätig. Seine sonstigen Befugnisse beschränken sich im wesentlichen auf das Zustimmungs- (Art. 251 EGV; Art. 189a EGV a.F.) und das Mitenscheidungsverfahren (Art. 252 EGV; Art. 189b EGV a.F.) in den vom EG-Vertrag vorgesehenen Fällen. Mit Ausnahme des Verfahrens nach Art. 252 EGV (Art. 189b EGV a.F.), in dem das Europäische Parlament Rechtssetzungsvorschläge auch ganz scheitern lassen kann, ist den Mitwirkungsrechten die fehlende Bindungswirkung für den Rat gemeinsam. Dieser kann sich, gegebenenfalls einstimmig, über die

---

740 Der Rat setzt sich aus nationalen Regierungsvertretern, also aus Mitgliedern der nationalen Exekutive, zusammen (Art. 203 Abs. 1 EGV (Art. 146 EGV a.F.) i.V.m. Art. 2 Fusionsvertrag) und die Europäische Kommission besteht aus unabhängigen Personen, die aber wiederum durch die Regierungen nominiert werden (Art. 213 EGV (Art. 157 EGV a.F.) i.V.m. Art. 11 Fusionsvertrag). Das Europäische Parlament muß hier gemäß Art. 214 EGV (Art. 158 EGV a.F.) seine Zustimmung zur Benennung der Kommissionsmitglieder durch die Regierungen geben und kann das Kollegium der Kommission nach einer Anhörung insgesamt ablehnen, vgl. auch oben in diesem Kapitel C I. 1. c, bb.

741 *K. Doehring*, DVBl. 1997, 1133, 1134; *P. M. Huber*, Die Rolle des Demokratieprinzips, S. 349, 354.

742 Zur demokratischen Stellung der Parlamente in Italien, Frankreich und England vgl. *C. D. Classen*, Europäische Integration und demokratische Legitimation, S. 238, 246f.

743 Vgl. zu den Befugnissen des Europäischen Parlaments nach Amsterdam oben in diesem Kapitel I. 1. c, cc. Vgl. auch *A. Schachtschneider*, Die Staatlichkeit der Europäischen Gemeinschaft, S. 80. 94; *ders.*, Die existenzielle Staatlichkeit der Völker Europas, S. 75, 111f.

Position des Europäischen Parlaments hinwegsetzen. Da das Initiativrecht für europäische Rechtsakte nach wie vor bei der Kommission angesiedelt ist, ist die Rolle des Europäischen Parlaments eher passiv und entspricht daher nicht der Vorstellung einer vom Volke ausgehenden aktiven Bestimmung des Handelns der Staatsorgane.[744]

bb) Das innere Demokratiedefizit des Europäischen Parlaments

Das Demokratieprinzip ist nur dann gewahrt, wenn es dem Grundsatz der Wahlrechtsgleichheit genügt und jedem Wahlberechtigten das Recht gewährt, mit dem gleichen Gewicht seiner Stimme an der Wahl teilzunehmen.[745] Das Europäische Parlament weist in diesen Punkten im Vergleich zu nationalen Parlamenten ebenfalls Defizite auf, die seiner demokratischen Rolle in der Europäischen Union abträglich sind. Dies liegt daran, daß die Anzahl der Parlamentarier je Mitgliedstaat auf politisch motivierten Festlegungen beruht, die eine Gleichbehandlung der großen Mitgliedstaaten einerseits und eine großzügige Berücksichtigung der bevölkerungsmäßig kleineren Mitgliedstaaten andererseits verfolgen.[746] Die momentane Sitzverteilung (Art. 190 Abs. 2 EGV; Art. 138 Abs. 2 EGV a.F.) ist der tatsächlichen Größe der Bevölkerungen in den Mitgliedstaaten daher nur angenähert. Wie groß die Unterschiede in der Repräsentation der Bevölkerungen der Mitgliedstaaten durch die Abgeordneten des Europäischen Parlaments sind, wird am deutlichsten, wenn man sich das Verhältnis zwischen dem bevölkerungsstärksten und dem bevölkerungsschwächsten Mitgliedstaat vergegenwärtigt. Nach der letzten Europawahl im Jahr 1994 sahen sich 67.000 Luxemburger gegenüber 814.000 Deutschen durch einen Europaparlamentarier repräsentiert, was einer Quote von ungefähr 1:12 entspricht.[747] Die Entwicklungsmöglichkeiten des Europäischen Parlaments zur Beseitigung dieser Ungleichgewichte sind beschränkt. Scheinbar einfache mathematische Lösungen, vor allem die Einrichtung von gleichgroßen Wahlkreisen in den Mitgliedstaaten scheiden von

---

744 *K. Doehring*, DVBl. 1997, 1133, 1134.

745 Dazu gehört einmal, daß jeder Stimmberechtigte die gleiche Zahl von Stimmen besitzt und zum anderen, daß die Stimmen bei der Auszählung alle den gleichen Wert haben, *K. Stern*, Staatsrecht Bd. I, § 18 II 5 b, δ, S. 613; *E. W. Böckenförde*, HStR Bd. I, § 22, Rz. 41ff.; *P. M. Huber*, Die Rolle des Demokratieprinzips, S. 349, 364.

746 *F. Emmert*, Europarecht, S. 196.

747 Zu den Zahlen siehe *F. Emmert*, Europarecht, S. 196ff.

vornherein aus, da dann die kleineren Mitgliedstaaten zusammen noch nicht einmal so viele Abgeordnete hätten, wie Deutschland alleine.[748]

d) *Rückkopplung der Ratsentscheidungen an die Parlamente der Mitgliedstaaten*

Da das Europäische Parlament also nicht in der Lage ist, die im System abgeleiteter demokratischer Legitimation entstehenden Defizite in ausreichendem Maße zu kompensieren, wird nach Möglichkeiten gesucht, dieses Ziel auf nationaler Ebene zu erreichen, indem die Regierungsvertreter im Rat in ihren Entscheidungen an die nationalen Parlamente gebunden werden.[749] In Deutschland ist der Bundestag durch Art. 23 Abs. 2 und 3 GG an dem Rechtssetzungsverfahren in der Europäischen Union beteiligt. Solche Lösungen sehen sich jedoch ebenfalls grundlegenden Schwierigkeiten gegenüber, die im Charakter der Europäischen Union begründet liegen. Die Supranationalität der Europäischen Gemeinschaften kommt gerade darin zum Ausdruck, daß sie über Organe verfügen, die nach dem Mehrheitsprinzip Entscheidungen fällen und sich so im Einzelfall über nationale gegenläufige Interessen hinwegsetzen können.[750] Eventuelle Weisungen des Bundestages für die Regierungsvertreter im Rat blieben Wirkungslos, da die deutsche Position im Falle einer Abstimmungsniederlage gänzlich unberücksichtigt bliebe.[751] Hinzu kommt, daß eine solche Bindung für das Abstimmungsergebnis im Rat hinsichtlich des sich darin widerspiegelnden nationalen Einflusses, sogar kontraproduktive Wirkung entfalten könnte. Den Abstimmungen im Rat gehen umfangreiche Verhandlungen voraus, in denen um einen tragfähigen Kompromiß gerungen wird. Wäre der nationale Vertreter an die engen Grenzen des Votums der nationalen Volksvertretung gebunden, würde ihm auch

---

748 Die Überlegung beruht auf der Annahme, daß ein Wahlkreis mindestens die Bevölkerungsstärke von Luxemburg (400.000 Einwohner) umfassen müßte, da das Land sonst keinen Vertreter entsenden könnte, *F. Emmert*, Europarecht, S. 205.

749 Vgl. *R. Streinz*, Europarecht, Rz. 283; *C. D. Classen*, Europäische Integration und demokratische Legitimation, S. 238, 253f. Bezüglich einer engeren Zusammenarbeit zwischen Europäischem Parlament und nationalen Parlamenten vgl. *J. Rideau*, National Parliaments and the European Parliament - Cooperation and Conflict, S. 159ff.

750 Vgl. oben Kapitel B I. 1. e und f. *P. M.* Huber, Der Staatenverbund der Europäischen Union, S. 349, 365.

751 *K. Doehring*, DVBl. 1997, 1133, 1134. Soweit im Rat Beschlüsse einstimmig zustande kommen, ist die demokratische Legitimation ohnehin gewährleistet, da dann das vom deutschen Volk demokratisch gewählte Regierungsmitglied an der Entscheidung beteiligt war, somit die Entscheidung auf den Volkswillen rückführbar ist.

weniger Verhandlungsmasse bei den Gesprächen im Vorfeld der Abstimmung zur Verfügung stehen. Das hätte wiederum zur Folge, daß die nationale Position auf die gefundene Kompromißformel überhaupt keinen Einfluß mehr ausüben könnte, weil eine Verhandlung mit dem jeweiligen nationalen Vertreter aufgrund seiner engen Vorgaben keinen Erfolg verspricht. Die Möglichkeit zu Zugeständnissen ist also wesentliche Voraussetzung der Durchsetzung eigener Standpunkte und mit der stärkeren Anbindung der Ratsmitglieder an die nationalen Parlamente sinkt zwangsläufig deren Kompromiß- und Handlungsfähigkeit.[752] Selbst die strikte Anbindung der Vertreter im Rat an die nationalen Parlamente vermag das Problem des Demokratiedefizits in Europa also nicht zu lösen.[753]

e) Der Zusammenhang zwischen demokratischer Struktur und staatenbündischer Konzeption

Zusammenfassend läßt sich sagen, daß die demokratische Legitimation der Gemeinschaftsgewalt bislang in erster Linie mit der Anbindung des EG-Rechts an das nationale Verfassungsrecht begründet werden kann. Die Gemeinschaftsorgane handeln auf der Grundlage des Primärrechts, das als völkerrechtliches Vertragsrecht durch die Zustimmung der nationalen Parlamente Verbindlichkeit erlangt hat. Eine eigenständige demokratische Struktur ist in der Europäischen Union nur in Ansätzen vorhanden. Unter Bezugnahme auf die dargestellten Legitimationsketten hat das Bundesverfassungsgericht in einer nicht zur Entscheidung angenommenen Verfassungsbeschwerde auf den besonderen Zusammenhang zwischen demokratischen Strukturen einerseits und dem Integrationsstand einer Staatenverbindung andererseits aufmerksam gemacht. In dem Beschluß heißt es:

---

752 Dies ist im Ergebnis die Aussage der Fernsehrichtlinien-Entscheidung des Bundesverfassungsgerichts: *„Nach Auffassung der Bundesregierung* (der sich das Gericht hier anschließt) *würden jedoch Inhalt und Ausmaß dieser Bindung in einer die Zuständigkeit der Länder schonenden Weise gestaltet werden können, wenn die Bundesregierung ihren integrationspolitischen Handlungsspielraum* (...) *situationsgerecht in den Beratungen nutzen kann"*, BVerfGE 80, 74, 80. Vgl. auch *I. Pernice*, DV 1993, 449, 467; *U. Everling*, Überlegungen zur Struktur der EU, DVBl. 1993, 936, 947; *A. Weber*, JZ 1993, 326, 330; *A. Schachtschneider*, JZ 1993, 751, 760.

753 Eine solche Blockade der Ratstätigkeit wäre zudem aus der europäischen Perspektive als gemeinschaftsrechtswidrig zu beurteilen und stünde nicht im Einklang mit den Grundsätzen der repräsentativen Demokratie, deren Kernaussage die Übertragung der politischen Verantwortung auf die Regierung für einen bestimmten Zeitraum ist, vgl. *R. Streinz*, Europarecht Rz. 283.

„Der Grundsatz der Wahlrechtsgleichheit wird durch die gegenwärtige Zusammensetzung des Europäischen Parlaments schon darum nicht verletzt, weil diese dem Charakter der Europäischen Union als eines Verbundes souveräner Mitgliedstaaten (...) entspricht und mithin nicht an den Maßstäben gemessen werden kann, die nach dem Grundgesetz für die Wahl eines Parlaments der Bundesrepublik Deutschland Geltung haben. (...) Vom Europäischen Parlament geht im derzeitigen Stadium der Integration lediglich ergänzende demokratische Abstützung der Politik der Europäischen Union aus. Die Ausübung ihrer hoheitlichen Befugnisse wird zuvörderst über die nationalen Parlamente der in ihr zusammengeschlossenen demokratischen Staaten von deren Staatsvölkern legitimiert (...)“.[754]

Dem staatsrechtlichen Prinzip der gleichen Teilhabe der Bürger an der Ausübung der Hoheitsgewalt braucht eine Staatengemeinschaft, anders als ein echter Staatsverband also nicht Rechnung zu tragen.[755] So resultiert die fehlende Wahlrechtsgleichheit des Europäischen Parlaments aus seiner Herkunft als Versammlung von Vertretern gleichberechtigter Mitgliedstaaten, deren Legitimation auf dem völkerrechtlichen Grundsatz der gleichen Teilhabe der Staaten an der Ausübung der Gemeinschaftsgewalt basiert. Die mangelhafte Anbindung der Ratsentscheidungen an die Parlamente der Mitgliedstaaten erklärt sich daraus, daß sich die beschlußfassenden Organe internationaler Organisationen regelmäßig aus Staatenvertretern zusammensetzen, die von den Regierungen der Mitgliedstaaten entsandt werden. Eine Mitwirkung der nationalen Volksvertretungen ist normalerweise nicht vorgesehen. Es handelt sich um eine klassische Domäne der Exekutive.[756]

Somit ist auch das in Art. 6 Abs. 1 EUV n.F. in den Vertrag eingefügte Bekenntnis auf demokratische Grundsätze[757] im Lichte der Gesamtkonzeption der Europäischen Union, als eine in ihrem Bestand und in ihren Handlungen von den Mitgliedstaaten abgeleitete Staatenverbindung, zu sehen.

---

754 Beschluß vom 31.5.1995, EuGRZ 1995, 566.

755 *M. Seidel*, EuR 1992, 125, 127, 128.

756 *P. Fischer/H. F. Köck*, Europarecht, S. 406.

757 In Art. F Abs. 1 EUV a.F. wurde lediglich das demokratische Fundament der Mitgliedstaaten betont.

II. Integrationspolitische Strategien der Europäischen Union von heute

Die vorhergehenden Ausführungen haben einen Einblick in die derzeitige Struktur der Europäischen Union, ihre völkerrechtliche und staatsrechtliche Stellung und ihr Verhältnis zu den Mitgliedstaaten gegeben. Auf dieser Grundlage ist es nun möglich, Charakteristika der integrationspolitischen Strategien aufzuzeigen, die die Europäische Union von heute prägen.

1. Die Verlagerung der Integrationsziele von den Europäischen Gemeinschaften bis zum Vertrag von Amsterdam

Zunächst fällt auf, daß sich seit Beginn der Europäischen Gemeinschaften die Integrationsziele von ihrer rein wirtschaftlichen Ausrichtung gelöst haben. Nach Ende des Zweiten Weltkriegs galt es vor allem, die wirtschaftliche Misere in gemeinsamer Anstrengung zu überwinden und gleichzeitig ein beständiges europäisches Friedenssystem zu schaffen. Da die divergierenden Vorstellungen der Mitgliedstaaten am ehesten im wirtschaftlichen Sektor auf einen Nenner zu bringen waren, bot es sich an, die Gründungsverträge in erster Linie in den Dienst wirtschaftlicher Ziele zu stellen und in einem supranationalen Verband zu organisieren.[758] Das Handeln der Gemeinschaftsorgane legitimierte sich in dieser Zeit aus der Tatsache, daß der Gemeinsame Markt zunehmend an Eingriffen in den Ablauf der marktwirtschaftlichen Prozesse bedurfte, die im wesentlichen mit dem Ziel der Förderung des wirtschaftlichen Wachstums begründet werden konnten. Solange das von diesen Organen gesetzte Recht im Dienste der wirtschaftlichen Entwicklung stand, folgte es Zweckmäßigkeiten, die ihre Legitimation aus den daraus hervorgehenden Wohlfahrtsvorteilen selbst zogen.[759]

Wenn die Europäischen Gemeinschaften früher als *„Zweckverbände funktioneller Integration"*[760] bezeichnet wurden, so hatte dies seinen Sinn in der wirtschafts- und sozialpolitischen Sachbezogenheit der Integration unter gleichzeitigem Ausschluß geistig-ideologischer Inhalte. Die Zweckhaftigkeit unterschied sich hierin von aller Staatlichkeit als umfassender geistig-sozialer Wirklichkeit, potentiell unbeschränkter Kompetenzfülle und von der Gebiets-

---

758 Vgl. oben Kapitel B I. 3.

759 Die Europäischen Gemeinschaften legitimierten sich aus der *„Bewältigung gemeinsamer Aufgaben in der modernen technisch-industriellen Welt"*, *R. Herzog*, Zur Entwicklung der Willensbildung in den Gemeinschaften, S. 35, 40. Vgl. auch *Ch. Kirchner/A. Schwartze*, Legitimationsprobleme in einer Europäischen Verfassung, S. 183, 191.

760 *H.P. Ipsen*, Europäisches Gemeinschaftsrecht, S. 197f., vgl. oben Kapitel B II. 2.

und Personalhoheit, die der Zweckverband zur Erfüllung seiner Aufgaben nicht bedurfte.[761] Dementsprechend beinhaltete der funktionale Ansatz eine bereichsspezifische Integration, die sich von einer umfassenden Staatlichkeit unterschied. Die Vergemeinschaftung war *„der Sache nach (...) ein Aspekt des Wohlfahrtsstaates“*,[762] wobei es auf Wohlfahrt, nicht auf Staatlichkeit ankam.[763]

Ein grundlegender Wandel zeichnete sich mit dem Vertrag von Maastricht ab, was vor allem auf zwei Ursachen zurückgeführt werden kann. Zum einen konnte mit der Vollendung des Binnenmarktes im Jahre 1993 ein großer Teil der wirtschaftlichen Aufgaben der Europäischen Gemeinschaften als erfüllt angesehen werden und zum anderen rückte die zunehmende wirtschaftliche Verflechtung immer weitere Politikfelder in die europäische Perspektive, die zwar an den marktwirtschaftlichen Prozeß anknüpften, sich daraus aber nach Ziel und Inhalt nicht mehr vollständig ableiten ließen. Für den EG-Vertrag sind hier vor allem die seit der Einheitlichen Europäischen Akte und der Maastrichter Regierungskonferenz eingeführten Bereiche der Sozial- und Bildunggspolitik,[764] der Kultur,[765] des Gesundheitswesens,[766] des Verbraucherschutzes,[767] des wirtschaftlichen und sozialen Zusammenhalts[768] und der Umweltpolitik[769] zu nennen.[770] Hinzu kamen - ebenfalls vorbereitet durch die Einheitliche Europäische Akte - zwei klassische Felder nationalstaatlicher Politik, die Gemeinsame Außen- und Sicherheitspolitik und die Zusammenarbeit in den Bereichen Justiz und Inneres, die zwar lediglich rein intergouvernemental strukturiert waren, die aber über die *„Tempel-Konstruktion“* der Europäischen Union zumindest in institutioneller Hinsicht europäisiert werden konnten. Dieses Ziel erstrebte man spätestens seit Beginn der 90er Jahre

---

761 *H.P. Ipsen*, Europäisches Gemeinschaftsrecht, S. 197.

762 *P. Badura*, VVDStRL 23 (1966) LS 34.

763 *H.P. Ipsen*, Europäisches Gemeinschaftsrecht, 198.

764 Titel XI EGV (Titel VIII EGV a.F.).

765 Titel XII EGV (Titel IX EGV a.F.).

766 Titel XIII EGV (Titel X EGV a.F.).

767 Titel XIV EGV (Titel XI EGV a.F.).

768 Titel XVII EGV (Titel XIV EGV a.F.).

769 Titel XIX EGV (Titel XVI EGV a.F.).

770 Zusammen mit der europäischen Industriepolitik (Titel XVI EGV; Titel XIII EGV a.F.) und der Ausweitung der Kompetenzen der wirtschaftlichen und sozialen Kohäsion bedeutete der Vertrag von Maastricht zudem für den Markt eine Ausweitung des interventionistischen Prinzips, da den EG-Organen eine beträchtliche Anzahl von Ermächtigungen für diskretionäre Eingriffe verliehen wurden; *W. Mussler/M. E. Streit*, Integrationspolitische Strategien in der EU, S. 265, 286ff.

auch für die Völker der Mitgliedstaaten, die über die Verleihung der Unionsbürgerschaft - neben der damit zugleich bewirkten Absicherung der Freizügigkeitsrechte der Arbeitnehmer - auch in ideeller Hinsicht an das europäische Gemeinwesen herangeführt werden sollten. Die Ebene der rein wirtschaftlichen Zweckverfolgung der Europäischen Gemeinschaften wurde so überlagert von einem übergreifenden Ansatz, der *Integration* auch in den klassischen nationalstaatlichen Domänen ermöglichen sollte.[771] Die politische Finalität der europäischen Integration begab sich mit dem Maastrichter-Vertrag auf den Weg zu einer *„Totalität des Wirkungskreises"*.[772]

Diese Entwicklung scheint durch den Amsterdamer Vertrag, der im Zeichen innerer Reformen, nicht aber der Übertragung weiterer grundlegender Kompetenzbereiche von den Mitgliedstaaten auf die Union steht, zunächst gestoppt. Das mag nicht zuletzt daran liegen, daß in Maastricht fast alle Bereiche nationaler Politik in die europäische Perspektive gerückt wurden, wenn auch zum Teil nur in intergouvernementaler Form. Der in Maastricht erreichte Integrationsstand wurde in Amsterdam vertieft, wobei Wege eingeschlagen wurden, die Auskunft geben über die integrationspolitischen Vorstellungen der Staaten und die zukünftigen Macht- und Entscheidungszentren der europäischen Politik.

2. Der sich in Amsterdam verfestigende Integrationsweg

a) Mangelnder Konsens über institutionelle Reformen

Die Ergebnisse, die auf der Regierungskonferenz in Amsterdam erzielt wurden, haben ein allgemein negatives Echo erfahren.[773] Dies hat seine Ursache

---

771 Zur Beschreibung der Europäischen Union eignet sich der Begriff des Zweckverbandes nicht mehr. Sein Ansatz geht mit den eingeführten Politikbereichen und der Unionsbürgerschaft weit über den funktionalen Ansatz hinaus. Auch die sechs verfassungsrechtlichen Attribute, die Art. 23 GG der Union vorgibt, sollen anzeigen, daß die Zweckverbandsvorstellung überwunden ist, *M. Hilf*, Die Europäische Union und die Eigenstaatlichkeit ihrer Mitgliedstaaten, S. 75, 76.

772 *G. F. Schuppert*, Staatswissenschaften und Staatspraxis 1994, 35, 62; *Th. Oppermann/C. D. Classen*, NJW 1993, 5, 11.

773 *H. Schneider*, Integration 1997, 197ff.; *W. Weidenfeld*, Internationale Politik 1997, 1, 2; *M. Borchmann*, EuZW 1997, 513; *W. Wessels*, Integration 1997, 117, 131; *R. Bieber*, Integration 1997, 236, 245; *Ch. Pippan*, Aus Politik und Zeitgeschichte B 47/97, 30, 38f. Vgl. im Gegensatz dazu die positive Einschätzungg der Europäischen Kommission, 10 Argumente für Amsterdam, in: EU-Nachrichten-Dokumentation Nr. 4 vom 5.9.1997; *W. Weidenfeld*, Internationale Politik 1997, 1ff. Einen Überblick über die in- und ausländischen Reaktionen zum Vertrag von Amsterdam gibt *R. Streinz*, EuZW 1998, 137, 146.

darin, daß die Europäische Union in institutioneller und verfahrensrechtlicher Hinsicht nicht auf die im nächsten Jahrzehnt anstehenden Aufgaben, insbesondere der Erweiterung um weitere zehn, vor allem osteuropäische Staaten,[774] vorbereitet worden ist.[775] Die Aufnahme neuer Mitglieder bedingt die Anpassung der inneren Struktur der Union in vielerlei Hinsicht. Neben der Veränderung der Stimmengewichtung im Rat wird im Falle eines Beitritts auch die Frage zu klären sein, welche Staaten wieviele Mitglieder in den europäischen Organen besetzen dürfen. In finanzieller Hinsicht kommt es darauf an, die Ausgabenpolitik der Union, die nach wie vor auf den Agrarbereich konzentriert ist, auf die Aufnahme strukturschwächerer Mitgliedstaaten vorzubereiten, um eine sonst zu erwartende Kostenexplosion zu verhindern.[776]

b) Stärkung des Europäischen Parlaments und Verlagerung von Kompetenzen in den supranationalen Rahmen

Neben diesen kritikwürdigen Aspekten, erlaubt die Regierungskonferenz aber auch einige Schlußfolgerungen über die Strategie, mit der zukünftig in Europa Integrationserfolge erzielt werden sollen. Bemerkenswert ist zunächst, daß die Kompetenzen des Europäischen Parlaments in großem Umfang ausgedehnt wurden.[777] Damit scheint die Union einen Weg zu beschreiten, der im Sinne des Maastricht-Urteils des Bundesverfassungsgerichts auf eine ergänzende demokratische Legitimation durch das Parlament abzielt und diese voraussichtlich in den folgenden Revisionskonferenzen weiter ausbauen wird.

---

774 Einen deutlichen Beleg für die Ernsthaftigkeit der Bemühungen bilden die seit Anfang der neunziger Jahre abgeschlossenen „Europa-Abkommen" mit Ungarn, Polen, der Tschechischen und Slowakischen Republik, Bulgarien und Rumänien (1991) sowie die bislang nur unterzeichneten oder paraphierten Parallelabkommen mit Estland, Lettland, Litauen (1995) und Slowenien (1996). Die Stellungnahme der Europäischen Kommission zu den Beitrittsanträgen, bekanntgeworden unter dem Titel „ Agenda 2000", EU-Nachrichten-Dokumentation Nr. 2, vom 19.3.1998, sieht zunächst Verhandlungen mit Polen, Ungarn, der Tschechischen Republik, Slowenien, Estland und Zypern für Anfang 1998 vor.

775 Vgl. insgesamt zum Problem der Osterweiterung der Europäischen Union die Beiträge von *M. Pechstein*, Erweiterungsfähigkeit der Europäischen Union und europarechtliche Beitrittsvoraussetzungen, S. 163ff. und *G. Brunner*, Zwei Seiten der Integrationsmedaille, S. 7ff.; *J. Janning/C. Giering*, Internationale Politik 1997, 31ff.; *R. Freudenstein*, Internationale Politik 1997, 43, 46ff.; *E. Rhein*, Internationale Politik 1997, 25ff.; *J. Janning*, Tendenzen politischer Integration in Europa, S. 107ff.

776 Zu den entsprechenden Vorschlägen in diese Richtung siehe die „Agenda 2000" der Europäischen Kommission, EU-Nachrichten-Dokumentation Nr. 2, vom 19.3.1998.

777 Vgl. oben in diesem Kapitel I. 1. c, cc.

Wesentlich am Amsterdamer Vertragswerk ist ebenfalls, daß wichtige Bereiche der Justiz- und Innenpolitik von der zwischenstaatlichen in die Gemeinschaftszusammenarbeit überführt wurden.[778] Dies bringt unter anderem erweiterte Zuständigkeiten von Europäischem Parlament, Gerichtshof und Kommission (Initiativrecht) mit sich. Der Integrationsfortschritt liegt hier im institutionellen Bereich, indem den supranational ausgerichteten Organen Aufgaben übertragen wurden, die vorher allein dem intergouvernementalen Bereich verhaftet waren. Damit hat sich die erste und die dritte Säule in der Rechtsnatur angenähert. Zwar wird die Unterschiedlichkeit des supranationalen und intergouvernementalen Rechtscharakters durch Amsterdam nicht aufgehoben, aber eine Verschmelzung im Zuge späterer Revisionskonferenzen ist dadurch erleichtert.[779]

c) Die Strategie der Flexibilität im Integrationsprozeß

aa) Frühere Ansätze der Flexibiltät im Vertrag von Maastricht

In Amsterdam wurde eine Methode der Zusammenarbeit in den Vertrag eingeführt, die bisher unter den Stichworten *„flexibler Integration"*, *„géometrie variable"*, *„Europa à la carte"* oder *„Europa mehrerer Geschwindigkeiten"* firmierten.[780] Es handelt sich um Konzepte, die einen unterschiedlichen status quo der Integration in den Mitgliedstaaten in zeitlicher oder sachlicher Hinsicht ermöglichen sollen. Bereits vor dem Amsterdamer Vertrag fanden sich eine Reihe von solchen gemeinschaftsrechtlich legitimierten Differenzierungsmöglichkeiten in den Verträgen.[781] Dazu gehörten beispielsweise das frühere Europäische Währungssystem, das Schengen-Abkommen und die verschiedenen Formen der Zusammenarbeit im Bereich der Sicherheits- und Verteidigungspolitik (Westeuropäische Union, Eurokorps), da hier jeweils

---

778 Vgl. oben in diesem Kapitel I. 1. a, bb, (2).

779 *P.-Ch. Müller-Graff*, Integration 1997, 271, 280.

780 Zu den Begriffen vgl. *C. D. Ehlermann*, EuR 1997, 362ff.; *R. Streinz*, EuZW 1998, 137, 146. Politische Bedeutung erhielt diese Diskussion seit dem *„Schäuble-Lamers-Dokument"* aus dem Jahre 1994, in dem die flexible Zusammenarbeit als weiterer integrationspolitischer Weg vorgeschlagen wurde, Dokumentation der Konrad-Adenauer-Stiftung vom Oktober 1994. Zur Diskussion über Formen flexibler Integration im Rahmen der Einheitlichen Europäischen Akte vgl. *B. Langeheine/U. Weinstock*, Europa-Archiv 1984, S. 261ff.; *H. Wallace*, Integration von Verschiedenheit, S. 29, 41ff.

781 *C. D. Ehlermann*, EuR 1997, 362, 364ff; *Th. Oppermann*, Pro und Contra Unionsvertrag, S. 103, 107; *W. Kowalsky*, Aus Politik und Zeitgeschichte 1995, B 3-4, 17, 22f.

nicht alle Mitgliedstaaten an der Zusammenarbeit beteiligt waren.[782] Die beiden zentralen Bereiche, in denen der Maastrichter-Vertrag dem Konzept der flexiblen Zusammenarbeit gefolgt ist, sind die Wirtschafts- und Währungsunion und das Protokoll über die Sozialpolitik. Während sich die begrenzte Aufnahme von Mitgliedstaaten in die Währungsunion[783] zum Teil aus der unterschiedlichen wirtschaftlichen Substanz erklärt, die in den einzelnen Staaten vorhanden ist, lassen sich die Ausnahmevorschriften für Großbritannien in der europäischen Sozialpolitik und der *„opting-out-Klauseln"*[784] für Großbritannien und Dänemark in der Währungsunion nur aus nationalen politischen Vorbehalten gegenüber diesen Projekten erklären. Beide Beispiele illustrieren den Zusammenhang mit dem Einstimmigkeitsprinzip bei Vertragsänderungsverfahren (Art. 48 EUV; (Art. N EUV a.F.), denn ohne die Sonderregeln wäre eine Einigung über das gesamte Vertragswerk nicht zustande gekommen.[785]

bb) Die verstärkte Zusammenarbeit nach dem Vertrag von Amsterdam

Im Amsterdamer Vertrag wurde nunmehr eine weitere Form der flexiblen Integration, die verstärkte Zusammenarbeit ausdrücklich in einem neuen Titel VIa (Art. 43-45 EUV) in den Vertrag aufgenommen und durch besondere Vorschriften im ersten und dritten Pfeiler der Union ergänzt (Art. 11 EGV und Art. 40 EUV). Innerhalb des zweiten Pfeilers der Gemeinsamen Außen- und Sicherheitspolitik ist eine engere Zusammenarbeit nicht vorgesehen. Der Grundsatzartikel in Art. 43 Abs. 1 EUV erlaubt den Mitgliedstaaten, die beabsichtigen untereinander eine verstärkte Zusammenarbeit zu begründen, die im Europäischen Unions- und EG-Vertrag vorgesehenen Organe, Verfahren und Mechanismen in Anspruch zu nehmen, wenn dies nicht gegen bestimmte Bedingungen verstößt, die die Regelung im folgenden nennt. So ist die engere Zusammenarbeit nur als Mittel zum schnelleren Voranschreiten, nicht jedoch als Instrument zum Rückschritt erlaubt (Art. 43 Abs. 1 lit. a EUV). Sie muß die Grundsätze der Verträge und des institutionellen Rahmens beachten (Art. 43 Abs. 1 lit. b EUV), darf nur als letztes Mittel herangezogen werden

---

782 Dazu zählen auch die gemeinsamen Forschungsvorhaben wie Airbus, ESA, Ariane, JET, Eureka. In sachlicher Hinsicht bedeuten die Ausnahmevorschriften in Art. 15 EGV (Art. 7 c EGV a.F.) und Art. 95 Abs. 4 EGV (Art. 100 a Abs. 4 EGV a.F.) eine Differenzierung bezüglich der nationalen Umsetzung europäischer Vorgaben.

783 Seit dem 2. Mai 1998 steht fest, daß 11 der 15 Mitgliedstaaten zunächst an der dritten Stufe der Wirtschafts- und Währungsunion teilnehmen werden.

784 Protokoll Nr. 11 und Protokoll Nr. 12 zum EU-Vertrag.

785 *C. D. Ehlermann*, EuR 1997, 362, 366.

(Art. 43 Abs. 1 lit. c EUV), muß die Mehrheit der Mitgliedstaaten betreffen (Art. 43 Abs. 1 lit. d EUV) und darf den Besitzstand der Gemeinschaft und der Zuständigkeiten, Rechte, Pflichten und Interessen der Mitgliedstaaten nicht beeinträchtigen (Art. 43 Abs. 1 lit. e und f EUV). Allen übrigen Mitgliedstaaten soll es jederzeit offen stehen, sich an der verstärkten Zusammenarbeit zu beteiligen (Art. 43 Abs. 1 lit. g EUV).[786]

cc) Mögliche Folgewirkungen der verstärkten Zusammenarbeit

Die Erwartungen, die an das neue Instrument der Union für den Integrationsprozeß geknüpft werden, sind unterschiedlich. Bedenken gegenüber einer solchen Form der Flexibiltät gründen in der Sorge, der materielle Besitzstand der Gemeinschaft und die Einheitlichkeit des Rechtsrahmens könnten darunter leiden, weil die europäischen Materien nicht mehr für alle Mitgliedstaaten gleichermaßen gelten. Zudem wird befürchtet, die verstärkte Zusammenarbeit führe zur Bildung harter Kerne innerhalb der erweiterten Europäischen Union (z.B. bestehend aus den Gründerstaaten).[787] Andererseits könnte sich die verstärkte Zusammenarbeit zu einem neuen Motor der Integration entwickeln, wenn zukünftig von den aktiven, integrationsbereiten Mitgliedstaaten Fortschritte erzielt werden, die dann eine Sogwirkung auf die anderen Teilnehmer ausüben.[788] Ob die Europäische Union durch eine Differenzierung tatsächlich gestärkt werden kann, wird sich jedoch aufgrund der normativen Schranken und prozeduralen Fesseln, mit denen die verstärkte Zusammenarbeit versehen wurde, in absehbarer Zeit nicht erkennen lassen.[789] Trotzdem wurde damit in

---

786 Eine umfassende Erläuterung der neuen Regelungen zur verstärkten Zusammenerarbeit gibt *C. D. Ehlermann*, EuR 1997, 362ff. Siehe auch *E. Brok*, Integration 1997, 211, 215f.

787 *J. Janning*, Integration 1997, 285, 287ff. So auch schon die Befürchtungen im Jahre 1984, siehe *B. Langeheine/U. Weinstock*, Europa-Archiv 1984, S. 261, 264f.

788 Eine solche Sogwirkung hat in der Vergangenheit vor allem Großbritannien durch seine Abwesenheit von den Europäischen Gemeinschaften über zwei Jahrzehnte nach deren Gründung zu spüren bekommen. Eine ähnliche Entwicklung dürfte sich bezüglich der Teilnahme an der Wirtschafts- und Währungsunion abzeichnen, wenn die neue Währung die erhofften Erfolge erzielen kann. Einen positiven Effekt der flexiblen Integration für die europäische Umweltpolitik sieht *G. Müller-Brandeck-Bocquet*, Integration 1997, 292ff.; *W. Schönfelder/R. Silberberg*, Integration 1997, 203, 209. *J. M. Gil-Robles*, EuZW 1997, 353; *B. Langeheine/U. Weinstock*, Europa-Archiv 1984, S. 261, 268ff.

789 *H. Schneider*, Von Amsterdam in die Zukunft, Integration 1997, 197, 200; *J. Janning*, Integration 1997, 285, 290. Ein neues Verfassungsprinzip kann bei der restriktiven Ausgestaltung der verstärkten Zusammenarbeit darin noch nicht erblickt werden, *C. D. Ehlermann*, EuR 1997, 362, 395.

Amsterdam eine Richtung vorgezeichnet, die auf späteren Regierungskonferenzen einen maßgeblichen Themenkomplex bilden könnte.

dd) Ursachen der Einführung der flexiblen Integration

Fragt man nach den Ursachen, die zu einer nunmehr ausdrücklichen Verankerung in den Verträgen geführt haben, so kann dies zunächst auf den offensichtlich zwischen den Mitgliedstaaten vorhandenen unterschiedlichen Willen zur Integration zurückgeführt werden. Das wäre an sich nichts außergewöhnliches, denn selbst am Beginn der Europäischen Gemeinschaften stand alles andere als ein übereinstimmender und gleich starker Wunsch, in welche Richtung sich die Integration bewegen sollte.[790] Das Besondere an der Entwicklung ist aber die Tatsache, daß die Vertragsparteien es in dem momentanen Stadium als notwendig ansehen, diese Form der Integration zu institutionalisieren. Das bisherige Gemeinschaftsrecht kannte für solche Fälle nur die Derogation, das heißt die zeitlich begrenzte Abweichung vom gemeinsamen Besitzstand.[791] Nach der neuen Regelung besteht keine Verpflichtung für die anderen Mitgliedstaaten, den Integrationsvorsprung aufzuholen. Vorgesehen ist lediglich die Möglichkeit, sich der verstärkten Zusammenarbeit einzelner Staaten anzuschließen. Ein zwingendes Gebot, nach gewisser Zeit den *aquis communautaire* wieder herzustellen, liegt darin nicht.

Die Einführung der verstärkten Zusammenarbeit in den Vertrag dürfte darauf zurückzuführen sein, daß die wachsende Heterogenität der Interessenlagen der Mitgliedstaaten einen Rückgriff auf besondere Integrationsformen erforderlich macht. Ein von allen Mitgliedstaaten getragener Konsens ist auf anderem Wege in zentralen Fragen nicht zu realisieren. Heterogenität der Interessenlagen ist wiederum eine Folge der sich im Laufe der Jahrzehnte wandelnden Integrationsziele, wie sie soeben unter II. 1. beschrieben wurden. Der Schwerpunkt der Integration verlagert sich zunehmend vom wirtschaftlichen Sektor auf andere Politikfelder. Die europäischen Entscheidungen sind daher immer seltener die Reaktion auf Notwendigkeiten, die eine funktionierende Marktwirtschaft mit sich bringt. Damit entfällt für die Entscheidungsfindung eine wesentliche Konsensgrundlage, nämlich der Wunsch nach der Realisierung eines Gemeinsamen Marktes mit gleichen Wettbewerbsbedingungen zur allgemeinen Wohlstandsmehrung. Aufgrund der breiten thematischen Ausrichtung der letzten Regierungskonferenzen können von den Mit-

790 Vgl. oben Kapitel B I. 3. b.

791 Art. 15 EGV (Art. 7 c EGV a.F.) und Art. 95 Abs. 4 EGV (Art. 100 a Abs. 4 EGV a.F.), *J. Janning*, Dynamik in der Zwangsjacke, Integration 1997, 285.

gliedstaaten die verschiedensten Politiken im Rahmen der Verhandlungen miteinander verbunden werden. Die Folgen, die daraus entstehen, hat *R. Bieber* eindrucksvoll beschrieben:

> *„Ein Verfahren zur Vertragsreform, bei dem jede Art von Vorschlägen für neue Texte und die Änderung bestehender Texte vorlegen kann, degeneriert zwangsläufig zu einem zusammenhanglosen Tauschgeschäft, in dem beispielsweise eine (angekündigte) Verstärkung der institutionellen Struktur nicht aus der Analyse der Funktionsfähigkeit hervorgeht, sondern als Zufallsergebnis aus der Durchsetzung von Partikularinteressen entsteht.“*[792]

Die Tendenz zu solchen *„Paketlösungen“* hat sich im Vertrag von Amsterdam durch die inflationäre Zunahme von Protokollen und anderen Zusatzdokumenten verstärkt.[793] Die Kompromißfindung wird komplexer und intransparenter.

Derartige heterogene Interessenlagen der Mitgliedstaaten sind wiederum nicht der Nährboden für zukunftsweisende Ideen, in welche Richtung der europäische Zug fahren soll.[794] So verwundert es nicht, daß auch nach Amsterdam das offene Integrationskonzept der Europäischen Union weiter fortbesteht. Es drängt sich sogar der Eindruck auf, daß der Konsens über eine politische Finalität unerreichbarer ist, als je zuvor. Dies wirft die Frage auf, ob die funktionalen Mechanismen, die die letzten 40 Jahre der Integration prägten, ihre Wirkung eingebüßt haben.

3. Kein unbegrenzter Fortgang der Integration durch Funktionalität

Im Verhältnis zwischen den Europäischen Gemeinschaften und den Mitgliedstaaten galt die staatsrechtliche Frage der Souveränität bis Maastricht als *„pragmatisch auflösbar: Die supranationale Gewalt* (trat) *in den ihr zuge-*

---

792 Integration 1997, 236, 244.

793 So sind zum Amsterdamer Vertrag insgesamt 14 Protokolle und 46 (!) Erklärungen abgegeben worden. Ungeachtet der Tatsache, daß schon durch die schlichte Häufung dieser Zusatzdokumente die Gefahr mangelnder Beachtung entsteht, wird vor allem die Lesbarkeit des Vertrages stark beeinträchtigt und damit der angestrebten Transparenz und Bürgernähe diametral entgegengewirkt. Besonders problematisch erscheint in diesem Zusammenhang die zunehmend zu beobachtende Praxis, einer Häufung und Stufung von Zuatzdokumenten zu ein und demselben Gegenstand.

794 *G. Zellentin*, Staatswerdung Europas?, S. 41,46f.

wiesenen Aufgabenbereichen neben die staatliche Gewalt".[795] Nach der Konzeption der Maastrichter-Verträge hatten die Mitgliedstaaten zwar offensichtlich keinen neuen europäischen Staat geschaffen, es war aber denkbar, daß sich der Übergang zu einer europäischen Staatlichkeit und dem Verlust nationaler Souveränität in einem schleichenden Prozeß fortschreitender Kompetenzabwanderung ganz im Sinne des funktionalen Integrationsansatzes vollzieht. Dann mußte sich zwangsläufig die Frage stellen, wann die Kompetenzfülle seitens der Union eine solche Dichte und einen solchen Umfang erreicht hat, der den Staat seiner selbständigen Entscheidung über seine Belange endgültig beraubt.[796]

Allen Befürchtungen zum Trotz hat sich bis heute in der Europäischen Union keine klare Struktur herausgebildet, die in ihrer Finalität auf den Verlust der nationalen Letztentscheidungsbefugnis hinauslaufen könnte. Die abnehmende Konsensfähigkeit der Mitgliedstaaten hat die Strukturen weiter kompliziert. Die Union steht auf der überfrachteten Basis zahlreicher Verträge, Protokolle und Sonderregelungen, die selbst für einen verständigen Bürger kaum mehr nachzuvollziehen sind.[797] Der Amsterdamer Vertrag ist ein *„Sammelsurium an Neuregelungen und Verbesserungen im Detail",*[798] das keine substantielle Veränderung hinsichtlich des institutionellen Systems der Europäischen Union und der Europäischen Gemeinschaften mit sich bringt.[799] Der vertraglich vorgesehene vollständige Übergang von einem Koordinations- zu einem Integrationsansatz durch eine Supranationalisierung der Wirtschaftspolitiken der Mitgliedstaaten hat sich bis heute nicht vollzogen, obwohl die Tendenzen der Vergemeinschaftung dazu drängten.[800] Die Fortent-

---

795 *K. Stern*, Staatsrecht Bd. I, § 15 II 2, S. 522. Vgl. auch *R. Breuer*, NVwZ 1994, 417, 418.

796 *K. Stern*, Staatsrecht Bd. I, § 15 II 2, S. 522. *D. Thürer*, spricht von der *„Tendenz zur Erosion aller Elemente der klassischen Staatsgewalt"*, VVDStRL 50 (1991, 97, 122ff. Daran anlehnend *F. Ossenbühl*, DVBl. 1993, 629, 632. Ein Qualitätssprung, der sich in einem Jahrzehnte dauernden Abwanderungsprozeß nationaler Kompetenzen vollzieht, läßt sich nur schwer greifen, da sich weder die Qualität noch die Quantität der übertragenen Kompetenzen messen und sodann in festen staatlichen Kategorien einordnen läßt, *H. J. Blanke*, DÖV 1993, 412, 419; *H. Hoffmann*, Staatswissenschaften und Staatspraxis, S. 155, 165.

797 *M. Hilf/E. Pache*, NJW 1998, 705, 712.

798 *W. Weidenfeld*, Internationale Politik 1997, 1, 2.

799 *R. Bieber*, Integration 1997, 236, 240; *M. Hilf/E. Pache*, NJW 1998, 705, 712.

800 *E. J. Mestmäcker*, Recht und ökonomisches Gesetz, S. 86f. Die Wirtschafts- und Währungsunion, die am 1.1.1999 in ihre dritte Stufe eintritt, bedeutet lediglich eine vollständige Vergemeinschaftung der Geldpolitik bei nach wie vor bestehenden wirtschaftspolitischen Dominanz der Mitgliedstaaten.

wicklung der Union liegt gemäß Art. 48 EUV (Art. N EUV a.F.) nach wie vor in den Händen der Mitgliedstaaten. Das Erfordernis der Einstimmigkeit bei Vertragsänderungen zeigt, daß die völkerrechtliche Grundlage fortbesteht, denn eine Supranationalisierung nationaler Kompetenzen kann nur nach vorheriger Zustimmung aller Mitglieder erfolgen.[801] Ebenso existiert auf Unionsebene nach wie vor kein klares System der Kompetenzabgrenzung, z.B. in Form eines Zuständigkeitskatalogs. Stattdessen wirkt ein Prinzip der Subsidiarität mit weiten Interpretationsspielräumen.

Die funktionale Methode ist daher an ihre Grenze gestoßen. Das Szenario einer fortschreitenden Verdichtung und Ausweitung der Integration hin zu einer institutionellen und funktionellen Ordnung staatlicher Prägung wurde durch die Praxis widerlegt.[802] Der vollständige Übergang zu einer europäischen Staatlichkeit, wie ihn sich die Gründungsväter der Gemeinschaftsverträge vorstellten, ist allein durch Sachzwänge und „Spill-over Effekte" nicht zu erreichen und der mitgliedstaatlich legitimierte Aufbau einer Staatenverbindung verwandelt sich nicht automatisch in eine volksdemokratische Struktur. Dies ist in absehbarer Zukunft auch nicht zu erwarten.

III. Ergebnisse zu Kapitel C

1. Die Europäische Union ist eine Sammelbezeichnung für rechtlich unterschiedlich organisierte und aufeinander abgestimmte Formen der Zusammenarbeit der Mitgliedstaaten, die im Gegensatz zu den drei Europäischen Gemeinschaften keine eigene Völkerrechtspersönlichkeit besitzt. Der Vertrag von Amsterdam hat die „Drei-Säulen-Konstruktion" mit ihren intergouvernementalen (Gemeinsame Außen- und Sicherheitspolitik und Zusammenarbeit in den Bereichen Justiz und Inneres) und supranationalen (Europäische Gemeinschaften) Bestandteilen weitgehend unberührt gelassen. Zwischen den Säulen ist allerdings eine Tendenz zu einer Form der institutionellen Integration zu erkennen, die immer mehr Bereiche der ersten supranationalen Säule einverleibt. Merkmal der Verbundhaftigkeit der Union ist ihre innere Kohärenz, die die Handlungsoptionen der politischen Entscheidungsträger in den Mitgliedstaaten in unterschiedlicher Intensität auf die Beachtung europäischer Interessen festlegt.

---

801 Also keine Kompetenz-Kompetenz der Europäischen Union.

802 *H. J. Blanke*, DÖV 1993, 412, 422f.; *J. v. Scherpenberg*, Perspektiven des Integrationsprozesses, S. 31, 32.

2. Eine bundesstaatliche Struktur, die sich nicht mehr von den Mitgliedstaaten als „Herren der Verträge“ ableitet, hat sich bis heute in der Union nicht gebildet. Die Elemente klassischer Staatlichkeit, wie Staatsvolk, Staatsgebiet und Staatsgewalt sind nur in Ansätzen nachweisbar. Gleiches gilt für das Prinzip der Gewaltenteilung. Zwischen den Unionsorganen existiert lediglich ein institutionelles Gleichgewicht, das aber an der Überrepräsentanz der Exektive im Unionsaufbau nichts entscheidendes ändert.
3. Das in der Europäischen Union beklagte Demokratiedefizit ist in allen vertikal strukturierten Verbänden vorzufinden, da die Legitimationskette vom Volk zu den Entscheidungsträgern um ein Glied erweitert wird. Aufgrund der unveränderten Grundlage der Union als exekutivisch geprägte Staatenverbindung und den daraus erwachsenden Problemen der Wahlrechtsgleichheit, ist das Europäische Parlament nicht geeignet, die demokratischen Defizite vollständig zu kompensieren. Gleiches gilt für die Rückkopplung der Ratsentscheidungen an die Parlamente der Mitgliedstaaten, da auf diesem Wege den in der Union vorhandenen Entscheidungsstrukturen nicht angemessen Rechnung getragen werden kann.
4. Die Integrationsziele haben sich seit Gründung der Europäischen Gemeinschaften gewandelt. Die wirtschaftliche Ausrichtung der Verträge ist in Maastricht einem umfassenden Ansatz gewichen, der die verschiedensten Sektoren nationaler Politik, wenn auch mit unterschiedlicher Intensität, erfaßt. Mit der Verlagerung der wirtschaftlichen Ausrichtung auf allgemeinpolitische Themen verliert ein Grundpfeiler der Integration zunehmend seine konsensstiftende Wirkung. Die Revision der Verträge in Amsterdam war daher von einer starken Heterogenität der Interessenlagen geprägt, die sich seit der Aushandlung des Maastrichter-Vertrages verstärkt hat. Um trotzdem konsensfähig zu bleiben, geht man zu Formen der flexiblen Integration über, die zukünftig in den Mitgliedstaaten ein unterschiedliches Integrationsniveau entstehen lassen werden. Die Europäische Union ist daher heute von einer alle Mitgliedstaaten einschließenden politischen Finalität weiter entfernt als je zuvor.
5. Die funktionale Integrationsmethode ist an ihre Grenze gestoßen. Der vollständige Übergang zu einer europäischen Staatlichkeit, wie ihn sich die Gründungsväter der Gemeinschaftsverträge vorstellten, ist allein durch wirtschaftliche Sachzwänge und „Spill-over Effekte“ nicht zu erreichen, denn der mitgliedstaatlich legitimierte Aufbau einer Staatenverbindung verwandelt sich nicht automatisch in eine staatliche demokratische Struktur. Die Ängste in Deutschland, die Europäische Union könnte in einem schleichenden Prozeß die nationale Souveränität aufheben, sind daher unbegründet.

D. Nationale Öffnung für eine transzendente Staatlichkeit

Die Analyse der Europäischen Union darf nicht in der Betrachtung der europäischen Gegebenheiten verharren. Die Besonderheiten der Verbundhaftigkeit der Union erschließen sich auch aus den vielfältigen Einflüssen, denen das nationale Verfassungsgefüge durch die Mitgliedschaft in der Europäischen Union ausgesetzt ist. Die dafür maßgebliche Vorschrift ist Art. 23 GG, die im Rahmen des Ratifikationsverfahrens des Maastrichter-Vertrages durch das Änderungsgesetz vom 21.12.1992[803] in das Grundgesetz eingefügt wurde.[804] In ihr kommen gleichzeitig die Integrationsoffenheit des Grundgesetzes und die Grenzen zum Ausdruck, die der Integrationsgesetzgeber zu beachten hat, will er sich nicht in Widerspruch zur deutschen Verfassung setzen.

I. Die Beteiligung Deutschlands an der Europäischen Union nach Art. 23 GG

1. Die Entscheidung des Grundgesetzes für eine internationale Zusammenarbeit und die Verfassungsänderung von 1992

Die Funktion, die heute Art. 23 GG zukommt, war früher in Art. 24 GG niedergelegt, der zusammen mit der Präambel für die Bundesrepublik Deutschland den Abschied von der Idee eines geschlossenen Nationalstaates bedeutete.[805] Nach dieser Bestimmung konnte der Bund durch Gesetz Hoheitsrechte auf eine *„zwischenstaatliche Einrichtung"* übertragen und sich dadurch einer internationalen Staatengemeinschaft anschließen. Die Einfügung der Vorschrift in das Grundgesetz beruhte auf der Einsicht, daß die Bundesrepublik *„ihre Existenz nicht in selbstherrlicher Isolierung, sondern nur in einem kooperativen Verbund mit den Völkern Europas und der Welt führen kann"*.[806] Der bedeutendste Anwendungsfall des Art. 24 Abs. 1 GG war die Gründung der drei Europäischen Gemeinschaften, auf die die Bundesrepublik Hoheitsrechte zur eigenverantwortlichen Wahrnehmung durch die europäischen Or-

---

803 BGBl. I-1992, S. 2086ff.

804 Geändert wurden auch die Art. 24, 28, 45, 50, 52, 88 und 115e GG. Vgl. *Th. Schotten*, Verwaltungsrundschau 1993, 89, 91ff.; *R. Scholz*, NJW 1993, 1690ff.

805 *K. Stern*, Staatsrecht Bd. I, § 15 I 1 a, S. 516.

806 *Ch. Tomuschat*, HStR Bd. VII, § 172, Rz. 1. Vgl. auch die Ausführungen des Herrenchiemseer Verfassungskonvents zu den „völkerrechtlichen Verhältnissen des Bundes", zitiert bei *K. Stern*, Staatsrecht Bd. I, § 15 I 1 a, S. 517.

gane übertrug. Bis zum Maastrichter-Vertrag war unstreitig, daß dieser Übertragungsakt von Art. 24 Abs. 1 GG gedeckt sei. Mit der Gründung der Europäischen Union mehrten sich die Zweifel, ob der Begriff der *„zwischenstaatlichen Einrichtung"* in Art. 24 Abs. 1 GG die neue Integrationsstufe noch legitimatorisch abdeckt. Das lag einmal daran, daß die zunehmende Kompetenzverlagerung auf die Union den Eindruck erweckte, diese könnte mit dem Unionsvertrag staatliche Qualität erreichen und daher über den Tatbestand des Art. 24 Abs. 1 GG hinausreichen.[807] Zum anderen monierten die Bundesländer, daß nach dem sachlich unbegrenzten Wortlaut des Art. 24 Abs. 1 GG Gesetzgebungsrechte der Länder vom Bund auf die zwischenstaatliche Einrichtung ohne vorherige Zustimmung des Bundesrates übertragen werden konnten.[808] Diesen Bedenken hat der Verfassungsgesetzgeber durch die neue Regelung des Art. 23 GG Rechnung getragen, die Art. 24 GG hinsichtlich der Integration in eine Europäische Union ablöst. Der Begründung des Gesetzesentwurfs zufolge soll durch Art. 23 GG

> *„verfassungskräftig nach innen sowie gegenüber den Partnerstaaten dokumentiert* (werden), *welche Struktur die Bundesrepublik im vereinten Europa anstrebt, nach welchen innerstaatlichen Regeln sich die weitere Integration vollziehen soll und wie insbesondere die Bundesländer daran teilnehmen."*[809]

In den Absätzen 2 bis 7 des Art. 23 GG wurde die Beteiligung von Bundestag und Bundesrat nunmehr auf eine verfassungsrechtliche Grundlage gestellt, die durch Gesetz näher konkretisiert werden konnte.[810] Für die vorliegende

---

807 Nach *R. Scholz* bestand in der Gemeinsamen Verfassungskommission zur Änderung des Grundgesetzes die Überzeugung, daß der Tatbestand des Art. 24 Abs. 1 GG die Europäische Union nach dem Vertrag von Maastricht nicht mehr erfaßt hätte, NJW 1993, 1690, 1691. Vgl. auch S. *Magiera*, Jura 1994, 1, 7. Anderer Auffassung ist *U. Everling*, DVBl. 1993, 936, 943. Eine genauere Definition der Voraussetzungen und Verfahren der Hoheitsrechtsübertragung wurde auch schon vor der Grundgesetzänderung als wünschenswert angesehen, *H. Mosler*, HStR Bd. VII., § 175, Rz. 76.

808 *U. di Fabio*, Der Staat 32 (1993), S. 191, 192f.

809 BTDrs. 12/3338, S. 4.

810 Dies ist geschehen durch das „Gesetz über die Zusammenarbeit von Bund und Ländern in Angelegenheiten der Europäischen Union" (EUZBLG), BGBl. I-1992, S. 313 und dem „Gesetz über die Zusammenarbeit von Bundesregierung und Deutschem Bundestag in Angelegenheiten der Europäischen Union" (EUZBBG), BGBl. I-1992, S. 311. Ergänzend trat die „Vereinbarung zwischen der Bundesregierung und den Regierungen der Länder über die Zusammenarbeit in Angelegenheiten der Europäischen Union in Ausführung von § 9 des

Fragestellung ist vor allem Absatz 1 von entscheidender Bedeutung, der in den Sätzen 1 und 3 Kriterien für die Teilnahme der Bundesrepublik an der europäischen Integration aufstellt. Als Vorschrift des nationalen Verfassungsrechts ist der Kreis der Adressaten des Art. 23 Abs. 1 GG von vornherein auf Organe der Bundesrepublik Deutschland begrenzt. Die *„Strukturklausel“* des Satz 1 verpflichtet die zuständigen Organe der deutschen Integrationsgewalt verfassungsrechtlich zur Mitwirkung an der Europäischen Union unter dem Vorbehalt besonderer Prinzipien, die positiv-richtungsweisend und negativ-grenzziehende Wirkung entfalten.[811] Dem steht die Ewigkeitsgarantie des Satzes 3 i.V.m. Art. 79 Abs. 2 und 3 GG gegenüber, die formelle und materielle Schranken für Verfassungsänderungen festlegt, die Deutschland bei der Beteiligung an der Europäischen Union nicht übertreten darf.[812] Soweit sich die in Art. 23 Abs. 1 Satz 1 und 3 GG genannten Grundsätze überschneiden, werden die deutschen Organe doppelt gebunden. Einmal durch das Verbot der Mitwirkung an einer Europäischen Union, die diesen Anforderungen nicht genügt (Art. 23 Abs. 1 Satz 1GG) und zum anderen durch die Untersagung der Übertragung von Hoheitsrechten, die die Verfassung in einer Weise modifizieren, die Art. 23 Abs. 1 Satz 3 GG verbietet.[813] Da Art. 23 GG die Rechtsprechung des Bundesverfassungsgerichts zu Art. 24 GG rezipiert, können diese Entscheidungen auch heute noch zur Interpretation des Art. 23 GG herangezogen werden.[814]

2. Die Integrationsoffenheit des Grundgesetzes und die Staatszielbestimmung in Art. 23 Abs. 1 Satz 1 GG

In der Möglichkeit, Hoheitsrechte auf die Europäische Union zu übertragen, kommt die Integrationsoffenheit der Bundesrepublik Deutschland zum Ausdruck. Diese Option wurde bereits in Art. 24 GG erkannt und als *„Verfas-*

Gesetzes über die Zusammenarbeit von Bund und Ländern in Angelegenheiten der Europäischen Union“, Banz. Nr. 226/1993, S. 10425.

811 *O. Rojahn*, in: Leibholz/Rink, v. Münch-Grundgesetz-Kommentar, Art. 23, Rz. 17.

812 *R. Breuer* entwickelte für Art. 23 Abs. 1 Satz 3 GG die Terminologie der *„Verfassungsbestandsklausel“* als Pendant zur *„Struktursicherungsklausel* des Satz 1, NVwZ 1994, 417, 421 ff.

813 Die Integrationsbereitschaft Deutschlands bedingt die überstaatliche Modifikation anderer Verfassungsgrundsätze, so daß es zur Kollision kommt, die durch die Anwendung der Regeln über die praktische Konkordanz zu lösen sind. So auch *P. M. Huber*, Recht der Europäischen Integration, § 5, Rz. 30.

814 Vgl. *R. Streinz*, in: Sachs-Grundgesetz-Kommentar, Art. 23, Rz. 3; *O. Rojahn*, in: v. Münch, Grundgesetz-Kommentar, Art. 23, Rz. 4; *H. J. Papier*, NJW 1997, 2841, 2844.

sungsentscheidung des Grundgesetzes für eine internationale Zusammenarbeit"[815], als „*Öffnung der deutschen Staatlichkeit*"[816] oder als „*Bereitschaft zur Supranationalität*"[817] bezeichnet.[818] Die Präambel des Grundgesetzes erteilte der Bundesrepublik zudem den Auftrag, „*als gleichberechtigtes Glied in einem vereinten Europa dem Frieden der Welt* (zu) *dienen*".[819] Diese Formulierung enthielt keine Festlegung einer bestimmten Finalität der europäischen Integrationsentwicklung, sondern sah die Bundesrepublik in einem vereinten Europa als einen gleichberechtigten Partner.[820]

Art. 23 Abs. 1 Satz 1 GG konkretisiert nunmehr die in der Präambel enthaltenen Zielvorgaben, indem die Verwirklichung des vereinten Europas durch die Mitwirkung der Bundesrepublik als Staatszielbestimmung den politischen Entscheidungsträgern einen rechtsverbindlichen Auftrag erteilt[821] und so das „*Bekenntnis der Bundesrepublik Deutschland zu einer für supranationale Integration offenen Staatlichkeit bekräftigt*".[822] Die Verwirklichung eines vereinten Europas wird so zum Staatsziel erhoben.[823]

---

815 *K. Vogel*, Die Verfassungsentscheidung des Grundgesetzes, zitiert bei K. Stern, Staatsrecht Bd. I, § 15 I 2., S. 518.

816 *H. P. Ipsen*, Europäisches Gemeinschaftsrecht, S. 52.

817 *K. Stern*, Staatsrecht Bd. I, § 15 I 4, S. 519.

818 *A. Dittmann* spricht auch von einer „*Europafreundlichkeit*", Maastricht II aus der Sicht des deutschen Verfassungsrechts, S. 39, 40.

819 *D. H. Scheuing*, Nationales Verfassungsrecht mit Blick auf die europäische Integration, S. 70, 75.

820 *P. Badura*, Das Staatsziel „Europäische Integration im Grundgesetz, S. 887. Die geforderte Gleichberechtigung ist zunächst eine politische. Sie bezieht sich auf die Mitwirkung der deutschen Vertreter in den Organen der Europäische Union. Darüber hinaus kann die geforderte Gleichberechtigung auch in der Anwendung gegenüber den Bürgern (z.B. Diskriminierungsverbote der Art 12 EGV (Art. 6 EGV a.F.), Art. 34 Abs. 2 Uabs. 2 EGV (Art. 40 Abs. 3 Uabs. 2 EGV a.F.), Art. 141 EGV (Art. 119 EGV a.F.) und in Verfahrensfragen der Umsetzung des Gemeinschaftsrechts zum Problem werden (z.B. die sprachliche Gleichberechtigung bei den Amtssprachen und den Verfahrenssprachen vor den beiden europäischen Gerichten, vgl. *P. M. Huber*, Recht der Europäischen Integration, § 1 Rz. 15, 18ff.

821 *R. Streinz*, in: Sachs, Grundgesetz-Kommentar, Art. 23 Rn. 10.

822 BTDrs. 12/3338, S. 4. Siehe auch BRDrs. 501/92, S. 4, 11.

823 Der Begriff geht auf *H. P. Ipsen* zurück, *K. Stern*, Staatsrecht Bd. I, § 4 II 3 h, S. 121, dort Anm. 96. Die Begründung zum Gesetzesentwurf der Bundesregierung zu Art. 23 GG spricht von einem „*Politikauftrag*", BTDrs. 12/3338, S. 6; *K.-D. Schnapauff*, ZG 1997, 188. Siehe auch die Formulierungen der Gemeinsamen Verfassungskommission BTDrs. 12/6000, S. 20: „*Die Bundesrepublik Deutschland wird nicht nut ermächtigt, an der Entwicklung der Europäischen Union mitzuwirken und ihr hierzu weitere Hoheitsrechte zu übertragen. Die Verwirklichung des vereinten Europas erhält darüber hinaus den Rang eines Staatsziels, auf*

Staatszielbestimmungen enthalten generelle Zielsetzungen und allgemeine Grundsätze für die Gemeinschaftsordnung des Grundgesetzes und geben Richtlinien für das staatliche Handeln vor.[824] Die Umsetzung der Vorgaben erfolgt innerhalb der Grenzen der Integrationsermächtigung einerseits und einer grundsätzlich integrationsfreundlichen Politik andererseits.[825] Staatszielbestimmungen unterscheiden sich von Verfassungsaufträgen in der Verbindlichkeit und Konkretheit der Zielfestlegung.[826] Während Verfassungsaufträge dem Gesetzgeber die Verpflichtung zum Erlaß bestimmter Gesetze auferlegen,[827] kommt Staatszielbestimmungen eine programmatische Aussage über die grundsätzliche Ausrichtung der künftigen Politik in diesem Bereich zu.[828] Da die Wahl der Mittel und die Konkretisierung eines unbestimmt formulierten Ziels frei sind, ist die Realisierung in hohem Maße in das politische Ermessen der Organe gestellt.[829] Die sprachliche Gestaltung in Art. 23 Abs. 1 Satz 1 GG zeigt zudem, daß die *„Verwirklichung eines vereinten Europas"* von der Mitwirkung *„bei der Entwicklung der Europäischen Union"* zu trennen ist. Die Europäische Union ist nur eine Form der europäischen Einigung, die ihre Gestalt entsprechend der in ihr selbst angelegten Dynamik verändert.[830] Die Staatszielbestimmung des Art. 23 Abs. 1 Satz 1 GG steht insofern in Übereinstimmung mit dem prozeßhaften Charakter der Union und hat daher keine bestimmte institutionelle Form im Visier. *„Europäische Union"* im Sinne von Art. 23 Abs. 1 Satz 1 GG meint zunächst nur die Union, die durch den Vertrag von Maastricht am 7.2.1992 gegründet und zu der die Zustim-

---

das hinzuwirken der Bundesstaat in seiner Gesamtheit - also Bund und Länder - verpflichtet sind."

824 *Th. Maunz/R. Zippelius*, Deutsches Staatsrecht, § 6, 5c.

825 *R. Streinz*, in: Sachs, Grundgesetz-Kommentar, Art. 23, Rz. 11.

826 Zum Zusammenhang zwischen Abstraktionsgrad und Normativkraft der Staatszielbestimmung vgl. *K.-P. Sommermann*: *„Je konkreter ein Staatsziel gefaßt ist, desto enger wird sein Zielgehalt, desto konzentrierter und damit intensiver wird zugleich die Bindungswirkung"*, DÖV 1994, 596, 601.

827 Z.B. Art. 3 Abs. 2; 4 Abs. 3 S. 2, Art. 6 Abs. 5, Art. 21 Abs. 3, Art. 41 Abs. 3, Art. 48 Abs. 3; 131 GG, *K. Stern*, Staatsrecht Bd. I, § 3 III 3 b) α, S. 85.

828 *Th. Maunz*, in: Maunz/Dürig, Grundgesetz-Kommentar, Erstbearb. Art. 24 Abs. 1, Rz. 1; *R. Herzog*, HStR Bd. III, § 58, Rz. 29 und 30; *D. Murswiek*, in: Sachs, GG-Kommentar, Art. 20a, Rz. 17f. Nach *K.-P. Sommermann* sind Staatszielbestimmungen *„Verfassungsgrundsätze, die die Staatsgewalt auf die Verfolgung eines bestimmten Ziels verpflichten, ohne dem Bürger subjektive Rechte zu gewähren"*, DÖV 1994, 596, 601; *D. H. Scheuing*, Nationales Verfassungsrecht mit Blick auf die europäische Integration, S. 70, 78.

829 *D. Murswiek*, in: Sachs, GG-Kommentar, Art. 20a, Rz. 17f.

830 Veränderungen durch regelmäßige Regierungskonferenzen, Beitritte weiterer Mitgliedstaaten.

mung aufgrund Art. 23 Abs. 1 Satz 2 GG durch Gesetz erteilt wurde.[831] Da die weitere Entwicklung das Ergebnis der politischen Kompromißbildung mit den anderen Mitgliedstaaten der Europäischen Union ist, kann die Verwirklichung der Staatszielbestimmung allein aus praktischen Erwägungen nicht vom Willen Deutschlands abhängen. Art. 23 Abs. 1 Satz 1 GG kann somit nur eine Verpflichtung zum Tätigwerden, nicht jedoch eine Verpflichtung auf einen bestimmten Erfolg der Bemühungen enthalten.[832]

3. Übertragung von Hoheitsrechten gemäß Art. 23 Abs. 1 Satz 2 GG

Das nationale Instrument der Einbindung in ein supranationales europäisches Gemeinwesen ist die Übertragung von Hoheitsrechten gemäß Art. 23 Abs. 1 Satz 2 GG. In Satz 3 werden die vier Varianten aufgezählt, in deren Rahmen es zu einer Übertragung von Hoheitsrechten kommen kann. Dies ist neben der Gründung durch Ratifizierung des Zustimmungsgesetzes zum EU-Vertrag, auch die Änderung der vertraglichen Grundlagen der Union gemäß Art. 48 EUV (Art. N EUV a.F.), die eine über das Zustimmungsgesetz hinausgehende weitere Übertragung von Hoheitsrechten beinhalten können. Schließlich werden die Fälle erfaßt („*vergleichbare Regelungen*"), die eine Änderung oder Ergänzung des Grundgesetzes nach sich ziehen oder eine implizite weitere Übertragung von Hoheitsrechten ermöglichen. Damit sind die sog. „*Evolutivklauseln*" des Gemeinschaftsrechts angesprochen, die eine Änderung des Primärrechts ohne ein förmliches Vertragsänderungsverfahren nach Art. 48 EUV (Art. N Abs. 1 EUV) erlauben.[833]

Von der Hoheitsrechtsübertragung ist die Ausübung öffentlicher Gewalt durch Rechtssetzung, Verwaltung und Rechtsprechung gemäß Art. 20 Abs. 2 Satz 2 GG einschließlich der Länderzuständigkeiten erfaßt.[834] Der supranationalen Organisation wird damit die Möglichkeit eröffnet, unmittelbar gelten-

---

831 BTDrs. 12/3338, S. 4. *K. P. Sommermann*, DÖV 1994, 596, 598; *U. di Fabio*, Der Staat 32 (1993), 191, 197; S. *Magiera*, Jura 1994, 1, 8; *B. Beutler*, Offene Staatlichkeit und europäische Integration, S. 109, 110; *D. H. Scheuing*, Nationales Verfassungsrecht mit Blick auf die europäische Integration, S. 70, 78.

832 *R. Streinz*, in: Sachs, Grundgesetz-Kommentar, Art. 23 Rn. 11; S. *Magiera*, Jura 1994, 1, 2. Aus Staatszielbestimmungen können jedoch keine konkreten Gesetzgebungsaufträge abgeleitet werden, *R. Scholz*, in: Maunz/Dürig, Grundgesetz-Kommentar, Art. 23, Rz. 37.

833 Art. 190 Abs. 3 EGV (Art. 138 Abs. 3 EGV a.F.); Art. 269 EGV (201 EGV a.F.), Art. 29-37 EUV (Art. K.1.-9. EUV a.F.); *R. Scholz*, NVwZ 1993, 817, 822.

834 So bereits die allgemeine Meinung zu Art. 24 GG: *K. Stern*, Staatsrecht Bd. I, § 15 II 2, S. 521; *A. Randelzhofer*, in: Maunz/Dürig, Grundgesetz-Kommentar, Art. 24, Rz. 29.

des Recht ohne staatlichen Inkorporationsakt, also mit rechtlicher Durchgriffsmacht, zu setzen.

Für die verfassungsrechtliche Beurteilung der nationalen Einbindung in die Europäische Union ist vor allem entscheidend, welche Qualität die Übertragung besitzt. Das Bundesverfassungsgericht deutet den Übertragungsakt dahingehend, daß die Verfassungsbestimmung

> *„die nationale Rechtsordnung derart* (öffnet), *daß der ausschließliche Herrschaftsanspruch der Bundesrepublik Deutschland im Geltungsbereich des Grundgesetzes zurückgenommen und der unmittelbaren Geltung und Anwendbarkeit eines Rechts aus anderer Quelle innerhalb des staatlichen Herrschaftsbereichs Raum gelassen wird."*[835]

„Übertragung von Hoheitsrechten" ist somit vom Wortlaut her mißverständlich, denn der zwischenstaatlichen Einrichtung wird nicht ein Ausschnitt aus der deutschen Staatsgewalt überantwortet. Diese übt nicht deutsche öffentliche Gewalt aus, sondern die Hoheitsrechte der zwischenstaatlichen Einrichtung werden originär mit dem Gründungsakt als völkerrechtlicher Vertrag geschaffen.[836] Mit der Übertragung ist kein dinglicher Verzicht auf Staatsgewalt in dem Sinne verbunden, daß in diesem Bereich keine deutsche Staatsgewalt mehr existiert.[837] Die übertragene, supranationale Hoheitsgewalt tritt vielmehr neben die nationale Hoheitsgewalt. Nach *Th. Maunz* ist mit der Übertragung weder ein Souveränitätsverzicht, noch ein Verlust der grundsätzlichen Allzuständigkeit verbunden. Es geht nur um einen

> *„Verzicht auf die Eigenschaft der deutschen Staatsgewalt als alleinige öffentliche oder Hoheitsgewalt im Bundesgebiet".*[838]

Die Begrenzung der Übertragung auf einen Ausübungsverzicht hat zur Folge, daß die Hoheitsrechte von der Bundesrepublik weiterhin wirksam ausgeübt werden können, auch wenn dies möglicherweise eine Verletzung der völker-

---

835 „Solange I" BVerfGE 37, 271, 280. Vgl. auch BVerfGE 58,1,28; 73, 339, 374.

836 *H. D. Jarass*, in: Jarass/Pieroth, Grundgesetz-Kommentar, Art. 23, Rz. 4; *R. Streinz*, in: Sachs-Grundgesetz-Kommentar, Art. 24, Rz. 12.

837 *K. Stern*, Staatsrecht Bd. I, § 15 II 2, S. 521; *D. H. Scheuing*, Nationales Verfassungsrecht mit Blick auf die europäische Integration, S. 70, 76.

838 In: Maunz/Dürig, Grundgesetz-Kommentar, Art. 24, Rz. 5. *H. P. Ipsen* hat diesen Vorgang wie folgt beschrieben: *„Mit der Übertragung gibt der Staat seinen Anspruch auf Ausschließlichkeit eigener Hoheitsentfaltung in seinem Gebiet auf. Zugleich räumt er der zwischenstaatlichen Einrichtung das Recht ihrer Hoheitsentfaltung in seinem Gebiet ein."* Europäisches Gemeinschaftsrecht, S. 56. Vgl. auch *H. J. Blanke*, DÖV 1993, 412, 415.

rechtlichen Verpflichtungen bedeutet.[839] Die Bundesrepublik kann nach diesem Verständnis also in bestimmten Bereichen auf die Ausübung ihrer Hoheitsrechte verzichten, ohne diese Rechte aus ihrem Souveränitätsbereich endgültig zu entlassen.

Diese Auffassung errinnert sehr stark an die von *Jellinek* vertretene These zur vertraglichen Bindung eines Staates innerhalb einer Staatenverbindung. Danach konnte ein Staat zwar Kompetenzen auf den Bund übertragen, ein Souveränitätsverzicht war damit aber nicht verbunden, da die Delegation immer auf den eigenen Willen des Staates zurückgeführt werden konnte. Daher sollte es nicht möglich sein, daß ein Staat durch die Übertragung all seiner Befugnisse sich seiner Souveränität entledigen kann, denn Souveränität ist nach *Jellinek* gerade die ausschließliche Verpflichtbarkeit durch eigenen Willen.[840] *Kelsen* hat gezeigt, daß diese Schlußfolgerung allein in einer juristischen Betrachtung zutreffen kann, denn faktisch wird einer fremden Hoheitsgewalt die Möglichkeit eingeräumt, verbindliche Akte mit belastenden Wirkungen für den einzelnen zu setzen. Die Frage, ob diese Akte letztlich durchgesetzt werden können, ist davon abhängig, ob die Union über eigene Zwangsmittel verfügt oder ob die Bundesrepublik deren Wirkung faktisch verhindern kann. Die herrschende Lehre zur Qualität der Hoheitsrechtsübertragung verquickt hier rechtliche und faktische Gesichtspunkte, indem entgegen dem Wortlaut des Art. 23 Abs. 1 Satz 2 GG der Übertragungsakt mit dem Vorbehalt der Möglichkeit zur fortbestehenden nationalen Kompetenzwahrnehmung versehen wird.

II. Die formelle Grenzfunktion des Art. 23 Abs. 1 Satz 3 i.V.m. Art. 79 Abs. 2 GG

Neben der Verweisung auf die materiellen Grenzen in Art. 79 Abs. 3 GG will Art. 23 Abs. 1 Satz 3 i.V.m. Art. 79 Abs. 2 GG der schrittweisen Kompetenzabwanderung im Wege der Übertragung von Hoheitsrechten ein Verfahren vorgeben, das tatsächlich erst die Möglichkeit einer Kontrolle schafft. Nach der früheren Regelung in Art. 24 GG mußten die erschwerten Verfahrensanforderungen des Art. 79 Abs. 2 GG nicht beachtet werden. Insofern wollte der Parlamentarische Rat, der das Grundgesetz ausgearbeitet hat, die besondere Bereitschaft der Bundesrepublik Deutschland zu einer internationalen Zu-

839 S. *Magiera*, Jura 1994, 1, 3.

840 Vgl. oben Kapitel A I. 2.

sammenarbeit unterstreichen und fördern.[841] Art. 23 Abs. 1 Satz 2 GG sieht nunmehr auch hinsichtlich einfacher Integrationsgesetze ausdrücklich die Zustimmung des Bundesrates vor.[842] Zudem sind Integrationsgesetze mit verfassungsänderndem Charakter gemäß Art. 23 Abs. 1 Satz 3 i.V.m. Art. 79 Abs. 2 GG an qualifizierte Mehrheiten in Bundestag und Bundesrat gebunden. Der verfassungsändernde Gesetzgeber ist allein vom Zitiergebot des Art. 79 Abs. 1 GG freigestellt.[843] Das erklärt sich aus den rechtstechnischen Problemen, die sich ergäben, wenn im Rahmen der Änderungsoption des Grundgesetzes durch primäres oder sekundäres Gemeinschaftsrecht, den europäischen Organen auferlegt würde, jeweils die daraus resultierenden Verfassungsänderungen zu benennen.[844]

Aufgrund der unklaren Formulierungen in Art. 23 Abs. 1 Satz 3 GG stellt sich aber die Frage, ob die hohen formellen Anforderungen alle Formen einer Weiterentwicklung des europäischen Gemeinwesens erfassen oder ob für bestimmte Teilbereiche der Beteiligung Deutschlands einfache Mehrheitsverhältnisse ausreichend sind bzw. einer Kontrolle von Bundestag und Bundesrat überhaupt nicht unterliegen.[845]

1. Qualifizierte Mehrheit bei Änderung der vertraglichen Grundlagen der Europäischen Union in Verbindung mit einer Übertragung von Hoheitsrechten

Unstreitig galten die qualifizierten Mehrheitsverhältnisse für die heute erschöpfte Variante der Gründung der Europäischen Union. Die Vertragsrevision von Amsterdam aus dem Jahre 1997 fällt demgegenüber unter die zweite

---

841 *D. H. Scheuing*, Nationales Verfassungsrecht mit Blick auf die europäische Integration, S. 70, 76f. Vgl. auch den Bericht über die Beratungen des Parlamentarischen Rates zu Art. 24 GG in: Jahrbuch des öffentlichen Rechts, Band 1, 1951, S. 223, 228; *Th. Schotten*, Verwaltungsrundschau 1992, 305, 309; *H. Hofmann*, Staatswissenschaften und Staatspraxis, S. 155, 164.

842 Diese mußte aufgrund der gleichzeitigen Anwendbarkeit des Art. 59 Abs. 2 GG bereits früher regelmäßig eingeholt werden. Es steht heute fest, daß Integrationsgesetze nicht mehr bloß als Einspruchsgesetze erlassen werden, sondern immer auch der Zustimmung des Bundesrates bedürfen, BTDrs. 12/3338, S. 4. Vgl. auch *D. H. Scheuing*, Nationales Verfassungsrecht mit Blick auf die europäische Integration, S. 70, 81; *R. Scholz*, NJW 1993, 1690, 1691.

843 *R. Scholz*, NVwZ, 1993, 817, 821; *ders.*, NJW 1992, 2593, 2597.

844 Gemeinsame Verfassungskommission, BTDrs. 12/6000, S. 21.

845 Dies hat insbesondere Auswirkungen auf die Gestaltungsmöglichkeiten des Integrationsgesetzgebers in den europäischen Organen, denn in den Bereichen, in denen eine Zweidrittelmehrheit erforderlich ist, müssen die politischen Akteure den Konsens herstellen, bevor es zur Ratifikation kommen kann, *M. Bothe/T. Lohmann*, ZaöRV 1998, 1, 3.

Variante des Art. 23 Abs. 1 Satz 3 GG (*„Änderung ihrer vertraglichen Grundlagen“)*, die hinsichtlich ihrer grundsätzlichen Anwendbarkeit gewisse Auslegungsschwierigkeiten bereitet. Fraglich ist, ob die qualifizierte Mehrheit des Art. 79 Abs. 2 GG für die Änderung der vertraglichen Grundlagen der Europäischen Union auch dann gilt, wenn eine materielle Änderung des Grundgesetzes damit nicht verbunden ist.[846] Bezöge sich der Relativsatz *„durch die dieses Grundgesetz seinem Inhalt nach ergänzt wird oder solche Änderungen oder Ergänzungen ermöglicht werden“* nur auf die Fallgruppe der *„vergleichbare(n) Regelungen“*, so bedürfte jede Änderung der vertraglichen Grundlagen der Europäischen Union einer qualifizierten Mehrheit, da dafür die weitere Voraussetzung der Grundgesetzänderung nicht vorgesehen ist.[847]

Ein Blick in die Entstehungsgeschichte zeigt jedoch, daß sich der Relativsatz auch auf die *„Änderung der vertraglichen Grundlagen“* bezieht, da er bereits im Gesetzesentwurf der Bundesregierung enthalten war, der nur diese Variante und die Gründung der Europäischen Union aufführte.[848] Die dritte Variante wurde erst im Rahmen der Beratungen des Gesetzesentwurfs durch den Bundestag eingefügt.[849] Die qualifizierte Mehrheit ist also immer nur dann erforderlich, wenn zur Änderung der vertraglichen Grundlagen eine Änderung des Grundgesetzes hinzutritt.[850]

Nach Ansicht des Bundesverfassungsgerichts ist das immer dann der Fall, wenn durch die Änderung der vertraglichen Grundlagen Hoheitsrechte auf die Europäische Union übertragen werden, denn letztlich ändert jede Übertragung von Hoheitsrechten die Zuständigkeitsordnung des Grundgesetzes.[851] Der gegenteiligen Auffassung der Bundesregierung zufolge, könnten sich Anwendungsfälle für eine Hoheitsrechtsübertragung mit einfacher Mehrheit ergeben,

> *„wenn Änderungen des Unions-Vertrages zu ratifizieren sind, die von ihrem Gewicht her der Gründung der Europäischen Union nicht ver-*

---

846 Sonderausschuß Europäische Union, BTDrs. 12/3896, S. 18.

847 Die zusätzliche Voraussetzung der Grundgesetzänderung würde dann nur für die vergleichbaren Regelungen gelten. Für die Begründung der Europäischen Union sowie für Änderungen der vertraglichen Grundlagen wäre dann immer die Voraussetzung des Art. 79 Abs. 2 GG zu erfüllen.

848 BTDrs. 12/3338, S. 3.

849 Sonderausschuß Europäische Union, BTDrs. 12/3896, S. 18.

850 S. *Hölscheidt/Th. Schotten*, DÖV 1995, 187, 189.

851 BVerfGE 58, 1, 36; siehe auch *R. Streinz*, in: Sachs, Grundgesetz-Kommentar, Art. 23 Rz. 65.

gleichbar sind und insoweit nicht die „Geschäftsgrundlage" des Vertrages betreffen".[852]

Welcher Art diese Hoheitsrechtsübertragungen sein sollen, bleibt allerdings im Gesetzesentwurf der Bundesregierung offen.

Unter Betonung der Position des Bundesverfassungsgerichts widersprach der Bundesrat in seiner Stellungnahme zum Gesetzesentwurf der Interpretation der Bundesregierung und stellte die Forderung nach einer generellen qualifizierten Mehrheit für Hoheitsrechtsübertragungen auf. Art. 23 Abs. 1 GG könne vor diesem Hintergrund nur so verstanden werden,

„daß die in Satz 3 (i.V.m. Artikel 79 Abs. 2 GG) vorgesehenen verfassungsändernden Mehrheiten für sämtliche weiteren Übertragungen von Hoheitsrechten auf die Europäische Union im Rahmen von Änderungen von deren vertraglichen Grundlagen erforderlich sind".[853]

Danach wird man also davon ausgehen müssen, daß jede Hoheitsrechtsübertragung der qualifizierten Mehrheit von Bundestag und Bundesrat bedarf.

2. Qualifizierte Mehrheit bei sonstigen Integrationsakten

Wenn jede Hoheitsrechtsübertragung einer qualifizierten Mehrheit bedarf, ist damit nicht geklärt, ob es außerhalb des Anwendungsbereichs des Art. 23 GG Fälle geben kann, die einen Integrationsfortschritt bedeuten, ohne gleichzeitig eine Übertragung von Hoheitsrechten zu beinhalten.

Da in Übereinstimmung mit dem Bundesverfassungsgericht davon auszugehen ist, daß jede Hoheitsrechtsübertragung immer auch eine Zuständigkeitsverschiebung und damit eine Änderung des Grundgesetzes bedeutet, müßten diese Integrationsschritte eine andere Qualität aufweisen.[854]

a) Beitritt weiterer Mitglieder

Eine solche Konstellation könnte im Beitritt neuer Mitglieder zur Europäischen Union zu sehen sein. Unzweifelhaft bedeutet dies eine Änderung der vertraglichen Grundlagen der Europäischen Union. Fraglich ist aber, ob das Beitrittsgesetz einer qualifizierten Mehrheit bedarf, weil durch den Beitritts-

---

852 BTDrs. 12/3338, S. 7.

853 BTDrs. 12/3338, S. 12.

854 Mit anderen Worten geht es darum, ob und in welchen Fällen der Gesetzgeber von der Übertragungsermächtigung des Art. 23 Abs. 1 Satz 2 Gebrauch machen kann, ohne an die qualifizierte Mehrheit des Art. 79 Abs. 2 GG gebunden zu sein.

vertrag das *„Grundgesetz seinem Inhalt nach geändert oder ergänzt wird oder solche Änderungen oder Ergänzungen ermöglicht werden"*.

Die Abstimmung des Deutschen Bundestages über das Gesetz bezüglich des Beitritts Norwegens, Österreichs, Finnlands und Schwedens hätte die Frage erstmals offen zu Tage treten lassen.[855] Allein die einstimmige Verabschiedung des Gesetzes von Bundesrat und Bundestag verdeckte den Konflikt über die notwendige verfassungsrechtliche Grundlage der Ratifikation. In der Entschließung des Deutschen Bundestages anläßlich der Abstimmung über das Beitrittsgesetz heißt es dazu:[856]

> *„Durch den Beitritt (...) werden weder Hoheitsrechte übertragen, noch Änderungen der vertraglichen Grundlagen der Europäischen Union oder vergleichbare Änderungen vorgenommen, durch die das Grundgesetz seinem Inhalt nach geändert oder ergänzt wird oder solche Änderungen oder Ergänzungen ermöglicht werden"*.

Der Bundestag ging also im Rahmen dieser Abstimmung davon aus, daß eine qualifizierte Mehrheit gemäß Art. 23 Abs. 1 Satz 3 i.V.m. Art. 79 Abs. 2 GG nicht notwendig gewesen wäre.

Dem muß entgegengehalten werden, daß die Erweiterung der Europäischen Union eine veränderte Stimmgewichtung durch die damit verbundenen institutionellen Anpassungen in den europäischen Organen bedeutet. Europäisches Recht mit Durchgriffswirkung wird in den europäischen Gesetzgebungsverfahren zwar noch aufgrund derselben kompetentiellen Zuständigkeiten erlassen, die Mitwirkung der Bundesrepublik hat sich aber verändert, denn im Rahmen von Mehrheitsentscheidungen steht die deutsche Stimme in einer veränderten Relation zu den Stimmen der anderen Mitgliedstaaten. Die mit der Mitgliedererweiterung verbundene Entwertung der deutschen Stimmen hat wiederum Auswirkungen auf die demokratische Legitimation der deutschen Vertreter in den Organen, insbesondere im Rat.[857] Im oben angesprochenen Fall des Beitritts der EFTA-Staaten wäre die qualifizierte Mehrheit daher erforderlich gewesen.[858]

---

855 BGBl. II, S. 2022.

856 Sten. Ber. 237. Sitzung v. 29.6.1994, S. 20831 (A).

857 Vgl. oben Kapitel C I. 3. c.

858 Anders *R. Scholz*, in: Maunz/Dürig, Grundgesetz-Kommentar, Art. 23, Rz. 52; *R. Streinz*, in: Sachs, Grundgesetz-Kommentar, Art. 23, Rz. 81.

b) *Veränderungen in der Entscheidungsfindung*

Ähnlich dürfte es sich mit der Veränderung hinsichtlich der direkten oder indirekten Einflußnahme auf die Entscheidungsfindung einer zwischenstaatlichen Einrichtung verhalten. Darunter fallen Änderungen von Vertragsbestimmungen, die das Präsenz- oder das Konsensquorum zum Gegenstand haben, sowie Regelungen über die Verbindlichkeit von Stimmenthaltungen für das Zustandekommen einstimmiger Beschlüsse. Selbst eine grundsätzliche Änderung der Rechtssetzungsbefugnisse des Europäischen Parlaments, wie sie im Vertrag von Amsterdam realisiert wurden, bedeutet im Ergebnis eine veränderte Position Deutschlands in der Union, so daß auch dieser Fall der qualifizierten Mehrheiten bedarf.[859]

c) *Evolutivklauseln*

Im Rahmen der sog. Evolutivklauseln des EG-Vertrages wird das Gemeinschaftsrecht in einem vereinfachten Verfahren, d.h. ohne förmliches Vertragsänderungsverfahren erweitert.[860] Die Evolutivklauseln sind geeignet, bestimmte, im Vertrag von Maastricht selbst angelegte, Hoheitsrechtsübertragungen zu verlängern.[861] Dies geschieht jeweils unter Verweis auf die Annahme durch die Mitgliedstaaten entsprechend ihren verfassungsrechtlichen Vorschriften.[862]

Die Wendung der *„vergleichbaren Regelungen"*, die die Evolutivklauseln erfaßt, wurde vom Sonderausschuß Europäische Union als Auffangtatbestand in Art. 23 Abs. 1 Satz 3 GG eingefügt, um eine weitere Kompetenzbegründung zugunsten der Europäischen Union durch einen Beschluß eines Gemeinschaftsorgans ohne die in Art. 79 Abs. 2 GG erforderlichen Mehrheiten zu verhindern.[863] Nach Auffassung des Sonderausschusses ist aber trotzdem in jedem Einzelfall der Anwendung einer Evolutivklausel zu prüfen, ob eine Kompetenzübertragung

---

859 So auch S. *Hölscheidt/Th. Schotten*, DÖV 1995, 187, 192; *R. Streinz*, in: Sachs, Grundgesetz-Kommentar, Art. 23, Rz. 81. Vgl. oben Kapitel C I. 1. c, cc.

860 Art. 22 EGV (Art. 8e EGV a.F.), Art. 190 EGV (Art. 138 EGV a.F.), 108 EAGV, 21 EGKSV; Art. 269 EGV (Art. 201 EGV a.F.), 179 EAGV.

861 *Th. Schotten*, Verwaltungsrundschau 1993, 89, 91.

862 Vgl. insoweit den Wortlaut von Art. 22 Abs. 2 EGV (Art. 8e Abs. 2 EGV a.F.), Art. 190 Abs. 3 EGV (Art. 138 Abs. 3 EGV a.F.), 108 EAGV, 21 EGKSV; Art. 269 Abs. 2 EGV (Art. 201 Abs. 2 EGV a.F.), 179 EAGV.

863 BTDrs. 12/3896, S. 18; vgl. auch *Th. Schotten*, Verwaltungsrundschau 1993, 89, 91.

> *„aufgrund ihrer Bedeutung als vergleichbare Regelung im Sinne des neuen Satzes 3 zu bewerten ist und innerstaatlich die Annahme des entsprechenden EG-Beschlusses deshalb ein mit verfassungsändernden Mehrheiten beschlossenes Gesetz erfordert.“*[864]

Damit stellt sich das Erfordernis der qualifizierten Mehrheit differenziert dar. Einfache Mehrheiten wären nach dieser Interpretation nur noch dann möglich, wenn eine Evolutivklausel eine europäische Regelung hervorbringt, die über den bereits erreichten Integrationsstand nicht hinausgeht.[865] *R. Streinz* will darauf abstellen, ob der Europäischen Union durch die Realisierung der Evolutivklausel Befugnisse mit Durchgriffswirkung eingeräumt werden.[866] Das ist zutreffend, da es nur dann zu einer Übertragung von Hoheitsrechten kommt, für die das erschwerte Verfahren des Art. 79 Abs. 2 GG vorgesehen ist. Dafür spricht auch die Systematik des Art. 23 Abs. 1 GG, die die Übertragung von Hoheitsrechten in Satz 2 von den weiteren Voraussetzungen des Satz 3 trennt.

3. Lückenlose formelle Schrankenanforderungen in Art. 23 Abs. 1 GG

Bedürfen somit die Integrationsgesetze nach Art. 23 Abs. 1 Satz 2 GG in aller Regel - mit einer partiellen Ausnahme bei den Evolutivklauseln - einer verfassungsändernden Mehrheit, so liegt darin eine bewußte Abkehr von der weltoffenen Ausgestaltung des Art. 24 GG durch den Parlamentarischen Rat.[867] Von dem Begriff der Hoheitsrechtsübertragung und damit von den strengen formellen Anforderungen des Art. 23 Abs. 1 GG werden heute in einem weiten Verständnis alle die Phänomene der Integration erfaßt, die Verfassungswirkungen auslösen können bzw. die jeweils zuständigen deutschen

---

864 BTDrs. 12/3896, S. 19.

865 So auch *D. H. Scheuing*, Nationales Verfassungsrecht mit Blick auf die europäische Integration, S. 70, 82; *U. Everling*, DVBl. 1993, 936, 943; S. *Magiera*, Jura 1994, 1, 9; *Ch. Enders*, Offene Staatlichkeit unter Souveränitätsvorbehalt, S. 29, 38f.; *R. Scholz*, NVwZ 1993, 817, 821f.; *K.-P. Sommermann*, DÖV 1994, 596, 601; *O. Rojahn*, in: Leibholz/Rink, v. Münch-Grundgesetz-Kommentar, Band II, Art. 23, Rz. 50; *R. Streinz*, in: Sachs, Grundgesetz-Kommentar, Art. 23, Rz. 77.

866 *R. Streinz*, in: Sachs, Grundgesetz-Kommentar, Art. 23 Rz. 78.

867 *D. H. Scheuing*, Nationales Verfassungsrecht mit Blick auf die europäische Integration, S. 70, 82; *R. Scholz*, NVwZ 1993, 817, 821; *P. Badura*, Das Staatsziel `Europäische Integration` im Grundgesetz, S. 887, 890f.; *E. Klein*, Gedanken zur Europäisierung des deutschen Verfassungsrechts, S. 1301, 1303; *A. Randelzhofer*, in: Maunz/Dürig, Grundgesetz-Kommentar, Art. 24, Rz. 203; *M. Herdegen*, EuGRZ 1992, 589, 591; *E. Klein/A. Haratsch*, DÖV 1993, 785, 789.

Entscheidungsträger in ihren Entscheidungsmöglichkeiten nachhaltig beschränken. Zu denken ist hier insbesondere an den europaweiten Abbau von Schranken des Güter-, Dienstleistungs-, Zahlungs- und Kapitalverkehrs und der damit verbundenen Ausstrahlungen auf das Sozialstaatsprinzip und die Finanzverfassung des Grundgesetzes.[868] Die strengeren formellen Anforderungen des Art. 23 Abs. 1 GG sind somit vor dem Hintergrund der Entwicklung moderner verfassungsmodifizierender Integrationsformen zu sehen, bedeuten aber gleichzeitig einen Rückschritt hinsichtlich der Integrationsbereitschaft der Bundesrepublik Deutschland und unterstreichen die souveränitätsbewahrende Ausrichtung des Grundgesetzes. Mit Art. 23 Abs. 1 GG sollte die *„Flanke der deutschen Verfassungsstaatlichkeit“*,[869] die in Art. 24 GG gesehen wurde, geschlossen werden. Aber nicht nur in formeller, sondern auch in materieller Hinsicht wird an die Stelle des allgemein gehaltenen Art. 24 Abs. 1 GG eine sprachlich detallierte Regelung gesetzt, die Forderungen für die zukünftige Gestalt der Europäischen Union formuliert.

III. Strukturelle Anforderungen an die Europäische Union gemäß Art. 23 Abs. 1 Satz 1 GG

1. Die Forderung nach struktureller Homogenität

Art. 23 Abs. 1 Satz 1 GG umschreibt für die Bundesrepublik Deutschland nicht nur ein Staatsziel, sondern legt gleichzeitig die anzustrebende Entwicklung der Europäischen Union fest, die

> *„demokratischen, rechtsstaatlichen, sozialen und föderativen Grundsätzen und dem Grundsatz der Subsidiarität verpflichtet ist und einen dem Grundgesetz im wesentlichen vergleichbaren Grundrechtsschutz gewährleistet“.*

Die Bedeutung des Satz 1 wurde mit dem Begriff der *„Struktursicherungsklausel“* umschrieben, der erstmals durch die gemeinsame Verfassungskommission in die Diskussion eingeführt wurde.[870] Der Begriff bringt den Gedanken zum Ausdruck, daß Hoheitsrechte nur auf zwischenstaatliche Einrichtun-

---

868 *M. Bothe/T. Lohmann*, ZaöRV 1998, 1, 25.

869 *R. Breuer*, NVwZ 1994, 417, 422.

870 BT-Drs. 12/6000, S. 20. Zur Arbeit der Kommission vgl. *R. Scholz*, NJW 1992, 2593, 2594ff.

gen übertragen werden können, die mit der Struktur der innerstaatlichen Bundesverfassungsordnung übereinstimmen.[871]

Nach dem Wortlaut des Art. 23 Abs. 1 Satz 1 GG verlangt die Vorschrift keine absolute Homogenität, denn auf die Grundsätze der Demokratie, der Rechtsstaatlichkeit, des Sozialen, des Föderalismus und der Subsidiarität soll die Europäische Union lediglich *„verpflichtet"* sein, bei einem *„im wesentlichen vergleichbaren Grundrechtsschutz"*. Der Gesetzgeber hat bei der Konzeption des Art. 23 GG erkannt, daß die genannnten Prinzipien staatsrechtlichen Ursprungs sind und von einem supranationalen Verband nur in internationalisierter Form *„irgendwie"* übernommen werden können.[872] Im Rahmen der früheren Integrationsermächtigung des Art. 24 GG ergab sich diese Schlußfolgerung aus der Überzeugung, daß zwischenstaatliche Einrichtungen in der Vielgestaltigkeit ihrer Erscheinungen und dem Charakter ihrer Zwischenstaatlichkeit per se solch strengen Homogenitätsanforderungen nicht genügen konnten[873]. Entsprechend der nationalen Öffnung für europäische Rechtsakte verlangt Art. 23 GG also keine absolute strukturelle Kongruenz mit den an einen Staat gerichteten Vorgaben des Grundgesetzes,[874] sondern die Erfüllung der dort niedergelegten Anforderungen im Sinne einer *„Homogenität der Wertvorstellungen"*.[875] *„Homogenität"* steht hier im Unterschied zu *„Kongruenz"* und soll als geringere Form der strukturellen Übereinstimmung verstanden werden.[876] Es ist daher angebracht, Art. 23 Abs. 1 Satz 1

---

871 Denn soweit sich die Europäische Union im Rahmen der ihr übertragenen Kompetenzen bewegt, ist ein Konflikt mit nationalem Verfassungsrecht nicht denkbar, bzw. durch eine Überprüfung des Zustimmungsgesetzes durch das Bundesverfassungsgericht bereits im Vorfeld ausgeräumt worden. *P. Badura*, Das Staatsziel `Europäische Integration` im Grundgesetz, S. 887, 891.

872 *P. Badura*, VVDStRL 23 (1966), 34, 37f.

873 *G. Erler*, VVDStRL 18 (1959), 7, 42f.; *W. Thieme*, VVDStRL 18 (1959), 50,59; *C. D. Classen*, AöR 119 (1994), 238, 243; *R. Breuer*, NVwZ 1994, 417, 421, der von der Gewährleistung *„struktureller Homogenität"* spricht.

874 Eine solche Forderung konnte auch Art. 24 GG nicht entnommen werden, vgl. *H. P. Ipsen*, HStR Bd. VII, § 181, Rz. 9.

875 *Ch. Kirchner/J. Haas*, JZ 1993, 760, 763; *Ch. Tomuschat*, Bonner Kommentar, Art. 24, Rz. 57. *A. Randelzhofer* geht auch die Forderung nach einer Homogenität der Wertvorstellungen zu weit, Zum behaupteten Demokratiedefizit der Europäischen Gemeinschaft, S. 39, 46ff.

876 Anders *P. Badura*, der zwischen den beiden Begriffen keinen Unterschied sieht, Das Staatsziel `Europäische Integration` im Grundgesetz, S. 887, 889.

GG als eine *„Homogenitätsklausel"*[877] oder als *„Gebot struktureller Homogenität"*[878] zu bezeichnen.

Für die Interpretation der strukturellen Vorgaben in Art. 23 Abs. 1 Satz 1 GG bedeutet das, daß die Organisation einer Integrationsgemeinschaft nie das getreue Abbild der Verfassungen der Mitgliedstaaten sein kann. Die in Art. 23 Abs. 1 Satz 1 GG verwendeten Begriffe können nur aus der europäischen Perspektive heraus begriffen werden und sind nicht nur im Lichte der Einheit der Verfassung zu interpretieren, sondern im Rahmen der Gesamtkonzeption der Europäischen Union, in die die nationale Verfassung eingebettet ist. Art. 23 Abs. 1 Satz 1 GG impliziert insoweit eine *„supranationale Dimension"*, die ein modifiziertes Verständnis der aufgestellten Kriterien erfordert.

2. Die strukturellen Anforderungen an die Europäische Union im einzelnen

a) Demokratische Grundsätze

Die erste Forderung nach struktureller Homogenität in Art. 23 Abs. 1 Satz 1 GG will die Europäische Union auf demokratische Grundsätze verpflichten. Nach der Rechtsprechung des Bundesverfassungsgerichts sind in einer Staatenverbindung demokratische Prinzipien erfüllt, wenn sich alle hoheitlichen Aufgaben und hoheitlichen Befugnisse auf die demokratische Legitimation durch die Staatsvölker der Mitgliedstaaten zurückführen lassen.[879] Wie diese demokratische Legitimation im einzelnen auszusehen hat, wird in Art. 23 Abs. 1 Satz 1 GG allerdings nicht festgelegt.

Im vorhergehenden Kapitel[880] wurde bereits dargestellt, daß sich demokratische Strukturen in einer internationalen Organisation nicht in der Weise realisieren lassen, wie dies in einer durch eine Staatsverfassung einheitlich und abschließend geregelten Staatsordnung möglich ist. Werden Hoheitsrechte zur selbständigen Wahrnehmung übertragen, verliert das vom Volk gewählte Repräsentationsorgan, der Deutsche Bundestag, und mit ihm der wahlberechtigte Bürger notwendig an Einfluß auf den politischen Willensbildungs- und Entscheidungsprozeß.[881] Damit öffnet sich zwischen den Völkern der Mitgliedstaaten und der europäischen Entscheidungsebene eine demokra-

---

877 *K.-P. Sommermann*, DÖV 1994, 596, 600.

878 *A. Weber*, JZ 1993, 325, 329; *R. Breuer*, NVwZ 1994, 417, 422; *F. Ossenbühl*, DVBl. 1993, 629, 633.

879 BVerfGE 89, 155, LS 3a.

880 Vgl. dort I. 3. b.

881 BVerfGE 89, 155, 182.

tische Kluft, die sich mit zunehmender Kompetenzverlagerung vergrößert.[882] Um die vom Grundgesetz vorgesehene Eingliederung in ein europäisches Gemeinwesen trotzdem zu ermöglichen, müssen die demokratischen Strukturanforderungen in Europa in die supranationale Dimension übersetzt werden,[883] denn die Einbuße an demokratischer Legitimation ist denknotwendige Voraussetzung der Integrationsoffenheit des Staates:

> *„Die Einräumung von Hoheitsbefugnissen hat zur Folge, daß deren Wahrnehmung nicht mehr stets vom Willen eines Mitgliedstaates abhängt. Hierin eine Verletzung des grundgesetzlichen Demokratieprinzips zu sehen, widerspräche nicht nur der Integrationsoffenheit des Grundgesetzes, die der Verfassungsgeber des Jahres 1949 gewollt und zum Ausdruck gebracht hat; es legte auch eine Vorstellung von Demokratie zugrunde, die jeden demokratischen Staat jenseits des Einstimmigkeitsprinzips integrationsunfähig machen würde".*[884]

Das Demokratieprinzip hindert die Bundesrepublik Deutschland also nicht an einer Mitgliedschaft in einer - supranational organisierten - zwischenstaatlichen Gemeinschaft. Voraussetzung der Mitgliedschaft ist aber, daß eine vom Volk ausgehende Legitimation und Einflußnahme auch innerhalb des Staatenverbundes gesichert ist.[885] Es muß ein *„hinreichend effektiver Gehalt an demokratischer Legitimation, ein bestimmtes Legitimationsniveau, erreicht"*[886] sein, das sich aus verschiedenen Komponenten zusammensetzen kann, die in ihrer theoretischen Addition eine Schwelle demokratischer Mindestanforderungen überschreiten müssen.[887]

Demokratische Legitimation wird momentan innerhalb der Union auf drei Arten vermittelt: Durch das Zustimmungsgesetz zum EU-Vertrag, als der Verbindung zwischen Primärrecht und nationaler Rechtsordnung,[888] durch die personelle und sachliche Rückkopplung des Rates und der Kommission an

---

882 *D. Grimm*, JZ 1995, 581, 587.

883 BVerfGE 89, 155, 182.

884 BVerfG 89, 155, 183.

885 BVerfGE 89, 155, Leitsatz 2.

886 BVerfGE 89, 155, 182.

887 *H. D. Jarass*, in: Jarass/Pieroth, Grundgesetz, Art. 23, Rz. 16; *R. Streinz*, in: Sachs, Grundgesetz-Kommentar, Art. 23, Rz. 24ff.; *O. Rojahn*, in: Leibholz/Rink, v. Münch-Grundgesetz-Kommentar, Band II, Art. 23, Rz. 23ff.

888 *„Im Zustimmungsgesetz zum Beitritt zu einer Staatengemeinschaft ruht die demokratische Legitimation sowohl der Existenz der Staatengemeinschaft selbst als auch ihrer Befugnisse zu Mehrheitsentscheidungen, die die Mitgliedstaaten binden"*, BVerfGE 89, 155, 184.

die Parlamente der Mitgliedstaaten und schließlich durch das direkt gewählte Europäische Parlament.[889] Mit dem Ausbau der Aufgaben und Befugnisse der Gemeinschaft wächst die Notwendigkeit, die demokratischen Strukturen schritthaltend mit der Integration auszubauen, um in deren Fortgang in den Mitgliedstaaten eine lebendige Demokratie zu erhalten.[890]

Für die strukturellen demokratischen Anforderungen, die Art. 23 Abs. 1 Satz 1 GG an eine Europäische Union stellt, gilt daher dreierlei:

Zum einen ist Art. 23 Abs. 1 Satz 1 GG bereits durch ein Legitmationsniveau genüge getan, das von nationalen Verfassungsstandards abweicht. Zum anderen kann dieses Niveau additiv durch verschiedene Legitimationslinien erfüllt, muß allerdings mit der Kompetenzausdehnung der Union weiter ausgebaut werden. Entsprechend dem Bild der *„kommunizierenden Säulen“*[891] steigt der Bedarf an demokratischer Legitimation in dem Maße, in dem sich die Struktur der Europäischen Union von einem Verband souverän bleibender Staaten zu einem staatsähnlichen Verband entwickelt.[892]

b) *Rechtsstaatliche Grundsätze*

Rechtsstaatlichkeit bedeutet im nationalen Kontext, daß die Ausübung staatlicher Macht nur auf der Grundlage formell und materiell verfassungsmäßig erlassener Gesetze mit dem Ziel der Gewährleistung von Menschenwürde, Freiheit, Gerechtigkeit und Rechtssicherheit zulässig ist.[893] Durch die Bindung der Gesetzgebung, der vollziehenden Gewalt und der Rechtsprechung an die verfassungsmäßige Ordnung soll individuelle Freiheit vor staatlichem Zugriff bewahrt werden.[894]

---

889 Insofern kann hier auf die Ausführungen in Kapitel C I. 3. zum demokratischen Verfassungsstand der Europäischen Union nach Maastricht und Amsterdam verwiesen werden.

890 BVerfGE 89, 155, Ls. 3b. Auch die Reformvorschläge der Gemeinsamen Verfassungskommission befürworteten einen stetigen Ausbau der legislativen Befugnisse des Europäischen Parlaments, vgl. *K. Schmalenbach*, Der neue Europaartikel 23 des Grundgesetzes, S. 66f.

891 *P. M. Huber*, Der Staatenverbund der Europäischen Union, S. 349, 366.

892 Insofern weist *A. Randelzhofer* zu Recht darauf hin, daß in der Europäischen Union kein Demokratiedefizit existiert, Zum behaupteten Demokratiedefizit der Europäischen Gemeinschaft, S. 39, 55.

893 *K. Stern*, Staatsrecht Bd. I, § 20 III 1, S. 781f.

894 Das rechtsstaatliche Prinzip zeigt sich in verschiedenen Elementen, die die rechtsstaatliche Qualität einer Verfassung ausmachen. Dazu zählt die Existenz von Grundrechten und einer Verfassung als höchstrangige staatliche Rechtsnorm, der Grundsatz der Gewaltenteilung, die Rechtsbindung staatlichen Handelns unter dem Gesichtspunkt der Verhältnismä-

Für die Europäische Union müssen diese Anforderungen wiederum in die supranationale Dimension übertragen werden. Europäische Rechtsstaatlichkeit muß sich bewähren, wenn es um hoheitliche Maßnahmen geht, die im europäischen Handeln ihren Ursprung haben und die im nationalen Herrschaftsraum Bindungswirkung entfalten, also den einzelnen als Subjekt der europäischen Rechtsordnung erfassen. Solange die nationalen Instanzen sich vorbehalten, über die Rechtmäßigkeit der europäischen Rechtsakte zu wachen bzw. diese ggf. nicht auszuführen, ist der einzelne den europäischen Einflüssen nicht hilflos ausgesetzt. Werden die europäischen Rechtsakte allerdings unkontrolliert im nationalen Raum wirksam, so bedarf der Schutz des einzelnen einer effektiven systemimmanenten europäischen Rechtsstaatlichkeit.

Dazu gehört zum einen, daß diese Rechtsakte in ihren belastenden Wirkungen vorhersehbar sind.[895] Vorhersehbarkeit steht im Zusammenhang mit der - allseits bemängelten - Transparenz des Gemeinschaftsrechts.[896] Der Vertrag von Amsterdam hat in diesem Punkt eine Verschlechterung des Zustandes herbeigeführt, obwohl das Bundesverfassungsgericht in seinem Maastricht-Urteil die Notwendigkeit besonders hervorgehoben hat, die politischen Zielvorstellungen der Europäischen Union allgemein sichtbar und verstehbar zu gestalten.[897] Zum anderen muß ein europäischer Rechtsschutz existieren, der in Europa auf Initiative des einzelnen[898] oder durch Vorlage eines nationalen Gerichts[899] gewährt wird. Diese Funktion wird durch den Europäischen Gerichtshof wahrgenommen, der seine Rechtsprechung den Grundsätzen der Rechtsstaatlichkeit ausrichtet.[900] Zum Rechtsstaatsprinzip gehören aber auch

---

ßigkeit und ein effektiver Rechtsschutz, der dem einzelnen ggf. eine Entschädigung für zugefügtes Unrecht gewähren kann, *K. Stern*, Staatsrecht Bd. I, § 20 III 4 b, S. 784.

895 *H. D. Jarass*, in: Jarass/Pieroth, Grundgesetz, Art. 23, Rz. 12; *R. Streinz*, in: Sachs, Grundgesetz-Kommentar, Art. 23, Rz. 28.

896 Vgl. oben Kapitel C I. 2. b, bb.

897 BVerfGE 89, 155, 185. Vgl. auch *R. Streinz*, in: Sachs, Grundgesetz-Kommentar, Art. 23, Rz. 28.

898 Art. 230 Abs. 4 EGV (Art. 173 Abs. 4 EGV a.F.).

899 Art. 234 EGV (Art. 177 EGV a.F.).

900 Vgl. die Urteile „Heylens" EuGH Slg. 1987, S. 4097ff.; „Johnston" EuGH Slg. 1986, S. 1651, 1652; „Köencke" EuGH Slg. 1984, S. 3291ff.; „Hoechst" EuGH Slg. 1989, S. 2859, 2860; „Milchkontor" EuGH Slg. 1983, S. 2633, 2634; „Transparenz-Richtlinie" EuGH Slg. 1982, S. 2545, 2546; „SNUPAT" EuGH Slg. 1961, S. 109, 114; „Alpha Steel" EuGH Slg. 1982, S. 749, 750; "Walt Wilhelm" EuGH Slg. 1969, S. 1ff.; „Boehringer" EuGH Slg. 1972, S. 1281ff.

die Grundsätze der Gewaltenteilung, die in der Union als *„institutionelles Gleichgewicht"* nachweisbar sind.[901]

Es besteht heute Konsens darüber, daß die Union eine Rechtsgemeinschaft darstellt, in der die übertragenen Hoheitsrechte in einem den Verfassungen der Mitgliedstaaten entsprechenden Verständnis von Rechtsstaatlichkeit ausgeübt werden.[902] Der Europäische Gerichtshof hat dazu seinen Beitrag geleistet, indem er in ständiger Rechtsprechung die rechtsstaatlichen Grundsätze für die Union konkretisiert und ausgestaltet hat.[903] Seitens des Integrationsgesetzgebers besteht die Pflicht, das rechtsstaatliche Niveau der Europäischen Union nicht hinter die bisher erreichten Strukturen zurückfallen zu lassen. Die Europäische Union muß den Anforderungen der Rechtsstaatlichkeit in dem Maße genügen, wie sie die Nationalstaaten in der Ausübung von Hoheitsgewalt ablöst.

c) Ein im wesentlicher vergleichbarer Grundrechtsschutz

In engem Zusammenhang mit dem Rechtsstaatsprinzip steht die Forderung nach einem dem Grundgesetz im wesentlichen vergleichbaren Grundrechtsschutz. Da grundrechtserhebliche Eingriffe auch von europäischen Organen ausgehen können, muß ein Grundrechtsschutz für das gesamte Geltungsgebiet dieser Maßnahmen gewährleistet sein.[904] Die Notwendigkeit eines europäischen Grundrechtsstandards folgt zudem aus dem erweiterten räumlichen Anwendungsbereich der Freiheitsrechte des EG-Vertrages, die insbeondere bei der Anwendung des Gleichheitssatzes eine auf die Union erweiterte Ver-

---

901 Vgl. oben Kapitel C I. 1. d. Das Prinzip der Gewaltenteilung kann in einer internationalen Organisation nicht in vollem Umfang realisiert werden, weil die einzelnen nationalen Gewalten institutionell nicht paritätisch repräsentiert sind. Die legislativen und exekutiven Befugnisse liegen in der Europäischen Union bei Rat und Kommission, nicht aber beim Europäischen Parlament. Daran können auch die Entscheidungsverfahren nichts ändern, die in der Union ein System gegenseitiger Verschränkungen und Beeinflussungen stattuieren und dem Europäischen Parlament gewisse Mitwirkungs- und Kontrollrechte verschaffen, *Ch. Kirchner/J. Haas*, JZ 1993, 760, 768.

902 *R. Scholz*, in: Maunz/Dürig, Grundgesetz-Kommentar, Art. 23, Rz. 59; *O. Rojahn*, in: Leibholz/Rink, v. Münch-Grundgesetz-Kommentar, Band II, Art. 23, Rz. 25.

903 Vgl. oben Kapitel B I. 5. b.

904 BVerfGE 89, 155, 174. Vgl. dazu *E. Klein*, Gedanken zur Europäisierung des deutschen Verfassungsrechts, 1301, 1303.

gleichsperspektive erfordern.[905] Man kann eine institutionell-verfahrensrechtliche und eine grundrechtsinhaltliche Dimension unterscheiden.[906]

In institutioneller Hinsicht wird europäischer Grundrechtsschutz vom Europäischen Gerichtshof gewährt, der mit der Entwicklung und Anwendung gemeinschaftseigener Grundrechte eine Leistung vollbracht hat, die es dem Bundesverfassungsgericht heute erlaubt, lediglich subsidiären Grundrechtsschutz im Sinne eines *„Kooperationsverhältnisses"* auszuüben.[907]

In materieller Hinsicht sind dem Wortlaut des Art. 23 Abs. 1 Satz 1 GG zufolge (*„...im wesentlichen vergleichbaren..."*) Defizite im europäischen Grundrechtsstandard hinzunehmen, was allerdings erhebliche Auslegungsprobleme aufwirft. Fraglich ist insbesondere, in welchem Verhältnis Art. 23 Abs. 1 Satz 1 GG zur Wesensgehaltsgarantie des Art. 19 Abs. 2 GG steht. Nach Ansicht der Gemeinsamen Verfassungskommission soll die Formulierung in Art. 23 Abs. 1 Satz 1 GG an die Solange-Rechtsprechung des Bundesverfassungsgerichts anknüpfen.[908] Dort hatte das Gericht festgestellt, daß es seine Gerichtsbarkeit über die Anwendung von sekundärem Gemeinschaftsrecht nicht mehr ausüben werde, solange in Europa ein

> *„Maß an Grundrechtsschutz* (vorhanden ist), *das nach Konzeption, Inhalt und Wirkungsweise dem Grundrechtsstandard des Grundgesetzes im wesentlichen gleich zu achten ist."*[909]

Im Maastricht-Urteil hat sich das Bundesverfassungsgericht nochmals zur Qualität des Grundrechtsschutzes geäußert und seine Formel aus der Solange-Rechtsprechung wiederholt und darüber hinaus auf den Wesensgehalt der Grundrechte abgestellt.

> *„Das Bundesverfassungsgericht gewährleistet durch seine Zuständigkeit (...), daß ein wirksamer Schutz der Grundrechte für die Einwohner Deutschlands auch gegenüber der Hoheitsgewalt der Gemeinschaften*

---

905 BVerfGE 89, 155, 174; *O. Rojahn*, in Leibholz/Rink, v. Münch-Grundgesetz-Kommentar, Art. 23, Rz. 34.

906 *O. Rojahn*, in: Leibholz/Rink, v. Münch-Grundgesetz-Kommentar, Band II, Art. 23, Rz. 35.

907 Vgl. oben Kapitel B I. 5. c, bb. *O. Rojahn*, in: Leibholz/Rink, v. Münch-GG-Kommentar, Art. 23, Rz. 37; siehe auch *H. Steinberger*, VVDStRL 50 (1991), 9, 24; *R. Streinz*, in: Sachs, Grundgesetz-Kommentar, Art. 23, Rz. 45.

908 BT-Drs. 12/6000, S. 21.

909 BVerfGE 73, 339, 376. Für eine einschränkende Auslegung im Sinne des Wesensgehalts *U. Everling*, DVBl. 1993, 936, 945; a.A. *O. Rojahn*, in: Leibholz/Rink, v. Münch-Grundgesetz-Kommentar, Art. 23, Rz. 39.

generell sichergestellt und dieser dem Grundgesetz als unabdingbar gebotenen Grundrechtsschutz im wesentlichen gleich zu achten ist, zumal den Wesensgehalt der Grundrechte generell verbürgt."[910]

Aus dieser Formulierung geht hervor, daß das Bundesverfassungsgericht Art. 23 Abs. 1 Satz 1 GG nicht als ein qualitatives Minus zum nationalen Grundrechtsstandard versteht, sondern lediglich eine durch die Supranationalität bedingte Modifikation erlaubt (*„generell sichergestellt"*), die sich auf die Art der Grundrechtskontrolle und auf die Existenz eines geschriebenen Grundrechtskatalogs beziehen kann.

Art. 23 Abs. 1 Satz 1 GG ordnet nach der hier vertretenen Interpretation der Ausführungen des Gerichts an, daß lediglich im Rahmen einer Gesamtbetrachtung festgestellt wird, ob durch den Europäischen Gerichtshof ein dem Grundgesetz im wesentlichen vergleichbarer Grundrechtsschutz gewährt wird.[911] Diese Prüfung ist nicht in jedem einzelnen Fall notwendig, denn sonst würden die Befugnisse des Europäischen Gerichtshofs über die europäische Rechtsordnung zu wachen,[912] ad absurdum geführt.

Eine supranational bedingte Modifikation ist zudem darin zu sehen, daß im europäischen Rechtssystem geschriebene Grundrechte bislang fehlen. In diesem Zusammenhang wird neben der Ausarbeitung eines eigenen Grundrechtskatalogs der Union vor allem ein Beitritt der Europäischen Gemeinschaft[913] zur Europäischen Konvention zum Schutz der Menschenrechte und Grundfreiheiten (EMRK) vom 4. November 1950 sowie einiger ihrer Protokolle diskutiert.[914] Zwischen den Mitgliedstaaten war insbesondere streitig, ob die geltende Gemeinschaftsrechtsordnung eine Rechtsgrundlage für den Beitritt bereithält und ob die Autonomie dieser Rechtsordnung sowie das Rechtsprechungsmonopol des Europäischen Gerichtshofs (Art. 164/ 219 EGV) unbeeinträchtigt bleiben.[915] Zur Klärung dieser Fragen hat der Rat ein Gut-

---

910 BVerfGE 89, 155, 174f.

911 *M. Nettesheim*, NJW 1995, 2083, 2084.

912 Art. 220 EGV (Art. 164 EGV a.F.).

913 Ein Beitritt der Europäischen Union wäre nur dann möglich, wenn sie anläßlich der Vertragsrevision in Amsterdam Rechtspersönlichkeit erhalten hätte. Dies ist jedoch nicht geschehen, vgl. oben Kapitel C I. 2.a.

914 Vgl. hierzu grundlegend *M. Hilf*, EuR 1991, 19ff.; *ders.*, Europäische Union und Europäische Menschenrechtskonvention, S. 1193ff.; *ders.*, in: Grabitz/Hilf, Kommentar zur Europäischen Union, Bd. 2, Art. F EUV, Rz. 20ff., mit umfangreichen Literaturangaben in Ziff. 2 der Schrifttumsnachweise; *P. Häberle*, EuGRZ 1992, 429, 431f.

915 Vgl. zu den unterschiedlichen Positionen die Sitzungsberichte zur Vorbereitung der mündlichen Verhandlung, abgedr. in: EuGRZ 1995, 692 ff. In der Literatur wird teilweise

achten des Europäischen Gerichtshofs aus dem Jahre 1996 eingeholt.[916] Danach ist eine Ergänzung des gemeinschaftlichen Primärrechts für die Aufnahme von Beitrittsverhandlungen notwendig. Zwar sei die Wahrung der Menschenrechte eine Voraussetzung für die Rechtmäßigkeit der Handlungen der Gemeinschaft, doch hätte der Beitritt zur EMRK eine wesentliche Änderung des gegenwärtigen Gemeinschaftssystems zur Folge, da die Einbindung der Gemeinschaft in ein anderes völkerechtliches System die Übernahme sämtlicher Bestimmungen der EMRK in die Gemeinschaftsrechtsordnung mit sich brächte.[917] Eine solche Änderung des Systems könne nur im Wege einer Vertragsänderung vorgenommen werden,[918] was allerdings im Rahmen der Revisionskonferenz in Amsterdam nicht geschehen ist.[919] Da also auf nicht absehbare Zeit der Weg zu einem Beitritt zur EMRK verstellt ist, könnte die Union nur selbst einen Grundrechtskatalog entwiccklen, der inhaltlich an die Rechtsprechungspraxis des Europäischen Gerichtshofes angelehnt ist. Eine direkte dahingehende Forderung ist Art. 23 Abs. 1 Satz 1 GG allerdings ebenfalls nicht zu entnehmen. Davon geht im Umkehrschluß auch das Bundesverfassungsgericht aus, das den europäischen Grundrechtsstandard in seiner ungeschriebenen Form in seiner Solange II-Entscheidung als ausreichend bezeichnet hat.

Die Forderung nach einem im wesentlichen vergleichbaren Grundrechtsschutz ist daher im Ergebnis nicht als ein qualitatives Minus zu verstehen, sondern als ein Schutzniveau, das in einer der supranationalen Organisation angepaßten Weise in anderen Verfahren und in einem veränderten Kontext gewährt wird, der aber dem Wesen des nationalen Grundrechtsschutzes entsprechen muß.

---

ein solcher Beitritt rechtstechnisch nur über eine Vertragsänderung nach Art. 48 EUV (Art. N EUV a.F.) als realisierbar angesehen. Eine - auch von der Bundesrepublik Deutschland befürwortete - Lösung über Art 235 EGV scheitere bereits daran, daß der Beitritt kein im EGV definiertes Ziel verwirkliche. Auch Art. 6 Abs. 2 EUV (Art F Abs. 2 EUV a.F.) stelle keine horizontale Zielsetzung der Gemeinschaft dar, sondern sei ein Rechtsprinzip, das einer konkretisierenden Ausgestaltung durch das gemeinschaftliche Primärrecht bedürfe; vgl. *H. J. Glaesner*, Eine unendliche Geschichte, S. 327ff.

916 EuGH-Gutachten v. 28.3.1996-2/94, EuZW 1996, 307ff.

917 Da die Inkompatibilität der von der EMRK gewährten Individual- und Staatenbeschwerden eine detaillierte Anpassung der Konvention an das Gemeinschaftsrecht notwendig macht, erscheint auch deshalb eine Entscheidung des gemeinschaftlichen Verfassunggebers unverzichtbar.

918 EuGH-Gutachten v. 28.3.1996-2/94, EuZW 1996, 307, 309.

919 *D. Tarschys*, Warum das Rad neu erfinden?, FAZ v. 8.9.1995; S. 16.

d) *Soziale Grundsätze*

Die sozialen Grundsätze sind im Grundgesetz nur in sehr allgemeiner Form niedergelegt und enthalten lediglich den zwingenden Auftrag für den Gesetzgeber, „*die Mindestvoraussetzungen für ein menschenwürdiges Dasein der Bürger*“[920] zu schaffen. Der Staat wird zur Herstellung sozialer Sicherheit und einer gerechten Sozialordnung angehalten, wobei jede Form von Sozialstaatlichkeit in besonderer Weise durch ihren rechtlichen wie gestaltungspolitischen Bezug zur gesellschaftlichen Realität gekennzeichnet ist.[921] Die Ausprägungen sind vielfältig und lassen sich nicht in konkreten Politikprogrammen festschreiben.

In ihrer Unbestimmtheit und Unbestimmbarkeit könnte man von einer Verletzung sozialer Grundsätze seitens der Union nur dann ausgehen, wenn sie sich jedweder Integration im Bereich der Sozialpolitik versagen würde.[922] Das ist nicht der Fall. Zunächst konkretisiert Art. 2 EGV die sozialen Aufgaben der Union, die durch die Errichtung eines Gemeinsamen Marktes und einer Wirtschafts- und Währungsunion ein hohes Beschäftigungsniveau, ein hohes Maß an sozialem Schutz, der Hebung der Lebenshaltung und der Lebensqualität, den wirtschaftlichen und sozialen Zusammenhalt und die Solidarität zwischen den Mitgliedstaaten erreichen will. Auf dieser Grundlage haben sich bis heute zahlreiche Formen europäischer Sozialpolitik entwickelt, die unter dem Begriff der „Europäischen Sozialunion“ zusammengefaßt werden.[923]

e) *Föderative Grundsätze und Subsidiarität*

Ihren maßgeblichen Anknüpfungspunkt entfaltet die Forderung nach föderativen Grundsätzen für das Verhältnis zwischen der Union und den Mitgliedstaaten. Föderalismus darf hier nicht mit Bundesstaatlichkeit verwechselt werden. Nach *K. Beyerle* ist der

---

920 BVerfGE 82, 60, 80.

921 *R. Scholz*, in: Maunz/Dürig, Grundgesetz-Kommentar, Art. 23, Rz. 60.

922 *R. Scholz*, in: Maunz/Dürig, Grundgesetz-Kommentar, Art. 23, Rz. 60.

923 Art. 136ff. EGV (Art. 117ff. EGV a.F.); Art. 146 ff EGV (Art. 123ff. EGV a.F.); Art. 158 ff EGV (Art. 130a ff. EGV a.F.); Europäische Sozialcharta v. 10.10.1961 in: BGBl. 1964 II, S. 1262; Protokoll über die Sozialpolitik, BGBl. 1992, II, S. 1313; Abkommen zwischen den Mitgliedstaaten der Europäischen Gemeinschaft mit Ausnahme des Vereinigten Königreichs Großbritannien und Nordirland über die Sozialpolitik; Gemeinschaftscharta der sozialen Grundrechte der Arbeitnehmer, BRDrs. 717/89.

„Bundesstaat (...) eine staatsrechtliche Denkform für die Erfassung zusammengesetzter Staatsgebilde, deren Teile Staatscharakter tragen. Föderalismus ist die grundsätzliche Einstellung politischer Art, die diese zusammengesetzten Staatsgebilde als solche erhalten, sie vor dem Aufgehen in einem Einheitsstaat bewahren will.“[924]

Wenn Art. 23 Abs. 1 Satz GG also eine Union anstrebt, die föderativen Grundsätzen verpflichtet ist, so bedeutet das nicht, daß die Union sich zu einer Föderation deutschen Musters in Form eines Bundesstaates entwickeln muß, denn Föderalismus kann auch in anderen zusammengesetzten Staatsgebilden, insbesondere einem Staatenbund, verwirklicht werden.[925] Soweit allerdings ein Mitgliedstaat, wie die Bundesrepublik Deutschland, föderativ gegliedert ist, werden mit der Struktursicherungsklausel die integrationspolitisch handelnden Staatsorgane dazu angehalten, bei ihrer Mitwirkung an der Europäischen Union, die bundesstaatlich-föderative Grundordnung angemessen zu berücksichtigen.[926] Insofern überschneidet sich Art. 23 Abs. 1 Satz 1 GG mit der Ewigkeitsgarantie der Art. 23 Abs. 1 Satz 3 i.V.m. 79 Abs. 3 GG, die die Grundsätze und Einrichtungen des deutschen Bundesstaates bewahren will.[927]

Föderale Strukturen sind auf Unionsebene in der Achtung der nationalen Identität der Mitgliedstaaten gemäß Art. 6 Abs. 3 EUV (Art. F Abs. 1 EUV a.F.) und dem aus Art. 10 EGV (Art. 5 EGV a.F.) folgenden Grundsatz der Gemeinschaftstreue bereits enthalten. Die von einer föderativen Grundkonzeption der Europäischen Union ausgehenden dezentralen Ansätze werden durch die Festschreibung des Subsidiaritätsprinzips in Art. 3b Abs. 2 EGV

---

924 Zitiert bei *O. Kimminich*, HStR Bd. I, § 26, Rz. 1.

925 *O. Kimminich*, HStR Bd. I, § 26, Rz. 1; *P. Badura*, Die „Kunst der föderalen Form“, S. 369, 371ff.; *M. Hilf*, VVDStRL 53 (1993), 7, 9. Die *„föderativen Grundsätze“* sollen nach *O. Rojahn* bereits vom Wortlaut her ein Minus zu einer bundesstaatlichen Föderation enthalten, in: Leibholz/Rink, v. Münch-Grundgesetz-Kommentar, Band II, Art. 23, Rz. 28; *P. Badura*, Staatsziele und Garantien der Wirtschaftsverfassung in Deutschland und Europa, S. 409, 410.

926 *P. Badura*, Das Staatsziel `europäische Integration` im Grundgesetz, S. 887, 894. Dies entspricht der Auffassung der Bundesregierung im Gesetzgebungsverfahren, die zu den föderativen Strukturen auch das im Grundsatz der Subsidiarität eingeschlossene Recht der kommunalen Selbstverwaltung zählt, BTDrs. 12/3338, S. 6. Im Vorschlag der SPD zur Ausgestaltung des Art. 23 Abs. 1 GG sollte es heißen: *„Die Bundesrepublik Deutschland wirkt (...) an der Schaffung der Europäischen Union mit, deren Ordnung (...) die bundesstaatliche Ordnung ihrer Mitgliedstaaten achtet“*, zitiert bei *K. Schmalenbach*, Der neue Europaartikel 23 des Grundgesetzes, S. 72.

927 Vgl. dazu unten in diesem Kapitel IV. 3. a.

und seiner näheren Ausgestaltung durch den Amsterdamer Vertrag untermauert.[928] Insgesamt sollen die föderativen Grundsätze also aus deutscher Perspektive eine zentralistische Organisation in Europa abwehren und in Verbindung mit dem Subsidiaritätsprinzip auf eine angemessene Kompetenzverteilung zwischen Union und Mitgliedstaaten einwirken.[929]

3. Weite der strukturellen Vorgaben und offene Konzeption der Europäischen Union

Die Ausführungen haben gezeigt, daß sich aufgrund des hohen Abstraktionsgrades des Art. 23 Abs. 1 Satz 1 GG und der sprachlichen Weite der verwendeten Begriffe nur schwer rechtliche Handlungsanweisungen und Kontrollmaßstäbe für den Integrationsprozeß ableiten lassen.[930] Daher verwundert es nicht, wenn die Frage, wie der verfassungsrechtlich fixierte Kern der Prinzipien in praktikabler Weise zu realisieren ist, in der Rechtswissenschaft allgemeine Verlegenheit auslöst.[931] Einigkeit besteht allein darin, daß dem politischen Gestaltungsermessen der Verfassungsorgane durch die Struktursicherungsklausel kein allzu enges Korsett angelegt wird.[932] Für die Staatenverbindung der Union ist jede Konzeption gedeckt, die auf die genannten Strukturprinzipien innerhalb des infolge der Integrationsoffenheit des Grundgesetzes weit gesteckten Rahmens zurückgeführt werden kann. Eine besondere staatenbündische Struktur läßt sich aus Art. 23 Abs. 1 Satz 1 GG nicht ableiten. Verlangt wird lediglich, daß europäische Herrschaftsgewalt rechtsstaatlichen und demokratischen Anforderungen genügen muß, wie sie in einer gemeineuropäischen Verfassungskultur enthalten sind, ergänzt durch soziale und föderative Forderungen.[933] Es wird zukünftig, wie die Solange-Rechtsprechung des Bundesverfassungsgerichts zum Grundrechtsschutz bewiesen hat,[934] darauf ankommen, den strukturellen Forderungen des Art. 23 Abs. 1 Satz 1 GG

---

928 Das Subsidiaritätsprinzip hat, wie die Ausführungen in Kapitel C I. 2. b, aa, (2) bereits gezeigt haben, die Funktion, die Ausübung europäischer Kompetenzen zu beschränken. *R. Streinz*, in: Sachs, Grundgesetz-Kommentar, Art. 23, Rz. 39; O. *Rojahn*, in: Leibholz/Rink, v. Münch-Grundgesetz-Kommentar, Band II, Art. 23, Rz. 30.

929 *O. Rojahn*, in: Leibholz/Rink, v. Münch-Grundgesetz-Kommentar, Art. 23, Rz. 28; *R. Streinz*, in: Sachs, Grundgesetz-Kommentar, Art. 23, Rz. 34.

930 *O. Rojahn*, in: Leibholz/Rink, v. Münch-Grundgesetz-Kommentar, Art. 23, Rz. 22.

931 *R. Breuer*, NVwZ 1994, 417, 422. *F. Ossenbühl* spricht von *„allgemeiner Ratlosigkeit"*, DVBl. 1993, 629, 632.

932 *A. Dittmann*, Maastricht II aus der Sicht des deutschen Verfassungsrechts, S. 39, 43.

933 *A. Dittmann*, Maastricht II aus der Sicht des deutschen Verfassungsrechts, S. 39, 43.

934 Vgl. oben Kapitel B I. 5. c, bb.

in Europa durch ein nachhaltiges Insistieren der deutschen Verfassungsorgane Gehör zu verschaffen. Ein Erfolg der Bemühungen ist damit allerdings nicht notwendig verbunden, denn die zukünftige Gestalt der Europäischen Union ist das Ergebnis kontingenter politischer Entscheidungen der Vertreter der Mitgliedstaaten, in deren Verhandlungen sich die von der deutschen Verfassung gewünschte Position nicht immer durchsetzen lassen wird. Soll die Bundesrepublik Deutschland in einem vereinten Europa eine Rolle spielen können, dürfen die nationalen Vorgaben an das europäische Gemeinwesen nicht zu eng gesteckt sein. Insofern ist die inhaltliche Weite der Struktursicherungsklausel die logische Konsequenz aus der grundsätzlichen Integrationsbereitschaft des Grundgesetzes.

IV. Grenzen der deutschen Beteiligung an der Europäischen Union gemäß Art. 23 Abs. 1 Satz 3 i.V.m. Art. 79 Abs. 3 GG

1. Bedeutung der Verweisung auf die Ewigkeitsgarantie

Während Art. 23 Abs. 1 Satz 1 GG Kriterien enthält, die die Europäische Union in ihrer Struktur erfüllen muß, werden über Art. 23 Abs. 1 Satz 3 i.V.m. Art 79 Abs. 3 GG Grenzen für die inhaltliche Änderung und Ergänzung des Grundgesetzes der Bundesrepublik Deutschland durch das nationale Zustimmungsgesetz aufgestellt, die spätere Konflikte der europäischen Rechtsordnung mit unabdingbaren nationalen Verfassungsgrundsätzen ausschließen sollen.[935] Im Gesetzesentwurf der Bundesregierung zu Art. 23 Abs. 1 GG heißt es dazu:

> *„Die Strukturklausel begrenzt das in der Staatszielbestimmung angesprochene Mitwirkungsziel auf eine Europäische Union, die in ihren elementaren Strukturen den durch das Grundgesetz geformten Kernprinzipien des Staates `Bundesrepublik Deutschland` entspricht, wie sie durch Art. 79 Abs. 3 GG vor Veränderungen auch durch den verfassungsändernden Gesetzgeber geschützt sind.“*[936]

Das Bundesverfassungsgericht hat dies für die Geltung des Demokratieprinzips in der Europäischen Union im Maastricht-Urteil dargelegt:

---

935 Insofern besitzt Art. 23 Abs. 1 Satz 3 GG in umgekehrter Zielrichtung die gleiche Funktion wie Satz 1 der Vorschrift, vgl. dazu oben in diesem Kapitel III. 1.

936 BTDrs. 12/3338, S. 6.

> *„Diese Ermächtigung* (zur Mitwirkung an der Europäischen Union) *ist jedoch nach Art. 23 Abs. 1 Satz 3 GG ausdrücklich an die Grenzen des Art. 79 Abs. 3 GG gebunden; diese aber bestimmen die Schranken der verfassungsändernden Gewalt. Damit kann eine Diskrepanz zwischen dem demokratischen Kerngehalt des Art. 38 GG und dem neuen Art. 23 GG nicht entstehen"*[937]

Über die Verweisung auf Art. 79 Abs. 3 GG entfaltet Art. 23 Abs. 1 Satz 3 GG somit Maßstabsfunktion, da die politische Gestaltungsfreiheit von Regierung und Parlament bei der Weiterentwicklung der Europäischen Union und den damit zusammenhängenden künftigen Vertragsänderungen, verfassungsrechtlichen Leitlinien unterworfen wird.[938] Untermauert wird dieser Anspruch durch die Rechtsfolge der Nichtigkeit für jeden nationalen Akt der Übertragung von Hoheitsrechten, der die Grenzen des Art. 79 Abs. 3 GG überschreitet.[939] Auch nach der früheren Rechtslage in Art. 24 GG war der Integrationsgesetzgeber nicht frei von verfassungsrechtlichen Bindungen. Man ging entweder von immanenten Grenzen der Übertragung von Hoheitsrechten in Art. 24 GG aus[940] oder bestimmte diese in analoger Anwendung des Art. 79 Abs. 3 GG.[941] Zum Umfang der Übertragung war die einhellige Meinung, daß nur ein Teil aus dem nationalen Souveränitätsbereich, nicht jedoch alle Hoheitsrechte übertragen werden dürfen.[942] Insgesamt war es dem Integrations-

937 BVerfGE 89, 155, 179.

938 *P. M. Huber*, Recht der Europäischen Integration, § 5, Rz. 24.

939 *K. Stern*, Staatsrecht Bd. I, § 5 IV 3, S. 167f.; *R. Streinz*, in: Sachs, Grundgesetz-Kommentar, Art. 23, Rz. 86. Im Maastricht-Urteil des Bundesverfassungsgerichts heißt es dazu: *„Im Blick auf die Europäische Union und die ihr zugehörigen Gemeinschaften ermächtigt Art. 23 Abs. 1 GG den Bundesgesetzgeber, unter den dort genannten Voraussetzungen der Europäischen Union die eigenständige Wahrnehmung von Hoheitsbefugnissen bis zur Grenze des Art. 79 Abs. 3 GG einzuräumen (Art. 23 Abs. 1 Satz 3 GG)"*, BVerfGE 89, 155, 172.

940 Dies rechtfertigte sich aus der materiell verfassungsändernden Wirkung des Übertragungsgesetzes und dem Auslegungsprinzip der Einheit der Verfassung, die auch für die Übertragung von Hoheitsrechten zu der Erkenntnis führt, daß Art. 79 Abs. 3 GG die ranghöchste Norm des Grundgesetzes darstellt, *O. Rojahn*, in: Leibholz/Rink, v. Münch-Grundgesetz-Kommentar, Band II, Art. 24, Rz. 50; *K. Stern*, Staatsrecht Bd. I, § 15 II 9, S. 535.

941 *K. Stern*, Staatsrecht Bd. I, § 15 II 9, S. 535; *Ch. Tomuschat*, in: Bonner Kommentar, Art. 24, Rz. 50f.; *A. Randelzhofer*, in: Maunz/Dürig, Grundgesetz-Kommentar, Band 2, Art. 24, Rz. 84ff. Vgl. insgesamt *I. Pernice*, DV 1993, 449, 471f.

942 Diese Auslegung orientierte sich in erster Linie am Wortlaut des Art. 24 Abs. 1 GG (*„Der Bund kann durch Gesetz* (einzelne) *Hoheitsrechte auf zwischenstaatliche Einrichtun-*

gesetzgeber versagt, das *„Grundgefüge der Verfassung“*[943] anzutasten und *„die sie konstituierenden Strukturen auszuhöhlen“*[944] bzw. die Rechtsprinzipien, die dem Grundrechtsteil des Grundgesetzes immanent sind, vorbehaltlos zu relativieren.[945] Nach dem Wortlaut des neuen Artikels werden die weiteren Integrationsschritte direkt mit Art. 79 Abs. 3 GG in Verbindung gesetzt, so daß man heute davon ausgehen kann, daß die Begrenzung des Integrationsgesetzgebers mit den vom Bundesverfassungsgericht entwickelten Garantien des Art. 79 Abs. 3 GG identisch sind.[946]

2. Bestandsschutz und Verfassungswandel

Nach Art. 79 Abs. 3 GG ist eine Änderung des Grundgesetzes durch welche die Gliederung des Bundes in Länder, die grundsätzliche Mitwirkung der Länder bei der Gesetzgebung oder die in Art. 1 und 20 niedergelegten Grundsätze berührt werden, unzulässig. Art. 79 Abs. 3 GG bindet den Verfassungsänderungsgesetzgeber, den *pouvoir constitué*, nicht jedoch den nur revolutionär vorstellbaren *pouvoir constituant*, der in seinem faktischen Auftreten ohnehin von der Verfassung nicht reglementiert werden kann.[947] Die von der Ewigkeitsgarantie umfaßten Grundsätze besitzen zentrale Bedeutung für die Verfassungsstaatlichkeit Deutschlands. Sie können als Bestandteile *„des freiheitlich-demokratisch-rechtsstaatlichen Grundkonsenses“*[948] bezeichnet werden, die den Kerninhalt der Verfassung benennen, der dem Grundgesetz seine Identität und Struktur gibt. Gleichzeitig dürfen die in Art. 79 Abs. 3 GG genannten Grundsätze einer *„prinzipienwahrenden Fortbildung und Modifikation der unabänderlichen Verfassungsinhalte“*[949] nicht

gen übertragen“), S. *Magiera*, Jura 1994, 1, 3; *Ch. Tomuschat*, in: Bonner Kommentar, Art. 24, Rz. 46; *K. Stern*, Staatsrecht Bd. I, § 15 II 2, S. 521; *H. P. Ipsen*, Europäisches Gemeinschaftsrecht, S. 54. Auch das Bundesverfassungsgericht ist stets von Art. 79 GG als äußerster Grenze der Integrationsermächtigung für die Verfassungsorgane ausgegangen, BVerfGE 73, 339, 375; 37, 271, 279.

943 BVerfGE 58, 1, 40.

944 BVerfGE 73, 339, 375f. Vgl. auch BVerfGE 68, 1, 96.

945 BVerfGE 58, 1, 30.

946 Diese Frage war vor der Einführung des Art. 23 GG umstritten, vgl. S. *Magiera*, Jura 1994, 1, 3; *O. Rojahn*, in: Leibholz/Rink, v. Münch-Grundgesetz-Kommentar, Art. 24, Rz. 49.

947 Durch die Bindung des verfassungsändernden Gesetzgebers wird aber einem Verfassungsbruch der Schein der Legalität genommen; *K. Stern*, Staatsrecht Bd. I, § 5 1b, S. 167; *P. Kirchhof*, HStR Bd. I, § 19, Rz. 35.

948 *K. Stern*, Staatsrecht Bd. I, § 5 1 b, S. 167.

949 *P. Kirchhof*, HStR Bd. I, § 19, Rz. 66.

entgegenstehen, denn die Aufgabe des verfassungsändernden Gesetzgebers besteht gerade in der Anpassung der Grundordnung an das sich verändernde Umfeld der Volksgemeinschaft. In der Parallelität von bewahrenden und zukunftsoffenen Inhalten liegt die besondere Schwierigkeit einer Interpretation der Vorschrift. Art. 79 Abs. 3 GG wird eine Auslegung und Konkretisierung der enthaltenen Grundsätze gerecht, die eine Unbeweglichkeit der Verfassung gegenüber sich wandelnden Herausforderungen vermeidet und gleichzeitig die Entwicklung in formeller und materieller Weise bindet. Dementsprechend müssen die Änderungen gesehen werden, die die deutsche Verfassung durch die Eingliederung in die Europäische Union erfahren hat und in Zukunft erfahren wird. Es kommt darauf an, der Bundesrepublik durch die europäische Einbindung die Chance auf eine adäquate Erfüllung der Staatsaufgaben zu erhalten ohne die in Art. 79 Abs. 3 GG verbürgte *„Identität der Verfassung"* anzutasten.

3. Die Bewahrung der Identitätsgarantien der Verfassung in bezug auf die europäische Integration

a) *Bundesstaatlichkeit*

Die föderativen Elemente Deutschlands werden durch die Erwähnung der *„Gliederung des Bundes in Länder"*, die *„grundsätzliche Mitwirkung der Länder bei der Gesetzgebung"* und die Verweisung auf das Bundesstaatsprinzip (Art. 20 GG) gleich in dreifacher Weise von Art. 79 Abs. 3 GG geschützt. Im Rahmen der Darstellung der Strukturanforderungen des Art. 23 Abs. 1 Satz 1 GG wurde bereits auf den Unterschied zwischen Föderalismus und Bundesstaatlichkeit hingewiesen.[950] Lag dort der Schwerpunkt auf *„föderativen Grundsätzen"*, die die Europäische Union in einer vom Grundgesetz nicht festgelegten Form eines staatlichen Zusammenschlusses zu erfüllen hat, werden durch die Verweisung auf Art. 79 Abs. 3 GG die föderativen Grundsätze der deutschen Bundesstaatlichkeit zum Gegenstand der Ewigkeitsgarantie.[951] Diese folgt aus den einzelnen änderungsfähigen Verfassungsbestimmungen, die eine nicht abgeschlossene Fülle von bundesstaatlichen

950 Vgl. oben in diesem Kapitel III. 2. e.

951 Mit den föderativen Elementen in Art. 79 Abs. 3 GG wird ein bestimmter Typus der bundesstaatlichen Ordnung umschrieben, der gegenüber der Europäischen Union Bestand haben soll, *R. Scholz*, in: Maunz/Dürig, Grundgesetz-Kommentar, Band 2, Art. 23, Rz. 91.

Strukturen enthalten.[952] Ihrem Wesen eigen ist eine doppelte Staatlichkeit, nämlich die des Bundes und der Länder,[953] zwischen denen die Kompetenzen in einer Weise aufgeteilt sind, die sich lückenlos ergänzt.[954] Die Garantie der Gliederung des Bundes in Länder beinhaltet hingegen nicht, daß die einzelnen Länder in ihren Grenzen oder ihrem Bestand geschützt sind. Es geht lediglich um den Fortbestand mehrerer leistungsfähiger Länder,[955] deren Staatlichkeit in der eigenverantwortlichen Wahrnehmung von Kompetenzen und Hoheitsbefugnissen zum Ausdruck kommt.[956] Das Bundesverfassungsgericht hat daher entschieden, daß den Ländern im Bundesstaat ein Kern eigener Aufgaben als *„Hausgut"* verbleiben muß.[957] Damit zog das Gericht zugleich eine Grenze im Hinblick auf die schleichende nationale Kompetenzerosion durch den Bund. Fraglich ist, wie das *„Hausgut"* qualitativ und quantitativ bestimmt werden kann. Die in Literatur und Rechtsprechung unternommenen Versuche führten bisher zu keiner sicheren und verallgemeinerungsfähigen Festlegung der absoluten Eingriffsgrenze. Fest steht zumindest, daß die Länder in einem europäischen Gemeinwesen über einen eigenen politischen Gestaltungsspielraum verfügen müssen, der in rechtssetzenden, exekutiven, planerischen und finanziellen Entscheidungskompetenzen sowie in gerichtsorganisatorischen Befugnissen seinen Niederschlag findet.[958]

Ähnliche Konkretisierungsprobleme wirft das Gebot der grundsätzlichen Mitwirkung der Länder bei der Gesetzgebung auf, die einmal dadurch tangiert sein kann, daß der Bund selbst im Rahmen der Integration immer mehr Kompetenzen auf die Europäische Union verlagert und die Länder dadurch indirekt ihrer Beteiligung über den Bundesrat am nationalen Rechtssetzungsverfahren beraubt. Zum anderen können Gesetzgebungsbefugnisse der Länder selbst nach Art. 23 Abs. 1 Satz 2 GG direkt auf die Europäische Union über-

---

952 Damit ist letztendlich nur eine Beschreibung, aber keine Definition des Bundesstaatsbegriffs möglich, *J. Isensee*, HStR Bd. IV, § 98, Rz. 267; *Ch. Kirchner/J. Haas*, JZ 1993, 760, 768.

953 Dies ist nach dem Grundgesetz unstreitig, *K. Stern*, Staatsrecht Bd. I, § 19 III 2, S. 667; BVerfGE 1, 14, 34; 36, 342, 360f.

954 *K. Stern*, Staatsrecht Bd. I, § 19 I 1 a α, S. 645.

955 *C. Evers*, Bonner-Kommentar, Art. 79, Rz. 212; *Ch. Kirchner/J. Haas*, JZ 1993, 760, 769.

956 *K. Stern*, Staatsrecht Bd. I, § 19 III 2 a, S. 667.

957 BVerfGE 34, 9, 19. Vgl. auch *R. Streinz*, in: Sachs, Grundgesetz-Kommentar, Art. 23, Rz. 84; *O. Rojahn*, in: Leibholz/Rink, v. Münch-Grundgesetz-Kommentar, Band II, Art. 23, Rz. 51; *P. Kirchhof*, HStR Bd. I, § 19, Rz. 77; *I. Pernice*, DVBl 1993, 909, 911.

958 *K. Stern*, Staatsrecht Bd. I, § 19 III 2a und b, S. 667f.; *H. P. Schneider*, NJW 1991, 2448, 2450f.; *W. v. Simson/J. Schwarze*, Europäische Integration und Grundgesetz, Rz. 147.

tragen werden.[959] Dazu war nach früherer Rechtslage in Art. 24 Abs. 1 GG prinzipiell nicht einmal die Zustimmung des Bundesrates erforderlich. Diese Defizite hat die Gemeinsame Verfassungskommission erkannt und die neuen Mitwirkungsbefugnisse der Länder in Art. 23 Abs. 4-7 wie folgt begründet:

> *„Maßgebend für diesen Regelungsvorschlag war die Erwägung, daß sich weitere Übertragungen von Hoheitsrechten angesichts des erreichten hohen Integrationsniveaus unmittelbar auf die innerstaatlichen Verfassungsstrukturen und damit auch auf die Stellung der Länder im Bundesrat auswirken".*[960]

Der mit der Europäischen Union verbundenen Verschiebung der innerstaatlichen Kompetenzverteilung sollte also durch die Mitwirkungsrechte der Länder entgegengewirkt werden.[961] Hinsichtlich der Ewigkeitsgarantie des Art. 79 Abs. 3 GG ist daran problematisch, daß man der zunehmenden Erosion der Länderstaatlichkeit durch die Einräumung verstärkter Mitwirkungsbefugnisse zu begegnen versuchte. Damit wird zwar dem ebenfalls in Art. 79 Abs. 3 GG niedergelegten Gebot der grundsätzlichen Mitwirkung der Länder bei der Gesetzgebung genüge getan, nicht aber der Erhaltung ihrer Eigenstaatlichkeit. Eine Kompensation der Vorgaben des Art. 23 Abs. 1 Satz 3 i.V.m. Art. 79 Abs. 3 GG ist auf diesem Wege grundsätzlich nicht möglich.[962] Für den verfassungsändernden Integrationsgesetzgeber hat das die Konsequenz, daß er nicht eine Politik verfolgen darf, die den Ländern im europäischen Einigungsprozeß zwar eine Mitwirkung erlaubt, sie aber gleichzeitig der *„Essentialia der Staatlichkeit"*[963] beraubt.[964]

---

959 *R. Breuer*, NVwZ 1994, 417, 425; *V. Neßler*, EuR 1994, 216ff.; *J. J. Hesse/W. Renzsch*, Staatswissenschaften und Staatspraxis 1990, 562, 565.

960 BTDrs. 12/6000, S.21.

961 Zur verbesserten Stellung der Länder und Regionen nach dem Vertrag von Amsterdam vgl. *O. Schmuck*, Integration 1997, 228, 231ff.; *A. Kleffner-Riedel*, BayVwBl. 1995, 104, 108; *M. Borchmann*, EuZW 1994, 172f.; *V. Neßler*, EuR 1994, 216, 221ff.; *P. Lerche*, Zur Position der deutschen Länder nach dem neuen Europa-Artikel des Grundgesetzes, S. 753, 762ff.; *J. Böhm*, BayVwBl. 1993, 545, 546ff.; *K.-D. Schnapauff*, ZG 1997, 188, 192.

962 *M. Meißner*, Die Bundesländer und die Europäischen Gemeinschaften, S. 291; *R. Streinz*, in: Sachs, Grundgesetz-Kommentar, Art. 23, Rz. 87. A. A. *H. D. Jarass*, in: Jarass/Pieroth, Grundgesetz, Art. 23, Rz. 16; *M. Herdegen*, EuGRZ 1992, 589, 593.

963 *K. Stern*, Staatsrecht Bd. I, § 19 III 2 b, S. 668.

964 *F. Klein*, in: Schmidt-Bleibtreu, Kommentar zum Grundgesetz, Art. 23, Rz. 17; *H. D. Jarass*, in: Jarass/Pieroth, Grundgesetz, Art. 23 , Rz. 13; *A. Epiney*, EuR 1994, 301-324. Zum Schutz der kommunalen Selbstverwaltung siehe *K. Stern*, Europäische Union und kommunale Selbstverwaltung, S. 16, 36; *H. Mandelartz*, Europäische Integration - Gefähr-

b) Rechtsstaatsprinzip und Gewaltenteilung

Die Identität der Verfassung wird durch die europäische Integration nicht nur im Verhältnis zwischen Bund und Ländern tangiert. Ebenso betroffen ist das *„Organisationsprinzip"*[965] der Gewaltenteilung, das als Bestandteil des Rechtsstaatsprinzips über Art. 23 Abs. 1 Satz 3, 79 Abs. 3 und 20 Abs. 2 GG ebenfalls zu den unabänderlichen Grundsätzen der deutschen Verfassungsstaatlichkeit zählt.[966] Nach Auffassung des Bundesverfassungsgerichts gehören zu den unantastbaren Grundsätzen des Rechtsstaatsprinzips neben dem Prinzip der Gewaltenteilung auch der Grundsatz der Bindung der Gesetzgebung an die verfassungsmäßige Ordnung und der vollziehenden Gewalt und der Rechtsprechung an Recht und Gesetz gemäß Art. 20 Abs. 3 GG.[967] Die Rechtssätze des Verbotes rückwirkender belastender Gesetze, der Verhältnismäßigkeit und des lückenlosen Rechtsschutzes sind, weil nicht in Art. 20 GG enthalten, nicht dem Schutz des Art. 79 Abs. 3 GG unterstellt.[968]

Die Bedeutung der Gewaltenteilung liegt in der gegenseitigen Kontrolle und Begrenzung von Legislative, Exekutive und Judikative zur Mäßigung der Staatsmacht und zum Schutz der Freiheit des einzelnen.[969] Die funktionelle Trennung der drei Gewalten gewährt als solche jedoch noch keinen Schutz gegen eine willkürliche Ausübung hoheitlicher Gewalt. Es muß hinzukommen, daß die Gesetzgebenden und die ausführenden Organe in wichtigen Fragen nicht für sich allein, sondern nur gemeinsam handeln können und sich so gegenseitig hemmen und kontrollieren.[970]

Zu einer Verschiebung der vom Grundgesetz austarierten Machtbalance zwischen den drei Gewalten kommt es einmal, wenn legislative Kompetenzen des Bundestages auf die Europäische Union übertragen, und dort im Rat von Vertretern der Exekutive wahrgenommen werden. Zum anderen bedeutet die Etablierung einer eigenen europäischen Rechtsordnung mit einem eigenen judikativen Organ in Gestalt des Europäischen Gerichtshofs den Verlust an

---

dungen und Chancen für die kommunale Selbstverwaltung, S. 163ff.; *H. Heberlein*, DVBl. 1994, 1213ff.; *A. Martini/W. Müller*, BayVwBl. 1993, 161ff.

965 BVerfGE 3, 225, 247.

966 BVerfGE 3, 225, 247; 9, 268, 279; 22, 106, 111; 34, 52, 59.

967 BVerfGE 30, 1, 24f.

968 BVerfGE 30, 1, 24f. Vgl. auch *P. Kirchhof*, HStR Bd. I, § 19, Rz. 73; *Ch. Kirchner/J. Haas*, JZ 1993, 760, 763. A. A. *E. Schmidt-Aßmann*, in: HStR Bd. I, § 24, Rz. 90; *R. Herzog*, in: Maunz/Dürig, Grundgesetz-Kommentar, Art. 20, Rz. 35.

969 BVerfGE 22, 106, 111; *K. Doehring*, DVBl. 1997, 1133, 1135.

970 *K. Stern*, Staatsrecht Bd. I, § 20 IV 3 a, S. 792; *H. J. Seeler*, Europa-Archiv 1960, S. 13, 20f.

Rechtsprechungskompetenzen für die nationalen Gerichte. Beredtestes Beispiel ist die vom Bundesverfassungsgericht selbst verordnete Zurückhaltung bei der Überprüfung von sekundärem Gemeinschaftsrecht.[971]

Die Folgen für die nationale Verfassungsstruktur können, wie oben bereits dargelegt, zum Teil durch europäische Strukturen ersetzt werden. Soweit der Europäische Gerichtshof in europäischen Angelegenheiten einen vergleichbar effektiven Rechtsschutz gewähren kann, wird die *„Rechtsschutzlücke"*, die die Verlagerung der Judikativkompetenzen mit sich bringt, geschlossen. Im Verhältnis zwischen Legislative und Exekutive vermag das Europäische Parlament mit seinen Mitwirkungsbefugnissen im europäischen Rechtssetzungsverfahren einen gewissen Ausgleich zu schaffen, wenn auch mit geringerer demokratischer Legitimation, als seine nationalen Vorbilder.[972] Es fragt sich aber, ob Art. 23 Abs. 1 Satz 3 i.V.m. 79 Abs. 3 GG nicht hinsichtlich des Prinzips der Gewaltenteilung eine Entwicklung verhindern will, die auf die Auflösung nationaler gewaltenteilender Strukturen angelegt ist. In Parallele zur Ewigkeitsgarantie der Bundesstaatlichkeit, die die Existenz handlungsfähiger Länder voraussetzt, verlangt der Grundsatz der Gewaltenteilung ebenfalls die Erhaltung einer national verfassungsrechtlich geprägten Komponente. Art. 79 Abs. 3 GG will nicht ein abstraktes Prinzip der Gewaltenteilung schützen, das in einer Europäischen Union mit international besetzten Organen repräsentiert ist, sondern den nationalen Verfassungsorganen ihre gewaltenteilende Funktion belassen. Dazu berufen ist in erster Linie der Deutsche Bundestag, der als primär demokratisch legitmiertes Organ Kontrollbefugnisse gegenüber der Exekutive wahrnimmt. Während Satz 1 des Art. 23 Abs. 1 gewaltenteilende Strukturen für die innere Organisation der Europäischen Union selbst vorschreibt,[973] hat Satz 3 eine andere Zielrichtung. Grundgesetzänderungen, die im Zuge der europäischen Einigung vorgenommen werden, dürfen das nationale Verhältnis der Gewalten nicht im Kern berühren. Die Bedeutung der die drei Gewalten repräsentierenden Verfassungsorgane muß innerhalb der supranationalen Einbindung Deutschlands daher erkennbar bleiben.

---

971 Vgl. oben Kapitel B I. 5. c, bb.

972 Vgl. oben Kapitel C I. 3. a, aa und bb.

973 Prinzip des institutionellen Gleichgewichts, Vgl. oben Kapitel C I. 1. d.

c) *Demokratische Repräsentation des Volkes durch den Deutschen Bundestag*

Ein wesentlicher Grundsatz, der von der Ewigkeitsgarantie des Art. 79 Abs. 3 GG umfaßt und durch die europäische Integration in seiner identitätsstiftenden Funktion für die deutsche Verfassung tangiert wird, ist das Demokratieprinzip. Es entspricht dem Idealbild einer vom Volk ausgehenden Herrschaftsform und gibt Antwort auf die Frage nach der Ausgestaltung der Herrschaftsausübung, deren Einrichtungen und deren Legitimation.[974] Zum nicht antastbaren Gehalt des Demokratieprinzips gehört nach Auffassung des Bundesverfassungsgerichts im Mastricht-Urteil,

> *„daß die Wahrnehmung staatlicher Aufgaben und die Ausübung staatlicher Befugnisse sich auf das Staatsvolk zurückführen lassen und grundsätzlich ihm gegenüber verantwortet werden.“*[975]

Träger der Staatsgewalt nach Art. 20 Abs. 2 GG ist das deutsche Volk, das vom Deutschen Bundestag parlamentarisch repräsentiert wird.[976] Seiner Bedeutung als einzigem unmittelbar volksgewählten Organ im Verfassungsgefüge des Grundgesetzes korrespondiert die Wahrnehmung von substantiellen Aufgaben der Staatsführung.[977] Dementsprechend bedürfen die Staaten

> *„hinreichend bedeutsamer eigener Aufgabenfelder, auf denen sich das jeweilige Staatsvolk in einem von ihm legitimierten und gesteuerten Prozeß politischer Willensbildung entfalten und artikulieren kann, um so dem, was es - relativ homogen - geistig sozial und politisch verbindet, (...) rechtlichen Ausdruck zu geben.“*[978]

Im Parlamentsvorbehalt konkretisiert sich die Wesentlichkeitsrechtsprechung des Bundesverfassungsgerichts, die für alle Entscheidungen von einigem Gewicht, die Zustimmung durch das Parlament erfordert.[979] Im Maastricht

---

974 *K. Stern*, Staatsrecht Bd. I, § 18 II 3a, S. 604; *P. Kirchhof*, HStR Bd. I, § 19, Rz. 75.

975 BVerfGE 89, 155, 182.

976 Innerhalb der Europäischen Union ist das Europäische Parlament zwar mit einem nationalen Parlament vergleichbar, bleibt aber hinsichtlich Kompetenzfülle und Wahlrechtsgleichheit weit hinter nationalen demokratischen Anforderungen zurück. Erster Anknüpfungspunkt für eine demokratische Legitimation europäischen Handelns bleibt daher der Deutsche Bundestag, vgl. oben Kapitel C I. 3. d.

977 *K. Stern*, Staatsrecht Bd. I, § 18 II 5 b, S. 609.

978 BVerfGE 89, 155, 186.

979 BVerfGE 49, 89, 126ff.; 84, 212, 226.

Urteil wird diese Funktion bekräftigt und ihre fortbestehende Bedeutung für den weiteren Integrationsprozeß betont.[980]

Der notwendige Einfluß des Deutschen Bundestages auf die Entscheidungen in der Europäischen Union ist momemtan auf dreierlei Weise gewährleist. Einmal durch das Erfordernis der qualifizierten Mehrheit gemäß Art. 23 Abs. 1 GG im Rahmen des Zustimmungsgesetzes bei der Fortentwicklung der Europäischen Union. Zum anderen wirkt er nach Maßgabe des Art. 23 Abs. 2 und 3 GG und der zu seiner Ausführung erlassenen Gesetze an der Willensbildung des Bundes in Angelegenheiten der Europäischen Union mit. Schließlich beeinflußt der Bundestag die europäische Politik der Bundesregierung durch deren parlamentarische Verantwortlichkeit gemäß Art. 63 und 67 GG.[981] Zum augenblicklichen Integrationsstand hat das Bundesverfassungsgericht festgestellt, daß die im Unions-Vertrag vorgesehene Einräumung von Aufgaben und Befugnissen europäischer Organe dem Deutschen Bundestag noch hinreichende Materien von substantiellem politischem Gewicht beläßt.[982] Der Bundestag ist insofern im Umkehrschluß als Glied in der Legitimationskette zwischen dem deutschen Volk und den Rechtsakten der Europäischen Union unentbehrlich. Dies gilt nicht nur in formeller, sondern auch in materieller Hinsicht, denn aus Art. 23 Abs. 2 und 3 i.V.m. Art. 45 GG folgt die Pflicht des Bundestages, die Angelegenheiten der Europäischen Union zusammen mit der Bundesregierung wahrzunehmen.[983] Die Grenze der Verfassungsmäßigkeit wird überschritten, wenn der Bundestag seine Aufgabe als zentrales willensbildungs- und Entscheidungsorgan nicht mehr ausüben kann, ihm also seine Funktion als Repräsentationsorgan des deutschen Volkes nicht mehr zukommt.[984]

---

980 *„Art. 38 GG schließt es im Anwendungsbereich des Art. 23 GG aus, die durch die Wahl bewirkte Legitimation von Staatsgewalt und Einflußnahme auf deren Ausübung durch die Verlagerung von Aufgaben und Befugnissen des Bundestages so zu entleeren, daß das demokratische Prinzip, soweit es Art. 79 Abs. 3 i.V.m. Art. 20 Abs. 1 und 2 GG für unantastbar erklärt, verletzt wird"*, BVerfGE 89, 155, 172 und 182.

981 BVerfGE 89, 155, 191.

982 BVerfGE 89, 155, 156, Ls. 4.

983 *H. H. Klein*, ZG 1997, 209, 227.

984 *P. Kirchhof*, HStR Bd. I, § 19, Rz. 75. Zur verfassungsmäßigkeit des kommunalen Ausländerwahlrechts vgl. *R. Uepermann*, Staatswissenschaften und Staatspraxis 1995, 3, 13; *U. Penski*, ZRP 1994, 192, 193.

4. Verbot der Entstaatlichung der Bundesrepublik Deutschland

Die Ausführungen haben gezeigt, daß die in Art. 79 Abs. 3 niedergelegten Grundpfeiler der Staatlichkeit der Bundesrepublik Deutschland im Zuge der europäischen Integration in Mitleidenschaft gezogen werden. Die Verlagerung von Kompetenzen hat Auswirkungen auf die staatliche Stellung der Länder im bundesstaatlichen System, auf die gewaltenteilenden Strukturen zwischen Legislative, Exekutive und Judikative und nicht zuletzt auf die Funktion des Bundestages als Repräsentativorgan des deutschen Volkes. Art. 79 Abs. 3 GG will eine Entwicklung verhindern, die über eine supranational notwendige Modifizierung der Verfassung hinaus, die verfassungsrechtliche Identität Deutschlands zerstört. Kompetenzübertragungen auf die Europäische Union sind daher unzulässig, wenn sie einen Zustand herbeiführen, der die Verfassung in ihren identitätsstiftenden Merkmalen, wie sie unter 3. beschrieben wurden, nicht mehr erkennen läßt.[985] Eine Kompensation dieser verfassungsrechtlichen Mindestanforderungen des Art. 79 Abs. 3 GG ist durch die Verleihung von Mitwirkungsbefugnissen an die Bundesländer in Angelegenheiten der Europäischen Union, der Etablierung eines gewaltenteilenden Systems auf der europäischen Ebene oder der Entwicklung originärer europäisch-demokratischer Strukturen nicht möglich. Der Kern der nationalen Identität ist insofern jeder Modifikation verschlossen, denn das Grundgesetz hat die Bundesrepublik Deutschland als Nationalstaat konzipiert, in der das Volk sein Recht auf Selbstbestimmung ausübt und darin seine nationale Einheit manifestiert.[986]

5. Unmöglichkeit der Konkretisierung eines „point of no return"

Ob die immer weitere Verlagerung von Hoheitsrechten auf die Europäische Union einen unzulässigen Einbruch in die verfassungsrechtlich absolut geschützte Grenze des Art. 79 Abs. 3 GG herbeiführen kann und die Quantität der übertragenen Hoheitsrechte letztlich *„das Faß zum Überlaufen bringt"* und die Mitgliedstaaten in europäische Gliedstaaten verwandelt, ist nach wie vor in Rechtsprechung und Literatur eine ungeklärte Frage.[987] Die Grenze, so wird gemutmaßt, kann durch einen einmaligen Übertragungsakt überschritten

---

985 In diesem Sinne auch *P. Kirchhof*, HStR Bd. VII, § 183, Rz. 57ff.; *P. Lerche*, Europäische Staatlichkeit und die Identität des Grundgesetzes, 131, 135f.; *U. Penski*, ZRP 1994, 192, 193.

986 *P. M. Huber*, Europarecht, § 3, Rz. 28.

987 *F. Ossenbühl*, DVBl. 1993, 629, 632.

werden, wie dies von verschiedenen Stimmen unrichtigerweise bereits für den Maastrichter-Vertrag angenommen wurde,[988] oder in einem scheibchenweisen Aushölungsvorgang zum Verlust der nationalen Staatlichkeit führen. Die Eingliederung Deutschlands in einen europäischen Bundesstaat wird als Endpunkt einer verfassungsgemäßen Entwicklung in der Literatur jedenfalls mehrheitlich abgelehnt.[989] Die zu dieser Frage vertretenen gegenteiligen Auffassungen bleiben vereinzelt und sind in den Formulierungen vage.[990] Der Übergang zu einer europäischen Bundesstaatlichkeit wäre nach Ansicht der herrschenden Meinung mit einem revolutionären Akt verbunden, der den *pouvoir constituant* in die Verantwortung nimmt und der Bundesrepublik den Status eines bloßen Gliedstaates analog der Stellung eines deutschen Bundeslandes verleiht. In einer solchen Konstellation hätte der deutsche Staat die Letztverantwortung für das deutsche Staatsvolk verloren,[991] was als Verstoß gegen die *„prinzipielle Eigenbestimmungsmacht"*[992] und damit Souveränität

988 *H. H. Rupp*, NJW 1993, 38, 40; *ders.*, ZRP 1993, 211ff.; *M. Herdegen*, EuGRZ 1992, 589, 591; *K. Doehring*, ZRP 1993, 98, 102; *D. Murswiek*, Der Staat 1993, 161, 187.

989 *R. Breuer*, NVwZ 1994, 417, 423; *M. Herdegen*, EuGRZ 1992, 589, 594; Parlamentarische Sachverständigenanhörung, Steno.Ber., *K. Stern* (S. 48), *J. Isensee* (S. 49), *A. Randelzhofer* (S. 51); *K.-P. Sommermann*, DÖV 1994, 596, 599; *H. J. Papier*, NJW 1997, 2841, 2844; *P. M. Huber*, Recht der Europäischen Integration, § 1 Rz. 12; *ders.*, Maastricht - Ein Staatsstreich?, S. 1ff.; *M. Herdegen*, EuGRZ 1992, 589, 590; *R. Scholz*, in: Maunz/Dürig, Grundgesetz-Kommentar, Art. 23, Rz. 88; *I. Pernice*, Die Verwaltung 26 (1993), 450, 472, 486; *R. Streinz*, in: Sachs, Grundgesetz-Kommentar, Art. 23, Rz. 84; *O. Rojahn*, in: Leibholz/Rink, v. Münch-Grundgesetz-Kommentar, Band II, Art. 23, Rz. 51; *U. Fink*, DÖV 1998, 133, 136; *M. Zuleeg*, DÖV 1977, 462, 464; *Th. Schotten*, Verwaltungsrundschau 1992, 305, 310ff.; *Th. Schilling*, AöR 116 (1991), S. 32, 38; *H. A. Stöcker*, Der Staat 1992, 495, 497; S. *Magiera*, Jura 1994, 1, 3; *W. Philipp*, ZRP 1992, 433, 438; *U. Everling*, DVBl. 1993, 936, 943; *U. Penski*, ZRP 1994, 192, 195; *N. Kloten*, Europa-Archiv 1993, 397, 402.

990 *M. Hilf*, Die Europäische Union und die Eigenstaatlichkeit ihrer Mitgliedstaaten, S. 75, 83; *ders.*, VVDStRL 53 (1993), 7, 23; *U. Everling*, DVBl. 1993, S. 936, 941; *G. Ress*, JuS 1992, 985, 986. Nach *Ch. Tomuschat* soll die Präambel des Grundgesetzes die Perspektive zur Eingliederung in einen Bundesstaat enthalten, in: Gemeinsame Verfassungskommission, Öffentliche Anhörung in Berlin am 22.5.1992, Sten. Bericht, S. 52f. Diese Eingliederung soll sich in einem stetigen Prozeß vollziehen, *P. Lerche*, Europäische Staatlichkeit und die Identität des Grundgesetzes, S. 131, 138f. Nach *H. D. Jarass* soll Art. 79 Abs. 3 GG einem europäischen Bundesstaat nicht entgegenstehen, sofern Freiheit und Wohl der Bürger damit ebensogut wie durch einen Nationalstaat sichergestellt werden können, in: Jarass/Pieroth, Grundgesetz, Art. 23, Rz. 14; *H. Siekmann*, Staat und Staatlichkeit am Ende des 20. Jahrhunderts, S. 341, 357ff.

991 Daran ändert auch die Einstufung der deutschen Länder als Staaten nichts, ihnen fehlt die autarke demokratische Souveränität, *U. di Fabio*, Der Staat 1993, 192, 201.

992 *P. Lerche*, Europäische Staatlichkeit und die Identität des Grundgesetzes, 131, 135.

der Bundesrepublik angesehen wird. Art. 23 Abs. 1 Satz 3 GG wird so interpretiert, daß die europäische Integration die Souveränität Deutschlands im Sinne einer Letztentscheidungbefugnis nicht aufheben darf.

Vor dem Hintergrund der theoretischen Erkenntnisse aus dem ersten Kapitel über die begriffliche Weite der Kategorien Bundesstaat und Staatenbund und der Relativität des Begriffs der Souveränität, ist der Aussagewert dieser Auslegung des Art. 23 Abs. 1 Satz 3 GG fraglich, weil ein solcher „point of no return" faktisch nie festgestellt werden kann. Ebenso wie sich für einen nationalen Bundestaat die Kompetenzen zwischen Bund und Gliedern lückenlos ergänzen, aber in ihrer Verteilung der freien Entscheidung des Verfassungsgebers unterliegen, muß auch ein europäischer Bundestaat in seinem konkreten tatsächlichen Erscheinungsbild konturlos bleiben.[993] Die Schwierigkeiten, die die Einordnung einer konkreten Erscheinungsform in die staatenbündischen Begrifflichkeiten bereitet, werden nicht dadurch aufgehoben, daß man sie auf die europäische Ebene projiziert. Es wäre daher verfehlt und würde den von *Kelsen* beschriebenen *„fließenden Übergängen"* nicht entsprechen, wollte man eine bestimmte Kompetenzverteilung zwischen Europäischer Union und Mitgliedstaaten konkretisieren um auf dieser Grundlage zu dem Resultat zu gelangen, die Bundesrepublik hätte ihre Souveränität verloren.[994] Die Grenze zwischen staatenbündischen und bundesstaatlichen Strukturen kann noch nicht einmal an der Kompetenz-Kompetenz der Zentralgewalt oder der Gliedstaaten festgemacht werden, wenn man mit *Kelsen* alles auf eine einheitliche Rechtsordnung zurückführt.[995] Es kann einzig und allein nur darum gehen, die Staatlichkeit Deutschlands, die in der Verfassung zum Ausdruck kommt und dort die nationale Einheit widerspiegelt, vor der Auflösung zu bewahren. Das hat nichts mit der Frage zu tun, ob der Verfassungsstaat sich zur besseren Bewältigung seiner Aufgaben in eine europäische Organisation eingliedern und dort zwangsläufig seine Letztentscheidungsbefugnis in vielen Bereichen aufgeben darf. Die Integration nationaler Verfassungsstaatlichkeit steht einem absoluten Souveränitätsverständnis diametral entgegen. Wird Integration trotzdem nach wie vor durch nationale Souveränitätsvorbehalte in Frage gestellt, so steht dahinter die Angst vor einer fremdbestimmten Politik und dem Verlust nationaler Interessen in einer nicht mehr kontrollierbaren Europäischen Union. Diesen Befürchtungen hat

---

993 Vgl. *D. Th. Tsatzos*, EuGRZ 1995, 287, 291.

994 Das hatte bereits *Jellinek* erkannt, der innerhalb der Bundesstaaten für die Kompetenzverteilung einen *„weiten Spielraum"* sah, vgl. oben Kapitel A V. 3. b.

995 Vgl. oben Kapitel A VI. 3. d.

das Bundesverfassungsgericht in seinem Maastricht-Urteil Rechnung getragen.

6. Reduktion der Integration auf ihre elementare Funktion durch das Bundesverfassungsgericht

Der Schutz, den die deutsche Staatlichkeit in Art. 23 Abs. 1 Satz 3 GG erfährt, wird durch die Rechtsprechung des Bundesverfassungsgerichts im Maastricht-Urteil verstärkt. Die Charakterisierung der Europäischen Union als Staatenverbund[996] betont die nationale Identität Deutschlands und die nach wie vor souveräne Stellung der Mitgliedstaaten. Dies geht einher mit der Forderung, den nationalen Parlamenten substantielle Aufgaben und Befugnisse zu erhalten und dem Europäischen Parlament auf absehbare Zeit nur eine stützende Funktion bei der demokratischen Legitimation zuzusprechen.[997] Das Maastricht-Urteil zielt darauf ab - und das können die Ausführungen über die nationale Öffnung für die europäische Integration nicht verdecken - einer unkontrollierten Vergemeinschaftung und der Aushölung nationaler Staatlichkeit, einen Riegel vorzuschieben. Es geht dem Gericht offensichtlich darum, der *„Tendenz zur Erosion aller Elemente des klassischen Staatsbegriffs"*[998] entgegenzuwirken.[999] Die Bundesrepublik soll innerhalb der Europäischen Union die Qualität eines souveränen Staates aus eigenem Recht wahren, woran die eingegangenen vertraglichen Bindungen zur gemeinschaftlichen oder intergouvernementalen Ausübung der Kompetenzen nichts ändern sollen.[1000] Die Mitgliedstaaten haben die Europäische Union nach Auffassung des Gerichts lediglich gegründet, um einen Teil ihrer Aufgaben gemeinsam wahrzunehmen und insoweit ihre Souveränität gemeinsam auszuüben.[1001] Ein Souveränitätsverzicht ist mit der Übertragung von Hoheitsrechten nicht verbunden, denn Deutschland kann jederzeit die Ausübung seiner Kompetenzen wieder aufnehmen.[1002]

---

996 BVerfGE 89, 155, 181, 184, 188.

997 *D. König*, ZaÖR Band 54, (1994), 18, 47.

998 *D. Thürer*, VVDStRL 50 (1991), 97, 123.

999 Wie *Paul Kirchhof* feststellt, hat das Recht vom Staat die Aufgabe *„in seinen bewahrenden und in seinen entwicklungsleitenden Inhalten die Grenze zwischen Europaoffenheit und Selbstaufgabe des Staates zu ziehen"*, HStR Bd. VII, § 183, Rz. 2.

1000 *H. Steinberger*, Die Europäische Union im Lichte der Entscheidung des Bundesverfassungsgerichts vom 12. Oktober 1993, 1313, 1323.

1001 BVerfGE 89, 155, 189. Vgl. auch *P. Kirchhof*, Das Maastricht-Urteil des Bundesverfassungsgerichts, S. 11, 13.

1002 Vgl. oben in diesem Kapitel I 3.

In all dem kommt die Überzeugung von der unteilbaren Verantwortlichkeit des Staates gegenüber seinen Bürgern zum Ausdruck, die sich gerade in der europäischen Integration zu bewähren hat.[1003] Insgesamt formuliert das Bundesverfassungsgericht hier ein Staats- und Souveränitätsverständnis, das der europäischen Integration nicht gerecht wird, denn nicht einmal in den Kategorien des 19. Jahrhunderts hätte man Staaten, die eine fremde Rechtssetzungsgewalt für ihr Territorium zulassen, noch als souverän bezeichnet.[1004] Die Besonderheit der Europäischen Union und der Europäischen Gemeinschaften liegt gerade in der Supranationalisierung der Kompetenzen, also der Übertragung zur eigenverantwortlichen Wahrnehmung durch europäische Organe. Es ist daher zweifelhaft, ob diese Rechtsprechung der Idee der europäischen Integration und der Staatszielbestimmung in der Präambel und Art. 23 Abs. 1 GG gerecht wird.[1005] Dies gilt vor allem deshalb, weil die Integration die Reaktion auf die politischen und wirtschaftlichen Staatsaufgaben darstellt, die allein auf staatlicher Ebene nicht zufriedenstellend erfüllt werden können.[1006] Das Bundesverfassungsgericht stellt diesen Aspekt am Ende seiner Urteilsgründe besonders heraus:

„(...) *die im Unions-Vertrag und in den Verträgen über die Europäischen Gemeinschaften angelegte Integrationsentwicklung leitet sich nicht aus allgemeinen Zielvorgaben, sondern aus konkreten Aufgaben und Handlungsbefugnissen ab.*“[1007]

Eine nicht integrationsadäquate Vergemeinschaftung von Kompetenzen, so könnte man interpretieren, läge demnach vor, wenn die Übertragung von Hoheitsrechten sich nicht auf die konkrete Notwendigkeit einer supranationalen Aufgabenbewältigung zurückführen läßt.[1008] Um solchen Entwicklungen vorzubeugen, die letzlich desintegrative Ergebnisse erzielen würden, weil die Notwendigkeit des damit einhergehenden Kompetenzverlustes dem Volk

---

1003 *V. Götz*, JZ 1993, 1081, 1082; *Ch. Tomuchat*, EuGRZ 1993, 489, 496, *U Everling*, Integration 1994, 165, 172ff.; *M. Fromont*, JZ 1995, 800, 803.

1004 *J. Abr. Frowein*, ZaÖR Band 54 (1994), 1, 7.

1005 Zu den Reaktionen, die das Urteil in diesem Sinne erfahren hat, siehe *R. Streinz*, EuZW 1994, 329f.

1006 Nach *D. König* läuft diese Sicht des Integrationsprozesses letztlich auf die Konstituierung eines „Europa der Vaterländer“ hinaus, ZaÖR Band 54, (1994), 18, 47f.

1007 BVerfGE 89, 155, 212.

1008 Solche Zentralisierungstendenzen konnten in der Vergangenheit in Europa in „Spill-over-Effekten“ eines angewandten Funktionalismus, einer extensiven Wahrnehmung der übertragenen Kompetenzen durch die europäischen Organe und der rechtsfortbildenden Rechtsprechung des Europäischen Gerichtshofs festgestellt werden.

nicht vermittelt werden könnte, muß das Bundesverfassungsgericht zwangsläufig eine bewahrende Position im europäischen Konzert der Kompetenzansprüche einnehmen und die verfassungsrechtlichen Vorgaben des Art. 23 Abs. 1 GG in diesem Sinne auslegen. Die dadurch ausgelöste disziplinierende Wirkung auf die europäischen Institutionen und die allzu integrationsfreundlichen nationalen Strömungen führt im Ergebnis dazu, daß der Integrationsprozeß auf seine eigentliche Funktion zurückgeführt wird.[1009] Er soll die Fortexistenz der europäischen Völker in einem Umfeld gewährleisten, das durch die zunehmende Komplexität der Herausforderungen geprägt ist, die die nationale Leistungsfähigkeit übersteigen. Die im Augenblick beste Antwort auf diese Herausforderungen, ist die Gleichzeitigkeit von europäischen und nationalen Strukturen, die der Staatenverbindung der Europäischen Union ihre eigentümliche Prägung geben. Insofern ist es konsequent, wenn sich das Gericht an keiner Stelle im Maastricht-Urteil zur Zulässigkeit eines europäischen Bundesstaates äußert. Die Frage wird scheinbar bewußt offen gelassen, aber an hohe Voraussetzungen geknüpft, die in absehbarer Zukunft nicht erfüllt werden können.[1010] Die Finalität der europäischen Integration wird so auf die gemeinsame Bewältigung der existentiellen Herausforderungen der Völker Europas reduziert. Um dies zu erreichen, muß sich das Gericht der von *Kelsen* beschriebenen politischen Dimension der Souveränität[1011] bedienen.

V. Ergebnisse zu Kapitel D

1. Art. 23 Abs. 1 GG erlaubt der Bundesrepublik Deutschland die Mitwirkung an einer in ihrer zukünftigen Gestalt nicht festgelegten Europäischen Union und erteilt den Verfassungsorganen dazu den Auftrag in Form einer Staatszielbestimmung. Deren materielle Unbestimmtheit und die Schwierigkeiten ihrer inhaltlichen Ausgestaltung eröffnen die Möglichkeit, im Konsens mit den anderen Mitgliedstaaten eine Form zu finden, die dem Zweck der Staatenverbindung am ehesten gerecht wird. Insofern besteht eine Verpflich-

1009 Eine solche Wirkung hat das Bundesverfassungsgericht in der Vergangenheit bereits durch seine Rechtsprechung zum Grundrechtsschutz gegenüber europäischen Hoheitsakten erzielt, die in Reaktion auf das „Solange-I-Urteil" zur Entwicklung eines europäischen Grundrechtsschutzes durch den Europäischen Gerichtshof führte, vgl. oben Kapitel B. 5. c, bb.

1010 *H. P. Ipsen*, EuR 1994, 1, 9; *D. König*, ZaÖR Band 54, (1994), 18, 48.

1011 Vgl. oben Kapitel A VII. 3.

tung der Bundesrepublik Deutschland auf Teilnahme am dynamischen Prozeß der Gestaltbildung der Europäischen Union.

2. Die Voraussetzungen der Übertragung von Hoheitsrechten in Art. 23 Abs. 1 GG bedeuten in formeller Hinsicht einen Rückschritt gegenüber der Integrationsbereitschaft der Bundesrepublik in Art. 24 GG, denn annähernd sämtliche Formen der Hoheitsrechtsübertragung bedürfen heute einer Zweidrittelmehrheit von Bundestag und Bundesrat, worin die souveränitätsbewahrende Ausrichtung des Art. 23 Abs. 1 GG besonders zum Ausdruck kommt. Dementsprechend wird der Übertragungsakt nicht als Aufgabe nationaler Souveränität, sondern als Verzicht auf die Ausübung der im nationalen Souveränitätsbereich verbliebenen Kompetenzen gesehen. Es handelt sich um eine rechtliche Delegation unter einem faktischem Vorbehalt.

3. Die Integrationsfähigkeit Deutschlands kann nur erhalten bleiben, wenn die nationalen Verfassungsstrukturen, die als Anforderungen für die Union in Art. 23 Abs. 1 Satz 1 GG formuliert werden, eine *„supranationale Modifikation"* erfahren und jeweils in die europäische Dimension übersetzt werden. Dies bedingt Einschränkungen gegenüber nationalen Verfassungsstandards, da beispielsweise demokratische Legitimation auch additiv durch verschiedene Legitimationsketten vermittelt werden kann und sich das Bundesverfassungsgericht aus einer Einzelfallprüfung der Verletzung von Grundrechten zurückzieht. Zusammen mit den föderalen Strukturen, die für die Europäische Union keine Bundesstaatlichkeit deutschen Musters bedeuten, ist die inhaltliche Weite der Struktursicherungsklausel die logische Konsequenz der Integrationsbereitschaft des Grundgesetzes.

4. Die Verweisung auf die Ewigkeitsgarantie in Art. 23 Abs. 1 Satz 3 GG soll die Identität der deutschen Verfassung bei der Eingliederung in die Europäische Union erhalten und gleichzeitig eine adäquate Anpassung an das veränderte europäische Umfeld erlauben. Die Grenze des Art. 79 Abs. 3 GG wird überschritten, wenn die Kompetenzübertragungen auf die Union einen Zustand erreichen, der die Verfassung in ihren bundesstaatlichen, rechtsstaatlich-gewaltenteilenden und demokratisch-repräsentativen Strukturen nicht mehr erkennen läßt. Die Verfassung steht aber einem Souveränitätsverlust, der zwingend mit der Eingliederung in ein europäisches Gemeinwesen einhergehen muß, nicht entgegen.

5. Die scheinbar nicht zeitgemäße Einschätzung des Bundesverfassungsgerichts zur „souveränen" Stellung der Bundesrepublik in der Europäischen Union erlaubt es, den Integrationsprozeß auf seine eigentliche Funktion, der effektiven supranationalen Aufgabenbewältigung, zu reduzieren. Die Integra-

tionsentwicklung leitet sich daher nicht aus der Zielvorstellung einer europäischen Bundesstaatlichkeit ab, sondern aus konkreten Aufgaben und Handlungsbefugnissen, die der Bestimmung einer Finalität der Europäischen Union nicht zugänglich sind.

E. Bedingungsfaktoren zukünftiger Integrationsentwicklung

Die zukünftige Gestalt der Europäischen Union, mit deren Grundzügen sich das letzte Kapitel dieser Arbeit beschäftigen wird, ist seit Beginn der Europäischen Gemeinschaften eine in Politik und Wissenschaft immer heiß diskutierte Frage gewesen. Dazu hat vor allem die offene Konzeption der Gemeinschaftsverträge beigetragen, die bis heute einen sehr weiten Interpretationsspielraum hinsichtlich zukünftiger Gestaltungsoptionen eröffneten. Darauf hat sich das nationale Verfassungssystem eingestellt, das mit Art. 23 eine Vorschrift ins Grundgesetz aufgenommen hat, die in gewissen Grenzen die Modifikation verschiedenster Verfassungsvorgaben im Zuge der nationalen Einbindung in das europäische Gemeinwesen erlaubt.[1012] Wie die Europäische Union dereinst aussehen wird, ist aber nicht allein in das Belieben politischer Entscheidungen gestellt. Die Zukunft Europas wird vielmehr auf den Grundlagen aufbauen, die sich in der Entwicklung der Staatenverbindungen in Europa seit Beginn des 19. Jahrhunderts bis heute herausgebildet haben. Es lassen sich „Epochen der Staatenverbindungen" ausmachen, deren Besonderheiten in den vorhergehenden Kapiteln beschrieben wurden und nun in der Gesamtschau eine Kontinuität der europäischen Integrationsentwicklung erkennen lassen.

I. Die Epochen europäischer Staatenverbindungen

1. Die Epoche der europäischen Nationalstaaten

Der Deutsche Bund von 1806 und das Deutsche Reich von 1871 können als die markantesten Ausprägungen der Staatenverbindungen angesehen werden, auf die sich die Lehre des 19. Jahrhunderts stützen konnte. An diesen beiden Beispielen ließ sich das Bild eines Staatenbundes und eines Bundesstaates zeichnen, wie es für die Zeit prägend war. Den Ausgangspunkt der Überlegungen bildete der souveräne Nationalstaat, der in scheinbar völliger Unabhängigkeit über seine Geschicke und damit über die Frage entscheiden konnte, in welche Abhängigkeiten er sich innerhalb einer Staatenverbindung begeben will. Da man von der Vorstellung einer ungeteilten staatlichen Souve-

[1012] Vgl. oben Kapitel D.

ränität ausging,[1013] konnte diese innerhalb der Staatenverbindung entweder nur dem Bund oder den Gliedern zustehen. Dementsprechend eindeutig fiel die Abgrenzung von Bundesstaat und Staatenbund im formaljuristischen Sinne aus. Stand die Souveränität innerhalb des Bündnisses der Zentralgewalt zu, handelte es sich um einen Bundesstaat. Besaßen hingegen die Gliedstaaten die Macht, über Fortbestand und Kompetenzverteilung der Verbindung zu bestimmen, wurde das Prädikat des Staatenbundes verliehen.

Auch wenn sich bereits damals zeigte, daß die Theorie mit den tatsächlich vorzufindenden Gegebenheiten in einer Staatenverbindung nicht immer übereinstimmt, besaß diese Betrachtung aus der Zeit heraus ihre Berechtigung und Gültigkeit. Sie war das Ergebnis der Bildung der Nationalstaaten des ausgehenden 18. Jahrhunderts, die die Volksgruppen erstmals in einem einheitlichen nationalen Verband zusammenfaßte und die Staaten zum primären Orientierungspunkt für die Menschen werden ließ. Gegenüber den jeweils anderen Staaten galt es, die eigene nationale Existenz zu behaupten und durch das Postulat einer absoluten staatlichen Souveränität in den inneren und äußeren Angelegenheiten zu untermauern. Im Zentrum des internationalen Geschehens stand die Machtbalance der europäischen Großmächte und der deutschen Kleinstaaten, deren Hegemonialbestrebungen durch die Einbindung in ein bündisches System gebremst werden sollten. Die Zusammenarbeit basierte auf dem Prinzip der Kooperation gleichberechtigter Mitglieder, deren nationaler Herrschafts- und Hoheitsanspruch durch die Staatenverbindung formal nicht tangiert wurde. Nahm die Verbindung allerdings, wie im Deutschen Reich, Formen an, die alle wesentlichen Funktionen des Staatslebens, wie Gesetzgebung, Regierung, Verwaltung und Gerichtsbarkeit erfaßte, so war dies nur in Gestalt eines Bundesstaates vorstellbar, der sich an die Stelle der ursprünglichen Nationalstaaten setzte. Es kam zum Wechsel des Bezugspunktes der Souveränität, die jetzt die Zentralgewalt besaß und der sich das Volk direkt unterordnete und dadurch die Bedeutung der Gliedstaaten relativierte. Die gesamte Lehre der Staatenverbindungen war in dieser Epoche insgesamt von einem nationalstaatlichen Denken geprägt, das sich eine besonders enge Verbindung von Staaten ebenfalls nur in Gestalt eines neuen staatlichen Verbandes vorstellen konnte.

1013 So vor allem *G. Jellinek*, Staatenverbindungen, S. 16ff. *und P. Laband*, Deutsches Reichsstaatsrecht, S. 16. In diesem Sinne auch *A. Haenel, O. Meyer, P. Zorn* und *M. von Sydel*, zitiert bei S. *Oeter*, ZaöRV 55 (1995), 659, 665.

2. Die Epoche der supranationalen Integration Europas

Nach Ende des Zweiten Weltkriegs wurde eine bis dahin neue Konzeption der Einigung für sechs europäische Staaten Realität. Beflügelt durch den Wunsch, die Katastrophe des Krieges zukünftig zu verhindern, suchte man nach Wegen, wie das krisenanfällige System der zwischenstaatlichen Kooperation überwunden werden könnte. Das Besondere des neuen Ansatzes lag in der Verlagerung nationaler Hoheitsrechte auf Organe, die in eigener Verantwortung diese Kompetenzen mit bindender Wirkung für die Mitgliedstaaten wahrnahmen. Die Überzeugung, bestimmte Aufgaben besser gemeinsam bewältigen zu können, als allein im nationalen Verband, vermochte den „Souveränitätspanzer" der Mitgliedstaaten zu öffnen. Für die nationale Souveränität bedeutete das den Verlust ihres Ausschließlichkeitsanspruchs, denn Souveränität war aufgrund der erfolgten Kompetenzübertragungen nur noch beschränkt vorstellbar. Der von den *„Spill-over Effekten"* ausgehende Sog zog immer weitere Politikfelder in seinen Bann und führte in der Folgezeit zu einer immer intensiveren Vergemeinschaftung. Friedensbewahrung war in diesem System nicht mehr das Resultat der abschreckenden Wirkung paritätischer Kräftekonstellationen,[1014] sondern beruhte auf der wechselseitigen Verflechtung der Mitgliedstaaten in wirtschaftlicher, rechtlicher und politischer Hinsicht.

Die weitere Besonderheit dieses Systems bestand darin, daß der Endzustand der Integration im staatsrechtlichen Sinne offen gelassen wurde. Das hatte einmal im mangelnden Konsens der Mitgliedstaaten über diese Frage seine Ursache. Zum anderen hätte eine solche Zielfestlegung dem System selbst widersprochen, das seine Existenz aus der erleichterten Bewältigung supranationaler Aufgaben der Volksgemeinschaft, nicht aber aus dem Willen der europäischen Völker ableitete, sich zu einem europäischen Superstaat zu verbinden. Europäisches Handeln legitimierte sich daher in der Epoche der supranationalen Integration in erster Linie aus der volkswirtschaftlichen Genesung, die die Mitgliedstaaten mit Hilfe der Europäischen Gemeinschaften erleben durften. In diesem Sinne waren die Vorschriften des Primärrechts auf die Verbesserung der Funktionalität der supranationalen Organisation, nicht aber auf die Konzeption einer bestimmten Form einer Staatenverbindung angelegt. Zwar hatten die Gründungsväter der Gemeinschaften eine Föderation bundesstaatlichen Musters im Auge, der Weg, den sie dazu eingeschlagen hatten, vermochte dieses Ziel aus sich selbst heraus jedoch nicht zu erreichen.

[1014] So wie sie im Deutschen Zollverein und im Deutschen Reich durch die Hegemonialstellung Preußens und im Deutschen Bund durch Preußen und Österreich gegeben waren.

Man könnte sogar sagen, daß die Europäischen Gemeinschaften sich in ihrem Charakter als „Zweckverband" der Zielfestlegung in klassische staatenbündische Kategorien verschlossen. Wenn die Rechtswissenschaft seit den 50er Jahren trotzdem nicht von dem Versuch Abstand genommen hat, die Gemeinschaften mit diesen Kriterien zu erfassen, so mag dies in dem Dilemma seine Ursache haben, daß ein Gemeinwesen entweder nur als eine Gemeinschaft seiner Träger oder als deren Verbund mit einer zentralen Trägerschaft gedanklich vorstellbar ist.[1015] In einem solchen System ist die Frage nach der Souveränität scheinbar unausweichlich:

„Wer ist innerhalb der Organisation der Träger der Letztentscheidungsbefugnis?"

Berücksichtigt man allerdings die funktionale Konzeption der Europäischen Gemeinschaften, so muß diese Frage in einem funktionalen Verständnis gestellt werden:

„Wer sollte die Letztentscheidungsbefugnis besitzen, um die der Organisation gestellten Aufgaben am effektivsten bewältigen zu können?"

Das Besondere dieser Fragestellung liegt darin, daß deren Beantwortung an sachlichen Notwendigkeiten ausgerichtet werden kann, die die politische Dimension der ersten Fragestellung in den Hintergrund treten läßt. Kompetenzen werden nur dann auf die Europäischen Gemeinschaften übertragen, wenn sie dort besser wahrgenommen werden können. Das ist aber nur so lange richtig, wie es um die Übertragung wirtschaftspolitischer Kompetenzen geht, deren effektive supranationale Wahrnehmung zum Wohle aller Beteiligten an wirtschaftlichen Daten abgelesen werden kann. Der Ansatz versagt, wenn Politikbereiche auf die europäische Ebene verlagert werden, die über keinen wirtschaftlichen Bezug verfügen,[1016] sondern in erster Linie durch nationale Anschauungen und Traditionen geprägt sind. Das sind die Bereiche menschlichen Lebens, die unter dem Etikett „Europa der Vielfalt" zusammengefaßt werden können. Die supranationale Wahrnehmung von Kompetenzen ist hier schwieriger, weil eine Wertung der verschiedenen nationalen Identitäten, die in diesen Aspekten zum Ausdruck kommen, nicht möglich ist. Es fehlt eine gemeinsame Grundlage, an der - vergleichbar den meßbaren wirtschaftlichen Effekten der Bildung eines Gemeinsamen Marktes - der Nutzen der Suprana-

1015 *M. Seidel*, EuR 1992, 125, 139.

1016 Z.B. Kulturpolitik, Umweltschutz, Asyl- und Einwanderungspolitik, Sozialpolitik, Gesundheitsschutz, Bildungspolitik und die Bereiche der Gemeinsamen Außen- und Sicherheitspolitik und der Zusammenarbeit in den Bereichen Justiz und Inneres.

tionalisierung abgelesen werden könnte. Dringt Europa in solche Bereiche vor, dann müssen auch die partikularen Interessen kleinerer Volksgruppen berücksichtigt werden, die allein aus der Tatsache, daß sie von einer Minderheit vertreten werden, keinen geringeren Geltungsanspruch besitzen. In solchen Politikfeldern ist der Vergemeinschaftung aus dem Gesichtspunkt der grundsätzlichen Gleichwertigkeit der Traditionen und Anschauungen der Mitgliedstaaten also eine natürliche Grenze gesetzt. Das europäische Gemeinwesen hat sich aber spätestens seit dem Maastrichter-Vertrag von seinem *„instrumentalen Charakter“*[1017] als wirtschaftlicher Zweckverband zu einem Gebilde weiterentwickelt, das sich in vielen Sektoren menschlichen Zusammenlebens an die Stelle der Nationalstaaten gesetzt hat und so in eine „Epoche der transzendenten Staatlichkeit“ eingetreten ist.

3. Die Epoche der transzendenten Staatlichkeit

Will man die Charakteristika dieser Epoche beschreiben, so fällt zunächst der starke Einfluß auf die innere Verfassung der Mitgliedstaaten ins Auge. Die Eigenständigkeit und Vorrangigkeit der europäischen Rechtsordnung, die exekutivische Prägung des Zentralorgans der Gemeinschaften mit ihren umfassenden Entscheidungsmöglichkeiten und die dadurch bedingte Modifikation der demokratischen, bundesstaatlichen, rechtsstaatlichen und gewaltenteilenden Strukturen brachten Veränderungen mit sich, die von *D. Thürer* als *„Erosion aller Elemente des klassischen Staatsbegriffs“*[1018] bezeichnet wurden.[1019] Mit dem Maastrichter-Vertrag hat sich diese Entwicklung weiter verstärkt. Die Integration verlagerte sich vom wirtschaftlichen Sektor, der mit der Vollendung des Binnenmarktes seinen vorläufigen Höhepunkt fand, auf immer mehr Themen des gesellschaftlichen und politischen Lebens und setzte sich dadurch in immer weiteren Bereichen an die Stelle des Nationalstaates. Die Bundesrepublik Deutschland hat dem seit ihrer Gründung offen gegenüber gestanden und die Einbindung in eine europäische Zusammenarbeit in Art. 24 GG verfassungsrechtlich legitimiert. Die neue Vorschrift des Art. 23 GG ist von der grundsätzlichen Integrationsbereitschaft der Bundesrepublik trotz einer Verschärfung des Verfahrens bei der Übertragung von Hoheitsrechten nicht abgerückt. Sie hat lediglich die Vorgaben, die von deutscher Seite an die Europäische Union gestellt werden, in der Struktursiche-

---

1017 *I. Pernice*, HStR Bd. VII, § 191, Rz. 21ff.

1018 *D. Thürer*, VVDStRL 50, (1991), 97, 123.

1019 *W. Wessels* spricht von einer *„Erosionsthese“*, Europäische Union - Entwicklung eines politischen Systems, S. 19, 43. Vgl. auch *H. Coing*, NJW 1990, 937ff.

rungsklausel festgehalten, diese allerdings mit einer solchen Elastizität ausgestattet, daß eine Vielzahl von Gestaltungsoptionen für die Zukunft offen bleiben. Das Bundesverfassungsgericht nimmt in diesem Prozeß des sich verändernden staatlichen Umfelds eine bewahrende Stellung ein, die eine Stütze in der Ewigkeitsgarantie des Art. 79 Abs. 3 GG findet und durch die Reduktion der Integration auf ihren eigentlichen Zweck gerechtfertigt werden kann.[1020] Souveränität wird mit *Jellinek* so verstanden, daß allein die vertragliche Bindung eines Staates innerhalb einer Staatenverbindung nicht zum Verlust der Souveränität führen kann.[1021] Der Begriff der Staatenverbindung steht dementsprechend im Kontext der Abgrenzung von Bundesstaat und Staatenbund, die im Einklang mit der Lehre *Jellineks* anhand des Kriteriums der Souveränität beschrieben wird. Der Nationalstaat ist in dieser Vorstellung nach wie vor die einzige Organisationsform, in der das Volk sein Recht auf Selbstbestimmung ausübt, was wiederum, wie das Bundesverfassungsgericht an mehreren Stellen in seinem Maastricht-Urteil betont, ein Mindestmaß an staatlicher Souveränität voraussetzt.[1022] Fraglich ist, ob dieses Verständnis in einer Epoche der transzendenten Staatlichkeit zukünftig von anderen Orientierungspunkten abgelöst werden kann.[1023] Dies soll zunächst für die Bedeutung des Souveränitätsbegriffs geklärt werden.

a) Die Veränderungen des Souveränitätsverständnisses

Ebenso wie die Staatenverbindungen in Europa verschiedene Epochen der Entwicklung durchlaufen haben, läßt sich für das Souveränitätsverständnis eine solche Entwicklung registrieren.[1024]

Am Anfang stand die von *Bodin* beschriebene Souveränität des Alleinherrschers, der über eine unbeschränkte und dementsprechend ungeteilte Machtfülle verfügte.[1025] Diese Formen finden sich beispielhaft in der Zeit des Heiligen Römischen Reiches Deutscher Nation, in der die Fürsten Inhaber der

---

1020 Vgl. oben Kapitel D IV. 6.

1021 Vgl. oben Kapitel A I. 2.

1022 *P. M. Huber*, Recht der Europäischen Integration, § 3, Rz. 28.

1023 So auch *R. Lhotta*, Der Staat 1998, S. 189, 193; *H. Schneider*, Die Europäische Union als Staatenverbund oder als multinationale „Civitas Europea"?, S. 677, 721; *B. Beutler*, Offene Staatlichkeit und europäische Integration, S. 109, 110; *H. Laufer/Th. Fischer*, Föderalismus als Strukturprinzip für die Europäische Union, S. 128f.; *R. Bieber*, Steigerungsform der Europäischen Union: Eine europäische Verfassung, S. 291, 303.

1024 Vgl. dazu *A. Randelzhofer*, HStR Bd. I, § 15, Rz. 13ff.; *H. Dreier*, in: Staatslexikon, Stichwort „Souveränität", Sp. 1203, 1205ff.

1025 Vgl. oben Kapitel A I. 1.

suprema potestas waren. Die konstitutionelle Monarchie verknüpfte dann erstmals den Staat mit der Person des Monarchen und leitete den Übergang der Souveränität von der Person des Herrschers auf die Verbandspersönlichkeit des Staates ein, der so zum eigentlichen Inhaber der Souveränität mutierte und die Epoche der Nationalstaaten prägte.[1026] Einen weiteren Schritt in dieser Entwicklung bildete die Etablierung der Volksherrschaft, die im heutigen Verständnis moderner demokratischer Verfassungsstaatlichkeit das Volk als die höchste, nicht weiter ableitbare Herrschaftsgewalt etablierte. Setzt man das Volk an die Stelle staatlicher Souveränität, so hat dies für die Organisation des staatlichen Verbandes weitreichende Konsequenzen, denn das Volk ist aus sich selbst heraus nicht handlungsfähig. Es muß die Herrschaftsausübung erst an bestimmte Organe delegieren. Typisch für den modernen Verfassungsstaat ist der Umstand, daß diese Übertragung regelmäßig nicht auf ein einzelnes staatliches Organ, sondern auf mehrere organisatorische Träger der Souveränität erfolgt. Hoheitsgewalt wird in diesem System nach dem Grundsatz der Arbeitsteilung wahrgenommen. Im Bundesstaat ist es die Aufteilung zwischen Bund und Gliedstaaten, in institutioneller Sicht die Trennung in die Gewalten der Exekutive, Legislative und Judikative.[1027] Daran wird deutlich, daß zwischen der organisatorischen Struktur und der Volkssouveränität ein enger Zusammenhang besteht, denn in einem demokratischen Verfassungsstaat ist die Volkssouveränität immer auf verschiedene Organe verteilt.[1028]

b) *Europäische Integration als zwischenstaatliche Arbeitsteilung*

Bezieht man die Eingliederung der Staaten in das europäische Gemeinwesen in die Überlegungen ein, so hat dort nichts anderes stattgefunden, als eine zwischenstaatliche Arbeitsteilung. Die an sich bereits bei den verschiedenen staatlichen Organen angesiedelte Souveränität wurde lediglich auf eine weitere Handlungsebene verlagert. Auf diesem Hintergrund wird die im Gefolge des Maastrichter-Vertrages geführte Diskussion um den Verlust der nationalen Souveränität in einem anderen Zusammenhang deutlich. Dem liegt ein

---

1026 S. *Oeter*, ZaöRV 55 (1995), 659, 672.

1027 Den Schritt von der horrizontalen zur vertikalen Gewaltenteilung sind erstmals die *„Federalist Papers"* gegangen, die die amerikanische Bundesstaatsgründung und Verfassungsentstehung begleiteten, *K. Stern*, Föderative Besinnungen, S. 98, 102; *ders.*, Staatsrecht Bd. I, § 19 I 6 b, S. 655; *L. Kramer/J. Weiler*, Theorie und Praxis des amerikanischen Föderalismus, S. 145ff.

1028 S. *Oeter*, ZaöRV 55 (1995), 659, 672; *R. Eckerts*, Bundesstaat und Demokratie, S. 13, 18ff.

Verständnis zugrunde, das aus einer Zeit stammt, in der der staatliche Herrschaftsverband den eigentlichen Bezugspunkt der Souveränität bildete. Würde man die arbeitsteilige Komponente volksdemokratischer Strukturen zugrunde legen, könnte der Integrationsstand nach Maastricht und Amsterdam als weitere Differenzierung staatlicher Aufgaben im europäischen Kontext verstanden werden, die der Dramatik befürchteter nationalstaatlicher Souveränitätsverluste entbehren kann. Das Volk macht hier lediglich als wahrer Souverän von seinem Recht Gebrauch, die Ausübung von Herrschaftsgewalt neu zu verteilen. In einer Zeit, in der Souveränität notwendigerweise geteilt ist, um volksdemokratischen Strukturen überhaupt genügen zu können, ist es grundlegend verfehlt, die Übertragung von Kompetenzen mit dem Verlust nationaler Souveränität gleichzusetzen. Die Befürchtungen sind nur dann gerechtfertigt, wenn sich die Herrschaftsausübung durch die Europäische Union verselbständigen würde und nicht mehr durch den Volkswillen kontrollierbar wäre. Dies ist aber eine Frage des demokratischen und gewaltenteilenden Systems, nicht der grundsätzlichen Notwendigkeit der Kompetenzübertragung zur Erfüllung supranationaler Aufgaben.

c) Die Effektivität der Aufgabenerfüllung als Maßstab der rechtlichen Gestaltung

Eine Verbindung von Staaten sieht sich früher wie heute immer dem gleichen Problem gegenüber. Es geht um die Frage, wie eine kollektive Ausübung einzelstaatlicher Aufgaben und Befugnisse ermöglicht werden kann, die einerseits eine Effektivität der Aufgabenerledigung gewährleistet, ohne andererseits den Einzelstaaten einen unannehmbaren Souveränitätsverlust zumuten zu müssen.[1029] Es kommt darauf an, eine Ebene zu finden, die von allen Beteiligten ein Opfer verlangt, um einen sachlich begründbaren Mittelweg zum Gegegenstand der rechtsschöpfenden Entscheidung zu machen.[1030] Ausschlaggebend ist also, Kriterien für eine Abwägung zwischen dem Bedürfnis nach optimaler Zielverwirklichung der Staatenverbindung einerseits und der möglichen Belastbarkeit der Partner andererseits zu finden.[1031]

Die Staatenverbindungen stellen hier allgemein eine Organisationsstruktur zur Verfügung, die auf einem Wechsel von der individuellen Verfaßtheit der Staaten zu einer völkerrechtlichen Kollektivverfassung beruht, die die Mitglieder auf gemeinsame Ziele verpflichtet und sie daran zu gleichen Teilen

---

1029 *K. E. Heinz*, Staatswissenschaften und Staatspraxis 1994, 77, 85.

1030 *K. E. Heinz*, Staatswissenschaften und Staatspraxis 1994, 77, 87.

1031 *K. E. Heinz*, Staatswissenschaften und Staatspraxis 1994, 77, 85.

beteiligt. Diese Organisationsstruktur bedient sich verschiedener Faktoren, um einen angemessenen und für alle Parteien tragbaren Ausgleich zu erreichen.

Nach *Jellinek* wird für den Bundesstaat und den Staatenbund das Problem der Konsensfindung auf verschiedene Weise gelöst. Während im Staatenbund die souverän bleibenden Mitgliedstaaten keinesfalls in ein Verhältnis der herrschaftlichen Abhängigkeit eintreten, werden im Bundesstaat Teile der den Mitgliedstaaten obliegenden Aufgaben an den Bund abgetreten, der insoweit die Stelle der Staaten einnimmt. Sachliche Diskussion kann in einem solchen System durch herrschaftliche Strukturen überlagert werden, die dann keine Gewähr für größtmögliche Effektivität bieten. Die Ausrichtung an der Effektivität erlaubt es hingegen, das Rechtssystem an der jeweiligen Situation und Machtlage zu orientieren und in einer noch so diffizil und vielschichtig angelegten Rechtsordnung umzusetzen.[1032] Die Betrachtung reduziert sich damit auf die Frage nach der jeweiligen positiv-rechtlichen Lage, die durch die bereits im einzelnen angesprochenen Kriterien abgebildet werden kann,[1033] und den tatsächlichen Macht- und Interessenverhältnissen, die die Staatenverbindung in ihrem Kern erhält oder auseinandertreibt. Die fortschreitende Vergemeinschaftung darf also nicht der Spielball politischer Interessen sein, sondern muß sich an den staatlichen Aufgaben orientieren, die im nationalen Verband nicht zufriedenstellend gelöst werden können. Zu nennen sind hier beispielhaft die Umweltpolitik, die Bekämpfung internationaler Kriminalität, die Abstimmung einer europäischen Einwanderungspolitik, die Entwicklung einer gemeinsamen europäischen Verteidigungspolitik und einer gemeinsamen Außenpolitik, die zu effektiven friedenserhaltenden Maßnahmen imstande ist. Ausgehend von diesen Prämissen läßt sich aus dem Bestand positiven Rechts das Gesamtbild einer ständigen Wandlung und Machtverschiebung innerhalb einer Staatenverbindung zeichnen, ohne auf pauschalierende Wertungen im Sinne eines Souveränitätsurteils oder den Begrifflichkeiten von Staatenbund und Bundesstaat abstellen zu müssen.[1034]

In einem ersten Schritt können daher Zukunftsmodelle für eine Europäische Union ausgeschlossen werden, die an den klassischen Begrifflichkeiten

---

1032 *W. Pauly*, Souveräner Staat und Staatenverbindungen, S. XIX.

1033 Wie z.B. Sezessions- oder ausgeschlossene Nullifikationsrechte, generelle wie enumerative Kompetenzzuweisungen und bestimmte Delegations- und Organschaftsverhältnisse, *W. Pauly*, Souveräner Staat und Staatenverbindungen, S. VII, XXIV.

1034 Nach *Ch. Tomuschat* ist der Wunsch nach Staatlichkeit der Europäischen Union nach den herkömmlichen Begriffsmustern Ausdruck mangelnder Phantasie, DVBl. 96, 1073, 1077; *W. Wessels*, Die europäischen Staaten und ihre Union, S. 51 und 53f.

von Bundesstaat und Staatenbund ausgerichtet sind und diese unreflektiert auf die europäische Ebene übertragen.

II. Sackgassen des Integrationsverständnisses

1. Keine staatenbündische Finalität unter gleichzeitiger Rückbesinnung auf die europäischen Nationalstaaten

Die erste denkbare Entwicklungsoption bedeutet hinsichtlich der Bedingungsfaktoren zukünftiger Integration einen Rückschritt. Sie läge in der Rückbildung der Europäischen Union zu einer Gemeinschaft, die sich am klassischen Nationalstaat als Träger der Letztverantwortung orientiert.[1035] Nationale Kompetenzen würden lediglich auf Gremien der flexiblen Zusammenarbeit übertragen, die in unpolitischen oder strikt intergouvernementalen Mechanismen agieren. Die Lenkung der Europapolitik bliebe weiterhin in den Händen des Europäischen Rates, in dem sich die höchsten Autoritätsträger der souveränen Nationalstaaten zusammenfinden und dort nach dem Prinzip der Einstimmigkeit entscheiden.[1036] Ein solches System stellt keinen adäquaten Mechanismus für die Lösung der Aufgaben zur Verfügung, die im nationalen Verband nicht zufriedenstellend gelöst werden können. Vielmehr würden die Unzulänglichkeiten des nationalen Systems auf die europäische Ebene verlagert. Die nationalen Rechtsordnungen wären weitgehend isoliert, ohne die positiven Effekte einer Verflechtung nutzen zu können. Dies stünde im Widerspruch zur besonderen Leistung der Europäischen Gemeinschaften und der Europäischen Union, die die Grenzen des staatlichen Ordnungsmodells durch die Supranationalisierung nationaler Befugnisse überwunden und so eine Versachlichung der Interessengegensätze erreicht haben.

2. Keine Fortentwicklung zu einem europäischen Bundesstaat

Integrationsfreundliche Stimmen sehen das Endziel europäischer Entwicklung in *„automatischer Sachlogik“*[1037] ausschließlich in einen europäischen

---

1035 Vgl. *M. Salewski*, Internationale Politik 1997, 7ff.

1036 *H. Schneider/W. Wessels*, Föderales Europa im Widerstreit, S. 7, 13f.

1037 Diskussionsbeitrag von *D. Thürer* in: VVDStRL 50 (1991), 167. Vgl. auch *H. Schneider*, Synthese und Schlußfolgerung, S. 133, 137ff. Nach *J. Chaban-Delmas* kann der europäische Bundesstaat als das Ideal betrachtet werden, Europa-Archiv 1985, 121, 129; *R. Scholz*, Die politische Union: Realisierungschancen von Bundesstaat und Staatenbund, S. 412, 414.

Bundesstaat münden.[1038] Eine Föderation klassischer Prägung ist in diesem Modell durch eine Verfassung gekennzeichnet, die die Aufgabe der vertikalen Kompetenzverteilung übernimmt und am Organsystem klassischer Bundesstaatsmodelle mit einem Zwei-Kammernsystem aus Europäischem Parlament und Rat orientiert ist. Die vom Europäischen Parlament gewählte Regierung ginge aus der Kommission hervor und der Europäische Gerichtshof würde zu einem Verfassungsgericht mit umfassenden Rechtsprechungsbefugnissen. Ziel dieser Variante ist ein handlungsfähiger und demokratisch legitimierter Bundesstaat.[1039] Wie die vorhergehenden Ausführungen gezeigt haben, ist der Begriff des Bundesstaates durch die nationalsstaatliche Sicht der Dinge geprägt und insoweit nur eine Abstraktion von konkret geschichtlichen Staaten und Staatenverbindungen, die für die Europäische Union nicht verallgemeinerungsfähig sind.[1040] Um mit den Worten *C. Schmitts* zu sprechen, ist „Staat"

> *„ein bestimmter Status eines Volkes, und zwar der Status politischer Einheit."* Er *„beruht als politische Einheit auf einer Verbindung von zwei entgegengesetzten Gestaltungsprinzipien, dem Prinzip der Identität* (...) *und dem Prinzip der Repräsentation, kraft dessen die politische Einheit durch die Regierung dargestellt wird"*[1041]

Ein europäischer Bundesstaat ist dementsprechend eine irreale Utopie, weil ihm die vorrechtlichen demokratischen Voraussetzungen fehlen und ein das europäische Staatsvolk repräsentierendes Organ nicht existieren kann.

a) Vorrechtliche Vorraussetzungen bundesstaatlicher Demokratie

Legitimität im Unterschied zur Legalität kann Hoheitsgewalt nur erlangen, wenn sie auf ein Volk zurückgeführt werden kann, das trotz politischer Unterschiede eine innere Verbundenheit durch Kommunikation, kulturelle Gemeinsamkeiten und gemeinsame Wertentscheidungen aufweist.[1042] Ein solches Staatsvolk kann nicht durch Hoheitsakt dekretiert werden, denn erst wenn ein Zusammengehörigkeitsgefühl vorhanden ist, kann es der Minderheit zugemutet werden, die Mehrheitsentscheidung ohne Widerstand zu ak-

---

1038 *G. Ress*, JuS 1992, 985, 991.

1039 *H. Schneider/W. Wessels*, Föderales Europa im Widerstreit, S. 7, 13.

1040 *R. Grawert*, Der Deutschen supranationaler Nationalsstaat, S. 125, 142; *K. Hänsch*, Gegenwart und Perspektiven der europäischen Integration, S. 11, 26.

1041 Verfassungslehre, 1928, S. 205 und 214, zitiert bei *I. Pernice*, AöR 120 (1995), 100, 109.

1042 *R. Grawert*, HStR Bd. I, § 14, Rz. 8ff.; *C. D. Classen*, AöR 116 (1991), 238, 255f.; *J. Isensee*, Integrationsziel Europastaat?, S. 567, 590f.; *W. v. Simson*, EuR 1991, 1ff.

zeptieren. Umgekehrt hat die Mehrheitsentscheidung nur dann eine Realisierungschance, wenn sie im Wahlvolk diesen beschriebenen Grundkonsens vorfindet. Das Bundesverfassungsgericht hat dazu ausgeführt:

> *„Demokratie, soll sie nicht lediglich formales Zurechnungsprinzip bleiben, ist vom Vorhandensein bestimmter vorrechtlicher Voraussetzungen abhängig, wie einer ständigen freien Auseinandersetzung zwischen sich begegnenden sozialen Kräften, Interessen und Ideen, in der sich auch politische Ziele klären und wandeln (...) und aus der heraus eine öffentliche Meinung den politischen Willen verformt.“*[1043]

Eine europäische Bundesstaatlichkeit setzt geradezu ein „zoon politicon“ voraus, das sich nicht nur national, sondern europäisch definiert.[1044] Eine solche „europapolitische“ Identität als Grundlage bundesstaatlicher Demokratie bestimmt sich durch das jeweils *„bestehende Maß an existentiellen Gemeinsamkeiten“.*[1045] Europabürgerschaft setzt somit voraus, daß die Angehörigen der Mitgliedstaaten ihr nationales Bewußtsein mit einer europäischen Identität in Einklang bringen. Nationale Identität zielt auf das subjektive Zusammengehörigkeitsgefühl eines Volkes und entwickelt sich insbesondere auf der Grundlage historischer, wirtschaftlicher, religiöser und sonstiger soziokultureller Gemeinsamkeiten. Eine europäische Identität vermag sich indessen nicht „oberhalb“ der nationalen Identitäten zu entwickeln. Sie bedarf vielmehr eines Zusammenströmens der vielfältigen nationalen und regionalen Kulturen, ist also auf Austausch angewiesen. Dazu gehört vor allem die Möglichkeit zur Kommunikation als der Grundvoraussetzung nationenübergreifender Kompromißbildung. Diese ist aber auf absehbare Zeit allein schon wegen der bestehenden Sprachbarrieren[1046] nicht zu realisieren und wird mit jeder Erweiterung der Union schwieriger.[1047]

1043 BVerfGE 89, 155, 185.

1044 *H.-J. Blanke/M. Kuschnick*, DÖV 1997, 45, 49.

1045 BVerfGE 89, 155, 184.

1046 Die besondere Bedeutung der Sprache als menschliches Ausdrucksmittel als Grundlage eines Zusammengehörigkeitsgefühls betonen *W. Bußmann*, in: Staatslexikon, Stichwort „Nation“, Sp. 1265, 1268f.; *G. Rambow*, Entwicklungsperspektiven der Europäischen Union, S. 1169, 1186; *C. D. Classen*, AöR 116 (1991), 238, 255f.; *C. O. Lenz*, NJW 1993, 1962, 1963.

1047 *„Dazu gehört auch, daß die Entscheidungsverfahren der Hoheitsgewalt ausübenden Organe und die jeweils verfolgten politischen Zielvorstellungen allgemein sichtbar und verstehbar sind, und ebenso, daß der wahlberechtigte Bürger mit der Hoheitsgewalt, der er unterworfen ist, in seiner Sprache kommunizieren kann“*, BVerfGE 89, 155, 185. Vgl. auch *K. Hänsch*, Gegenwart und Perspektiven der europäischen Integration, S. 11, 22.

b) Unmöglichkeit der Repräsentation durch das Europäische Parlament

Selbst die Vielzahl der Versuche, das europäische Gemeinwesen durch eine Stärkung der Kompetenzen des Europäischen Parlaments einer staatlichen Struktur zuzuführen und so ein Gegengewicht zur Alleinentscheidungsbefugnis des Rates zu schaffen, sind grundsätzlich zum Scheitern verurteilt.[1048] Die markanteste Ausprägung dessen ist die Ungleichheit der Wahl, die selbst durch einfache mathematische Lösungen nicht behoben werden kann. Bei einer Einteilung der europäischen Regionen in gleich große Wahlkreise würden den kleineren Mitgliedstaaten zusammen noch nicht einmal so viele Sitze zustehen, wie Deutschland alleine. Selbst wenn man diese Schwierigkeiten unberücksichtigt läßt und das Demokratieprinzip auf die Gesamtzahl der Menschen in der Europäischen Union beziehen würde, so hätte das die Konsequenz, daß die in Europa vorhandenen unterschiedlichen kulturellen und politischen Identitäten der Staaten im Rahmen eines Minderheitenschutzes berücksichtigt werden müßten.[1049] Insofern ist die schwache demokratische Legitimation, die vom Europäischen Parlament derzeit ausgeht, im Zusammenhang mit seinen inneren demokratischen Defiziten konsequent.[1050]

Hinzu kommt, daß das klassische Demokratieverständnis vom Bild des Flächenstaates geprägt ist, in dem die Größe des Herrschaftsraumes überschaubar und eine Homogenität der Wählerschaft vorhanden ist, die in einem parlamentarischen Regierungssystem die Chance auf eine kontinuierliche Politik bietet und nicht der Zersplitterung der politischen Lager anheimfällt.[1051] Diese Bedingungsfaktoren effizienter Entscheidungsprozesse wären

---

1048 Diese Auffassung dürfte auch im Europäischen Parlament selbst im Vordringen begriffen sein: „(...) *ein allein entscheidendes Europäisches Parlament, das in Kompetenz und Anspruch den nationalen Parlamenten nachgebildet wäre, kann und darf es nicht geben*", *K. Hänsch*, Gegenwart und Perspektiven der europäischen Integration, S. 11, 22. Vgl. zu den vielfältigen Vorschlägen zum Ausbau der Stellnung des Europäischen Parlaments *M. Seidel*, EuR 1992, 125, 140f. und *P. M. Huber*, Recht der Europäischen Integration, § 5, Rz. 31ff.; *R. Scholz* spricht von einer „*Selbstverständlichkeit der aktuellen europäischen Integrationsdiskussion und ihrer weiteren perspektivischen Ausgestaltung*", in: Maunz/Dürig, Grundgesetz-Kommentar, Art. 23, Rz. 57; *Ch. Ohler*, ZG 1995, 223ff.

1049 In Kapitel C wurde dies als „inneres Demokratiedefizit des Europäischen Parlaments" beschrieben, vgl. dort I. 3. c, bb. Vgl. auch *D. Th. Tsatzos*, EuGRZ 1995, 287, 291.

1050 „*Die mit dem Unions-Vertrag verbundene Stärkung der Rolle des Europäischen Parlaments (...) genügt der 'Verpflichtung' auf demokratische Grundsätze" beim derzeit durch den Unions- Vertrag erreichten Stand der Integration.*", BTDrs. 12/3338, S. 6; *H.-J. Cremer*, EuR 1995, 21, 41f.

1051 *M. Seidel*, EuR 1992, 125, 140; *C. Gasteyger/W. Kewenig/N. Kohlhase*, Europa-Archiv 1970, 583, 586f.; *Ch. Tomuschat*, DVBl. 1996, 1073, 1079f.; *D. Grimm*, JZ 1995, 581, 589.

aber in einem Europäischen Parlament nicht vorhanden, so daß eine als Bundesstaat konzipierte Europäische Union eine geringere demokratische Legitimation vorzuweisen hätte, als sie momentan in den Mitgliedstaaten vorhanden ist.[1052] Es ist daher zutreffend, wenn der Bundesverfassungsrichter *D. Grimm* die Feststellung trifft, daß das demokratische Defizit der Europäischen Union *„strukturell bedingt"* sei und daher *„durch institutionelle Reformen nicht prinzipiell behoben werden"* kann.[1053]

Das Europäische Parlament ist zudem aufgrund der nationalen Vorgaben nicht in der Lage, die parlamentarische Rolle in einem europäischen Bundesstaat einzunehmen.[1054] In der Bundesrepublik steht dem vor allem Art. 20 Abs. 1 und 2 GG entgegen, der für eine demokratische Legitimation gerade die Repräsentanz durch deutsche Staatsbürger fordert, was im Europäischen Parlament nur im Anteil der deutschen Abgeordneten gegeben ist. Das Eurpäische Parlament besteht vielmehr aus *„Vertretern der Völker der in der Gemeinschaft zusammengeschlossenen Mitgliedstaaten"* (Art. 137 EGV), aber nicht aus Vertretern eines europäischen Volkes.[1055] An die Stelle der Legitimation der Gemeinschaftsgewalt durch das deutsche Volk träte die aktuelle und konkrete Legitimation der Gemeinschaftsgewalt durch das in regelmäßigen Wahlen bestimmte Europäische Parlament, das, anders als der Rat, kein Organ mit mitgliedstaatlicher Legitimation mehr wäre, so daß von einer repräsentativen Ausübung deutscher Staatsgewalt keine Rede mehr sein könnte.[1056]

Die Struktur, in der demokratische Legitimation in den Mitgliedstaaten vermittelt wird, ist also auf einen europäischen Bundesstaat nicht übertragbar.[1057] Die Modifikationen der Staatlichkeit auf Ebene der Mitgliedstaaten kann nicht durch die Bildung einer höheren Staatlichkeit aufgefangen werden.[1058] Eine solche Bündelung von Macht, wie sie für einen Bundesstaat klassischer Prägung erforderlich wäre, ist in einem Europa, in dem die Mitgliedstaaten die Bezugspunkte der Volksdemokratie darstellen, nicht mehr in ausreichendem Maße durch das Volk zu legitimieren.

1052 *P. Kirchhof*, Die Staatenvielfalt - Ein Wesensgehalt Europas, S. 947, 956.

1053 *D. Grimm*, in: Der Spiegel, Heft 43 v. 19.10.1992, S. 57, 59; so auch *R. Breuer*, NvWZ 1994, 417, 424.

1054 *Ch. Tomuschat*, DVBl. 96, 1073, 1079.

1055 *F. Ossenbühl*, DVBl. 1993, 629, 634.

1056 *P. M. Huber*, Staatswissenschaften und Staatspraxis, 1992, 349, 361.

1057 So bereits im Jahre 1966 *J. H. Kaiser*, VVDStRL 23 (1966), 1, 27. Bestätigend *H. H. Klein*, ZG 1997, S. 209, 229.

1058 *A. v. Bogdandy*, Europa-Archiv 1993, 49, 54.

Scheidet also eine bundesstaatliche, und wie der vorhergehende Abschnitt gezeigt hat, staatenbündische Finalität für die Europäische Union aus, so muß man feststellen, daß die Europäische Union anders als die Staaten nicht den Anspruch erheben, das gesellschaftliche Gesamtsystem zu repräsentieren. Die Integration in Staatenverbindungen führt in Europa vielmehr zu einem Ordnungssystem, das seine Grundlagen in der Gleichzeitigkeit verschiedener Entscheidungsebenen (III.1.) und der nationalen und europäischen Rechtsordnungen findet (III. 2.). Ihre Antriebskraft zieht die Staatenverbindung aus der Integrationsdynamik, die den Staatenverbindungen seit jeher inne wohnt (III. 3.).[1059] Aufbauend auf diesem Verständnis eines integrierten Europas könnte es möglich sein, eine tragende Akzeptanz für die Europäische Union bei den Menschen in den Mitgliedstaaten zu finden (III. 4.).

III. Kernelemente der Integration in Staatenverbindungen

1. Die Gleichzeitigkeit von verschiedenen Entscheidungsebenen

Die Europäische Union befindet sich heute in einem Zustand, der durch die Komplexität der Entscheidungsabläufe und die Heterogenität der Vorstellungen über den weiteren Integrationsprozeß geprägt ist. Die Regierungskonferenz zur Revision des Maastrichter-Vertrages hat dies besonders deutlich vor Augen geführt.[1060] Für die Zukunft kann es also nur darum gehen, diese Vielfalt der Interessenlagen durch eine adäquate Integration innerhalb der Staatenverbindung aufzufangen und für die Europäische Union nutzbar zu machen.

Einen Ansatzpunkt bietet das Organisationsprinzip des Föderalismus, das mit der Europäischen Union insofern eine Verwandtschaft aufweist, als es auf europäischer Ebene ebenfalls eine Mehrebenenstruktur, also eine Gleichzeitigkeit einer zentralen und einer regionalen Entscheidungsebene gibt.[1061] Es geht, wie beim föderalistisch konzipierten Nationalstaat, um die Gewährleistung funktionierender Mehrstufigkeit, also um das Ausbalancieren verschiedener Entscheidungsebenen. Als politisches Ordnungsprinzip verstanden, meint Föderalismus die Verbindung einer Einheit mit einer Vielheit, also einer Integration von zentripedalen und zentrifugalen Kräften. Die Entfaltung

---

1059 Zur Integrationsdynamik zwischen Deutschem Bund und Deutschem Reich Vgl. oben Kapitel A IV.

1060 Vgl. dazu oben Kapitel C II. 2.

1061 *W. Leisner*, Staatseinung, S. 268f.

von Autonomie und Eigenständigkeit soll in einem solchen System ebenso möglich sein, wie Kooperation und Integration.[1062] Damit ist zugleich die Hauptbegründung für den Föderalismus genannt: Die Einbeziehung gesellschaftlicher und politischer Heterogenität. Föderalismus verbessert die Möglichkeiten demokratischer Partizipation und trägt damit zur ständigen Legitimation des politischen Systems bei.[1063] Föderalismus ist in diesem Sinne die *„Verkörperung des permanenten Kompromisses"*.[1064] Das Prinzip bietet zudem viele Variablen, die ein Experimentieren auf politischer Ebene ermöglichen und damit die Konfliktverarbeitungskapazität des Gesamtsystems erhöhen. Da die traditionelle Lehre von den Staatenverbindungen „föderale" und konföderale Strukturprinzipien gegenüberstellt, liegt der Schluß nahe, eine „föderale" Europäische Union müsse bundesstaatlichen Charakter haben. Daß dies für Europa nicht zutrifft, wurde bereits oben gezeigt. Im Ergebnis kommt es unabhängig von einer bundesstaatlichen Finalität darauf an, die Gleichzeitigkeit von nationalen und europäischen Entscheidungsebenen zu erhalten.[1065] Nach *P. Kirchhof* ist ein

> *„Staatenbund* (gefordert), *der in der Einheit des europäischen Rechts wurzelt, sich als Handlungsgemeinschaft für begrenzte Aufgaben festigt und als Kulturgemeinschaft im Elementaren entfaltet. Der Staatenverbund bleibt also eine Rechts- und Handlungsgemeinschaft von eigenständigen Staaten, die auf eine europäische Einheit in regionaler Vielfalt und individueller Eigenart, auf eine Pluralität gewachsener Gemeinwesen und Staatsaufgaben, auf eine Zusammengehörigkeit verschiedener europäischer Staatsvölker angelegt ist."*[1066]

Die Europäische Union dient in diesem System den Mitgliedstaaten zur Erfüllung supranationaler Staatsaufgaben und die Mitgliedstaaten bieten identitätsstiftende Strukturen zur regionalen Problembewältigung, auf die die abstrakte und an sich bürgerferne Konstruktion einer Staatenverbindung ange-

---

1062 Vgl. zur Bedeutung des Föderalismus *K. Stern*, Staatsrecht Bd. I, § 19 II 4, S. 660ff.; *H. Oberreuter*, Lexikon des Staatsrechts, Stichwort „Föderalismus", Sp. 632; *F. Kinsky*, ZfRV 1996, 187, 188f.

1063 Vgl. *H. Oberreuter*, Lexikon des Staatsrechts, Stichwort „Föderalismus", Sp. 634.

1064 *K. Stern*, Föderative Besinnungen, S. 98, 110.

1065 Das impliziert einerseits, daß der Europäischen Union die Kompetenz-Kompetenz nicht zugesprochen wird und andererseits, daß die Stellung der Mitgliedstaaten als „Herren der Verträge" relativiert wird, *H. Schneider*, Föderale Verfassungspolitik für eine Europäische Union, S. 21, 45.

1066 HStR Bd. VII, § 183, Rz. 69. Vgl. auch *K. Hänsch*, Gegenwart und Perspektiven der europäischen Integration, S. 11, 23 und 25.

wiesen ist[1067] um durch sie die grundsätzliche Gleichwertigkeit nationaler Verfassungskulturen gewährleisten zu können.

2. Die Verflechtung der Rechtsordnungen

Erkennt man die Notwendigkeit der Parallelität des europäischen und nationalsstaatlichen Aufbaus, so muß sich dies auch im Verhältnis der europäischen und nationalen Rechtssysteme widerspiegeln.[1068] In einer Zeit, in der der Staat den einzigen Bezugspunkt bildete, war es möglich, eine Rechtsordnung isoliert zu betrachten. Staatliche Souveränität als Eigenschaft der Rechtsordnung verstand sich von selbst, denn es gab kein rechtliches Phänomen, das nicht als Element der eigenstaatlichen Rechtsordnung begriffen werden konnte.[1069] Treten die Staaten miteinander in Kontakt, dann kommt es zur Kollision der nationalen Rechtsordnungen, die jeweils für sich einen letztverbindlichen Geltungsanspruch erheben. Auf welcher Grundlage das Verhältnis der Rechtsordnungen gelöst wird, ist eine Diskussion, die schon zur Jahrhundertwende zwischen Monisten und Dualisten geführt wurde.[1070] Die Überzeugung, daß das Recht der einzelnen souveränen Rechtsordnungen die Konflikte der dahinterstehenden Nationen nicht zu regeln vermag,[1071] veranlaßte *Kelsen* dazu, vom Dogma der absoluten Souveränität und damit des alleinigen Geltungsanspruchs der nationalen Rechtsordnungen Abstand zu nehmen. In dem Wunsch nach einer Ordnung der zwischenstaatlichen Beziehungen, die der Überzeugung der Völkergemeinschaft entspricht, gelangte *Kelsen* zum *„Primat der Völkerrechtsordnung“*, die in einem einheitlichen Rechtssystems die Grundlage für gedeihliche zwischenstaatliche Beziehungen liefern sollte.[1072] Die einzelnen staatlichen Rechtsordnungen sind dann keine in sich ruhenden und streng gegeneinander abgegrenzten Systeme

---

1067 Vgl. *W. Wessels*, Auf dem Weg zur Staatswerdung?, S. 65, 73.

1068 Für ein neues Verständnis der Europäischen Union als Rechtsgemeinschaft plädiert auch *A. Janssen*, Notwendiger Wandel der Dogmatik des deutschen Staats- und Verwaltungsrechts in einem zusammenwachsenden Europa?, S. 145, 160.

1069 *H. Kelsen*, Allgemeine Staatslehre, S. 120.

1070 Vgl. oben Kapitel A VI. 1. *K. Stern*, Staatsrecht Bd. I, § 14, I 3 c, β, S. 478. Vgl. auch *R. Geiger*, Grundgesetz und Völkerrecht, S. 15; siehe auch *M. Zuleeg*, DÖV 1977, 462, 467.

1071 Auch weil damit selbst jene minimale Vertrauensgrundlage vernichtet würde, die für zwischenstaatliche Beziehungen unerläßlich ist, *I. Seidl-Hohenveldern*, Völkerrecht, Rz. 5.

1072 *J. L. Kunz*, Die Staatenverbindungen, S. 8. *„Wenn die Beziehungen der Staaten zu einander den Forderungen der Vernunft auch nur annähernd entsprechen sollen, so bedürfen sie (...) einer Normierung durch Rechtssätze“*, S. *Brie*, Theorie der Staatenverbindungen, S. 20.

mehr, sondern Teile einer übergeordneten Gesamtrechtsordnung. Hat man diesen Schritt vollzogen, so hat das die Konsequenz, daß der Staat nicht als eine absolut höchste, sondern nur als eine relativ hohe Stufe der Rechtsordnung angesehen werden kann.[1073] Eine solche Sicht der Dinge vermag nur derjenige zu akzeptieren, der sich von der Vorstellung des Staates als der letztverbindlichen Instanz in seinen äußeren und inneren Angelegenheiten verabschiedet hat, denn die Eingliederung des Staates in eine Gesamtrechtsordnung impliziert die Aufgabe des Dogmas seiner Souveränität.

Wenn die europäische Rechtsordnung lediglich als Ableitung der eigenen staatlichen souveränen Rechtsordnung gesehen wird, so steht dahinter eine *„subjektivistische Erkenntnistheorie"*, die die Welt *„nur als den Willen des eigenen Ichs verstehen kann"*.[1074] Sie führt letztlich zur Negation der Rechtsidee und zur Behauptung des reinen Machtstandpunktes führt.[1075]

Als Antithese hat *Kelsen* die eigentliche Funktion des Rechts hervorgehoben, Abstraktionen zur Verfügung zu stellen, in denen die widerstreitenden Interessen einen Ausgleich finden. Seine monistische Sicht der Dinge basiert auf einem *„objektivistischen"*[1076] Weltbild, das eine Ordnung voraussetzt, die der Funktion des Rechts und der europäischen Integrationsentwicklung näher kommen. Beide versuchen eine Auflösung der Gegensätze durch die Bildung einer von den Individuen oder Staaten akzeptierten Ordnung. Die Europäischen Gemeinschaften haben von der Idee her nichts anderes bewirkt. Die europäische Rechtsordnung ist in ihrer Vorrangigkeit und Eigenständigkeit partiell an die Stelle der nationalen Rechtsordnungen getreten und hat so die Funktion einer die Mitgliedstaaten umfassenden Rechtsordnung eingenommen. Die Rechtssysteme der Mitgliedstaaten befanden sich von diesem Zeitpunkt an auf dem Weg zu einer Einheit der Rechtsordnung, wie sie von *Kelsen* bereits im Jahre 1925 in seiner *„Allgemeinen Staatslehre"* beschrieben wurde.[1077] Die Früchte dieser Entwicklung haben dem europäischen Kontinent seine friedlichste Phase beschert, da die Staaten gezwungen waren, nationale Interessen im europäischen Kontext zu sehen und danach zu handeln. Dahin-

---

1073 *H. Kelsen*, Allgemeine Staatslehre, S. 124. Das erkennt auch *MacCormick*, schließt daraus aber lediglich, daß es Rechtsprobleme gibt, die nicht gelöst werden können, JZ 1995, 797, 800.

1074 *H. Kelsen*, Allgemeine Staatslehre, S. 131.

1075 *H. Kelsen*, Allgemeine Staatslehre, S. 131. Vgl. auch *W. Schreckenberger*, Der Staat 1995, 503, 525. Der Vorwurf die Lehre *Kelsens* sei ein *„Dekonstruktionismus"* trifft daher nicht zu, *G. Winkler*, Die Reine Rechtslehre Kelsens als Dekonstruktionismus, S. 115ff.

1076 *H. Kelsen*, Allgemeine Staatslehre, S. 131.

1077 Übereinstimmend *I. Pernice*, AöR 120 (1995), 100, 109.

ter steht eine sich immer weiter fortsetzende Verflechtung, die in der technischen, sozialen und politischen Globalisierung ihre Entsprechung findet. In der Europäischen Union der heutigen Zeit ist es daher nicht mehr möglich, das Staatsrecht und das übergeordnete europäische Recht ausschließlich als in sich ruhende und selbstgenügsame Systeme zu begreifen.[1078] Das Verständnis von Staat und Gesellschaft, von souveräner Wahrnehmung hoheitlicher Aufgaben und kooperativer Bewältigung sozialer und wirtschaftlicher Steuerungsprobleme muß aufgrund der europäischen Integration vielmehr einem grundlegenden Wandel unterzogen werden.[1079]

Die nationalstaatlichen Rechtsordnungen und die europäische Rechtsordnung bedingen sich gegenseitig im Sinne einer Wechselwirkung. Wie *G. Ress* es ausgedrückt hat,[1080] geht es um eine osmotische gegenseitige Beeinflussung, nicht nur um einen einseitigen Rechtsbindungsprozeß der nationalen Organe. Die nach wie vor herrschende Vorstellung von einem einseitigen Rechtsbindungsprozeß bringt für die Mitgliedstaaten eine defensive Grundhaltung mit sich, da ihnen jede Veränderung von Nationalstaatlichkeit als Verlust erscheinen muß.[1081] Damit hängt auch das Problem zusammen, daß unter dem Stichwort der fehlenden Akzeptanz der Europäischen Union bei ihren Bürgern firmiert.[1082] Könnte die Integrationsverdichtung der Gemeinschaft mit der sich daran anpassenden veränderten Staatlichkeit auf nationaler Ebene als wechselseitige Bedingtheit und Einflußnahme dargestellt werden, müßten die Unionsbürger oftmals nicht in einer Frontstellung zur europäischen Entwicklung verharren.[1083] Denn nur dann stehen sich zwei geschlossene Gebilde gegenüber, die dem Prozeß des wechselseitigen Aufeinanderein-Wirkens nicht gerecht werden.

3. Die Integrationsdynamik der Staatenverbindungen

Nicht nur die europäische, sondern jede Rechtsordnung steht in einem dialektischen Verhältnis zu ihrem Umfeld, das im nationalstaatlichen Kontext häufig als Verfassung und Verfassungswirklichkeit, bzw. als normative und

---

1078 *D. Thürer*, VVDStRL 50, (1991), 97, 126.

1079 Dies hat bereits *H. P. Ipsen* im Jahr 1972 erkannt, als er die Gefahren einer bundesstaatlichen bzw. völkerrechtlichen Präjudizierung aufzeigte, Europäisches Gemeinschaftsrecht, § 8, Rz. 3 und 4. Vgl. auch *P. M. Huber*, Recht der Europäischen Integration, § 1, Rz. 10.

1080 Diskussionsbeitrag, in: VVDStRL 50 (1991), 171.

1081 *G. F. Schuppert*, Staatswissenschaften und Staatspraxis 1994, 35, 58.

1082 *H. J. Blanke/M. Kuschnick*, DÖV 1996, 45, 47.

1083 Vgl. *J. Schwarze*, JZ 1993, 585, 593f.

empirische Verfassung bezeichnet wird.[1084] Die Verfassung eines Gemeinwesens zieht ihre normativ prägende Kraft aus der Tatsache, daß sich die politischen Hoheitsträger gegenüber dem in der Verfassung repräsentierten Konsens loyal verhalten und die Normen so das empirische Geschehen effektiv prägen können, also die Realität steuern. Soll eine Verfassung das leisten, was man von ihr erwartet, dann dürfen empirische und normative Verfassung, Machtkonstellation und Rechtsordnung, Sein und Sollen, weder beziehungslos auseinanderklaffen noch in Deckung stehen.[1085] Der Staat selbst befindet sich im Prozeß ständiger Integration. Für *R. Smend* ist der Staat nicht eine vorgegebene ruhende Größe, sondern er lebt nur in seinen Lebensäußerungen; er *„lebt und ist da nur in diesem Prozeß beständiger Erneuerung, dauernden Neuerlebtwerdens"*.[1086]

Überträgt man diese Dialektik auf das europäische Gemeinwesen, so müßte in einer normativen Komponente der erreichte Integrationsstand der Staatenverbindung abgebildet und gleichzeitig in seiner empirischen Ausprägung den zukünftigen neuen Herausforderungen angepaßt werden.[1087] Es ist heute allgemeine Auffassung, daß die Europäische Union und die Europäischen Gemeinschaften über eine *„Verfassungsstruktur"* verfügen, die den Eigenschaften nationaler Verfassungen vergleichbar sind.[1088] Es existiert ein System öffentlicher Herrschaft, das Art und Umfang der europäischen Hoheitsgewalt festlegt und diese Befugnisse unter bestimmten Vorgaben den

---

1084 *H. Schneider*, Föderale Verfassungspolitik für eine Europäische Union , S. 21, 23. Für *G. Jellinek* waren dies die Rechtssätze, die die obersten Organe des Staates in ihrer Zusammensetzung, Wirkung und in ihrem Verhältnis zueinander charakterisieren, Allgemeine Staatslehre, S. 505.

1085 Sie ist die höchstrangige normative Aussage über die Grundprinzipien der Herrschafts- und Wertordnung im Staat", *K. Stern*, Staatsrecht Band I, § 3, 4, S. 78; vgl. auch *R. Bieber*, Steigerungsform der Europäischen Union: Eine europäische Verfassung, S. 291, 292; *M. Stolleis*, KritV 1995 175, 287, *D. Grimm*, Staatslexikon, Stichwort „Verfassung", Sp. 633; *H. Schneider*, Föderale Verfassungspolitik für eine Europäische Union , S. 21, 24; *J. Isensee*, HStR Bd. I, § 13, Rz. 132; *D. Grimm*, Der Wandel der Staatsaufgaben und die Zukunft der Verfassung, S. 613, 631ff.

1086 Verfassung und Verfassungsrecht, S. 119, 136.

1087 Vgl. auch *G. F. Schuppert*, Staatswissenschaften und Staatspraxis 1994, 35, 67, der als Entwicklungsstruktur einen gleitenden, zeitlich festgelegten Übergang vom Einstimmigkeits- zum Mehrheitsprinzip vorschlägt.

1088 *M. Seidel*, EuR 1992, 125; *D. Grimm*, JZ 1995, S. 581, 584f.; *H. P. Ipsen*, Zur Tragfähigkeit der Verfassungsprinzipien der Europäischen Gemeinschaften, S. 9, 13f.; *Th. Läufer*, Zum Stand der Verfassungsdiskussion in der Europäischen Union, S. 355, 357ff.; *P. Häberle*, EuGRZ 1991, 261, 262; *ders.*, KritV 1995, 298, 308; *P.-Ch. Müller-Graff*, EuR 1997, 433, 434.

Organen zuweist.[1089] Die Gemeinschaften besitzen zudem ein weit entwikkeltes und stabiles Rechtssystem, in dem die Organe rechtsetzend tätig werden und das auf den Grundprinzipien westlicher Verfassungstradititionen beruht, die über Art. 6 Abs. 1 EUV (Art. F Abs. 1 EUV a.F.) Bestandteil der europäischen Einigung sind.[1090] Das europäische Primärrecht besitzt aber zum einen nicht die inhaltliche Totalität staatlicher Verfassungen und weist zum anderen im Vergleich zu den klassischen nationalstaatlichen Verfassungen hinsichtlich der in ihr angelegten Dynamik Besonderheiten auf, die sie als *„Verfassung singulären Typs"*[1091] erscheinen läßt.

Da die mitgliedstaatlichen Verfassungen selbst immer einem Wandel unterzogen werden, ist der Umfang der dynamischen Entwicklung das Besondere der Planungsverfassung der Europäischen Union. Während in der nationalstaatlichen Verfassung die Elemente von Stabilität und Dynamik, Rigidität und Flexibilität in einem ausgewogenen Verhältnis stehen, ist das System der Europäischen Gemeinschaften und der Europäischen Union in hohem Maße dynamisch und auf Wandel angelegt.[1092] Nach dem ersten EWG-Kommissionspräsidenten *W. Hallstein*, ist der evolutionäre und progressive Charakter ein Hauptmerkmal der Gemeinschaften. Die Integration sei

> *„nicht ein Sein, sie ist ein Werden. Sie ist nicht etwas Statisches, sondern* (...) *unablässige Veränderung,* (wobei) *gerade die Unvollkommenheit, die Unfertigkeit einer jeweils erreichten Integrationslösung* (...) *den Antrieb zu einem weiteren fortschreiten* (...) *liefert".*[1093]

Daran hat sich bis heute nichts geändert, denn die Europäische Union versteht sich nur als ein Durchgangsstadium auf dem Weg zu einer immer engeren Union der Völker Europas.[1094] Diesen Prozeß zeichnet eine besondere Dialektik aus, denn die Mitgliedstaaten wirken am Verfassungsleben der Gemein-

---

1089 *Ch. Tomuschat*, DVBl. 1996, 1073, 1074.

1090 Diese *„verfassungsrechtliche und verfassungspolitische Homogenität"* erlaubt es, grundsätzlich von einem europäischen Verfassungsrecht zu sprechen, *R. Scholz*, in: Maunz/Dürig, Grundgesetz-Kommentar, Art. 23, Rz. 35.

1091 *H. P. Ipsen*, Die Verfassungsrolle des Europäischen Gerichtshofes für die Integration, S. 29ff.

1092 Die Gemeinschaftsverträge werden auch häufig als sog. *„Planungsverfassungen"* bezeichnet. Während Staatsverfassungen statisch einen mehr oder weniger festen Zustand abstecken, zeichnen sich Planungsverfassungen dadurch aus, daß sie lediglich den Rahmen der von ihnen in Gang gebrachten dynamischen Entwicklung festlegen. Vgl. auch *G. F. Schuppert*, Staatswissenschaften und Staatspraxis, 1994, 35, 37.

1093 *W. Hallstein*, Die EWG als Schritt zur europäischen Einheit, S. 103, 109.

1094 Art. 1 Abs. 2 EUV (Art. A Abs. 2 EUV a.F.).

schaft mit, und die Gemeinschaft selbst gehört zur Verfassungsentwicklung der Mitgliedstaaten. Dadurch ist die Gemeinschaftsrechtsordnung auf die Mitgliedstaaten angewiesen, weil sie die Menschen vollständiger erfassen und integrieren kann, als dies ohne die Existenz der Länder möglich wäre. Die besondere Problematik bei der Fixierung einer solchen Planungssystems liegt darin, daß dessen Umsetzung einem Wachstumsprozeß überlassen bleibt, der sich zum großen Teil auf Entwicklungen außerhalb des bereits rechtlich festlegbaren stützt und dessen Fortschritt von diesen Entwicklungen selbst abhängt. Die Zielbestimmungen des EU-Vertrages sind daher selbst Prozeßelemente, keine finalen Vorgaben. Die Vergemeinschaftung zeichnet kein Leitbild als Ziel - insbesondere nicht das eines Bundesstaates - sondern ist in ihrem Fortgang das Ziel selbst.

Adäquat erscheint eine dialektische Integrationspolitik, die die Verwirklichung kurzfristiger Ziele durch die Bereitstellung der erforderlichen Mittel beinhaltet und in dem Moment, in dem sich die Konturen ausgeprägen, eine neue Zielbestimmung vornimmt.[1095] Die Entwicklung kann so Gesetzen folgen, die dem jeweiligen Integrationsstadium entsprechende Organisationsstrukturen hervorbringt.[1096] Eine solche innere Ordnung der Europäischen Union wäre keine von außen gegebene, sondern eine Ordnung, die sich aus den Wurzeln gemeinsamer europäischer Rechtskultur entwickelt und dem Weg folgt, den die Integration *„vermöge einer nicht intendierten Gesetzlichkeit“*[1097] weist. Es kommt darauf an, die Entwicklungslinien der europäischen Integration zu verstehen und sie durch geeignete organisatorische und verfahrensrechtliche Vorkehrungen zu begleiten und zu unterstützen.[1098] Die europäische Integration ist damit kein ruhendes Moment, sondern *„ein Stück dynamischer Lebenswirklichkeit.“*[1099] Im Ergebnis bedeutet dies die Abkehr von einer politischen Finalität der Europäischen Union.

4. Die Vermittlung eines neuen europäischen Verständnisses

Mit der Auflösung der staatlichen Strukturen, der Wahrnehmung von Hoheitsgewalt durch die Europäische Union und der damit verbundenen Komplexität des gesamten Rechtssystems hat eine allgemeine Verunsicherung

1095 Vgl. *H. P. Ipsen*, Europäisches Gemeinschaftsrecht, S. 997.

1096 *G. F. Schuppert*, Staatswissenschaften und Staatspraxis 1994, 35, 56; *A. v. Bogdandy*, Europa-Archiv 1993, 49, 58.

1097 *R. Smend*, Integrationslehre, S. 475, 476. Vgl. auch Kapitel B I. 1 b.

1098 *G. F. Schuppert*, Staatswissenschaften und Staatspraxis 1994, 35, 69.

1099 *R. Smend*, Verfassung und Verfassungsrecht, S. 119, 192.

Einzug gehalten, die insbesondere von den europäischen Bürgern artikuliert wird und sich in einer zunehmenden Abneigung gegenüber weiteren Integrationsschritten ausdrückt. Allgemein wird dies mit dem Begriff der „Eurosklerose“ umschrieben. Nach den Erkenntnissen über die unterschiedlichen Sichtweisen, mit denen man sich den Staatenverbindungen theoretisch nähern kann, ist es möglich, die Ursache dieser Befürchtungen einzugrenzen. Die Ängste basieren nicht allein, wie man meinen könnte, auf der im Menschen grundsätzlich angelegten Zurückhaltung gegenüber Veränderungen der Lebensverhältnisse und nicht allein auf einer fehlerhaften Einschätzung der Union infolge mangelnder Tatsachenkenntnis. Ursächlich ist vor allem ein unzulässiger Standpunktwechsel, der die Diskussion über den Fortgang der Integration in nahezu allen europäischen Politikbereichen durchzieht. *Kelsen* hat dazu bereits damals bemerkt, daß es zu den bedenklichsten Mängeln der bisherigen Staats- und Völkerrechtstheorie gehört,

> *„daß sie die beiden miteinander schlechthin unvereinbaren Voraussetzungen juristischer Erkenntnis durchgehend vermengt und Konsequenzen der einen mit Ergebnissen verbindet, die nur auf Grund der anderen möglich sind, die Souveränität des Staates behauptet und zugleich mit der Vorstellung eines über den Staaten stehenden Völkerrechts operiert.“*[1100]

Das bedeutet, daß der Integrationsprozeß entweder aus der staatsrechtlichen oder aus der europäischen Perspektive betrachtet wird und sich dieser Standpunktwechsel jeweils an politischen Opportunitätsgesichtspunkten ausrichtet. Verspricht man sich von der Supranationalisierung bestimmter Politikbereiche die Erfüllung nationaler Interessen oder sieht darin die Möglichkeit, die nationale Verantwortung an die Europäische Union abzugeben, so werden die Argumente vorgebracht, die im Kern den „Segen“ betonen, der von einer über den Mitgliedstaaten stehenden Organisation, wie der Europäischen Union ausgeht. Sieht man in anderen Politiken hingegen Gefahren für die nationalen Interessen, so wird die fehlende Staatlichkeit der Europäischen Union und die angeblich nach wie vor bestehende Stellung der Mitgliedstaaten als „Herren der Verträge“ betont. Aus solchen Diffusionen resultieren Verunsicherungen, weil die dahinterliegende Zwiespältigkeit der Argumentation von der Bevölkerung intuitiv erfaßt wird. Eine solche Vermengung der Standpunkte findet sich auch im Maastricht-Urteil des Bundesverfassungsgerichts, das gleichzeitig die Existenz einer über den Mitgliedstaaten stehenden

---

1100 *H. Kelsen*, Allgemeine Staatslehre, S. 129.

Rechtsordnung anerkennt, dabei aber nach wie vor die fortbestehende uneingeschränkte nationale Souveränität behauptet.[1101] Wenn dieser Standpunkt, wie im vorhergehenden Kapitel gezeigt,[1102] als Gegenpol zu den nicht integrationsadäquaten Zentralisierungstendenzen momentan gerechtfertigt werden kann, beinhaltet er einen formal-juristisch unzulässigen Wechsel des Erkenntnisstandpunktes, der zur allgemeinen Verunsicherung beiträgt.[1103] Dies bedeutet nicht, daß in einer rein dualistischen Sichtweise, die Europäische Union ausschließlich als Ableitung der Nationalstaaten gesehen werden soll, denn das würde dem supranationalen Charakter der Integration widersprechen. Es bedeutet ebenfalls nicht, daß in einem monistischen Ansatz das gesamte nationale Rechtssystem in einer allumfassenden europäischen Einheit aufgehen sollte, denn das würde wiederum der Notwendigkeit unterschiedlicher Entscheidungsebenen nicht genügen und letztlich trotzdem nicht von der Entscheidung für den Vorrang des einen oder anderen Rechtsnormengefüges entbinden.[1104] Es geht allein darum, die Notwendigkeit der Gleichzeitigkeit der nationalen und europäischen Rechtsordnung zu begreifen ohne im Konfliktfall die jeweils andere Seite in ihrer Berechtigung in Frage zu stellen.

Die Aufgabe der Politik und der Wissenschaft besteht darin, diesen Standpunktwechsel zu vermeiden, die Argumentation im Einzelfall von irrealen Finalitäten freizuhalten und allein an der Effektivität der Bewältigung der den Völkern der Mitgliedstaaten gestellten Herausforderungen zu orientieren. Dann könnten die Ängste, die mit der europäischen Union einhergehen, umgewandelt werden in ein Verständnis der *„Integration in Staatenverbindungen"*, die aus einer intendierten Prozeßhaftigkeit stabile Verhältnisse herbeiführt.

IV. Ergebnisse zu Kapitel E

1. Die inneren Verhältnisse in einer Staatenverbindung haben sich seit dem 19. Jahrhundert grundlegend verändert. Während in der Epoche der europäischen Nationalstaaten die Zusammenarbeit auf dem Prinzip der Kooperation souveräner Staaten basierte, hat die Epoche der supranationalen Integration Europas den Souveränitätspanzer der Mitgliedstaaten aufgebrochen und mit Hilfe eines funktionalen Ansatzes eine sehr weitgehende wirtschaftliche Ver-

---

1101 Vgl. beispielhaft BVerfGE 89, 155,

1102 Vgl. dort IV. 5.

1103 *R. Breuer*, NVwZ 1994, 417, 429.

1104 *K. Stern*, Staatsrecht Bd. I, § 14, I 3 c, β, S. 478.

flechtung der Mitgliedstaaten herbeigeführt. Die Ausweitung der Integration auf immer mehr Politikbereiche und die damit verbundene fortschreitende Verlagerung von Kompetenzen auf die Europäische Union, hat das Verfassungsgefüge der Mitgliedstaaten in seinen Grundpfeilern erschüttert. Nationale Staatlichkeit kann heute nur dann angemessen erfaßt werden, wenn man die jeweilige europäische Dimension in die Betrachtung einbezieht.

2. Mit der veränderten Stellung der Mitgliedstaaten innerhalb der Staatenverbindungen hat sich auch das Verständnis nationaler Souveränität gewandelt. Ausgehend von der Souveränität in der Person des Alleinherrschers wurde zunächst der Staat zum abstrakten Bezugspunkt der Souveränität. Mit der Etablierung der Volksherrschaft veränderte sich das Souveränitätsverständnis ein weiteres mal. Da das Volk aus sich selbst heraus nicht handlungsfähig ist, muß die Handlungsbefugnis erst an bestimmte Organe delegiert werden, die dann im Sinne einer Arbeitsteilung tätig werden. Überträgt man diesen Gedanken auf die Europäische Union, so findet dort nichts anderes als eine zwischenstaatliche Arbeitsteilung statt, die sich an der Effektivität der Aufgabenerledigung orientiert. Dies bedeutet keine Beschränkung der Volkssouveränität, sondern eine Erweiterung der Freiheiten des einzelnen, dem die Errungenschaften der Staatenverbindung und der erweiterte Horizont der staatlichen Aufgabenbewältigung zugute kommt. Das ist lediglich dann nicht mehr gewährleistet, wenn die Europäische Union sich in einer Weise verselbständigt, die herrschaftliche Strukturen an die Stelle sachlicher Auseinandersetzungen treten läßt.

3. Als Sackgassen des Integrationsverständnisses können sowohl Modelle angesehen werden, die auf eine staatenbündische als auch auf eine bundesstaatliche Finalität hinauslaufen. Ersteres bedeutet lediglich eine Verlagerung der Grenzen des staatlichen Ordnungsmodells auf die europäische Ebene und eine Bundesstaatlichkeit wäre volksdemokratisch in einem Europa der regionalen Vielfalt ohne ein europäisches Staatsvolk als demokratischen Bezugspunkt nicht zu legitimieren. Das Europäische Parlament ist ebenfalls nicht in der Lage, das alleinige demokratische Repräsentativorgan eines europäischen Volkes zu werden, denn es fehlen ihm die Bedingungsfaktoren effizienter demokratischer Entscheidungsprozesse. Es ist daher grundlegend verfehlt, wenn man das historische Bild bundestaatlicher Strukturen auf die Europäische Union überträgt.

4. Das Europa der Zukunft muß auf der Gleichzeitigkeit verschiedener Entscheidungsebenen aufbauen und die Vorteile föderaler Strukturen nutzen, ohne sie mit einer bundesstaatlichen Finalität zu verbinden. Die Europäische

Union dient in diesem System den Mitgliedstaaten zur Erfüllung supranationaler Staatsaufgaben und die Mitgliedstaaten bieten identitätsstiftende Strukturen zur regionalen Problembewältigung, auf die die abstrakte und an sich bürgerferne Konstruktion einer Staatenverbindung angewiesen ist, um durch sie die grundsätzliche Ebenbürtigkeit nationaler Verfassungskulturen gewährleisten zu können. Gleiches gilt für das Verhältnis der nationalen Rechtsordnungen, die im Sinne einer gegenseitigen Beeinflussung und Wechselwirkung der Bewältigung hoheitlicher Aufgaben dienen.

5. Der Umfang der Integrationsdynamik der Gemeinschaftsverträge unterscheidet sie von nationalen Verfassungssytemen, in denen Stabilität und Dynamik in einem ausgewogenen Verhältnis stehen. Der Integrationsprozeß ist durch eine Dialektik gekennzeichnet, in der die Mitgliedstaaten am Verfassungsleben der Union mitwirken und die Union selbst zum Verfassungsprozeß der Mitgliedstaaten gehört. Würde es gelingen, die europäische Integration als an sich notwendiges Prinzip zu begreifen, das ohne politische Finalitäten auskommt und dabei der Gleichzeitigkeit nationaler und europäischer Strukturen bedarf, könnte eine tragende Akzeptanz für die europäische Idee in der Bevölkerung gewonnen werden.

F. Zusammenfassung der Ergebnisse

Das Bundesverfassungsgericht hat die Europäische Union im Maastricht-Urteil als „Staatenverbund" beschrieben und damit einen Begriff gewählt, der sich im Spannungsfeld zwischen staatenbündischen und bundesstaatlichen Konzeptionen bewegt. Der Begriff geht auf die Staats- und Völkerrechtslehre des 19. Jahrhunderts zurück, die sich mit den historischen Erscheinungsformen des Deutschen Bundes und des Deutschen Reiches als Staatenbund bzw. Bundesstaat intensiv auseinandergesetzt hat. Betrachtet man diese beiden Erscheinungsformen, so lassen sich zunächst einige Grundstrukturen erkennen, auf denen Staatenverbindungen im allgemeinen aufbauen. Zur Erfüllung ihres Zwecks verfügt die Staatenverbindung über ein Zentralorgan, das aus bevollmächtigten Vertretern der Mitgliedstaaten besteht. Die Gesandten werden von den Regierungen ernannt, instruiert und abberufen. Es herrscht ein nach Regelungsmaterien unterschiedliches Majoritätsprinzip. Die Zuständigkeit des Zentralorgans ist in allen Staatenverbindungen beschränkt und erstreckt sich auf eine größere oder kleinere Zahl von Materien. Während im Staatenbund die Kompetenzen des Zentralorgans stärker auf die Erfüllung des Zwecks der Verbindung zugeschnitten sind, läßt sich im Bundesstaat eine umfassende Regelungskompetenz des Bundes erkennen. Auch die Individuen der Mitgliedstaaten sind in unterschiedlichem Maße Adressaten der Rechtssetzung des Zentralorgans, je nachdem, ob die Rechtswirkungen über die Mitgliedstaaten vermittelt werden oder direkt durchgreifen. Streitigkeiten zwischen Bundesgliedern werden regelmäßig durch den Schiedsspruch eines Rechtsprechungsorgans des Bundes entschieden.

Darüber hinaus besitzen Staatenverbindungen eine innere Dynamik, die auf die Auflösung der Unterschiede ihrer Mitglieder in politischer, wirtschaftlicher und kultureller Hinsicht hinwirken. Die zunehmende Dichte der Verbindung führt zur wesenhaften Veränderung des politisch-rechtlichen Status der beteiligten Staaten, ohne daß dies bei der Gründung der Verbindung beabsichtigt gewesen sein muß. Im 19. Jahrhundert war es vor allem der Deutsche Zollverein der die wirtschaftliche Grundlage und damit eine gemeinsame materielle Interessenbasis für die spätere Reichsgründung geschaffen hat.

Will man die historischen Erscheinungsformen von Staatenverbindungen in die Kategorien Bundesstaat und Staatenbund einordnen, so hängt dies davon ab, ob man sich der Frage aus einer rechtsformalen oder rechtsinhaltlichen Perspektive nähert. Versucht man mit *G. Jellinek* die Differenzierung in einer rechtsformalen Betrachtung, so bedarf es des Kriteriums der Souveränität, das dann entweder dem Bund oder den Gliedstaaten zugeschrieben werden kann. Geht man mit *H. Kelsen* von einem rechtsinhaltlichen Ansatz aus, so läßt sich noch nicht einmal am Kriterium der Kompetenz-Kompetenz eine Abgrenzung vornehmen, denn diese kann unabhängig von dem Organ, das über sie verfügt, immer auf die über der gesamten Verbindung stehende Gesamtrechtsordnung zurückgeführt werden. Die Lehre S. *Bries* nimmt dabei eine vermittelnde Position ein, da sowohl rechtsformale als auch rechtsinhaltliche Momente für die Qualifikation als Bundesstaat oder Staatenbund maßgeblich sind. Insgesamt muß man beachten, daß der Begriff der Souveränität, neben seiner Funktion als Abgrenzungskriterium, die Tendenz besitzt, die Grundlage für die Durchsetzung politischer Opportunitätsgesichtspunkte zu liefern, die der Erfüllung des Zwecks der Staatenverbindung abträglich sein können.

Die Gründung der Europäischen Gemeinschaften in den 50er Jahren beinhaltete gegenüber den Staatenverbindungen des 19. Jahrhunderts einen grundlegend neuen Ansatz. An die Stelle der machtstaatlichen Balance autonomer Nationalstaaten trat deren Einbindung in eine supranationale Organisation, die aufgrund der in ihr enthaltenen politischen, wirtschaftlichen und gesellschaftlichen Verflechtungen größere Gewähr für Frieden bieten konnte. Der Fortschritt der supranationalen Organisationsform lag in der institutionalisierten Festlegung von Politiken der Mitgliedstaaten, die diese zur eigenverantwortlichen Wahrnehmung auf die europäischen Organe übertrugen. Die Möglichkeit zu Mehrheitsentscheidungen erweiterte gleichzeitig deren Leistungsgrenzen, da die Entscheidungen in stärkerem Maße an den sachlichen Notwendigkeiten orientiert werden konnten. Die Europäischen Gemeinschaften haben so die nationalen Souveränitäten partiell auf supranationaler Ebene verschmolzen, um deren gemeinsame Wahrnehmung zum Nutzen aller beteiligten Staaten und deren Volksgruppen zu ermöglichen. Den Mitgliedstaaten wurde nicht die vollständige Preisgabe ihrer gesamten Souveränität abverlangt, sondern lediglich die Aufgabe des Dogmas von ihrer Unteilbarkeit. Die Überwindung der nationalen Souveränitätsvorbehalte wurde erleichtert, indem man den Endzustand der Integration offen ließ. So konnte sich die institutionelle und materielle Gestaltung der Staatenverbindung am Integrationszweck orientieren, der in erster Linie an Sachgesetzlichkeiten und weniger an politischen Interessenlagen ausgerichtet ist.

Die Rückschläge, die die Integration in den 50er und 60er Jahren erleiden mußte (Europäische Verteidigungsgemeinschaft/Europäische Politische Zusammenarbeit/Politik des leeren Stuhls durch Frankreich), zeigten, daß der föderale Integrationsansatz in Form einer politischen Integration „von oben“ nur bedingt geeignet ist, eine staatenübergreifende Einigung herbeizuführen. Die Integration, die die Mitgliedstaaten in der Folgezeit erlebten, war stattdessen das Ergebnis eines angewandten Funktionalismus, der aus sich selbst heraus die Vergemeinschaftung immer weiterer Politikbereiche notwendig machte. Da selbst bei größtmöglicher Allokation der Produktionsfaktoren der freie Markt flankierender politischer Entscheidungen bedarf, ist die wirtschaftliche Integration an sich auf poltische Zusammenarbeit angelegt und fördert dadurch die Entwicklung entsprechender Strukturen. Die größten *„Spill-over-Effekte“* konnten daher im wirtschaftlichen Sektor erzielt werden, der in Gestalt des Gemeinsamen Marktes eine Stärkung des gesamtvolkswirtschaftlichen Wohlstandes herbeiführte. Die Schlüsselfunktion des supranationalen Ansatzes der Europäischen Gemeinschaften nahm die europäische Rechtsordnung ein, die durch ihre Eigenständigkeit, Vorrangigkeit und der in ihr angelegten Dynamik dem Integrationsprozeß insgesamt zur Durchsetzung verhalf.

Allein durch den funktionalen Ansatz kam es aber nicht zu dem anfänglich erhofften Qualitätssprung zu einer europäischen Staatlichkeit. Die wirtschaftliche Integration schlug nicht von selbst in eine politische Union um. Allein die schrittweise Institutionalisierung der politischen Zusammenarbeit, der allmähliche Übergang zu Mehrheitsentscheidungen im Rat und die stufenweise institutionelle Verknüpfung von kooperativen und integrativen Strukturen vermochte Fortschritte auf dem Weg zur Europäischen Union zu erzielen, die durch den Vertrag von Maastricht im Jahre 1992 ins Leben gerufen wurde. Sie ist eine Sammelbezeichnung für rechtlich unterschiedlich organisierte und aufeinander abgestimmte Formen der Zusammenarbeit der Mitgliedstaaten, die im Gegensatz zu den drei Europäischen Gemeinschaften keine eigene Völkerrechtspersönlichkeit besitzt. Der Vertrag von Amsterdam aus dem Jahre 1997 hat die „Drei-Säulen-Konstruktion“ mit ihren intergouvernementalen (Gemeinsame Außen- und Sicherheitspolitik und Zusammenarbeit in den Bereichen Justiz und Inneres) und supranationalen (Europäische Gemeinschaften) Bestandteilen weitgehend unberührt gelassen. Zwischen den Säulen ist allerdings eine Tendenz zu einer Form der institutionellen Integration zu erkennen, die immer mehr Bereiche der ersten supranationalen Säule einverleibt. Merkmal der Verbundhaftigkeit der Union ist ihre innere Kohärenz, die die Handlungsoptionen der politischen Entscheidungsträger in den Mitgliedstaaten in unterschiedlicher Intensität auf die Beachtung europäischer Interessen festlegt.

Eine bundesstaatliche Struktur, die sich nicht mehr von den Mitgliedstaaten als „Herren der Verträge" ableitet, hat sich aber auch in der Union bis heute nicht gebildet. Die Elemente klassischer Staatlichkeit, wie Staatsvolk, Staatsgebiet und Staatsgewalt sind nur in Ansätzen nachweisbar. Gleiches gilt für das Prinzip der Gewaltenteilung. Zwischen den Unionsorganen existiert lediglich ein institutionelles Gleichgewicht, das aber an der Überrepräsentanz der Exektive im Unionsaufbau nichts entscheidendes ändert. Das in der Europäischen Union beklagte Demokratiedefizit, das in allen vertikal strukturierten Verbänden vorzufinden ist, da die Legitimationskette vom Volk zu den Entscheidungsträgern um ein Glied erweitert wird, kann auch durch das Europäische Parlament nicht vollständig kompensiert werden. Gleiches gilt für die Rückkopplung der Ratsentscheidungen an die Parlamente der Mitgliedstaaten, da auf diesem Wege den in der Union vorhandenen Entscheidungsstrukturen nicht angemessen Rechnung getragen werden könnte.

Insgesamt zeigt die Entwicklung, daß sich die Integrationsziele seit Gründung der Europäischen Gemeinschaften bis heute gewandelt haben. Die wirtschaftliche Ausrichtung der Verträge ist in Maastricht einem umfassenden Ansatz gewichen, der die verschiedensten Sektoren nationaler Politik, wenn auch mit unterschiedlicher Intensität, erfaßt. Mit der Verlagerung der wirtschaftlichen Ausrichtung auf allgemeinpolitische Themen verliert ein Grundpfeiler der Integration zunehmend seine konsensstiftende Wirkung. Die Revision der Verträge in Amsterdam war daher von einer starken Heterogenität der Interessenlagen geprägt, die sich seit der Aushandlung des Maastrichter-Vertrages verstärkt hat. Um trotzdem konsensfähig zu bleiben, geht man zu Formen der flexiblen Integration über, die zukünftig in den Mitgliedstaaten ein unterschiedliches Integrationsniveau entstehen lassen werden. Die Europäische Union ist daher heute von einer alle Mitgliedstaaten einschließenden politischen Finalität weiter entfernt als je zuvor.

Das Wesen der Staatenverbindung der Europäischen Union erschließt sich aber nicht nur aus der Analyse der europäischen Entwicklungen. In umgekehrter Perspektive wurde auch das Verfassungsgefüge der Mitgliedstaaten durch die fortschreitende Verlagerung von Kompetenzen auf die Europäische Union in seinen Grundpfeilern erschüttert. Nationale Staatlichkeit kann heute nur noch dann angemessen erfaßt werden, wenn man die jeweilige europäische Dimension in die Betrachtung einbezieht. Der Integrationsauftrag, der in der Verfassung Deutschlands enthalten ist, kann nur erfüllt werden, wenn die nationalen Verfassungsstrukturen, die als Anforderungen für die Union in Art. 23 Abs. 1 Satz 1 GG formuliert werden, eine *„supranationale Modifikation"* erfahren und jeweils in die europäische Dimension übersetzt werden.

Dies bedingt Einschränkungen gegenüber nationalen Verfassungsstandards, da beispielsweise demokratische Legitimation auch additiv durch verschiedene Legitimationsketten vermittelt werden kann und sich das Bundesverfassungsgericht aus einer Einzelfallprüfung der Verletzung von Grundrechten zurückzieht. Zusammen mit den föderalen Strukturen, die für die Europäische Union keine Bundesstaatlichkeit deutschen Musters bedeuten, ist die inhaltliche Weite der Struktursicherungsklausel die logische Konsequenz der Integrationsbereitschaft des Grundgesetzes.

Die Verweisung auf die Ewigkeitsgarantie in Art. 23 Abs. 1 Satz 3 GG soll auf der anderen Seite die Identität der deutschen Verfassung bei der Eingliederung in die Europäische Union erhalten und gleichzeitig eine adäquate Anpassung an das veränderte europäische Umfeld erlauben. Die Grenze des Art. 79 Abs. 3 GG wird überschritten, wenn die Kompetenzübertragungen auf die Union einen Zustand erreichen, der die Verfassung in ihren bundesstaatlichen, rechtsstaatlich-gewaltenteilenden und demokratisch-repräsentativen Strukturen nicht mehr erkennen läßt. Die Verfassung steht aber einem Souveränitätsverlust, der zwingend mit der Eingliederung in ein europäisches Gemeinwesen einhergehen muß, nicht entgegen. Art. 23 Abs. 1 GG erlaubt der Bundesrepublik Deutschland vielmehr die Mitwirkung an einer in ihrer zukünftigen Gestalt nicht festgelegten Europäischen Union und erteilt den Verfassungsorganen dazu den Auftrag in Form einer Staatszielbestimmung. Deren materielle Unbestimmtheit und die Schwierigkeiten ihrer inhaltlichen Ausgestaltung eröffnen die Möglichkeit, im Konsens mit den anderen Mitgliedstaaten eine Form zu finden, die dem Zweck der Staatenverbindung am ehesten gerecht wird. Insofern besteht eine Verpflichtung der Bundesrepublik Deutschland auf Teilnahme am dynamischen Prozeß der Gestaltbildung der Europäischen Union.

Als Sackgassen können insofern sowohl Modelle angesehen werden, die auf eine staatenbündische als auch auf eine bundesstaatliche Finalität hinauslaufen. Ersteres bedeutet lediglich eine Verlagerung der Grenzen des staatlichen Ordnungsmodells auf die europäische Ebene. Bundesstaatlichkeit wäre hingegen volksdemokratisch in einem Europa der regionalen Vielfalt ohne ein europäisches Staatsvolk als demokratischen Bezugspunkt nicht zu legitimieren. Das Europäische Parlament ist ebenfalls nicht in der Lage, das alleinige demokratische Repräsentativorgan eines europäischen Volkes zu werden, denn es fehlen ihm die Bedingungsfaktoren effizienter demokratischer Entscheidungsprozesse. Es ist daher grundlegend verfehlt, wenn man das historische Bild bundestaatlicher Strukturen auf die Europäische Union überträgt. In der Gesamtschau haben die Staatenverbindungen vielmehr eine epochale Entwicklung durchlaufen, die sich in ihrem heutigen Stadium einer Einordnung in die von *Jellinek* beschriebenen Kategorien entzieht. In der Epoche der europäischen Nationalstaaten basierte die Zusammenarbeit innerhalb einer Staatenverbindung auf dem Prinzip der Kooperation gleichberechtigter Staaten, deren nationaler Herrschafts- und Hoheitsanspruch durch die Verbindung formal nicht tangiert wurde. Die Epoche der supranationalen Integration Europas vermochte durch die Verlagerung nationaler Kompetenzen auf unabhängige Organe den „Souveränitätspanzer" der Mitgliedstaaten aufzubrechen. Friedenssicherung war in diesem System nicht mehr das Resultat der abschreckenden Wirkung paritätischer Kräftekonstellationen, sondern basierte auf der wechselseitigen Verflechtung der Mitgliedstaaten in wirtschaftlicher, rechtlicher und politischer Hinsicht. Mit der Europäischen Union ist diese Entwicklung in eine Epoche der transzendenten Staatlichkeit eingetreten, die sich dadurch auszeichnet, daß sie immer mehr Themen des gesellschaftlichen und politischen Lebens erfaßt und sich in immer mehr Bereichen an die Stelle der Nationalstaaten setzt. In einem solchen System ist es nicht möglich einen festen Punkt zu lokalisieren, an dem die Grenze zu einer europäischen Bundesstaatlichkeit überschritten wird. Im Sinne *Kelsens* sind die Übergänge fließend und bauen auf der Gleichzeitigkeit verschiedener Entscheidungsebenen auf. Das Europa der Zukunft muß dementsprechend die Vorteile föderaler Strukturen nutzen, ohne der Gefahr zu erliegen, sie mit einer bundesstaatlichen Finalität zu verknüpfen. Die Europäische Union dient den Mitgliedstaaten zur Erfüllung supranationaler Staatsaufgaben und die Mitgliedstaaten bieten identitätsstiftende Strukturen zur regionalen Problembewältigung, auf die die abstrakte und an sich bürgerferne Konstruktion einer Staatenverbindung angewiesen ist. Der Integrationsprozeß ist somit durch eine Dialektik gekennzeichnet, in der die Mitgliedstaaten am Verfassungsleben der Union mitwirken und die Union selbst zum Verfassungsprozeß der Mitgliedstaaten gehört. Würde es gelingen, die europäische Integration als an sich notwendiges Prinzip zu begreifen, das ohne politische Finalitäten auskommt, dabei aber der Gleichzeitigkeit nationaler und europäischer Strukturen bedarf, könnte eine tragende Akzeptanz für die europäische Idee in der Bevölkerung gewonnen werden.

Register

Bei Fragen zur Produktsicherheit wenden Sie sich bitte an:
If you have any questions regarding product safety,
please contact:

Walter de Gruyter GmbH
Genthiner Straße 13
10785 Berlin
productsafety@degruyterbrill.com